KB121683

경복궁이 불타다

꿈해몽 – 역사 속 꿈의 기록

홍순래 지음

어문학사

책을 출간하며

중국의 유문영은 그의 저서인 『꿈의 철학』(꿈의 미신과 꿈의 탐색)에서 중국 역사상 꿈에 대한 이야기를 통시적으로 살펴보고 있으며, 꿈에 대한 개괄적인 언급도 하고 있다.

필자 또한 우리나라의 꿈에 대한 기록을 체계적으로 살펴보는 것이 오랜 숙원이었다. 그리하여, 2007년 『꿈으로 본 역사(중앙북스)』를 출간한 바 있다. 하지만 원고가 인물 중심으로 정리되는 과정에서 삭제된 자료가 많았고, 누락된 역사적 사건도 많았다. 또한 지금은 절판되어 독자들이 책을 구할 수도 없다. 따라서 그동안 새롭게 찾아낸 자료들을 통시적으로 정리하여, 새롭게 출간하고자 한다.

많은 사람이 꿈에 대해 관심을 갖고 있지만, 미신처럼 여기거나 '꿈은 반대다.'라든지, '잠재적 심리가 꿈으로 나타나는 것이 꿈'이라는 편협하고 그릇된 사고에 빠져 있는 것이 작금의 현실이다.

이러한 꿈의 세계에 대해서, 필자는 실증적 사례에 기반을 둔 꿈의 전개 양상별 분류를 통하여, 예지적 꿈의 세계를 비롯하여 꿈의 다양한 상징 기법 및 꿈에 대한 이해와 해설을 널리 알리고자 그동안 많은 노력을 해 왔다. PC 통신시절부터 국내 최초로 꿈해몽 상담활동을 해왔으며, 2014년 4월에 필자의 꿈 연구의 결정판이라 할 수 있는 1,810쪽의 『홍순래 박사 꿈해몽』을 비롯하여, 지금까지 꿈에 관한 10여 권의 도서를 출간하였다.

또한 신문 연재나 방송 및 강연 활동도 활발히 하였으며, '홍순래 박사 꿈해몽(http://984.co.kr)' 사이트를 개설하여 인터넷 및 스마트폰 앱에서 꿈에 관한 자료를 제공하고, 꿈해몽 상담 및 자료 수집을 통하여 꿈에 대한 연구를 해오고 있다.

꿈은 다층적·다원적으로 전개되고 있다. 꿈의 세계를 거대한 피라미드에 비유한다면, 여러 층 가운데, 가장 밑바닥에 넓고 두텁게 자리 잡고 있는 것이 바로 예지적인 꿈의 세계다. 따라서 꿈을 한마디로 말한다면, 예지적 세계 이외의 다른 어떤 말도 필요치 않다. 프로이트의 서구적 논리에 경도되어, 꿈은 잠재의 심리 표출이니 어쩌고 하는 것은 부차적이고 지엽적인 문제에 지나지 않는다. 이러한 예지적 꿈의 세계는 태몽이나 로또 당첨, 죽음이나 사고 예지 등 일상생활에서도 극명하게 드러나고 있다. 또한, 이 책에서 살펴보고자 하는 예지적 꿈의 수많은 역사적 사례가 이를 입증하고 있다.

이 책은 우리나라 꿈의 역사를 다루고 있다. 국가적·사회적 변란이나 사건·사고 뒤에 감추어진 꿈에 관한 역사적인 기록과 실제로 일어난 사실에 대하여, 전개 양상별로 분류하여 시대순으로 해설을 덧붙여 살펴보고 있다. 그리하여 꿈과 역사의 접목을 통하여 꿈에 대한 이해를 돕고 흥미를 유발하면서 우리의 역사적 사실에 대하여 재미있게 알 수 있도록 하였다.

그동안 일부 학자들의 꿈에 관한 연구가 있었지만, 대부분은 주제를 드러내기 위한 문학적 전개 수단으로서의 꿈의 역할을 분석하는 몽자류 소설이나 몽유록 등 문학적 연구에 한정되었다. 또한 일상의 꿈에 대한 해몽서 성격의 책들이 시중에 난무하고 있지만, 우리나라의 역사적 사실이나 사건 뒤에 감추어진 실제 선인들이 꾼 실증적인 미래 예지 꿈에 대하여 연구한 책은 없다. 이는 일부 사람들이 꿈의 세계를 미신이나 비과학적인 영역으로 인식하여, 역사적 사실이나 사건 뒤에 숨겨진 꿈이야기를 허황된 것이라고 여기거나, 미신적인 요소 또는 우연의 결과로 받아들여 왔기 때문이다.

무엇보다도 이러한 역사적인 사건 뒤에 숨어 있는 꿈을 분석하는 작업은 꿈의 실상에 대한 총체적인 고찰 및 꿈의 상징성에 대한 올바른 이해가 선결적으로 이루어져야 하기에, 쉽사리 상징적인 미래 예지 꿈의 다양한 표출 방식에 대하여, 논리적·합리적인 해설이나 근거 제시에 다가설 수 없었다. 그뿐만 아니라 꿈에 대한 역사적 기록 대부분이 한문으로 되어 있어, 각종 자료를 발췌하고 수집하는 데 어려움이 있기에, 그동안의 저서 출간이나 연구가 미진할 수밖에 없었다.

하지만 필자는 점쟁이가 아닌 국문학과 한문학을 전공한 학자로서, 스승이신 한건덕 선생님의 유지를 이어받아 꿈의 미래 예지적 성격을 규명하기 위해 실증적인 사례를 중심으로 연구를 해오고 있다. 이러한 바탕 위에 덧붙여서 2005년 필자가 박사학위 논문(몽중시 연구)을 준비하면서 수집한 여러 자료를 기반으로, 선인들의 역사적인 사실이나 사건에 대한 꿈의 기록을 요즘 사람들의 꿈 사례와 비교 분석하여, 꿈의 상징성에 대한 올바른 해설로써 논리적이고 과학적으로 접근할 수 있었다.

꿈은 자신이나 자신의 주변 인물 나아가 국가적·사회적인 사건에 이르기까지 다가올 미래를 예지해주고 있다. 우리 선인들은 이러한 꿈의 미래 예지적 성격을 믿고 있었으며, 이는 각종 기록에 남아 있다. 이 책에서는 다양한 실증적 기록에 담긴 꿈 내용과 꿈꾸고 난 후 실제로 일어난 역사적 사실을 비교 분석하여, 꿈의 미래 예지적인 성격을 실증적으로 규명하고, 지적 호기심을 불러일으켜 흥미롭게 역사적 사실을 이해하도록 하였다.

'모든 사건 뒤에는 여자가 숨어 있다.'라는 속된 말이 있듯이, 모든 역사적인 사건 뒤에는 꿈이 숨겨져 있다. 예를 들어, 공민왕이 왜 중 신돈을 등용하였는가? 여기에는 공민왕이 꿈속에서 자신이 위기에 처했을 때, 자신의 목숨을 구해준 사람이 신돈이었기에 호감을 가지고 신뢰하게 된 사실이 숨어 있다. 이렇게 임금의 꿈에 나타나 중용된 사례가 상당수다. 이처럼 우리 선인들은 꿈의 미래 예지적 성격을 믿었기 때문에 임진왜란(壬辰倭亂)이 일어나기 전 경복궁이 불타 새로 지어야 한다는 류성룡의 꿈과 암울한 내용의 몽중시를 지음으로써 변란을 예지했다는 허균의 꿈이 문헌에 기록된 것은 당연한 것이다.

이 책에서는 실제 선인들이 꿈을 꾸고 나서 기록한 실증적인 꿈 사례를 시대별로 통시적으로 고찰해보았다. 꿈의 종류에는 여러 가지가 있는바, 상징적인 미래 예지의 꿈 사례가 가장 많으며, 사실적인 미래 투시 및 계시적 성격의 꿈도 상당수 있다. 또한 불안감이나 소망 등의 잠재적 심리가 꿈으로 표출되기도 하며, 창의적인 사유활동의 꿈, 일깨움의 꿈, 목적 달성을 위해 지어낸 거짓 꿈도 있다.

제Ⅰ장에서는 꿈에 대한 이해와 해설을 담았으며, 제Ⅱ장에서는 실제 역사적 꿈의 사례를 1. 사실적인 미래 예지 2. 계시적 예지 3. 국가적·사회적 변란 예지 4. 죽음·질병 예지 5. 태몽 6. 왕·황후 등극 및 귀한 신분 예지 7. 과거 급제·관직·관운 예지 8. 부임지·유배지 예지 9. 연분 맺음 예지로 나누어 살펴보았다. 제Ⅲ장에서는 기타 꿈의 역사적 사례를 1. 심리 표출(불안, 초조감, 소망) 및 기타 꿈 2. 창의적 사유활동·일깨움의 꿈 3. 지어낸 거짓 꿈으로 나누어 살펴보았다. 제Ⅳ장에서는 특징별 꿈이야기를 1. 개국 관련 꿈(고려, 조선) 2. 매몽 3. 파자 해몽(破字解夢) 4. 성행위 꿈 5. 변란 및 일상의 체험 꿈으로 나누어 살펴보았다.

이야기의 신빙성을 위해 각 출전을 밝혔으며, 문학적인 꿈이야기나 『구비문학대계』 등에 전하는 단순한 흥미 위주의 설화적인 꿈이야기는 생략하였다. 자료 수집을 하면서 각종 역사서 및 『한국문집총간』, 『조선왕조실록』, 『민족문화대백과사전』 등을 비롯하여, 특히 한국고전번역원(http://www.itkc.or.kr), '민족문화추진회', '한국역사정보종합시스템', '한국학 중앙연구원' 사이트의 도움을 많이 받았음을 밝힌다.

필자는 잘 아는 독자에게서, "선생님이 내신 책 가운데, 『꿈으로 본 역사』가 가장 좋았어요."라는 이야기를 들은 바 있다. 아마도 '역사와 꿈의 접목'이라는 독특한 관점과 소설보다 재미있고 흥미진진한 꿈이야기 속 역사적 사실을 이해하고 교훈을 얻을 수 있는 일반 교양서로 적합했기에 그러한 말을 했는지 모른다. 이제 수많은 역사적 사례가 재정리된 『경복궁이 불타다』를 통해 독자 여러분들이 한층 더 지적 희열감을 만끽할 수 있기를 바란다.

필자 또한 역사서와 선인들의 각종 문집을 접하면서, 역사 속의 예지적 꿈의 세계를 논한 이 책이 오래도록 가치 있는 책으로 남기를 바라면서, 책머리 안내를 마치고자 한다.

2015년 4월 15일

夢杜 洪淳來

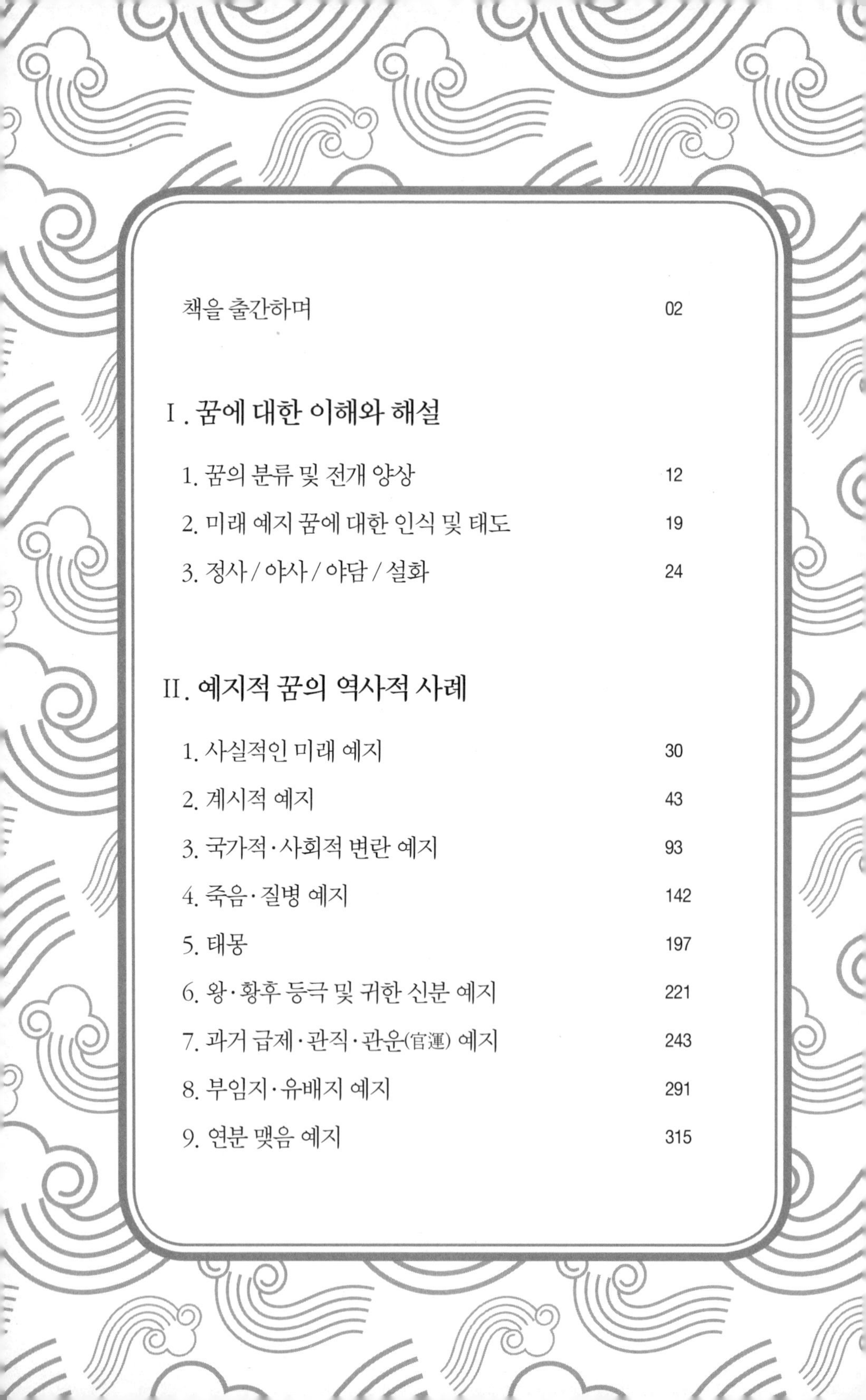

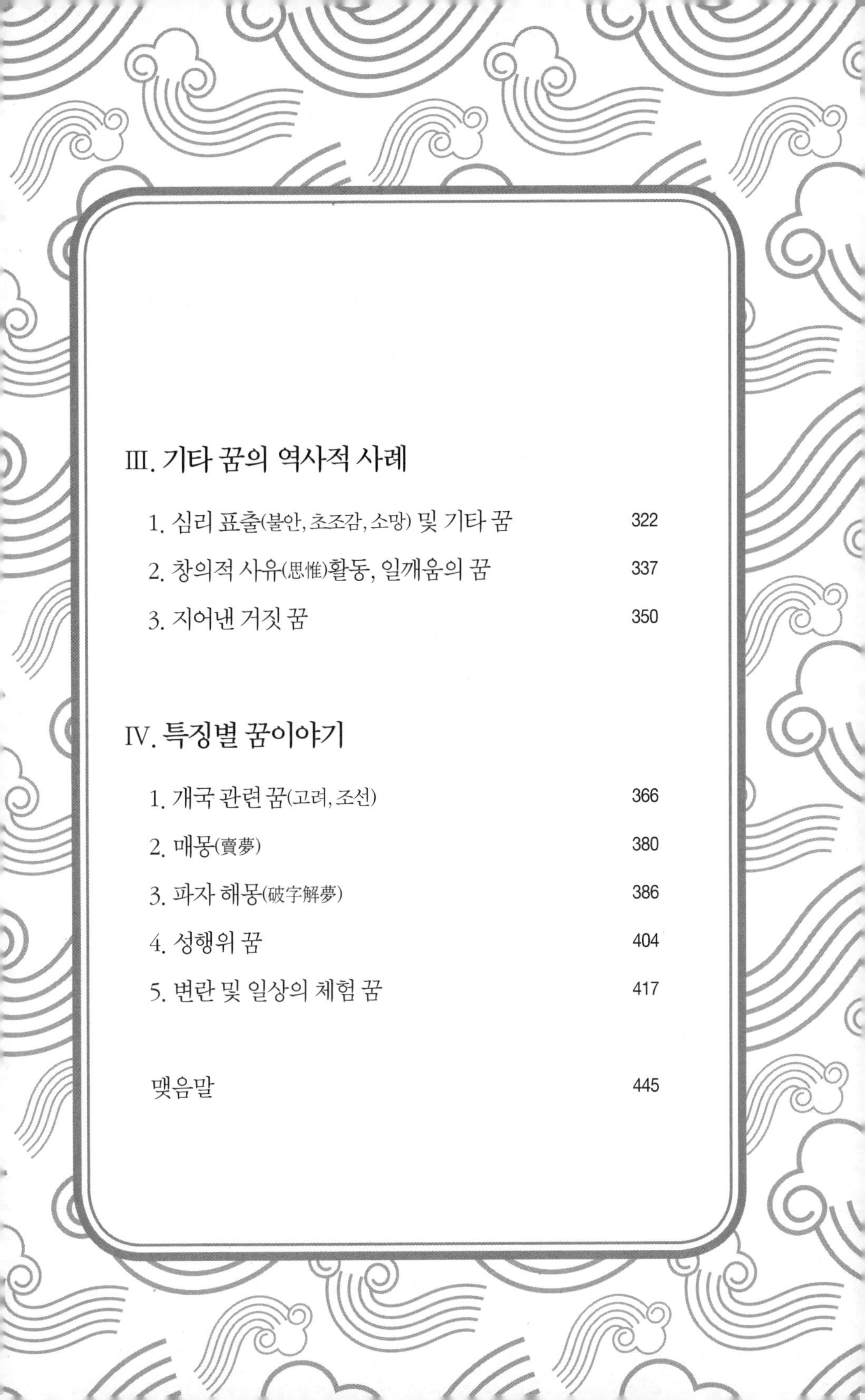

Ⅲ. 기타 꿈의 역사적 사례

Ⅳ. 특징별 꿈이야기

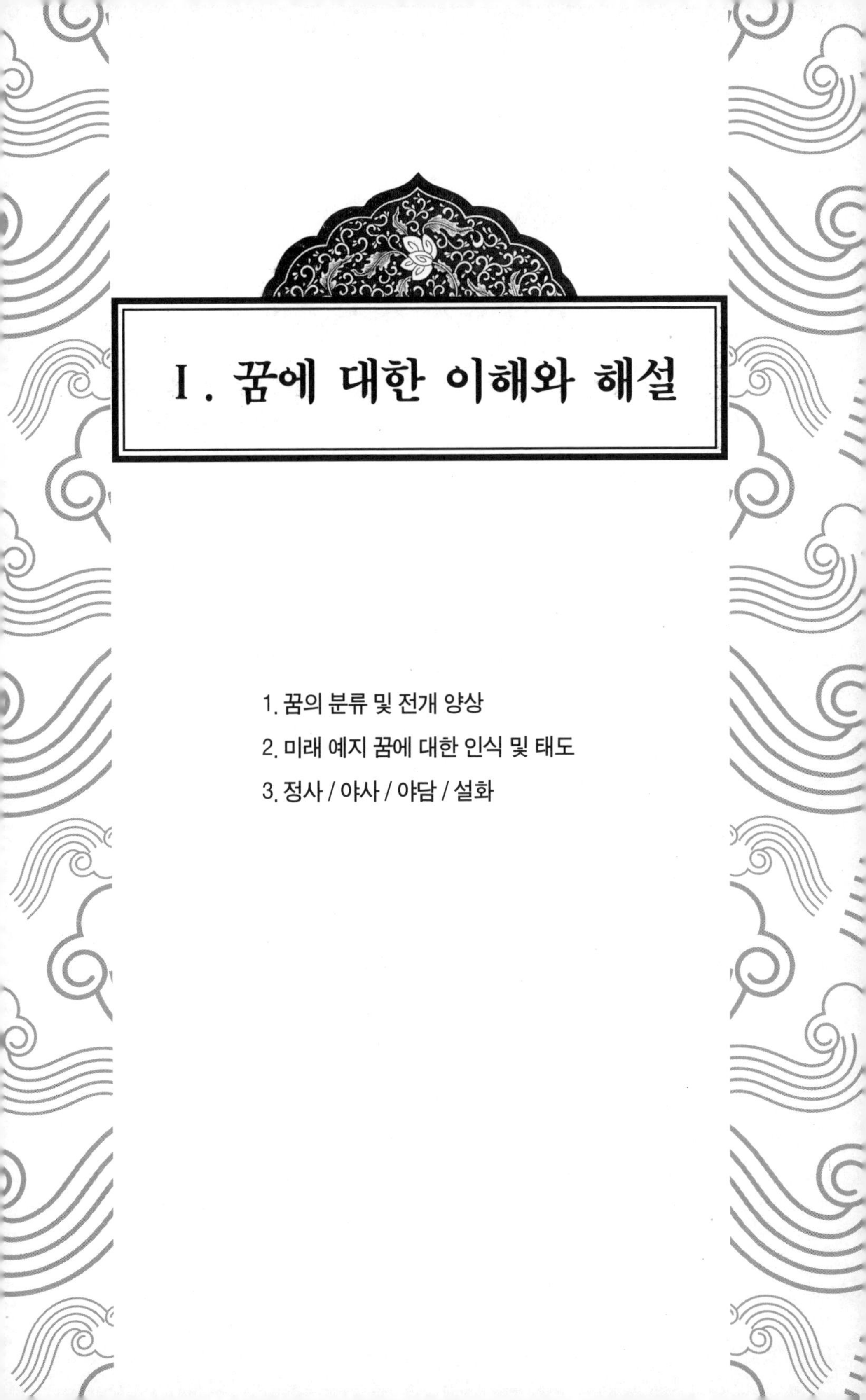

Ⅰ. 꿈에 대한 이해와 해설

1. 꿈의 분류 및 전개 양상

꿈의 세계는 시공을 초월하여 보편적으로 전개되고 있다. 이러한 꿈은 다양하게 표출되고 있기에, 보는 입장과 견해에 따라 꿈에 대한 정의나 분류는 다양하게 내려질 수 있다. 하지만 꿈의 실체에 가장 올바르게 접근하려면 '이러한 꿈을 꾸고 이러이러한 일이 일어났다.' 라고 하는 실증적인 사례에 바탕을 두고 분석한 꿈의 유형별 전개 양상에 따라 살펴보아야 할 것이다.

필자는 꿈을 '무지개'에 비유하여 설명하고자 한다. 꿈은 무지개처럼 우리 인간에게 신비로운 대상으로 비치면서, 형형색색으로 다층적이고 다원적으로 나타나고 있다. 또한 꿈의 세계를 피라미드에 비유한다면, 여러 층 가운데 가장 밑바닥에 넓고 두텁게 자리 잡고 있는 것이 예지적인 꿈의 세계다. 이 밖에도 소망·불안 등 잠재심리의 표출, 주변 위험에 대한 일깨움, 창의적인 사유활동의 극대화, 지어낸 거짓 꿈, 허망성의 꿈 등등 다양한 꿈이 전개되고 있다.

1) 미래 예지 꿈(사실적·상징적·계시적)

① 사실적인 미래 예지 꿈

사실적인 미래 예지 꿈은 사실적인 전개로 장차 일어날 일을 예지해준다. 이 꿈은 가까운 장래에 일어날 일이 마치 현실에서 펼쳐지는 것처럼 꿈속에서 사실적인 전개 형태로 나타난다. 예를 들어 꿈속에서 본 사람이나 장소를 현실에서 그대로 만나게 되는 일로 이루어진다. 이는 꿈의 기법 가운데 비교적 단순하고 쉽게 그 꿈의 의미를 알 수 있는 경우가 대부분이다.

상징적인 미래 예지 꿈의 경우에는 장차 일어날 일에 대한 마음의 준비를 할 수 있을 뿐 그 일 자체를 피할 수 없지만, 사실적인 미래 예지 꿈의 경우에는 현실에서 꿈 내용대로 진행되지 않도록 하여 사건이나 사고 등을 피할 수 있다는 점이 다르다.

학생의 꿈을 예로 들어본다. 친구에게 농구공을 던져 안경을 깨뜨리고 눈을 다치게 하는 꿈을 꾼 학생이 그로부터 몇 달 후에 우연히 체육 시간에 농구공을 던지려는 찰나 꿈속의 상황과 똑같음을 알아차리고 던지지 않았다. 이 경우 던졌더라면, 아마도 꿈과 똑같은 일이 벌어졌을 것이다.

선인의 꿈 사례로 성현(成俔)이 어떤 궁실에 이르러서 검은 옷을 입은 사람에게 절하는 꿈을 꾸었는 바, 나중에 명나라에 갔더니 궁실은 역력히 꿈에서 본 그대로였고, 황제의 얼굴 또한 꿈속에서 본 것과 같았다고 『용재총화(慵齋叢話)』에서 밝히고 있다.

② 상징적인 미래 예지 꿈

꿈은 인간의 영적인 정신활동으로, 자신이나 자신의 주변에서 일어날 길흉을 예지해주는 데 있어, 황당한 전개의 상징적인 표상으로 장차 일어날 일을 예지해주는 경우가 대부분이다. 예를 들어 처녀가 구렁이에 몸이 감기는 꿈을 꾼 경우, 장차 구렁이로 상징된 남자가 다가올 것을 뜻한다. 상징적인 미래 예지 꿈은 우리가 꾸는 꿈의 대부분을 차지하며, 꿈의 예지를 피할 수 없이 현실에서 실현된다는 특성이 있다.

이러한 상징적 꿈의 예지적 성격은 민간 속신에서 절대적이라 할 만큼 받아들여져 왔다. 여러 문헌에서도 꿈에 얽힌 신비한 이야기들이 상당수 전하고 있고, 고전소설에서 주인공의 태몽을 비롯하여 사건 전개에 있어 꿈이 주요한 제재로 등장하고 있음을 미루어 보더라도 잘 알 수 있다.

역사적 기록으로 전하는 대부분의 꿈은 상징적인 미래 예지 꿈이다. 『삼국사기』에 전하는 선인들의 꿈 사례로, 고구려 태조대왕이 꾼 '한 표범이 호랑이의 꼬리를 깨물어 자른 꿈'은 자신이 왕위를 물려준 아우 수성(遂成)이 충신인 고복장(高福章)과 형의 자식 두 명을 죽이는 일로 실현되었다.

죽음 예지나 태몽, 과거 급제·승진, 유배지나 부임지의 예지 및 국가적·사회적 변란을 예지한 여러 꿈 사례들이 여기에 해당한다.

③ 계시적 예지의 꿈

조상이나 산신령, 기타 동식물 등 영적인 대상이 계시적으로 예지해주고 있는 경우다. 과학적으로 보자면, 꿈속에 등장하는 모든 영적 대상은 실재하는 것이 아닌, 인간의 정신능력 활동에 의해 필요에 따라 그때그때 창조되어 상징 표상으로 나타나는 존재로서, 꿈의 표현 기법의 하나다. 꿈은 필요에 따라, 조상과 산신령, 또는 동물이나 저승사자를 등장시켜 직접적인 계시의 형태로써 장차 일어날 일을 일러주고 경고해주기도 한다.

이는 고전소설에서 주인공이 위험에 빠졌을 때, 흔히 사용되는 수법으로, 비몽사몽 간에 조상이나 산신령이 나타나 위험에 빠진 사실을 일깨워주는 방법이다. 이순신 장군도 『난중일기(亂中日記)』에서 신령스러운 분이 나타나서 진(陳)을 치는 법과 군사 배치를 일러주는 꿈을 꾸었다고 밝혔다. 이처럼 수많은 계시적인 꿈이야기가 여러 문헌상에 전해지고 있다.

2) 심리 표출의 꿈(소망·불안·허망성)

① 소망 표출의 꿈

'꿈에 본 내 고향'이란 말처럼, 자신의 바라는 것이 꿈으로 표출되는 경우다. 이는 프로이트가 주로 언급하고 있는 꿈의 세계로, 우리가 이미 다 알고 있는 것이다. 현실에서 이루지 못한 자신의 억눌린 잠재의식 속 소망 심리를 꿈을 통해 시연(試演)해봄으로써, 대리 만족하고 해소하게 하는 꿈이다. 예를 들어, 자기 자신을 못살게 하는 힘센 급우를 실컷 두들겨 패는 꿈을 꾼다든지, 굶주린 상태에서 맛난 음식을 배불리 먹는 꿈들이 여기에 속한다. 프로이트는 주로 억눌린 성적(性的) 충동이 꿈으로 나타난다고 말하고 있다.

이러한 소망 표출의 꿈은 문학작품에서도 많이 다루어지고 있다. 유배를 가거나 포로가 된 상황에서 꿈에 고향의 처자를 만나거나, 신선 세계에서 노니는 꿈 등이 여기에 해당한다고 볼 수 있다. 대표적으로 『구운몽(九雲夢)』은 표면적인 주제로 인생무상(人生無常)을 담고 있지만, 실제로는 당시 사대부들의 출장입상(出將入相)과 여러 여자를 거느리고 싶은 욕망을 문학적으로 형상화한 것이다. 그리하여 인생무상의 깨달음을 얻기 위해 소설을 읽은 것이 아닌, 소설을 읽으면서 자신들의 꿈과 이상을 작품을 통해 대리 만족을 하고 있음을 알 수 있다.

② 불안·초조감·공포의 꿈

자신의 불안·초조감·공포 등의 잠재 심리가 꿈으로 표출되어 나타나는 경우로, 현실에서 어려움을 겪거나 심리적인 압박을 받을 때 꾸는 꿈이다. 예를 들어, 뺑소니 운전자는 경찰관이 붙잡으러 오는 꿈에 시달릴 수 있다.

요즈음 사람들의 실증적인 사례로, 어떤 사람이 밤마다 거인이 나타나 괴롭히는 꿈을 꾸었는데 알고 보니, 시도 때도 없이 찾아오는 외판원에 대한 불안감에서 비롯된 것이었다. 선인의 사례로, 정희득(鄭希得)의 『해상록(海上錄)』에 나오는 늙으신 아버지에 대한 걱정과 불안감에 꾼 꿈이 여기에 해당한다고 볼 수 있다.

③ 허망성의 꿈

허망하고 덧없음을 꿈을 통해 표출하는 경우다. 일장춘몽(一場春夢), 남가일몽(南柯一夢), 한단지몽(황량지몽, 일취지몽, 노생지몽) 등의 고사성어에서 살펴볼 수 있듯이, 우리 인생을 덧없는 꿈에 비유하고 있다.

이러한 허망성의 꿈은 문학작품의 제재로 많이 사용되고 있다.

3) 창의적 사유활동의 꿈

이는 꿈을 통해 우리의 잠재적인 정신활동이 극대화됨으로써 현실에서는 불가능한 발견, 발명, 창의적인 아이디어를 가능하게 해주고 있다. 영화 「터미네이터」도 꿈에서 아이디어를 얻은 데서 비롯되었다고 한다.

꿈속에 잃어버린 열쇠가 있는 곳이 나타나 찾은 일이라든지, 쫓아오던 인디언의 창끝에 구멍이 나 있던 꿈에서 힌트를 얻어 재봉틀 바늘을 발명한 사례 등이 여기 속한다. 이러한 창의적인 사유활동의 꿈은 문학작품에도 많이 나타나고 있는 바, 현실에서는 지어낼 수 없었던 뛰어난 시를 꿈속에서 지은 선인들의 수많은 몽중시(夢中詩) 사례 등이 여기에 속하며, 선인들이 꿈속에서 어떤 깨달음을 얻은 경우가 여기에 해당한다. 『주례(周禮)』·『열자(列子)』에서는 여섯 가지 꿈의 분류 중 '사몽(思夢)'이라는, 꿈속에서 사고하고 고려하는 활동이 있음을 언급하고 있다.

4) 일깨움의 꿈

자신의 신체 내·외부의 이상이나 주변의 위험 사항, 어떠한 일에 대하여 꿈을 통해 알려주고 일깨워주는 경우다. 우리의 의식세계가 미처 알아차리지 못하는 사항에 대해, 꿈이라는 잠재의식 세계가 우리에게 알려주고 일깨워주는 것이다.

특히 질병이라든지 주변에 다가올 위험을 꿈으로 일깨워주는 경우가 여기에 해당한다. 이 경우에 조상이나 산신령, 기타 동식물 등 영적인 대상이 계시적으로 일깨워주는 방식으로 이루어지기도 한다. 어찌 보면 앞에서 살펴본 사실적·상징적인 미래 예지 꿈도 앞으로 일어날 일을 사실적인 전개라든지 상징적인 표상으로 예지해주면서 일깨워주고 있다고 보아야 할 것이다.

5) 지어낸 거짓 꿈

일상생활이나 문학작품에서 거짓으로 지어낸 꿈이야기에 의탁하여 자신의 목적을 달성하거나 합리화를 하는 경우다. 새롭게 나라를 건국하는 데 있어 민심 안정 등을 위해, 꿈의 신비성을 이용하여 꿈속에서 계시를 받았다는 거짓 꿈이야기를 지어냄으로써, 모든 것이 하늘의 뜻이었음을 믿도록 하는 것이다.

선인의 예로, 주막집의 주모와 동침하기 위해 황룡이 품에 날아드는 좋은 태몽을 꾸었다는 말로 유혹하는 이야기를 들 수 있다. 문학적으로는 정철(鄭澈)이 「관동별곡(關東別曲)」에서 꿈에 신선을 만난 이야기 등을 거짓으로 지어냄으로써, 자신을 하늘나라에서 귀양 온 신선으로 미화시켜 신선사상에 대한 동경을 표출하고 있는 사례를 들 수 있으며, 유선시(遊仙詩) 작품이나 몽유록(夢遊錄)계 소설이 여기에 해당한다.

이 밖에도 세분하여 살펴보자면 여러 가지가 있다. 이처럼 꿈은 자신이나 자신의 주변 인물 나아가 국가적·사회적인 일까지 직접적인 계시나 사실적·상징적 기법 등 꿈을 꾼 사람의 처한 능력에 따라 다양한 방법으로 형상화함으로써 우리에게 알려주고 도와주고 있다.

실로 꿈은 신이 우리 인간에게 내려준 최대의 선물인 것이다.

2. 미래 예지 꿈에 대한 인식 및 태도

꿈의 실증사례별 전개 양상에 있어, 가장 주요한 미래 예지적 징조에 대한 선인들의 인식 및 태도를 살펴본다.

'꿈으로 장차 다가올 미래를 예지한다'는 사실은 동서고금을 통틀어 수많은 실증사례로 입증되고 있다. 『성경』에 계시적·예지적 꿈에 관한 이야기가 자주 나오고 있는 것에서 알 수 있듯이, 서양에서도 미래를 예지하는 꿈에 대하여 부정적으로만 보지는 않는다. 다만, 심리 표출의 꿈 세계에 중점을 두고 있으며, 미래 예지적인 꿈 세계에 대해서는 미약한 관심을 보여주고 있을 뿐이다. 또한 중국에서도 『시경』에서의 꿈에 대한 언급을 비롯하여, 미래 예지 꿈에 대한 수많은 실증 사례가 언급되었다.

선인들에게 예지적 꿈의 세계는 절대적인 신앙처럼 받아들여졌다. 현존하는 가장 오래된 역사책인 『삼국사기』에는 '등에 화살을 맞은 꿈', '표범이 호랑이의 꼬리를 깨물어 자른 꿈', '하늘이 후궁에게 아들을 낳게 할 것이라는 꿈', '김유신의 태몽 이야기' 등 미래 예지적인 꿈이야기가 다수 실려 있다. 또한 『삼국유사』에는 꿈의 기록이라고 말해질 정도로 수많은 꿈이야기가 실려 있음은 널리 알려진 사실이다. 이 밖에 선인들의 개인 문집이나 일기 등에도 꿈이야기가 무수히 실려 있다.

또한 현실의 기록 외에 문학작품에도 일일이 예를 들 수 없을 정도로 꿈을 제재로 한 수많은 이야기가 실려 있다. 『원생몽유록(元生夢遊錄)』을 비롯한 수많은 몽유록계 소설, 『구운몽(九雲夢)』, 『옥루몽(玉樓夢)』, 『옥연몽(玉蓮夢)』 등의 몽자류 소설뿐만 아니라, 신선의 세계를 노래한 유선시(遊仙詩)라든지, 가사, 시조 작품 등에도 꿈을 제재로 한 작품은 무수히 많다.

또한 민심을 사로잡기 위한 수단으로 꿈에 계시를 받았다거나, 조상이 현몽하여 계시해 준 이야기라든지, 자신의 목적을 달성하기 위해 지어낸 거짓 꿈이야기 등에서 알 수 있듯이, 선인들은 꿈의 예지적 기능을 민간신앙에 가깝게 절대적으로 믿었음을 알 수 있다.

이 밖에도 고전소설에서는 영웅의 태몽은 용이 품 안에 뛰어들거나, 옥황상제로부터 구슬이나 꽃을 받는 등 출생부터 보통 사람과는 다른 태몽이 있었다는 이야기를 전개하여, 장차 주인공이 비범한 인물로 성장해나가고, 훌륭한 인물이 된다는 것을 합리화시킨다. 이처럼 미래 예지적인 꿈을 대표하는 태몽은 민중들의 생활 속에서는 물론 문학작품에서도 다양하게 형상화되어 나타난다.

또한 꿈속에 나타나는 상징적·비유적인 기법과 문학에서의 표현은 일맥상통하기에 꿈의 상징 기법은 예로부터 문학작품에 원용되어 왔으며, 특히 소설 작품이나 야담 등에서 꿈은 작품의 주요한 제재로 등장한다. 『어우야담(於于野談)』 권2 「종교편」에서도 〈몽(夢)〉 항목을 설정하여 언급하고 있으며, 『청구야담(青邱野談)』, 『기문총화(記聞叢話)』 등에도 꿈과 관련된 이야기가 상당수 실려 있다.

이수광(李睟光)은 『지봉유설(芝峯類說)』 및 『지봉집(芝峯集)』에 자신이 체험한 여러 꿈이야기를 남겼다. 그가 『지봉유설』 15권 「신형부(身形部)」에서 〈몽매(夢寐)〉를 독립적인 항목으로 설정하여 기이한 꿈에 대한 이야기를 소개하고 있음을 볼 때, 꿈이 눈으로 보이지는 않지만 허황된 대상이 아닌 관심과 연구의 대상이 되어야 하며, 이러한 꿈이야기 및 꿈의 세계가 사람들에게 실질적으로 도움이 되기를 바랐음을 알 수 있다.

또한 그의 아들인 이민구(李敏求)도 몽중시를 비롯하여 꿈을 소재로 한 수많은 작품을 남겼는데, 이민구 역시 꿈의 예지적인 기능을 믿고 있었음을 알 수 있다. 두 부자(父子)의 꿈에 대한 기록을 볼 때, 이처럼 꿈꾸는 능력의 발현에는 유전적인 요인이나 관심 또한 무시할 수 없는 것으로 보인다.

이 밖에도 이규보(李奎報), 성현(成俔), 허균(許筠), 이순신(李舜臣), 남구만(南九萬), 유희춘(柳希春) 등 우리 선인들은 미래 예지적 꿈에 대한 체험을 개인 문집이나 일기 등에서 밝히고 있다.

또한 세종이 태조와 태조의 비(妃)인 신의왕후(神懿王后) 한씨(韓氏)의 위패를 모신 사당인 문소전(文昭殿)에 제사를 지내려고 하다가, 꿈자리가 사나워 다시 택일하고자 한 기록이 『조선왕조실록』에 나오는데, 세종 또한 꿈을 믿고 있었음을 알 수 있다. 한편, 정조 역시 여러 차례 꿈에 대해 언급하기도 했다.

선인들은 삶의 기록인 일기에도 꿈에 대한 기록을 남겼다. 대표적으로 이순신의 『난중일기』를 살펴보면, 꿈이야기가 (전서본과 초서본에 있는 내용만 합하면) 총 36회에 이르고 있으며, 유희춘의 『미암일기(眉巖日記)』에서도 꿈에 대한 기록이 자주 언급되고 있다.

또한 조선 인조 때 남이웅(南以雄)의 부인 남평(南平) 조씨(氏)가 병자호란 당시의 체험을 한글로 기록한 『병자일기(丙子日記)』를 봐도 알 수 있듯이, 일기에 꿈 내용을 적을 정도로 꿈을 자주 꾸었으며, 꿈을 믿고 있었다.

이처럼 선인들은 자신이 꾼 꿈에 대하여 궁금증을 지니고, 장차 일어날 일을 추정해보고 슬기롭게 대처해 나갔으며 자신의 실증적인 체험을 기록으로 남김으로써 꿈의 세계에 대한 올바른 이해 및 도움을 주고자 했음을 알 수 있다. 또한 선인들이 이렇게 꿈에 대한 실증적인 기록이나 꿈을 소재로 한 수많은 작품을 남긴 것은 자신들이 몸소 체험한 꿈의 세계에 대한 믿음과 확신이 있었음을 보여주고 있다.

한편 특이하게 꿈속에서 지은 시의 내용이 현실에서 그대로 일어나는 미래 예지적이 성격의 몽중시가 있다. 이는 보통의 사람이라면 단지 장차 일어날 일을 꿈으로 보여주는 것에 그치겠지만, 글을 쓰는 선비이기에 보다 강렬하게 마음속에 각인시키기 위한 수단으로써, 꿈속에서 시를 짓는 몽중시의 형태로 나타난 것이다.

'내가 왜 꿈속에서 이러한 시를 지었는가?', '자신이 지은 시구가 무엇을 의미하는가?'에 대한 궁금증으로 인해 오랜 세월 동안 꿈을 기억하게 함으로써, 꿈으로 예지된 현실을 기대하거나 장차 일어날 일에 대한 마음의 준비를 하게 해주고, 나아가 슬기로운 극복을 보여주고 있는 것이다.

한편 선인들은 꿈을 맹신적으로 믿는 것 또한 어리석고 잘못된 것이라고 언급하기도 했다. 세종조의 명의였던 안덕수(安德壽)는 꿈에 나타난 원한을 품은 귀신의 압박에 못 이겨 치료를 포기하였는데, 환자가 죽게 되자 꿈에 미혹하여 마침내 사람을 구하지 않았다고 비판받았다. 유사한 선인의 꿈 사례로, 오랑캐가 쳐들어와 목을 베어 가더라는 기생의 꿈이야기를 듣고, 꿈을 맹신한 나머지 변방의 책임자로서 오랑캐와의 싸움에 대응하지 않아 비겁자로 몰려 죽게 되는 비참한 종말을 맞이하고 있다.

이러한 사례 역시 꿈의 미래 예지적 성격에 너무 집착하기보다는, 주어진 여건에서 자신의 맡은 바 직분을 다하고, 올바른 삶의 길을 살아나가야 한다는 것을 보여주고 있다.

3. 정사 / 야사 / 야담 / 설화

꿈에 대한 기록은 정사(正史)·야사(野史)·야담(野談)·설화(說話) 등에 다양하게 나타나고 있다. 정사인 『삼국사기』에는 5개의 미래 예지적인 꿈이야기가 실려 있으며, 『삼국유사』에는 꿈의 보고(寶庫)라 할 정도로 꿈이야기가 많이 실려 있다. 이 밖에도 선인들의 각종 문집이나 옛날이야기 속에는 꿈이야기가 사건 진행의 중요한 화소(話素)로써 역할을 하고 있다.

일반적으로 정사가 국가적으로 주관하여 지난 왕조의 역사를 사실적으로 편찬하여 기록한 것이라면, 야사는 역사서에 기록되지 않았거나 기록될 수 없었던 실제 사실을 바탕으로 개인이나 민간에서 흥미 있게 기록한 것이다.

야사가 주로 국가적·역사적인 사실을 다루고 있다면, 야담은 민간의 일상적인 일화나 흥미 있는 이야기를 담고 있다. 정사나 야사가 사실적인 기록에 충실하고자 했다면, 야담은 사실적인 이야기와 민중이 꾸며낸 문학적인 허구성이 덧붙여져 있다.

설화는 역사적 사실보다는 흥미와 민속(민간신앙)의 민중적 성격이 강하며 문학적 성격을 띠고 있다. 설화는 누가, 언제, 어떻게 지었는지 모르게 입에서 입으로 전해져 내려온 구비문학으로, 전승자의 태도를 기준으로 크게 신화·전설·민담으로 나누어 살펴볼 수 있다.

신화는 신성시되고, 전설은 진실하다고 믿어지며, 민담은 전승자가 신성하다거나 진실하다고 생각하지 않는 꾸며낸 이야기다. 신화의 배경이 오랜 옛날 신성의 공간이라면, 전설은 특정한 시대에 특정한 공간에서 일어난 일로, 구체적인 대상이 증거물로 제시되고 있다. 민담은 시대와 공간이 구체적으로 제시되지 않는 보편적인 이야기다. 신화의 이야기가 신비성을 갖는다면, 전설과 민담은 교훈성과 함께 재미와 흥미를 더해주는 이야기가 대부분이다.

이러한 역사서나 개인 문집, 나아가 야담집이나 설화 속의 꿈이야기는 꿈의 미래 예지적인 체험의 기록인 동시에, 선인들이 꿈을 신성시하고 꿈의 신비성을 믿고 있었음을 보여주고 있다.

역사와 설화 속 꿈이야기에 대하여, 이도흠은 「역사와 설화, 텍스트와 현실 사이에서 읽기」라는 글에서 다음과 같이 언급하고 있다.

> 역사는 과거 현실의 재구성이고 설화는 황당무계한 허구일까? — 중략 — 설화는 현실을 '비틀어' 만든다. '비틂'은 설화 향유층의 꿈일 수도 있고, 세계관이나 이데올로기일 수도 있으며, 반대로 지배층의 검열을 피하기 위한 방편일 수도 있다. 어떻게 비틀었든 거기엔 현실의 씨앗이 있으며 진실이 담겨 있다. 4·3 항쟁처럼 최근의 사건도 정부의 기록물보다 제주도의 중산간 마을을 떠도는 이야기에 더 많은 진실이 담겨 있다. 『삼국유사』를 읽는 데 과거와 현재와의 대화는 물론 기본이다. 더불어 현실과 텍스트,

해석 사이의 대화를 종합할 때, 역사와 설화 사이를 오고 가며 잘 읽어낼 때 조금 더 역사의 실체에 다가갈 수 있다.

설화를 역사적 사실과 대비하여 당대의 사회문화 맥락에서 잘 분석하면 역사서에 미처 기록되지 않은 진실이 나타난다. 단, 역사적 사실에 근거하지 않거나 당대의 문화를 재구(再構)하지 않은 채 행해지면, 역사와 설화의 사이를 탐색하는 일은 역사가 사라진 이야기로 전락하고 만다.

— 이도흠, 「역사와 설화, 텍스트와 현실 사이에서 읽기」

정사보다는 야사·야담·설화·개인 문집 등에 수많은 미래 예지적인 꿈이야기가 기록되어 있으며, 역사적인 기록에서는 차마 밝힐 수 없었던 내면의 사실적인 기록과 민중의 의식세계가 투영되어 있기도 하다. 따라서 이러한 역사적인 사건과 관련된 각종 꿈이야기를 찾아내어 수집·분석하는 작업이야말로 뜻깊은 일로써, 정사에서 드러낼 수 없었던 역사적인 실체를 보여주기도 한다. 예를 들어, 일연 스님이 쓴 『삼국유사』에는 역사와 설화의 세계를 자유롭게 넘나들며, 직접 쓸 수 없는 이야기를 꿈의 언어인 상징적 표현 기법으로 전개한 설화적인 꿈이야기가 많이 보이고 있다.

또한 민중이 꿈을 신비롭게 여기는 것을 이용하여, 지어낸 거짓 꿈이야기를 유포하여 신성성을 부여하고 목적 달성을 위한 수단으로 꿈이야기를 활용하기도 한다. 예를 들어 이성계가 꿈속에서 받았다는 몽금척(夢金尺) 이야기나, 『오산설림초고』에 담긴 여러 꿈이야기들을 살펴보면, 역사적인 사실을 적어 놓았다기보다 설화적인 지어낸 거짓 꿈이야기로 민심을 달래고, 건국의 정당성을 주장하고 있다.

이처럼 각종 역사서, 야사·야담 및 선인들의 개인 문집 등에 산재되어 있는 꿈에 대한 이야기들은 꿈의 미래 예지적인 체험의 기록인 동시에, 예지적 꿈에 대하여 선인들이 절대적으로 믿고, 신성시하였음을 보여주고 있다.

구비전승 되어 온 설화에는 꿈에 관한 이야기가 무수하게 나오고 있으며, 아예 꿈이야기인 것도 있다. 하지만 대부분 사실성보다는 교훈과 흥미 위주의 전개를 보이고 있기에, 이 책에서는 생략했으며, 자세한 것은 『한국구비문학대계』•를 참고하기 바란다.

• 『한국구비문학대계』
한국정신문화연구원에서 수집·간행함. 전 82권으로, 1979~84년까지 6년에 걸쳐 남한 지역 60개 군의 자료를 조사한 것인데, 설화는 1만 5,107편이 수록되어 있다.

II. 예지적 꿈의 역사적 사례

역사적인 사건과 관련된 꿈 사례들은 대부분 장차 일어날 일을 꿈으로 보여주는 미래 예지적인 꿈에 해당한다.

여기서는 모든 꿈 사례를 단순히 통시적으로 시대순으로 살펴보기보다는 꿈의 특성별로 유사한 사례들로 나누어 살펴봄으로써 이해를 돕고자 하였다,

1. 사실적인 미래 예지

사실적인 미래 예지 꿈은 꿈속에서 본 그대로 현실에서 실현되는 경우다. 사실적인 미래 투시 꿈에 대한 이해를 위해 몇 가지 사례를 별도로 배치하여 살펴보고, 기타 사실적인 사례는 각 주요 항목별로 배치하여 살펴본다.

〈 6~7년 뒤에 귀양 가게 될 곳을 꿈으로 예지 〉

내가 관직이 4·3품으로 있을 때부터 늘 꿈을 꾸면 큰 누(樓) 위에 앉았는데, 그 아래는 모두 큰 바다였다. 물이 누 위에까지 올라와서 잠자리를 적시는데, 나는 그 가운데 누워 있었다. 이렇게 하기를 6~7년 동안이나 계속하였다. 깰 적마다 이상스럽게 생각하였다.

경인(庚寅)년에 이르러 내가 아무런 죄도 아닌 일로 위도(猬島)에 귀양 가게 되어, 나이가 많은 어떤 사호(司戶)의 집에 들게 되었다. 그 집에는 높은 누가 있었는데, 바로 큰 바다를 내려다보게 되었으며, 훨훨 날아갈 듯하게 지은 집으로, 물이 들창까지 치밀어오를 듯한 것이 꼭 꿈에 보던 바와 같았다.

나는 그제야 비로소 앞서의 꿈을 징험하였다. 그렇다면 사람이 출세와 은퇴, 잘되고 못되는 것이 어찌 우연한 일이겠는가. 모두가 모르는 가운데에 예정된 일이다. 당시에는 꼭 그 땅에서 죽으려니 하고 생각했었는데, 얼마 안 되어 서울에 돌아왔고, 지위가 정승에까지 올랐으니, 이 또한 하늘의 운명이 아니겠는가?

— 이규보(李奎報), 「몽설(夢說)」 『동문선』 제96권

6~7년 뒤에 귀양 가게 될 곳을 사실적인 미래 투시의 꿈으로 꾸었음을 밝히고 있다. 이규보(李奎報: 1168〔의종 22〕~1241〔고종 28〕)의 이 꿈이야기는 꿈이 실현된 지 3년 후인, 1234년(고종 21) 이규보의 나이 67세 때 쓴 사실적인 미래 투시의 꿈 체험담이다. 이규보는 6~7년 동안이나 계속 같은 꿈을 꾸었다고 밝히고 있는 바, 63세였던 1230년(고종 17) 11월에 부안현(扶安縣)의 위도(猬島)로 귀양 가는 것으로 꿈이 실현되었으니, 1223~1224년부터 반복적인 꿈을 꾸었음을 알 수 있다.

이규보는 38세라는 늦은 나이에 벼슬길에 오르게 되며, 『동국이상국집』의 연보(年譜)에 의하면, 1230년(고종 17) 나이 63세에 귀양을 가게 된다. 이해 팔관회(八關會) 잔치를 열 때 옛날 규례에 어긋난 일이 있었는데, 이에 추밀(樞密) 차공(車公)의 탄핵을 받게 된다. 지어사대사(知御史臺事) 왕유(王猷)가 밑에서 일 보는 자가 제대로 따르지 않은 것을 몹시 꾸짖자, 차공은 왕유가 재상(宰相)을 꾸짖었다고 오해하여 임금께 일렀다. 마침 공과 좌승상(左丞相) 송순(宋恂)도 그 좌석에 있었으므로, 왕유를 도왔을 것이라고 의심하여 모두 먼 섬으로 귀양 보냈다. 다음 해인 1231년(고종 18) 1월 신묘년에 고향인 여주로 옮겨졌다가, 7월 유배에서 풀려나 개성에 소환된다.

〈 조준(趙浚)이 물러나기를 청하는 꿈을 꾸다 〉

영의정부사(領議政府事) 평양부원군(平壤府院君) 조준(趙浚)이 죽었다. 조준의 자(字)는 명중(明仲)이요, 호(號)는 우재(吁齋)로 평양부(平壤府) 사람이다. — 중략 — 기묘년 8월에, 상왕(上王)의 꿈에 조준이 벼슬과 지위가 분수에 넘친다고 스스로 진술하여 물러가기를 원하였는데, 날이 밝자 조준이 과연 전(箋: 왕에게 올리는 글)을 올려 그만두고 물러날 것을 청하니, 상왕이 감탄하기를 매우 오랫동안 하다가, 위로하고 타일러서 허락하지 아니하였다.

— 태종 5년(1405) 6월 27일 『조선왕조실록』 [원전] 1집, 329쪽

조준(趙浚)이 벼슬에서 물러나기를 청하는 꿈을 꾼 다음 날, 실제로 조준이 전(箋)을 올려 벼슬에서 물러나기를 청하는 사실적인 미래 투시의 꿈으로 실현된 사례다. 구체적인 기록은 『조선왕조실록』 정종 1년(1399) 8월 3일에 「좌정승 조준이 전을 올려 사직하기를 비니 윤허하지 않다」라고 나온다.

〈 몇 년 뒤에 일어날 일을 꿈속에서 체험 〉

내 나이 17~18세 때의 꿈에, 산속에 들어가니 산이 기묘하고 물이 맑은데, 시내를 끼고 복숭아꽃이 어지럽게 피었으며, 어떤 절에 이르니, 푸른 잣나무 몇 그루의 그림자가 뜰 가에 비치고, 당에 오르니 황금 부처가 있으며 노승의 염불 소리가 숲 속에 울리고, 물러가 별실에 가니 단장한 몇몇 어여쁜 계집이 즐겁게 노는데, 사모 쓴 관원이 술을 권하여 내가 취해 도망치다가 문득 하품하고 기지개를 켜는 바람에 깨었다.

수년 뒤에 내가 백씨(伯氏)와 함께 대부인을 모시고 해주(海州)에 가서 하루는 신광사(神光寺)에서 놀았는데, 바위 틈에서 흐르는 물이나 수목이나 전당(殿堂)이 꼭 전에 꿈에서 본 것과 같았다. 순찰사(巡察使) 한공(韓公)이 또한 대부인을 위하여 재반(齋飯)을 베풀 때, 중 가운데 노승이 염불하는 것이 또한 꿈에서 본 바와 같았고, 목사(牧使) 이공이 나를 맞아 외실에

서 고을 기생 수명이 곡에 맞추어 노래하며 목사가 술을 권하여, 나는 매우 취하여 돌아왔다.

— 성현(成俔), 『용재총화(慵齋叢話)』 제4권

성현(成俔: 1439〔세종 21〕~1504〔연산군 10〕)의 사실적인 미래 투시 꿈 체험담이다. 그는 자신의 꿈 체험에서 딱 들어맞은 4가지 미래 예지 꿈 사례를 『용재총화』 제4권에 다음과 같이 적고 있다.

무릇 꿈은 모두 사려(思慮)를 따라 이루어지는 것인데, 일일이 꼭 들어맞는 것은 아니지만, 내가 일찍이 기이한 꿈을 꾸고 부절(符節)이 들어맞듯이 징험이 있었던 것이 네 번이었다.

꿈의 세계는 한 치의 오차도 거짓도 없다. 다만, 우리 인간이 꿈에 대한 이해가 부족해 꿈이 헛되고 잘못된 것이라고 알고 있는 것일 뿐이다. 꿈에도 여러 가지가 있다. 우리가 꾸는 꿈 가운데는 예지적 꿈이 가장 많지만, 단지 모든 꿈이 미래를 예지해주는 것은 아니다. 예지적인 꿈이 있는가 하면, 심리 표출의 꿈이나 창의적 사유활동의 꿈이 있을 수도 있다. 나아가 주변의 위험을 꿈을 통해 일깨워주기도 하며, 지어낸 거짓 꿈이 있을 수도 있다.

다음에 소개하는 꿈은 사실적인 미래 투시의 꿈으로 실현되었다. 꿈을 꾼 후로부터 수년 뒤에 꿈속에서 본 것과 똑같은 일로 실현되었음을 밝히고 있는 바, 우리가 꾸는 꿈 가운데는 해몽할 필요도 없이 이렇게 꿈속에 본 그대로 현실에서 일어나는 사실적인 미래 투시의 꿈이 있다. 우리가 어디선가 본 듯한 현실 속 장면을 곰곰이 생각해 봤을 때, 꿈속에서 본 광경인 경우가 여기에 해당한다.

〈 명나라에 가게 될 것과 황제의 얼굴을 본 꿈 〉

내가 기축년에 대부인의 상을 받들어 파주(坡州)에 장사지내고, 초려(草廬)에서 시묘살이를 하면서 지낼 때, 밤중에 등불을 켜고『남화경(南華經)』 내편(內篇)을 읽다가 책상에 기댄 채 잠깐 졸았더니, 문득 선경(仙境)에 이르렀는데, 그 궁실이 장엄하고 화려하여 완연히 인간 세상에서는 볼 수 없는 것이었다. 어떤 사람이 검정 옷을 입고 전(殿) 위에 앉았는데, 얼굴에 수염이 많으므로 나는 뜰 아래에서 엎드려 절하였다.

나중에 백씨(伯氏)를 따라 명나라 북경에 갔더니, 그 궁실은 역력히 꿈에서 본 그대로였고, 황제의 얼굴 또한 꿈속에서 본 것과 같았다.

— 성현,『용재총화』 제4권

성현은 꿈속에서 본 궁궐이 중국의 명나라 서울이었고, 꿈속에서 본 사람이 바로 중국 황제였다며 사실적인 미래 투시의 꿈이 그대로 실현되었음을 밝히고 있다. 또 그의 나이 31세 때인 1469년(예종 1) 9월 모친상을 치렀으며, 그로부터 3년 뒤인 1472년(성종 3)에 진하사(進賀使)였던 만형 성임(成任)을 따라 중국에 가게 되는 일로 실현되었다.

이처럼 비교적 쉽게 꿈의 실현 여부를 알 수 있었기에, 부절이 들어맞듯이 딱 들어맞았다고 적고 있다.

사실 꿈은 현실에서 예지대로 100% 실현되고 있으나, 꿈에 대한 이해가 부족한 사람들은 꿈의 상징 의미에 대해서 정확하게 알 수 없기에 그 꿈이 실현된 경우에도 모르고 넘어가는 경우가 있다. 예를 들어 아들의 머리가 깨져서 피가 나는 꿈을 꾼 경우, 꿈 내용이 실제로 일어나지 않았다고 하여 꿈이 실현되지 않은 것은 아니다. 우리가 꾸는 대부분의 꿈은 상징적인 미래 예지 꿈이다. 이 경우, 꿈에서 아들로 상징된 애착을 지녔던 증권 투자에서 막대한 손실을 보는 일 등으로 실현될 수 있다. 처한 상황에 따라 아끼던 자동차의 앞부분이 파손되는 일로 이루어질 수도 있다. 심리 표출의 꿈의 경우는 내면 심리를 반영한 것일 뿐, 미래 예지적인 일로 이루어지지 않는다.

〈 중국에 들어가 석경(石經)을 보는 꿈 〉

내(서경순: 徐慶淳)가 을묘년(1855, 철종 6) 정월 보름날 밤 꿈에, 중국에 들어가서 어떤 곳에 이르니, 현판을 태학(太學)이라 하였고 돌이 여기저기 서 있었으니, 곧 백개(伯喈) 채옹(蔡邕)의 석경(石經)인데, 석면(石面)이 깎이고 패여서 글자 획이 뭉개지고 돌결이 부스러져 있었다. 그래서 내가 감회를 억누르지 못하고 손으로 여러 번 만져 보고, 두 기둥 사이로 올라가서 절하니, 엄연히 공부자(孔夫子)께서 앉아 계신 것 같았다. 한참 만에 깨어나 보니, 곧 꿈이었다.

혼자서 마음속으로 '꿈도 이상하다'고 생각하였다. 꿈이란 원인이 있고 생각이 있어야 하는 것이다. 과연 생각에서 나온 것일까? 혹은 인연에서 나온 것일까? 전일에 인연도 없었고 금일에 생각도 없었는데, 이런 꿈이 어째서 있었을까?

이해 10월에 삼종형(三從兄) 우란공(友蘭公)이 상사(上使)의 명을 받드니, 내가 종사관으로 따라갔다. 연경에 들어간 지 열아흐레 만에 태학에 가서 공부자의 사당에 참배하니, 사당 앞에 있는 석경 92개가 별같이 벌여 있고 바둑같이 퍼져 있었다. 내가 문득 전날의 꿈을 생각하고 기뻐서 다가가 살펴보니, 꿈속에서 본 것이 아니었다. 관(館)으로 돌아오니, 마침 회령(懷寧) 사람 방삭소동(方朔小東)의 서신이 왔는데, 백개 채옹의 석경 탑본(搨本) 6장을 함께 보내어 나에게 보여주었으니, 이것이야말로 틀림없이 꿈에 본 것이었다. 나도 모르게 큰소리로 감탄하여, '이상도 하다, 꿈이여.' 인연이 없어도 인연이 있게 되고, 생각함이 없어도 생각이 있게 됨을 알았다. (요약 발췌)

— 서경순(徐慶淳), 「서(序)」『몽경당일사(夢經堂日史)』

서경순(徐慶淳)은 석경(石經)의 꿈을 기록하였기에 몽경당(夢經堂), 북경에 갔었던 여행을 기록해서 일사(日史)라 이름했다고 밝히고 있다. 정월 보름날 채옹(蔡邕)의 석경(石經)을 보는 꿈을 꾸고, '왜 이런 꿈을 꾼 것인가?' 하고 궁금히 여겼는데, 9개월 뒤인 10월에 석경의 탑본을 보는 일로 이루어졌다.

몽경당(夢經堂)은 조선 후기의 문신인 서경순의 호(號)로, 그는 1855년(철종 6) 진위진향사(陳慰進香使)의 종사관(從事官)으로 연경에 다녀와서 기록을 남겼다. 저서에는 『몽경당일사(夢經堂日史)』가 있다.

〈 꿈에 정자를 보다 〉

공이 항상 명예와 권세를 멀리하려고 하여 문호(門户)를 세워서 사사로이 후진들과 결탁하지 않았기 때문에 누차 말썽이 있자 마음이 매우 좋지 않았다. 이보다 앞서 꿈에 한 정자에 이르러 보니 마음에 썩 들었다. 후에 정자를 사고 보니, 꿈에 보았던 경치와 꼭 같았다. 이에 몽뢰(夢賚)라고 이름을 짓고 당(堂)은 퇴우(退憂)라고 하였다.

— 정유길(鄭惟吉)

정유길은, 자는 길원(吉元)이며, 호는 임당(林塘)이요, 문익공(文翼公) 광필(光弼)의 손자다.

—<선조조의 상신(相臣)>「선조조(宣祖朝) 고사본말(故事本末)」『연려실기술』 제18권

이렇게 꿈속에 본 것이 장차 현실에서 비교적 단순하고 사실적인 미래 투시의 꿈으로 이루어지고 있다. 이러한 꿈 사례는 무수히 많다.

〈 꿈에서 일어난 일이 현실로 이루어지다 〉

홍섬(洪暹)이 이조좌랑으로 있을 때 금부(禁部)에 잡혀 형벌을 받은 일이 있었다. 이때 매를 맞다가 아픈 중에도 꿈을 꾸니 관부 문이 크게 열리면서 나장이 큰 소리로 "판부사께서 들어오신다." 하는데, 자기 몸이 중문을 거쳐 들어와서 마루 위 의자에 앉으니, 여러 아전들이 엎드려 예를 하는 것이었다.

꿈에서 깨자 이상히 여겼더니, 그 뒤에 귀양지에서 풀려나와 판의금부사(判義禁府事)가 되었는데, 모든 일이 하나같이 꿈속에서 본 것과 같았다고 한다. 이상한 일이다.

— 이수광(李睟光), 『지봉유설(芝峯類說)』

홍섬(洪暹: 1504〔연산군 10〕~1585〔선조 18〕)은 조선 중기의 문신으로 자는 퇴지(退之)다. 1535년 이조좌랑으로서 김안로(金安老)의 전횡을 탄핵하다가 그 일당인 허항(許沆)의 무고로 흥양에 유배, 1537년 김안로가 사사(賜死)된 뒤 3년 만에 석방되었다. 그 뒤 수찬·부제학·경기도관찰사·대사헌을 거쳐, 1560년 이량(李樑)의 횡포를 탄핵하다가 사직당하였고, 1563년 판의금부사(判義禁府事)로 복직한다. 참고로, 판의금부사는 조선 시대 의금부(義禁府)의 으뜸 벼슬인 판사(判事)로 종1품(從一品) 관직이다.

홍섬의 나이 31세 때인 1535년 이조좌랑으로 있을 때 이러한 사실적인 미래 예지 꿈을 꾸고 나서, 무려 28년 뒤인 그의 나이 59세 때 꿈의 실현이 이루어졌다.

이렇게 오랜 기간이 지난 뒤에 꿈의 실현이 이루어지는 것이 상당수 있다. 예를 들어, 태몽의 실현은 평생에 걸쳐 이루어지고 있다. 또한 요즈음 사람들의 꿈 사례로, 어렸을 때 자주 가던 이름 모를 산길이 몇십 년 지나서 나이 들어 기도원으로 가는 길로 실현된 사례가 있다.

〈 꿈에서 본 대로 이루어지다 〉

— 전략 — 인성(寅城) 정철이 일찍이 말하기를, "내 일생에 꿈과 현실이 많이 부합되었습니다. 신묘년의 꿈에 강계부사가 되더니, 얼마 안 되어 강계로 귀양살이를 갔고, 위리안치 중에 또 아들 종명(宗溟)이 대과에 장원으로 급제하고서 거리를 돌아다니는 꿈을 꾸었더니, 얼마 안 되어 용방(龍榜)의 선발에 뽑혔고, 또 이경(李璥)이 종기로 진주에서 죽는 꿈을 꾸었는데, 이제 계장(啓將)을 보니, 과연 그러하였소." 하였다.

— 박동량(朴東亮) 「임진잡사」『기재사초』 하, 『대동야승』 제52권

정철(鄭澈: 1536〔중종 31〕~1593〔선조 26〕)은 1590년(선조 23) 그의 나이 55세 때, 정여립의 난을 다스린 공으로 평난공신(平難功臣)에 책봉되고 인성부원군(寅城府院君)의 봉호를 받는다. 선조는 왕비의 소생인 원자(元子)가 없었고, 다만 후궁 소생의 왕자들만이 있었으므로 왕세자 책립에 어려움이 많았다. 1591년(선조 24) 그의 나이 56세 때, 2월 경연(經筵)에서 왕에게 세자를 세우는 건저(建儲) 문제로 "세자를 세워야 한다"는 의논을 꺼내자 선조 임금이 매우 노하여서, "내가 지금 살아 있는데 네가 세자 세우기를 청하니 어쩌자는 것이냐." 하였다. 그는 선조의 노여움을 사서 파직되고, 6월 명천(明川)에 유배지가 정해졌다가 진주로 옮겨 유배되었고, 다시 7월 강계(江界)로 이배되어 위리안치되는 바, 꿈의 실현은 5개월여 뒤에 이루어지고 있다. 그러나 1년 뒤인 1592년 임진왜란이 일어나자, 귀양에서 풀려나 평양에서 왕을 맞이하고 의주까지 호종하게 된다.

정철이 강계로 이배되어 위리안치된 때에 꾼 사실적인 미래 투시의 꿈처럼, 둘째 아들인 정종명(鄭宗溟: 1565〔명종 20〕~1626〔인조 4〕)은 1592년 7월 의주행재소에서 실시된 별시 문과에 장원으로 급제하였다.

또한 이경(李璥)이 종기로 진주에서 죽는 꿈 또한 사실적인 미래 투시의 꿈으로 실현되고 있음을 다음의 기록에서 찾아볼 수 있다.

처음 적병이 진주로 향한다고 큰소리치니 목사 이경(李璥)과 판관 김시민이 지리산에 들어가 피난하였다. 김성일이 듣고 진주로 달려가니, 경내가 텅 비어 있었다. 김시민은 먼저 나와 기다리고 이경은 병이라고 칭하였다. 김성일이 군령(軍令)으로 오게 했더니, 이경이 등창으로 죽었다. 김성일이 김시민을 시켜 군사를 정돈하여 성을 지키게 하였다. (『순영록』)

—<진주(晉州)의 승전> 「선조조(宣祖朝) 고사본말(故事本末)」 『연려실기술』 제15권

〈 꿈속에서 지은 몽중시대로 이루어지다 〉

산 남쪽 10리쯤 잡초 우거진 덤불 사이에 서 있는 작은 비석에, '비 장군이 범을 쏜 곳[飛將軍射虎處]'이라 쓰여 있고, 비석 곁에 흰 돌 하나가 있는데 한(漢) 나라 때의 돌이라고 전한다.

지난해 가을 꿈속에서 얻은 시다.

騎馬西風過北平　서풍에 말을 타고 북평을 지나는데
醉來彈琴氣崢嶸　술에 취해 거문고 타니 호기가 높네
曠平千秋流悵甚　광막한 천추에 흐르는 시름 많으니
後人目我一書生　뒷사람이 나를 한낱 서생이라 지목하리

모든 꿈에는 생각이 스며 있고 또 까닭이 있는 것인데, 생각도 까닭도 없이 이런 꿈을 꾸었으니 괴이하다. 또 꿈속에서 지은 시는 깨고 나면 곧 잊는 법인데, 이 시는 잊히지 않았으니 더욱 괴이하다. 이제 몸소 이 땅을 지나서 나도 모르게 옛일을 생각하는 느낌을 갖게 된 것이다. 그리하여 호녀[胡姬]의 주막에 가서 술 한 통을 사서 실컷 마시고, 허리에 찬 칼을 빼 들고서 꿈속에 지은 시를 읊으니, 뜻밖에 얻은 기회나 인연에는 미리 정해진

것이 있음을 비로소 깨달았다. — 후략 —

— 김정중(金正中), 1791(정조 15) 12월 16일 『기유록(奇遊錄)』

1791년(정조 15) 정사 김이소(金履素)를 따라 북경에 갔던 백두(白頭: 벼슬을 하지 못한 사람을 비유적으로 이르는 말) 선비 김정중(金正中)이 1년여 후에 일어날 일을 특이하게 꿈속에서 지은 몽중시로 예지한 사례다.

참고로, 이광(李廣)은 한문제(漢文帝) 때의 명장으로, 흉노(匈奴)들이 '비장군(飛將軍)'이라 불렀으며, 활을 잘 쏘기로 유명하고 범 사냥으로 유명하다.

〈 꿈에 본 곳을 가게 되다 〉

내가 남양(南陽) 원으로 있을 때 꿈에 한 강산(江山)을 유람한 일이 있었는데, 오늘 여러 곳을 두루 다니며 구경한 것이 완연히 꿈속에서 본 것과 같다. 남양 원에서 체직(遞職: 벼슬을 갈아 냄)되어 이 사행(使行)으로 오게 된 것이 정해진 운명의 길임을 비로소 알았다.

— 강홍중(姜弘重), 『동사록(東槎錄)』

사실적인 미래 투시의 꿈 사례다. 강홍중(姜弘重: 1577〔선조 10〕~1642〔인조 20〕)은 조선 중기의 문신으로 자는 임보(任甫), 호는 도촌(道村)이다. 『동사록(東槎錄)』은 통신부사(通信副使)로 일본에 다녀와서 보고 느낀 것을 기록한 사행일록(使行日錄)이다.

〈 20세 때 본 꿈속의 일이 18년 뒤에 현실에서 실현되다 〉

대마도 태수가 또 다른 자리에서 음식을 들이므로 자리를 옮겨 가 보니, 전(殿)의 동쪽 모퉁이에 있는 한 줄로 된 장랑(長廊) 33칸에 3만 3천 3백

33불(佛)을 모셨는데, 높고 낮은 층층의 탁자(卓子)를 만들어 비늘처럼 차례로 모시어서 불상의 전신이 드러났다. 불상 하나마다 작은 불상 10여 개가 연하여서 손으로 낱낱이 헤아릴 수 있었다.

내가 20세 때의 일이 기억났는데, 꿈에 한 금전(金殿)에 들어가서 보니 금불(金佛) 수만 개가 다닥다닥 집 안에 가득하였고, 그 아래에서 어떤 사람이 가리키며 말하기를, "3천 세계다." 했는데, 지금 와 보니 꿈속의 일과 완연히 서로 부합하였다. 대개 앞에 벌써 정해짐[前定]이 있는 것이다. (요약 발췌)

— 신유한(申維翰), 『해유록(海遊錄)』

신유한(申維翰)은 1719년 통신사의 일원으로 일본에 다녀와 『해유록(海遊錄)』을 지었다. 20세 때 꿈속에서 본 일이 18년 뒤인 38세 때, 일본에 갔을 때 사실적인 꿈으로 실현되고 있음을 밝히고 있다.

〈 조는 사이 꿈에 도적 떼를 보다 〉

양진극은 남원 양씨로 자는 백경이었다. 시골에서 좌수를 지낼 때 집에 팔십 노모가 계셨지만, 늘 관아에서 근무하지 않으면 안 되었다. 어느 날 밤에 잠시 눈을 붙였다가 도적 떼 수십 명이 자기 집에 난입하는 꿈을 꾸었다.

놀라 깨어서는 마음을 진정치 못하다가, 즉시 활과 칼을 차고 한밤중임에도 불구하고 혼자서 말을 달려 집으로 돌아왔다. 과연 도적 떼가 가재도구를 약탈하고 있었으나, 이쪽은 홀몸이고 저쪽은 수가 많았다. 숲 속에 홀로 몸을 숨기고 있다가, 도적이 나오자 연달아 활을 쏘아 거꾸러뜨리니, 도적 떼가 놀라 흩어져 버렸다.

서른 살에 무과에 올라 종2품 가선대부에 이르고, 정묘호란 때에는 평안도 안주의 수성 중군에 임명되었다. 청나라 군사들이 성을 포위하고 함락시키자, 오영의 장수들과 함께 성루에 올라가 동쪽을 향해 향을 사르고 재배한 후, 한꺼번에 불을 질러 자결했다.

— 김성언 역주, 『대동기문』 하, 국학자료원, 225쪽

사실적인 미래 투시의 꿈으로 실현된 사례다. 참고로, 『조선왕조실록』의 기록을 살펴본다.

〈 정묘년 순절한 남이흥 등 16인의 사우를 안주 산성에 세우도록 명하다 〉

정묘년에 순절(殉節)한 여러 신하 중에 의춘군(宜春君) 남이흥(南以興) 등 16인의 사우(祠宇)를 안주산성(安州山城)에다 세우도록 명하였다. — 중략 — 성(城)을 지키면서 힘을 다하여 싸우고 대비하여 방어하다가, 성(城)이 함락되자 스스로 불에 타서 죽었는 바, 제사(祭祀)를 지내도록 하여 '절의(節義)'를 숭상하고 장려하며 격동시키고 권면하도록 청하자, 예조에서 복주하여 허락하도록 청하였다. — 중략 — 임금이 사우의 이름을 지어 내리기를 충민(忠愍)이라 하고 예조 낭관(禮曹郎官)을 파견하여 제사를 내렸다.

— 숙종 7년(1681) 7월 26일 『조선왕조실록』 [원전] 38집, 544쪽

2. 계시적 예지

계시적인 예지는 꿈의 다양한 표현 기법 중에서 비교적 가장 단순한 기법 중 하나로, 꿈이 실현되기까지 시간적인 여유가 없다거나, 꿈을 꾼 사람이 절대적으로 믿게 하기 위한 방안으로 쓰이고 있다. 따라서 이 경우 계시적으로 일깨워주는 사람은 죽은 조상, 산신령, 신인(神人) 등 절대적인 대상이 등장하는 것이 일반적이다. 고전소설에서 주인공이 위험에 빠졌을 때, 흔히 사용되는 수법이다.

직접적인 계시로 꿈속에서 일러주는 경우, 꿈을 발현하게 하는 우리의 정신능력이 그때그때의 상황 여건에 따라 적절한 꿈의 기법을 동원하여 일깨워주는 것이므로 그대로 따라주는 것이 좋다. 즉, 꿈을 꾼다는 것은 우리의 신성(神性)한 정신능력 활동이 활발히 일어나고 있다는 것을 보여주고 있다.

〈 동명왕의 건국을 계시한 꿈 〉

북부여의 왕인 해부루(解夫婁)의 대신 아란불(阿蘭弗)의 꿈에 천제가 내려와서 일러 말하기를, "장차 내 자손을 시켜서 이곳에 나라를 세울 것이니, 너는 다른 곳으로 피해 가도록 하라(이것은 후에 이 땅에 동명왕이 장차 일어날 조짐을 말함이다). 동해의 가에 가엽원(迦葉原)이라는 곳이 있는데, 땅이 기름지니 왕도를 세울 만할 것이다." 하였다.

아란불은 왕을 권하여 그곳으로 도읍을 옮기고, 국호를 동부여라 했다.

—「기이(紀異)」 제1 『삼국유사』 권 제1

다시 『삼국사기』에 나오는 기록으로 간추려 살펴본다.

고구려의 시조인 동명성왕(東明聖王)은 성이 고씨(高氏)고 이름이 주몽(朱蒙: 추모[鄒牟] 또는 중해[衆解]라고도 하였다)이다. 이보다 앞서 부여(扶餘)의 왕 해부루(解夫婁)가 늙도록 아들이 없어 산천에 제사를 드려 대를 이을 자식을 구하였는데, 그가 탄 말이 곤연(鯤淵)에 이르러 큰 돌을 보고 서로 마주하여 눈물을 흘렸다. 왕이 이상히 여겨 사람을 시켜서 그 돌을 옮기니 어린아이가 있었는데, 금색의 개구리[蛙] 모양이었다. 왕은 기뻐하며 말하기를 "이것은 바로 하늘이 나에게 자식을 준 것이다." 하고는 거두어 길렀는데, 이름을 금와(金蛙)라 하였다. 그가 장성하자 태자로 삼았다.

후에 재상 아란불(阿蘭弗)이 말하였다.

"일전에 하느님이 내게 내려와 '장차 내 자손으로 하여금 이곳에 나라를 세우게 할 것이니 너희는 피하거라. 동쪽 바닷가에 가섭원(迦葉原)이라는 땅이 있는데, 토양이 비옥하여 오곡(五穀)이 잘 자라니 도읍할 만하다'고 하였습니다."

아란불이 마침내 왕에게 권하여 그곳으로 도읍을 옮겨 나라 이름을 동부여(東扶餘)라고 하였다.

—「고구려본기」 1 『삼국사기』

2006년 MBC 드라마로 인기를 끌었던 「주몽(朱蒙)」의 동명성왕(東明聖王)이 고구려를 건국하게 되는 것이 하늘의 뜻을 받아 이루어졌음을 보여주는 계시적 성격의 꿈 사례다.

이러한 계시적 성격의 꿈 사례는 민중이 꿈을 절대적으로 믿거나 신성시하는 것을 이용하여 건국의 정당성을 주장하거나, 등장인물이나 대상이 하늘의 계시를 받은 신성한 인물이며 절대적인 행위임을 내세우고 있다. 하지만 이러한 계시적인 성격의 꿈 가운데는 목적 달성이나 민심 안정 등을 위해 거짓으로 지어낸 꿈이 있을 수 있다.

주몽이 고구려를 건국하게 되는 과정은 널리 알려진 이야기이기에 『삼국사기』의 기록을 요약해 살펴본다. 또한 대부분의 건국신화가 그렇듯이 천제의 아들인 해모수의 자식으로, 알에서 태어났다는 신비한 출생담을 통하여 신성시하고 건국을 성스럽게 미화하고 있음을 알 수 있다.

> 해부루가 죽자 금와가 뒤를 이어 즉위하였다. 금와는 이때 태백산(太白山) 남쪽 우발수(優渤水)에서 하백(河伯)의 딸로서, 천제의 아들 해모수와 사통하였다는 유화(柳花)라는 여인을 알게 된다. 금와는 그녀를 이상하게 여기고 방 안에 가두어 두었는데, 햇빛이 유화의 배를 비춰서 임신을 하고 알 하나를 낳게 되었다. 이에 그 알을 개·돼지에게 주었는데 모두 먹지 않았고, 길 가운데에 버렸으나 소나 말이 피하였다. 후에 들판에 버렸더니 새가 날개로 덮어 주었다. 금와는 알을 쪼개려고 하였으나 깨뜨리지 못하고, 마침내 그 어머니에게 돌려주었다. 그 어머니가 물건으로 싸서 따뜻한 곳에 두었더니, 한 사내아이가 껍질을 깨고 나왔는데 골격과 외모가 빼어나고 기이하였다. 그는 남달리 뛰어나 나이가 겨우 일곱 살이었을 때 스스로 활과 화살을 만들어 쏘면 백발백중이었다. 부여의 속어에 활 잘 쏘는 것을 주몽(朱蒙)이라고 하였으므로 이것을 이름으로 삼았다.

금와에게는 일곱 아들이 있어서 항상 주몽과 더불어 놀았는데, 그 기예와 능력이 모두 주몽에게 미치지 못하였다. 그 맏아들 대소(帶素)가 왕에게 말하였다.

"주몽은 사람이 낳은 자가 아니어서 사람됨이 용맹스럽습니다. 만약 일찍 일을 도모하지 않으면 후환이 있을까 두렵습니다. 청컨대 없애버리십시오!"

왕은 그 말을 듣지 않고, 주몽에게 말을 기르게 하였다. 주몽은 날랜 말을 알아내어 먹이를 적게 주어 마르게 하고, 둔한 말은 잘 먹여 살찌게 하였다. 왕은 살찐 말을 자신이 타고, 마른 말을 주몽에게 주었다. 후에 들판에서 사냥할 때 주몽이 활을 잘 쏘기 때문에 화살을 적게 주었으나, 주몽은 짐승을 매우 많이 잡았다. 왕자와 여러 신하가 또 죽이려고 꾀하자, 주몽의 어머니가 이것을 알아채고 주몽에게 일렀다.

"나라 사람들이 장차 너를 죽일 것이다. 너의 재주와 지략으로 어디를 간들 안 되겠느냐? 지체하여 머물다가 욕을 당하느니보다는 멀리 가서 뜻을 이루는 것이 나을 것이다."

그래서 주몽은 오이(烏伊)·마리(摩離)·협보(陜父) 등 세 사람과 함께 떠나 엄시수에 다다랐는데, 그곳을 건너려 하였으나 다리가 없어 추격병에게 잡힐 뻔하였다. "나는 천제(天帝)의 아들이요, 하백의 외손이다. 추격자들이 다가오니 어찌하면 좋은가?" 하자 물고기와 자라가 떠올라 다리를 만들었으므로 주몽은 건널 수 있었다.

주몽은 모둔곡(毛屯谷)에 이르러, 세 어진 사람을 만나게 되어 그 능력을 살펴 각각 일을 맡기고, 그들과 함께 졸본천(卒本川)에 이르렀다. 그 토양이 기름지고 아름다우며, 산하가 험하고 견고한 것을 보고 마침내 도읍하려고 하였으나, 궁실을 지을 겨를이 없었으므로 다만 비류수(沸流水) 가에 초막을 짓고 살았다.

나라 이름을 고구려(高句麗)라 하고 그로 말미암아 고(高)로써 성을 삼았다(일설에는 주몽이 졸본부여에 이르렀다. 왕에게 아들이 없었는데 주몽을 보고는 범상치 않은 사람인 것을 알고 그 딸을 아내로 삼게 하였다. 왕이 죽자 주몽은 왕위를 이었다고 나온다). 이때 주몽의 나이가 22세였다. 이해는 서기전 37년, 신라 시조 혁거세(赫居世) 21년 갑신년이었다.

주몽은 사방에서 듣고 와서 따르는 자가 많았다. 그는 비류수 가운데로 채소 잎이 떠내려오는 것을 보고 상류에 사람이 있다는 것을 알게 되고, 사냥하며 찾아가서 비류국(沸流國)에 이르렀다. 그 나라 왕 송양(松讓)과 활을 쏘아 재능을 겨루었는데, 송양이 당해내지 못하였다. 2년(서기전 36) 여름 6월에 송양이 항복해 와, 그 땅을 다물도(多勿都)로 삼고, 송양을 봉하여 우두머리로 삼았다. 고구려 말에 옛 땅을 회복하는 것을 다물이라 하였으므로 그렇게 이름한 것이다.

—「고구려본기」1『삼국사기』

〈 김수로왕의 왕후 계시 〉

김수로왕이 배를 타고 온 일행을 맞아들이니 "저는 인도 아유타국의 공주인데 성은 許(허)이고 이름은 黃玉(황옥)이며 나이는 16세입니다. 본국에 있을 때, 금년 5월에 부왕과 황후께서 저에게 말씀하시기를,

'우리가 어젯밤 꿈에 하늘의 상제를 뵈었더니, 상제께서는 가락국의 왕 수로를 하늘이 내려보내서 왕위에 오르게 하였으니, 신령스럽고 성스러운 사람이다. 또 나라를 새로 다스리는 데 있어 아직 배필을 정하지 못했으니, 그대들은 공주를 보내서 그 배필을 삼게 하라 하시고 말을 마치자 하늘로 올라가셨다. 꿈을 깬 뒤에도 상제의 말이 아직도 귓가에 그대로 남아 있으니, 너는 이 자리에서 곧 부모를 작별하고 그곳으로 떠나라.' 하시었습니다."

—「기이(紀異)」 제2『삼국유사』권 제2

김수로왕(金首露王: ?~199)이 아내를 맞이하게 된 것이 하늘의 뜻이며, 계시적인 꿈으로 인하여 이루어졌음을 언급하고 있는 바, 건국 시조인 김수로왕의 비(妃)가 하늘의 계시를 받은 신성한 인물임을 내세워 민중의 절대적인 지지 및 신비감을 불러일으키고 있다.

김수로왕은 가야(伽倻)의 시조로 김해 김씨의 시조다. 탄생에 대해서는『삼국유사』에 실린「가락국기(駕洛國記)」에 전해지고 있는 바, 요약하여 살펴본다.

나라가 없던 때 가락 지역에서는 주민들이 촌락별로 나뉘어 생활하고 있었다. 하늘의 명을 받아 가락국의 아홉 우두머리인 9간(九干) 이하 수백 명이 구지봉(龜旨峰)에 올라가 하늘에 제사를 지내고 춤을 추면서, "거북아 거북아 머리를 내어놓아라. 만일 내어놓지 않으면 구워 먹으리라〔龜何龜何 首其現也 若不現也 燔灼而喫也〕."라며 「구지가(龜旨歌)」, 일명 「영신군가(迎神君歌)」를 불렀다.

이때 하늘에서 붉은 보자기에 싸인 금빛 그릇이 내려왔는데, 그 속에 둥근 황금색 알이 6개 있었다. 이 알에서 태어난 사내아이들 가운데 키가 9척이며 제일 먼저 사람으로 변한 것이 수로였다. 주민들은 수로를 가락국의 왕으로 받들었고, 나머지 아이들도 각각 5가야의 왕이 되었다. 그리고 천신(天神)의 명으로 배를 타고 바다를 건너온 아유타국(阿踰陀國: 인도의 한 나라)의 공주 허황옥(許黃玉)을 왕비로 삼았다.

구지가의 해석에 대해서는 여러 가지 의견이 존재하는데, "거북아 거북아 머리를 내어놓아라."에서 거북이는 신령스럽고 절대적인 존재이면서 신에게 소원을 비는 기구(祈求)의 대상으로, "머리를 내어놓아라"에서 '머리'는 '首(머리 수)' 자를, '내어놓아라'는 '露(드러낼 로) 자'로서, 首露王(수로왕)의 탄생을 기원하는 집단적이면서 노동요 성격의 노래로 보고 있다. 또한 "만일 내어놓지 않으면 구워 먹으리라."에서 위압적이며 강제적인 압박을 통하여 절대적으로 이루어지기를 바라는 주술적인 성격을 띠고 있는 바, 이는 훗날 신라 성덕왕 때 순정공이 강릉태수로 부임할 때 동행하였던 수로 부인이 용왕에게 납치되자, 마을 사람들이 모여서 불렀다는 「해가사(海歌詞)」의 가사 "만약 수로 부인을 내놓지 않으면, 그물로 잡아서 구워 먹고 말리라."에 영향을 주고 있다.

인도 아유타국의 공주가 꿈의 계시를 받고 바다를 건너와 김수로왕의 왕비가 되었다는 신화적 이야기에 대해서는, 실제로 인도의 아요디야(Ayodhya)라는 지명을 지닌 곳으로 추정해 역사적인 사실로 추정하고자 하는 논문이 있으나 자세한 것은 생략한다.

〈 하늘이 후궁에게 아들을 낳게 할 것이라는 꿈 〉

고구려 산상왕 7년(203년) 봄 3월에 왕은 아들이 없었으므로 산천에 기도하였다. 이달 15일 밤, 꿈에서 하늘이 말하기를 "내가 너의 후궁에게 아들을 낳게 할 것이니 염려하지 말라"고 하였다. 왕은 여러 신하들에게 "꿈에 하늘이 나에게 이와 같이 간곡하게 말했는데, 후궁이 없으니 어떻게 하겠느냐?" 하고 물었다. 을파소가 "하늘의 명령은 헤아릴 수 없으니, 왕께서는 기다리십시오."라고 대답하였다. 가을 8월에 국상 을파소가 죽어, 나라 사람들이 통곡하였다. 왕은 고우루(高優婁)를 국상으로 삼았다.

산상왕 12년(208년) 겨울 11월에 교제(郊祭)에 쓸 돼지가 달아나서 담당자가 쫓아가서 주통촌(酒桶村)에 이르렀으나 머뭇거리다가 잡지 못하였는데, 20세쯤 되는 아름답고 요염한 한 여자가 웃으면서 앞으로 가서 잡으니, 그 후에야 쫓아가던 사람이 잡을 수 있었다. 왕은 그것을 듣고 이상하게 여겨, 그 여자를 보려고 밤에 몰래 여자의 집으로 가서, 시종을 시켜 말하게 하였다. 그 집에서는 왕이 온 것을 알고 감히 거절하지 못하였다. 왕이 방으로 들어가 여자를 불러서 통정하려 하자, 여자가 말하기를 "대왕의 명을 감히 피할 수 없으나, 만약 관계하여 아들을 낳으면 버리지 말기를 바랍니다." 왕은 그것을 허락하였다. 자정이 되어 왕은 일어나 궁으로 돌아왔다.

산상왕 13년(209년) 봄 3월에 왕후는 왕이 주통촌 여자와 관계한 것을 알고 질투하여, 몰래 군사를 보내 죽이려고 하였다. 그 여자가 듣고 알게 되어 남자 옷을 입고 도주하니 군사들이 쫓아가 해치려고 하였다. 그 여자가 물었다. "너희들이 지금 와서 나를 죽이려 하는 것이 왕의 명령이냐, 왕후의 명령이냐? 지금 내 배 속에 아들이 있는데, 진실로 왕이 남긴 몸이다. 내 몸을 죽이는 것은 가하나, 왕자까지도 죽일 수 있겠느냐?" 군사들이 감히 해치지 못하고 와서 여자가 말한 대로 고하니, 왕후가 노하여 기필코 죽이려고 하였으나 이루지 못하였다.

왕은 그 말을 듣고 다시 여자의 집으로 가서 "네가 지금 임신하였는데 누구의 아들이냐?" 하고 물었다. 여자가 대답하였다. "첩은 평생 형제와도 자리를 같이하지 않았는데, 하물며 감히 성이 다른 남자와 가까이 할 수 있었겠습니까? 지금 배 속에 있는 아들은 정녕 대왕이 남긴 몸입니다."

왕이 위로하고 선물을 매우 후하게 주고 돌아와서는 왕후에게 말하니, 왕후가 결국 감히 해치지 못하였다.

가을 9월에 주통촌의 여자가 사내아이를 낳았다. 왕은 기뻐하며 "이것은 하늘이 뒤를 이을 아들을 나에게 준 것이다."라고 말하였다. 교제(郊祭)에 쓸 돼지의 일에서 시작되어 그 어미를 가까이하기에 이르렀으므로, 그 아들의 이름을 '교체'라 하고, 그 어미를 후궁으로 삼았다. 이전에 그녀의 어머니가 아이를 배어 낳기 전에, 무당이 점쳐 말하기를 "반드시 왕후를 낳을 것이다."라고 하였다. 어머니가 기뻐하고 낳은 후 이름을 후녀(后女)라고 하였다. 겨울 10월에 왕은 환도로 도읍을 옮겼다. 산상왕 17년(213년) 봄 정월에 '교체'를 세워 왕태자로 삼았다.

—『삼국사기』

『삼국사기』에 전하는 고구려 제11대 동천왕(東川王) 탄생에 관한 신비한 꿈이야기다. 산상왕(山上王, ?~227)은 고구려 제10대 왕(재위기간: 197~227)으로, 이름은 연우(延優)·이이모(伊夷模)로 제8대 신대왕(新大王)의 아들이며, 제9대 고국천왕(故國川王)의 동생으로, 형의 왕비였던 왕후 우씨(于氏)의 도움으로 왕위에 오르게 된다. 207년(산상왕 11) 왕이 주통촌으로 찾아갔는데, 208년에 그곳의 한 처녀가 산상왕의 아들을 낳았다. 처녀는 소후(小后=후궁)에 봉해졌고, 그 아들은 훗날 제11대 동천왕(東川王)이 되었다.

『연려실기술』에서는 연우가 산상왕으로 왕위에 오르게 된 것에 대하여 다음과 같이 언급하고 있다.

> 고국천왕(故國川王)이 죽을 때에 자손이 없었으므로 왕후 우씨(于氏)가 비밀리에 임금의 죽음을 발표하지 않고, 밤에 임금의 아우인 발기(發岐)의 집에 가서 말하기를, "임금에게 뒤를 이을 아들이 없으니, 당신이 의당 왕위를 이어야겠다."고 하니, 발기가 꾸짖기를, "부인이 밤에 다니는 것이 예(禮)이냐."라고 하자, 왕후가 부끄러워하였다. 이에 발기의 동생인 연우(延優)의 집에 찾아가니, 연우가 맞아들여 술을 마시고, 마침내 함께 궁궐에 들어가 다음 날 임금의 유언을 날조하여 왕위에 올랐다.

연우가 이렇게 형의 왕비였던 왕후 우씨(于氏)의 도움으로 왕위에 오를 수 있었기에 우씨를 왕후로 삼기에 이르며, 또한 왕후가 몰래 군사를 보내 주통촌 여자를 죽이려고 한 데서 알 수 있듯이, 질투와 간섭이 심하였음을 알 수 있다.

그 후 아들을 낳지 못해 고심하던 왕에게 꿈을 통해, 후궁에게 장차 아들을 낳게 해 줄 것이라는 계시를 내린다. 하지만 왕은 꿈의 실현을 미심쩍어 하기에 이른다. 그로부터 5년 후에 제사에 쓰이는 돼지가 달아나는 것을 찾으려다가 알게 된 한 여인을 왕이 가까이하기에 이르고, 임신하게 되어 아들을 낳음으로써 장차 왕태자로 책봉되며, 나아가 제11대 동천왕으로 왕위에 오르게 된다.

이처럼 계시적인 성격을 띠는 꿈의 경우, 꿈의 계시대로 이루어지고 있다. 과학적·합리적으로 보자면, 꿈속의 하느님이나 산신령·조상 등 이러한 모든 영적 대상은 과학적으로 실제로 존재하는 것이 아닌, 인간의 정신능력 활동이 빚어낸 꿈의 상징 기법의 하나다.

한편 안정복(安鼎福: 1712〔숙종 38〕~1791〔정조 15〕)은 『동사강목』에서 이에 대하여 평하기를 "하늘이 어찌 말을 하랴! 연우가 주통촌(酒桶村)의 여자를 감추려고 하늘이 말했다고 속이니, 소인의 거리낌 없음이 심하다."라고 하여, 산상왕이 반대하는 세력을 물리치고 후궁을 얻기 위하여 하늘의 계시를 받았다는 꿈이야기를 지어냈다고 보고 있다.

이처럼 계시적 성격의 꿈이 아닌, 자신의 목적 달성과 합리화를 위해 지어낸 거짓 꿈이야기로 보는 견해가 있을 수가 있기는 하다. 이와 유사한 중국의 사례로, 은(殷)나라 고종(高宗)인 무정(武丁)이 어느 날 꿈에 나타난 사람을 그리게 하여, 마침내 부암(傅巖)의 들에서 부열(傅說)을 찾아낸 이야기를 들 수 있다.

이수광은 『지봉유설』 15권 「신형부」 〈몽매〉에서 다음과 같이 언급하고 있다.

> 양신(楊愼)이 말하기를, "무정(武丁)은 일찍이 백성들 사이에 살았을 때, 이미 부열(傅說)이 어질다는 것을 알고 있었다. 그러나 하루아침에 그를 재상으로 등용하여 백성과 신하들의 윗자리에 앉힌다면 백성들은 반드시 따르면서 받아들이지 않을 것이다. 그러므로 꿈의 신비성을 들어서 징험해서 보인 것이다. 대체로 商(상)나라(殷나라의 다른 명칭임)의 풍속은 질박하고 귀신을 믿었다. 그렇기 때문에 백성의 믿는 바를 따라 그들을 이끄는 것은 성인이 일을 성취시키는 기밀이다."라고 하였다.
>
> 나(이수광)는 말한다. 양신의 이 말은 진실로 보는 바가 있다고 하겠다. 그러나 아직 그도 자기의 사사로운 마음으로 성인의 마음을 헤아려 본 폐단을 면치는 못할 것이다.

〈 변란이 있을 것을 계시해주다 〉

> 가을 7월에 왕이 친히 군사를 거느리고 삼년성(三年城) 보은(報恩)을 쳤으나 이기지 못하고 드디어 청주(青州)로 행차하였는데, 후백제에서 장수를 보내어 청주를 침공하였다. 이때 유금필(庾黔弼)이 명을 받들고 탕정군에 성을 쌓고 있었는데, 꿈에 한 대인(大人)이 말하기를, "내일 서원(西原)

에서 변란이 있을 것이니 빨리 가라." 하였다. 금필이 놀라 깨어서, 바로 청주로 달려가서 후백제 장수와 싸워서 이를 패배시키고 추격하여 독기진(禿岐鎭)에 이르러 죽이거나 사로잡은 것이 3백여 명이었다.

— 태조 신성대왕 (太祖神聖大王) 무자 11년(928) 『고려사절요』 제1권

유금필이 꿈속에서 신인(神人)의 계시를 받고 전투에서 이길 수 있었음을 보여주고 있는 바, 전투에서 이겨야 한다는 간절한 마음이 이러한 직접적인 계시적 성격의 꿈으로 표출되어 일깨워주고 있다. 이는 현실에서 실현이 화급하게 이루어지는 경우나 시간이 촉박한 경우에 이루어지는 꿈의 다양한 상징 기법 중 하나인 것이다.

고전소설에서도 주인공이 위기에 빠졌을 때, 조상이라든지 신인(神人)이 나타나 일깨워주는 내용으로 전개되고 있는 바, 민중의 이러한 꿈에 대한 절대적인 믿음을 이용하여 지나치다 할 정도로 계시적인 꿈의 전개가 상투적으로 쓰이고 있다.

한편 이 이야기는 『신증동국여지승람(新增東國輿地勝覽)』 제19권 「충청도(忠淸道) 온양군(溫陽郡)」 편에도 보이고 있다.

〈 왕이 놀러 갈 것을 만류하다 〉

3월에 왕이 서강(西江)에 놀이 하러 가려 하였는데, 꿈에 한 부인이 문에 서서 고하기를, "왕이 만약 서강에 놀러 가시려면, 반드시 5월까지 기다리십시오." 하였다. 왕이 꿈에서 깨어 곧 중지하였다.

— 의종 장효대왕(毅宗莊孝大王) 경인 24년(1170) 『고려사절요』 제11권

꿈속에 나타난 부인이 놀러 가는 것을 만류하는 계시적인 꿈으로 전개되고 있다. 역사적으로 의종은 몇 달 뒤인 8월 말에 무신의 난으로 왕위에 쫓겨나게 되는 바, 무신의 난을 우연이라기보다는 그동안

쌓여온 여러 가지 요인이 응축되어 폭발한 것으로 본다면, 8월에 앞서 3월에도 그러한 정변이 일어났을 가능성은 높다고 하겠다.

1170년 8월 30일 의종이 개경 근교의 보현원(普賢院)에 행차했을 때, 정중부(鄭仲夫)·이의방(李義方)·이고(李高) 등 무인들이 정변을 일으켜, 당시 왕의 측근 문관과 환관들을 대부분 살육하였다. 경인년(庚寅年)에 일어났다고 해서 '경인의 난'이라고도 하며, 정중부가 주동해서 난을 일으켰기에 '정중부의 난'이라고도 하는 바, 이에 의종은 왕위에서 쫓겨나 거제현(巨濟縣)으로 옮겨지고, 그의 아우인 익양공 호(晧: 명종)가 즉위했다.

〈 고려 태조가 왕씨(王氏)들의 살해에 대한 보복을 계시하다 〉

왕씨를 바다에 빠뜨려 죽인 뒤에, 태조 이성계의 꿈에 칠장지복(七章之服)•을 입은 고려 태조가 분을 품고 말하기를, "내가 삼한을 통합하여 이 백성들에게 공이 있거늘, 네가 내 자손을 멸하였으니, 곧 오래지 않아 도리어 보복이 있을 것이다. 너는 알아 두어라." 하니, 태조가 놀라 깨었다. 이내 왕씨의 선원(璿源: 왕실의 족보)에 적혀 있는 한 장의 부분을 사면하였다. (『축수편[逐睡篇]』)

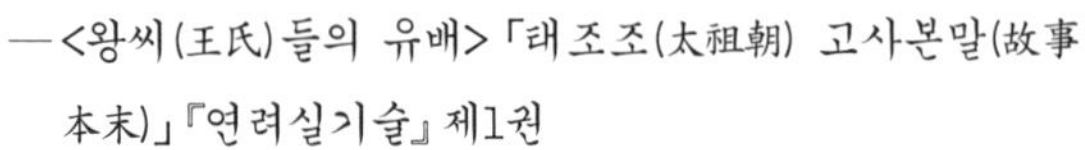

—<왕씨(王氏)들의 유배>「태조조(太祖朝) 고사본말(故事本末)」『연려실기술』 제1권

• 칠장지복(七章之服)
예복으로, 옷에 들어가는 무늬가 아홉 가지인 경우 구장지복이라고 부르며, 일곱 가지인 경우 칠장지복이라 부른다. 왕이 구장지복을 입었다면, 세자의 경우 권세를 상징하는 용과 산의 무늬가 없는 칠장지복을 입었다.

새로운 정권을 세우고 나서 방해 세력이나 위협 세력을 제거하는 것은 고금이나 같다고 해야 할 것이다. 이성계 일파가 고려의 왕씨들을 추방하여 섬으로 보낸다는 구실을 삼아, 배에다가 구멍을 뚫어 왕씨들을 수장시키는 일이 있다고 전해지는 바, 고려 태조인 왕건에게서 "네가 내 자손을 멸하였으니, 곧 오래지 않아 도리어 보복이 있을 것이다."라고 계시적인 언급을 받게 된다.

조선조(1392~1910)를 건국한 태조 이성계의 장남인 진안대군(鎭安大君: 1354~1393) 이방우(李芳雨)는 1393년 소주를 마시고 병이 나서 사망하게 된다. 그리고 무엇보다도 조선조 건국 후에 후계문제로 인한 제1차 왕자의 난으로 인해, 이성계가 애지중지하던 아들인 방번·방석이 이방원에 의하여 비참한 죽음을 맞이하게 되고, 이어 2차 왕자의 난으로 방간과 방원 사이에 동복형제간의 피비린내 나는 싸움이 일어나게 되는 일로 실현되고 있다.

왕위를 찬탈하고 어린 단종(端宗)을 죽게 한 세조의 꿈에 죽은 단종의 어머니인 현덕왕후(顯德王后) 혼령이 나타나 "죄 없는 내 자식을 죽였으니 네 자식도 죽이겠다." 했는데, 깨자마자 당시 세자(世子)의 사망 소식이 전해졌다는 계시적인 꿈이야기와 유사한 전개를 보이고 있다. 자세한 것은 Ⅱ장의 단종의 어머니인 현덕왕후의 '소릉 복원' 부분을 참고하길 바란다.

〈 명나라에서 고명(誥命)을 받게 될 것을 계시하다 〉

사은사(謝恩使) 서장관(書狀官)인 교서소감(校書少監) 안윤시(安允時)와 통사(通事) 판전중시사(判殿中寺事) 이현(李玄)이 명나라 서울에서 돌아왔으므로, 각각 안마(鞍馬)를 내려 주었다.

윤시 등이 아뢰기를, "황제가 통정시승(通政寺丞) 장근(章謹)과 문연각대조(文淵閣待詔) 단목예(端木禮)를 보내어, 고명(誥命)과 인장(印章)을 싸 가지고 사은사와 함께 오는데, 이미 압록강(鴨綠江)을 건넜습니다." 하니,

임금이 듣고 대신(大臣)에게 이르기를, "밤의 꿈에 모후(母后)께서 흰 적삼을 입으시고 나에게 이르시기를, '내가 이미 옮겨 왔다'고 하시며 기뻐하시는 모양 같았다. 꿈을 깨고 나서 이상하게 여기어, 마음속으로 사보의 정

을 견딜 수 없었는데, 오늘 이렇게 장하고 아름다운 일이 장차 이른다는 말을 들었으니, 어제 모후(母后)의 하늘에 계신 혼령이 미리 아시고 기뻐하신 것이 아닌가?" 하였다. 모든 관리들과 대소한량(大小閑良)·나이 많은 신하들이 모두 나와 하례(賀禮)하였다.

— 태종 1년(1401) 5월 27일 『조선왕조실록』 [원전] 1집, 204쪽

태조 이성계는 정비(正妃)인 신의왕후(神懿王后: 1337~1391)에게서 1남 방우(芳雨), 2남 방과(芳果), 3남 방의(芳毅), 4남 방간(芳幹), 5남 방원(芳遠), 6남 방연(芳衍)을 두었으며, 계비(繼妃)인 신덕왕후(神德王后: ?~1396)에게서는 7남 방번(芳蕃), 8남 방석(芳碩)을 두었다.

이성계는 조선조 개국에 공이 많은 신의왕후의 소생들은 제쳐 놓고, 계비인 신덕왕후의 영향하에 8남인 방석을 세자로 책봉하였으나, 신덕왕후가 병으로 죽기에 이른다. 이에 불만을 품고 기회를 엿보던 5남 이방원(李芳遠) 등은 1398년 8월에 일어난 1차 왕자의 난을 통해 세자로 책봉된 이복동생 방석을 비롯하여 방번 및 그 추종 세력이었던 정도전 등을 제거한다. 1남인 방우는 병으로 1393년 이미 죽고 없었기에, 세자 자리는 형식적으로 2남이었던 영안대군 방과에게 넘어갔다. 하지만 본래 왕위에 뜻이 없었던 방과는 왕세자가 되기를 극구 사양하기에 이르지만, 그 당시 권력을 장악하고 있으면서 남의 눈을 의식하고 있던 이방원의 강요에 의해 어쩔 수 없이 왕세자의 자리에 오른다. 권력을 둘러싼 형제간의 죽고 죽이는 싸움에 노여워한 이성계는 모든 것을 내팽개치고 방과(훗날 정종)에게 양위한 뒤 옥새를 지니고 고향인 함흥으로 물러나게 된다.

정종(재위 기간: 1399~1400)은 서울의 운기가 나빠 왕자의 난이 일어났다는 이유를 들어 수도를 서울에서 다시 개경으로 옮기고, 이방

원의 뜻에 따라 권력가들이 거느리던 사병들을 해체한다. 그러나 권력을 차지하기 위하여 다음 해인 1400년에 4남 방간과 5남 방원 사이에 제2차 왕자의 난이 일어나고, 이에 방간이 패하여 토산(兎山)으로 추방되고 실질적인 권력은 이방원에게 넘어간다. 이에 정종은 이방원을 왕세제(王世弟)로 책봉하고, 9개월 뒤인 1400년 1월 이방원에게 왕위를 물려준 뒤, 상왕으로 물러나게 된다. 정종은 2년의 재위 기간 동안 동생인 이방원의 영향력 아래에 있었으며, 정종으로서는 권력의 중심인 왕위에서 물러나는 것만이 목숨을 유지할 수 있는 유일한 길이었다.

형식적인 왕이었던 정종에게서 왕위를 물려받은 이방원은 왕권의 정통성을 인정받고 옥쇄를 얻고자 많은 사신을 함흥으로 보냈는데, 그때마다 분이 풀리지 않은 태조에 의해 사신들은 죽임을 당하게 된다. 여기서 '한 번 가면 돌아오지 않는다'는 의미의 '함흥차사'라는 말이 유래하게 된다. 새끼 딸린 어미 말을 함흥까지 끌고 가서 태조 이성계를 설득한 판승추부사(判承樞府事)인 박순(朴淳)의 헌신적인 희생으로, 가까스로 태조 이성계의 마음을 돌려 다시 한양으로 모셔오게 되고, 옥쇄를 물려받아 대내적으로는 정식으로 왕권을 물려받게 된다.

하지만 대외적으로 사대주의로 떠받들던 명나라로부터 왕위를 정식으로 인정받지 못하고 애를 태우던 중, 드디어 형식적인 승인 절차로서 중국 황제가 주는 임명장인 고명(誥命)을 받는 일이 무사히 처리되어 축제 분위기에 이르게 된다.

태종은 명나라로부터 정식으로 고명을 받는 소식이 있기 전, 꿈속에서 돌아가신 어머니가 "내가 이미 옮겨 왔다."라고 기뻐하시는 모습을 보고 나서, 다음 날 기쁜 소식을 듣게 되었음을 밝히고 있다. 이렇게 돌아가신 조상이 나타나는 꿈의 경우, 꿈속에 나타난 모습이나 분위기의 정황에 따라 길흉이 각기 달리 실현된다.

장차 기쁜 경사가 있을 때, 조상은 좋은 모습으로 꿈에 나타나거나 밝은 모습으로 덕담을 해주는 경우가 많다. 조상을 보고 주택복권에 당첨된 이야기라든지, 조상을 본 날이면 유난히도 장사가 잘된다고 하는 사람들은 꿈속의 조상이 밝은 모습으로 나타나 좋은 말씀을 해준 경우다.

반대로 안 좋은 일이 일어나기 전에 조상은 어둡거나 음울한 모습으로 나타난다. 꿈속에 조상이 나타날 때마다 사고가 난다는 사람이 있다면, 그때마다 조상이 어려움이 닥칠 것이라고 예지해주고 있다고 보아야 하겠다. 돌아가신 부모님이 창가에서 근심 어린 눈으로 지켜보는 꿈을 꾼 경우에 사고가 일어난 꿈 사례가 있으며, 돌아가신 시아버님이 나타나 눈물을 흘리는 꿈을 꾼 후에 남편이 실직한 사례도 있다.

〈 과거 급제를 일러주다 〉

2월 17일 증조모가 꿈에 보이므로 내가 묻기를, "제가 급제하겠습니까." 하였다. 대답이 없기에 다시 물으니, "급제하기는 어렵겠다." 하더니, 이윽고 다시 내게 말하기를, "네가 금년 5월에는 꼭 급제하겠는데, 글짓기는 여러 선비의 으뜸이 되겠으나, 원수진 자가 들어가 시관(試官)이 되면, 뽑되 반드시 하제(下第)에 둘 것이다. 이것이 너의 급제가 어려운 까닭이다." 하였다. 내가 말하기를, "천지 귀신이 위에 있고 곁에서 질정(質正)할 것인데, 비록 원수라 할지라도, 어찌 사사로운 생각을 거기에 넣을 수 있습니까." 했더니, 어머니가 "네 말이 옳다." 하였다.

— 남효온(南孝溫), 『추강냉화』

과거 급제를 예지해주는 꿈은 상당수 있는데, 이렇게 과거 급제에 대한 궁금증이 꿈의 전개 기법 중 하나인 계시적 성격의 꿈으로 발현되어 일깨워주기도 한다. 이것을 지어낸 거짓 꿈으로 본다면 꿈을 빌려 과거 시험의 공정함에 대한 자신의 의견을 나타낸 것으로 볼 수 있겠다.

남효온(南孝溫: 1454〔단종 2〕~1492〔성종 23〕, 자〔字〕는 백공〔伯恭〕, 호는 추강〔秋江〕)은 저서로 『추강냉화』를 남겼다. 1480년(성종 11) 어머니의 뜻에 따라 마지못하여 생원시에 응시해 합격하였으나, 그 뒤 다시는 과거에 나가지 않았다.

〈 백발노인이 적의 침입을 계시 〉

이때 임금이 의주(義州)에 있었으므로, 남쪽 길이 막히어 소식을 서로 통하지 못했다가, 싸움에 이겼다는 소식이 행재소(行在所)• 에 올라가자 백관(百官)들이 목을 길게 빼어 서로 하례하고, 마침내 공의 작질•을 가선대부(嘉善大夫)•로 승진시켰다.

그 후 얼마 안 되어 공의 꿈에 백발노인이 나타나서 공을 발로 차서 일으키며 말하기를, "적이 쳐들어왔다"고 하므로, 공이 깜짝 놀라 벌떡 일어나서 재촉하여 전함 23척을 거느리고 노량(露梁)에서 원균과 만나고 보니, 적이 과연 쳐들어왔다.

그래서 처음에 한 번 교전하여 적선 한 척을 불태워 부수고 적을 추격하여 사천(泗川)의 바다 가운데 이르러서 멀리 바닷가의 한 산을 바라보니, 적군 백여 명이 장사진을 치고 있고 그 밑에는 적선 11척이 언덕을 따라 열 지어 정박해 있었다. 그런데 이때 조수가 이미 밀려 나갔으므로 항구의 물이 얕아서 배가 더 이상 나아갈 수가 없었다. 그러자 공이 말하기를,

• 행재소(行在所)
왕이 궁궐을 떠나 멀리 거둥할 때 임시로 머무르는 별궁(別宮), 행궁(行宮) 또는 이궁(離宮)이라고도 한다. 임진왜란 때 왜적을 피해 몽진(蒙塵: 임금의 피난)하여 임시로 설치한 왕의 집무실.

• 작질(爵秩)
작위(爵位)와 녹봉(祿俸)을 아울러 이르는 말.

• 가선대부(嘉善大夫)
조선조 종2품 문무관의 품계.

"우리가 만일 거짓 후퇴하는 척하면 적이 반드시 배를 타고 우리를 추격해 올 것이니, 지금 계책을 써서 그들을 바다 가운데로 유인한 다음 우리가 큰 함선으로 그들을 요격한다면 이기지 못할 리가 없을 것이다." 하고, 마침내 뱃고동을 울리며 배를 돌려 후퇴하니, 1리도 채 못 가서 적이 과연 배를 타고 추격해 왔다.

— 이항복(李恒福), 「고(故) 통제사(統制使) 이공(李公)의 유사(遺事)」『백사집』 제4권

계시적 성격의 꿈으로 왜적의 침입을 일깨워주고 있다. 왜란으로 인한 나라 걱정에 혼신을 기울인 정성에 감응하여, 이순신 장군의 꿈에 백발노인이 나타나 왜적의 침입을 계시해주었고, 사천(泗川)해전에서 승리를 거두었다. 이 이야기는 『연려실기술』 제15권 「선조조(宣祖朝) 고사본말(故事本末)」 〈이순신이 바닷길을 질러 막다〉에도 나오는데, 사천해전은 이순신 장군이 넓은 바다로 적선을 유인한 다음, 거북선을 최초로 이용하여 사천 앞바다에서 일본 수군을 격파한 해전이다.

〈 이순신(李舜臣)으로 이름을 짓게 하다 〉

통제사 이순신의 자(字)는 여해(汝諧)이고, 그 선대는 경기(京畿) 덕수인(德水人)이다. 뒤에 한양(漢陽)에 살면서 대대로 유업(儒業)을 숭상하였다. — 중략 — 그의 모친 변씨(卞氏)가 분만할 때를 당해서 꿈에 그의 조고(祖考)인 거(據)가 고하기를,

"아들을 낳을 것이고 또 귀하게 될 것이니, 순신이라고 이름을 지어야 한다." 하였으므로, 마침내 순신으로 이름을 지었다.

— 윤휴(尹鑴), <통제사 이충무공의 유사(統制使李忠武公遺事)> 「사실(事實)」 『백호전서(白湖全書)』 제23권

이순신은 서기 1545년에 아버지 이정(李貞)과 어머니 변씨 사이에서 4형제 중 3남으로 태어났다. 꿈에 이순신의 증조부인 이거(李據)가 나타나 한 말에 따라, 순임금의 이름을 따 순신이라 지었다는 것이다. 하지만 네 형제의 이름이 희신(복희), 요신(요임금), 순신(순임금), 우신(우임금)으로 되어 있는 바, 중국의 삼황오제(三皇五帝) 등의 성군(聖君)의 이름을 빌려와 차례대로 지은 것임을 알 수 있다.

〈 이이(李珥)의 이름과 자(字)를 계시하다 〉

이(珥)라는 이름은 율곡이 열한 살 때, 아버지가 큰 병을 앓던 중 꿈을 꾸었는데, 백발노인이 율곡을 가리키며 "이 아이는 동국(東國)의 대유(大儒)이니, 이름을 '구슬 옥(玉)' 변에 '귀 이(耳)' 자를 붙여 짓도록 하라"고 말하여 이름을 바꾸게 되었다고 한다.

한편 다음과 같이 꿈에서 다른 사람에게 字(자)를 고치라고 계시한 이야기도 있다.

나와 같이 급제한 군수 이경이 나에게 말하기를, "젊었을 때 내가 숙헌(叔獻)이라고 자(字)를 하였는데, 하루는 꿈에 신인(神人)이 나에게 말하기를, '숙헌'은 즉 네가 존경할 분의 자이니, 너는 빨리 고쳐야 한다 하기에, 그 이튿날 바로 덕온(德溫)이라고 고쳤다. 10년이 지난 뒤에 과거에 급제하고 보니, 숙헌은 즉 우리의 방에서 장원한 이이(이율곡)의 자(字)이더군." 하였으니, 참 이상스러운 일이다.

—『청강선생후청쇄어(淸江先生鯸鯖瑣語)』, 『대동야승(大東野乘)』 제57권

〈 서애 류성룡(柳成龍)의 탄생 계시 〉

중종(中宗) 37년 10월 1일 진시(辰時)에 선생은 의성현(義城縣) 사촌리(沙村里)에서 태어났다. — 중략 — 처음 선생을 임신 중에 있을 때, 대부인

(大夫人)의 꿈에 어떤 사람이 공중에서 내려와 하는 말이, "부인께서 훌륭한 아들을 낳게 될 것이오." 했는데, 이때 와서 선생이 태어났다.

—『서애선생 연보(西厓先生年譜)』 제1권

서애(西厓) 류성룡(柳成龍: 1542〔중종 37〕~1607〔선조 40〕)은 선조 때 영의정을 지낸 조선 중기의 문신으로, 이순신을 천거해 임진왜란을 대비케 한 것으로 유명하다.

『징비록(懲毖錄)』은 류성룡이 집필한 임진왜란 전란사로서, 1592년부터 1598년까지 7년에 걸친 전란의 원인·전황 등을 기록한 책이다. 제목인 '징비(懲毖)'는 『시경(詩經)』 「소비편(小毖篇)」의 "예기징이비역환(豫其懲而毖役患)", 즉 "미리 징계하여 후환을 경계한다."는 구절에서 따온 것이다. 다시는 같은 전란을 겪지 않도록 지난날 있었던 조정의 여러 실책을 반성하고 앞날을 대비하기 위해 『징비록』을 저술하게 되었다고 밝히고 있다.

〈 일생의 운명을 계시받은 꿈 〉

참판 김응순이 젊은 시절에 꿈을 꾼 일이 있었다. 꿈에 남쪽 하늘의 문이 열리면서 문을 두드리는 소리와 함께 이름을 부르는 소리가 들렸다.

"김 아무개는 이것을 받으라."

그 소리를 듣고 김응순이 뜰에 내려서니, 하늘에서 옻칠을 한 상자 하나가 내려왔다. 그 상자를 받아서 보니, 위에 금빛 나는 큰 글씨로 '너희 조상을 욕되게 하지 말라.'라고 쓰여 있었다. 상자를 열고 보니, 그것은 곧 자신의 평생을 예언해 놓은 것이었다. 일생 동안의 평안한 날과 재앙이 들 날이 그 시간까지 모두 쓰여 있었다. 끝에는 "아무 해 아무 달 아무 날 아무 시에 죽을 것이고, 벼슬은 예조 판서에 이를 것이다."라고 쓰여 있었다.

김응순은 꿈에서 깨어나 기이한 생각이 들어, 불을 켜 들고 꿈에서 보았던 내용을 연도별로 책에다 기록해 두었다. 살아가면서 대조하여 보니 부합되지 않은 것이 없었다.

그가 죽을 것이라고 예언한 날이 되자, 김응순은 의관을 정제하고 사당에 하직 인사를 올린 뒤 자손들과 친지들을 모아 고별을 하며 말하였다.

"오늘 아무 시가 되면 내가 세상을 떠날 것이다. 그런데 아직 예조 판서가 되지 못했으니, 또한 기이한 일이로다."

당시 그의 벼슬은 아직 참판이었기 때문이다. 그가 죽는다고 예언이 된 시간이 되어 자리에 눕자마자, 죽었다. 부음을 받고 영조가 탄식하며 말하였다. "과인이 예조 판서를 제수하려 했는데, 못하게 되었구나." 하고는 명정에는 예조 판서로 써도 좋다는 명을 내렸으니, 이 일 또한 기이하다.

일찍이 승지가 입시하고 있을 때, 영조가 어필로 '선원지손 무첨이조'라고 여덟 자를 써서 하사하였는데, 그 또한 꿈속의 글과 부합하였다.

계시적 꿈의 대표적인 사례다. 이처럼 꿈속에서 어떠한 계시를 받을 경우, 꿈의 계시대로 현실에서 그대로 이루어진다. 이처럼 꿈속에서 본 그대로 현실에서 이루어지는 것이 사실적인 미래 투시 꿈의 특징이다.

김응순(金應淳, 1728[영조 4]~1774[영조 50])은 조선 후기의 문신이다. 1753년(영조 29)에 정시 문과에 병과로 급제한 뒤, 이조참판·한성부좌윤을 거쳐 호조참판·한성부 우윤(右尹)을 역임하였고, 후에 예조판서에 추증되었다.

〈 제사에 만청탕을 올리라고 계시하다 〉

8월, 상이 효경전(孝敬殿)에서 왕실에서 음력 초하룻날마다 조상에게 지내던 제사인 삭제(朔祭)를 행하였다. 하교하기를,

"내가 제사를 지내는 곳에서 어렴풋이 잠이 들었다가 선후(先后)께서 나에게 만청탕(蔓菁湯)을 맛보고 싶다고 말씀하시는 꿈을 꾸었다. 놀라 깨어서 물어보니, 만청탕을 오랫동안 제수(祭需)에 쓰지 않았다고 하기에 즉시

갖추어 올리게 하였다. 지금부터 사계절에 갖추어 올리는 것을 상례(常例)로 삼도록 하라."

하니, 궁중이 지극한 효성에 감응한 것이라고들 말하였다.

— 중종조 3, 26년(신묘[1531]) 『국조보감(國朝寶鑑)』 제20권

여기에 대하여, 『조선왕조실록』에는 보다 자세하게 나와 있다.

대체로 평상시에 제사 드리는 일에 지성을 다하면 감응하는 이치가 있는가 보다. 아마도 하늘에 계시는 영령이 맛보고 싶으시어 나에게 시켰을 것이므로 이미 갖추어 올렸다. 앞으로 사계절을 통하여 음식을 바치도록 해당되는 부서에 이르라. 꿈속의 일은 믿음성이 없는 것 같기는 하다. 그러나 승지에게 알리려고 말하는 것이다(만청은 정현 왕후가 평시에 즐기던 음식이다. 이 말을 들은 사람들은 효성에 감응된 것이라 하였다)." 하였다. 이어 상이 효경전에 가서 아침상식을 올렸다.

— 중종 26년(1531) 8월 15일 『조선왕조실록』 [원전] 17집, 316쪽

이렇게 꿈속에서 조상의 영령이 어떠한 말로 계시를 해주는 경우, 과학적으로 조상의 영령이 실존하는 것은 아니고, 꿈의 상징 기법의 하나인 것이다.

이러한 꿈을 꾸게 되는 것에 대하여 지극한 정성에 감응하여 꿈으로 발현되었다고 보는 견해는 타당하다. '어머님이 좋아하시던 음식을 제사상에 올려야지.'라는 잠재된 효심에서 이러한 꿈을 꾸었을 수 있다. 꿈을 꾸는 주체인 인간은 꿈을 통하여 초능력적인 힘을 발휘하여, 미래를 예지하거나 현실에서 이루어낼 수 없었던 발견이나 발명을 이루어내기도 하며, 일깨움을 얻어낸다.

또한 꿈속에 나타나는 조상이나 죽은 사람은 상징적으로 집안이

나 회사 등의 윗사람을 상징적으로 나타내는 경우가 많다. 돌아가신 친척이 나타나 춥다고 하는 꿈은 그로 상징된 동네 사람이 찾아와서 어려움을 하소연하는 일로 실현된 사례가 있다. 다만 이러한 조상 꿈의 실현이 오늘 꾸었다고 반드시 내일 일어나는 것이 아니라, 처한 상황에 따라 며칠 뒤, 또는 몇 달 뒤에 실현되기도 한다.

〈 꿈에 의원을 계시해주다 〉

강응정(姜應貞)의 자는 공직(公直)으로, 효행이 두터웠다. 일찍이 어머니 병환에 3년 동안 띠를 풀지 아니하고 약은 반드시 친히 맛보고 드리더니, 하루는 꿈에 천신(天神)이 뜰에 내려와서 강응정에게 말하기를,

"내일 손님이 올 것이니, 반드시 너의 어머니 병을 치료하리라."

하더니, 이튿날 아침에 과연 한 소년이 와서 이름은 원의(元義)이며 윤왕동(輪王洞)에 산다면서 유숙하기를 청하는지라, 강응정이 쉬게 하고, 어머니 병을 물으니, 소년이 과연 의약을 알므로, 소년의 말을 따라 시험하였더니, 15일 만에 병이 나았다.

— 남효온『사우명행록』,『해동야언(海東野言)』2

이 역시 지극한 효성에 감응해 계시적 성격의 꿈으로 어머니의 병을 낫게 해주고 있다.

강응정(姜應貞)은 조선 초기의 문신으로, 효행으로 이름이 났으며, 성균관 유생으로 주자의 고사에 따라 향약을 만들고,『소학』을 강론하였다.

〈 노인이 나타나 이장할 장소를 계시해준 꿈 〉

효자 정인묵(鄭人默)을 정문(旌門: 충신, 효자, 열녀들을 표창하기 위하여 그 집 앞에 세우던 붉은 문)하였다. 또한 좌장례(左掌禮)의 벼슬을 추증하니, 그 품계가 종3품이었다. — 중략 — 아버지를 모신 산소가 위치한 곳이 좋

지 않은 묏자리라 하여, 이를 옮겨 장사지내려고 한 지가 여러 해였다.

어느 날 밤에 꿈을 꾸었는데 어떤 노인이 한 등성이를 가리키면서 말하기를, "이곳을 그대에게 주겠다." 하였다. 그래서 잠이 깬 뒤에 그곳을 찾아가서 살펴보니 과연 길지(吉地)였으므로, 그곳으로 무덤을 옮기어 장사(葬事)를 다시 지냈는데, 그 안에 천연의 석곽(石槨)이 만들어져 있었다. 이에 사람들이 다들 공의 정성에 하늘이 감동하였기 때문이라고 하였다.

—「효자(孝子) 증장례(贈掌禮) 정공(鄭公) 묘갈명(墓碣銘)」『수당집(修堂集)』 제10권

조선 후기의 효자 정인묵(鄭人默: 1780~1868)은 아버지가 돌아가신 후에도 지극한 효성으로 18년 동안이나 좋은 곳을 찾아 마침내 이장하였다. 1905년(광무 9) 효심으로 조정에 알려져, 이듬해 종갓집의 정문(正文)에 정려(旌閭)를 세웠다.

묘갈명(무덤 앞에 세우는 둥그스름한 작은 비석에 새긴 글)을 쓴 이남규(李南珪: 1855~1907)는 1894년 명성황후가 시해를 당하자, 벼슬을 버리고 향리로 낙향한 우국지사다. 또한, 이남규가 출생할 당시의 신비한 꿈이야기가 『수당집(修堂集)』의 부록인 집안 조상의 행적에 관한 기록을 적은 「가장(家狀)」에 실려 있는 바, 부친인 이호직(李浩稙)이 '용(龍)을 파는 장사치'에게 후한 값을 주고 사는 꿈으로 태어났다고 전한다.

〈 죽은 부친이 화공에게 현몽하여 영정을 만들게 하다 〉

이희익(李熹翼)은 임진년(1892년[고종 29]) 문과에 올랐으며 관직은 승지에 이르렀는데 효성과 우애가 지극하였다. 부친인 이승우(李勝宇)는 『송서백선(宋書百選)』을 편찬하여 간행한 사람이었다.

이승우가 죽은 뒤 이희익이 생전에 부친의 영정을 그려 놓지 못한 것을 한스럽게 여겨, 화공을 불러놓고 울면서 사정을 말했으나, 화공도 도리가

없어 서운해하며 돌아가 버렸다. 그로부터 사흘 뒤 화공이 다시 찾아와 말했다.

"집에 돌아가 밤에 꿈을 꾸었는데, 돌아가신 부친께서 저를 찾아오셔서 '원컨대 내 모습을 특별히 잘 그려서, 내 아들의 애타는 정성을 어기지 말아 주시오.'라고 말씀하셨습니다. 내리 사흘 밤을 찾아오시니, 그 얼굴 모습을 뚜렷하게 알 수 있었습니다."

부친인 이승우를 아는 사람이 보아도 그린 영정과 실제 얼굴이 조금도 차이가 없었다. 이 일을 두고 사람들은 효성에 감동한 결과라고들 말했다. (요약 발췌)

—『대동기문』

아버님의 영정이 없어 새로 그리고자 하는 간절한 정성이 발현되어 화공의 꿈에 아버님이 현몽하는 일로 이루어진 신비한 꿈 사례다.

『송서백선(宋書百選)』은 조선 말기의 문신인 이승우(李勝宇: 1841~1914)가 송시열(宋時烈)의 『송자대전(宋子大全)』 중에서 서간문 100편을 뽑아 편집한 책이다. 번역본에는 이승우(李勝愚)로 나오고 있으나, 이승우(李勝宇)가 맞다.

〈 귀양지에서 풀려날 것을 계시 〉

허암 정희량은 연산군 때 한림으로서 무오사화에 연좌되어 김해로 귀양 갔다. 이듬해 봄에 어머니의 상을 만나 고향으로 가지 못함을 가슴 아파하며, 항상 비애와 울적한 심회로 차 있었으나 호소할 길이 없었다. 이에 김수로왕의 능이 자못 영험이 있다는 말을 듣고, 애소(哀訴)의 글을 지어 하소연하고 성명은 쓰지 않고 정(鄭)자를 尊·邑(전읍)의 두 자로 파자(破字)해 적었다. 그날 밤 꿈에 겹 눈동자를 한 신인(神人)이 나타나 정희량을 불러 알리기를,

"너는 장차 방면될 것이다."라고 했다. 정희량은 꿈을 깨고 나서 친구들

에게 알리고, 또 기록해서 간수해 두었는데, 그해 겨울에 방면되어 돌아갔다.

—『금관지(金官志)』,『해동잡록』6,『대동야승』제23권

김수로왕이 유배지에서 풀려날 것을 계시적으로 일깨워주고 있다. 이야기의 배경이 되는 무오사화에 대하여 먼저 살펴본다. 무오사화는 1498년(연산군 4) 무오년에 유자광, 이극돈(李克墩) 등의 훈구파(勳舊派)에 의해 김종직의 제자였던 김일손 등 젊은 신진사류(新進士類)가 화를 입은 사건으로 사초문제(史草問題)가 발단이 되었다.

유자광(柳子光)은 김종직이 자신의 시를 적어 놓은 현판을 불태워 버린 일, 이극돈(李克墩)은 세조비 정희왕후(貞熹王后)의 국상 때 전라감사로 있으면서 근신하지 않고 장흥(長興) 기생과 어울렸다는 불미스러운 사실을 김종직의 문하인 김일손(金馹孫)이 사초에 올린 것에 대하여 사적인 원한을 품고 보복하고자 하였다.

하지만 성종 때에는 왕의 신임을 받던 때라 어쩌지 못하다가, 성종이 죽고 연산군이 즉위하자, 1498년『성종실록』편찬을 위한 실록청(實錄廳)이 개설되고, 이극돈이 그 당상관으로 임명되었다. 이극돈은 이때 김일손이 기초한 사초 속에 실려 있는 김종직의「조의제문」(중국 秦나라 때 項羽가 楚의 義帝를 폐한 것과 단종을 폐위, 사사한 사건을 비유해 은근히 단종을 조위한 글)을 세조가 단종으로부터 왕위를 빼앗은 일을 비방한 글이라 문제 삼아 그 사실을 유자광에게 알렸다. 유자광은 세조의 신임을 받았던 노사신(盧思愼)·윤필상(尹弼商) 등과 모의해, 김종직이 세조를 비방한 것은 대역부도(大逆不道)한 행위라고 연산군에게 일러바치게 된다.

연산군 또한 당시 사림파의 간언(諫言)에 대하여 못마땅하게 생각하고 있었고, 학문을 좋아하지 않는 까닭에 글하는 선비를 미워하여, "명예를 구하고 임금을 능멸하여 나를 자유스럽지 못하게 한 자는 모두 이 무리다."라고 여기던 때였다. 이에 김일손을 잡아오게 하여 사초에 세조조의 일을 거짓으로 꾸며 쓴 것과 소릉(昭陵) 회복을 청한 일을 국문하였고, 이미 죽은 김종직을 대역죄로 몰아 부관참시(剖棺斬屍)하고 그의 글들을 다 없애게 했으며, 그와 관련된 많은 신진사류 등을 죽이고, 유배를 보냈다. 이때 정희량(鄭希良: 1469년〔예종 1〕~?)•은 불고지죄(不告之罪)로 곤장 100대 형을 받고 멀리 귀양을 가게 된다. 이 이야기는 『연려실기술』 제6권 「연산조(燕山朝) 고사본말(故事本末)」 〈무오당적(戊午黨籍)〉에도 실려 있다.

• 정희량(鄭希良)
조선 중기의 문신으로, 자는 순부(淳夫)이며, 김종직(金宗直)의 문인으로, 무오사화 때 사초문제(史草問題)로 윤필상(尹弼商) 등에 의하여 신용개·김전 등과 함께 탄핵을 받았는데, 난언(亂言)을 알고도 고하지 않았다는 죄목으로 의주에 유배되었다가 1500년 5월 김해로 이배되었다. 이듬해 갑자년에 괴이한 재앙으로 인해 모든 죄수를 놓아줄 때 돌아왔다. 그해 어머니가 죽자 덕수현(德水縣) 남쪽에서 시묘살이를 하다가, 행방을 알 수 없게 되었다. 음양학(陰陽學)에 능통해서 일찍이 자기 운명을 점쳐보고는 매양 세상을 피할 뜻이 있었으며, 무오년보다 갑자년의 화가 더 클 것이라고 예지한 바 있다.

〈 당상(堂上)의 현판(懸板)을 치우라고 계시한 꿈 〉

김맹성(金孟性)의 자는 선원(善源)이고, 호는 지지당(止止堂)이다. 지지당이 거처하는 정사(精舍)에는 한때의 명현(名賢)들이 와 놀면서 제영(題詠)을 남겼는데, 김종직 선생의 시문(詩文)도 그 가운데 많이 있었다. 그런데 지지당 선생이 작고한 뒤에 한번은 별실(別室)의 꿈에 누가 와서 말해주기를, "빨리 당상(堂上)의 현판(懸板)들을 걷어 치우라." 하므로, 별실이 놀라 깨어 그 꿈을 이상하게 여겨 즉시 제현(諸賢)의 제영들을 걷어서 숨겨버렸는데, 이윽고 중사(中使)가 서울에서 내려와 점필재 선생의 제영을 찾다가 발견하지 못하고 돌아갔다.

이는 대체로 유자광이 자기가 함양군(咸陽郡)에 제영해 놓은 현판(懸板)을 점필재가 일찍이 발거(拔去)시킨 데에 원한을 품고, 모든 점필재의 시편(詩篇)이 있는 곳은 끝까지 수색하여 극력 발거시킴으로써, 점필재의 현판이 있는 집 또한 모두 화를 입었는데, 지지당 선생만이 유독 신후(身後)의 화를 면하였으니, 이 또한 이상한 일이다. (『지지당집[止止堂集]』)

— 김종직, 「부문인록(附門人錄)」 『점필재집(佔畢齋集)』

〈 꿈에 신인(神人)이 일러줘 화를 면하다 〉

기묘년에 화가 일어나자 김정국 공이 황해 감사로서 한 통의 상소를 지었다는데, 수천 자에 종이가 10장이나 되었다. 남곤과 심정이 간사하게 사람을 모함한 실상과 조광조 등 여러 현인이 일신을 잊고 나라를 위해 죽으려 하는 충성을 극력 진달하였다. 마침 남씨 성을 가진 도사가 남곤의 일가로서, 사간원(司諫院)의 정5품 벼슬인 헌납(獻納)으로 승진되어 상경하므로, 임금에게 올리는 글인 상소를 주며 말하기를, "자네가 서울에 가서 이 상소를 올려 주게." 하였다.

이에 남씨가 상소를 싸가지고 길을 떠났는데, 꿈에 신인(神人)이 공에게 이르기를, "공이 만일 이 상소를 올리면, 사림이 모두 무참하게 죽임을 당하게 될 것이다. 지금이라도 사람을 뒤쫓아 보내면 도로 찾아올 수 있을 것이다." 하였다.

공이 깜짝 놀라 깨 역졸 3명을 보내 그 상소를 다시 찾아오도록 했다. 벽제관(碧啼館) 남쪽에 미치자 남씨(南氏)가 즉시 돌려주었다. 혹시 누가 남(南)에게 그 상소의 내용을 물으면, "그런 사실이 없다"고 대답하고 다른 사람에게 말하지 않으니, 사람들이 매우 높이 여겼다. 그는 뒤에 벼슬이 판서에 이르렀다. 요사이 죽산 현감(竹山縣監) 남대임(南大任)이 바로 그의 손자다. 형인 김안국이 항상 김정국에게 말하기를, "이 상소를 만약 바쳤더라면 우리 형제는 죽었을 것이요, 이 밖에 죽을 사람이 몇이나 되었을지 알 수 없다." 하였다.

— 윤근수(尹根壽), 『월정만필(月汀漫筆)』 7권

먼저 이야기의 배경이 되는 기묘사화(己卯士禍)에 대하여 살펴본다. 기묘사화는 1519년(중종 14) 11월에 남곤(南袞)·심정(沈貞)·홍경주

(洪景舟) 등 훈구파(勳舊派)의 재상들이 당시 새로운 혁신을 감행한 조광조(趙光祖)·김정(金淨)·김식(金湜) 등 젊은 선비들을 모함하여 화(禍)를 입힌 사건이다.

연산군(燕山君)을 폐하고 왕위에 오른 중종(中宗)은 정치를 개혁하고자 조광조 등을 등용하여 젊은 선비들을 중심으로 왕도정치 이념에 입각한 개혁을 추진하고자 하였다. 이들은 경연을 강화하고 현량과(賢良科)를 실시하여 인재를 등용하고자 하였으며, 향약(鄕約) 실시 및 중종반정 공신의 그릇된 공훈의 삭제(削除) 등으로 개혁을 추구하였다. 이렇게 개혁적인 사림들이 공신들의 잘못을 탄핵하자, 여기에 불안을 느낀 심정·남곤·홍경주 등이 갖은 모략과 음모로 조광조를 비롯한 젊은 선비를 모함하였다.

대표적으로 나뭇잎을 벌레가 파먹게 하여 '주초위왕(走肖爲王: 走肖는 趙의 破字로 조광조가 왕이 된다.)'이라는 글자를 새겨 모함하였으며, 조광조가 대사헌으로 법을 다스리기를 공정하게 하니, 사람들에게 인심을 얻게 된 것을 궁중에 퍼트려 민중의 지지를 받아 반역을 꾀한다고 주장하여, 임금의 마음으로 하여금 두렵고 위태롭게 여기게 하였다.

중종 또한 지나친 경연(經筵: 임금이 학문을 닦기 위하여 이름이 있는 신하에게 경서를 강론하게 하던 일, 또는 그 자리) 등으로 인하여 싫증을 느끼던 중, 조광조를 비롯한 사림 세력이 너무 강성해져서 그대로 둘 경우 왕권까지 위태롭다고 여기고 남곤 등의 건의를 받아들이게 된다. 이에 정광필을 비롯한 젊은 유생의 반대를 무릅쓰고, 조광조·김정·김식·김구 등이 사사로이 붕당을 지었다는 것과 윤자임·박세희·박훈·기준 등이 조광조에게 부화뇌동한 죄를 물어 38세의 조광조, 34세의 김정을 비롯하여, 반대하는 많은 젊은 선비들에게 사약을 내리어 자결하게 하거나 유배·파직을 시키기에 이른다.

사재(思齋) 김정국(金正國)은 기묘사화가 일어나자 이에 분개하여 상소문을 지었다가, 꿈속 신인(神人)의 계시로 황급히 올리려고 했던 상소를 취소하게 된다. 결과적으로는 불에 기름을 붓는 격을 피할 수 있었던 올바른 선택으로 이어져서 본인은 물론 많은 선비들의 목숨을 구할 수 있었다. 이렇듯 꿈속에서 산신령이나 조상 등이 나타나 어떠한 계시적인 말로 일러주는 경우 절대적으로 따른 것이 좋은 일로 이루어지고 있다. 우리 선인들의 꿈에 조상이 현몽하여 일러주는 꿈 사례 등이 대표적이며, 이는 고전소설에서 주인공이 위험을 벗어나게 하는 데에도 상투적으로 쓰이고 있다.

다만, 이 꿈이야기는 지어낸 거짓 꿈으로 볼 수도 있다. 사재 김정국은 기묘사화가 일어나자 한순간의 격한 마음에 상소문을 작성하였지만, 곧이어 신중히 생각해볼 때 불에 기름을 붓는 격이라 여기고, 꿈의 계시를 핑계 삼아 상소를 올리는 것을 취소하는 결정을 당연시 했을 수도 있는 것이다.

『연려실기술』 제8권 「중종조(中宗朝) 고사본말(故事本末)」 〈기묘당적(己卯黨籍)〉에서 김안국과 김정국을 요약 발췌하여 살펴본다.

김안국(金安國: 1478〔성종 9〕~1543〔중종 38〕, 호는 모재〔慕齋〕)은 조광조(趙光祖)·기준(奇遵) 등과 함께 김굉필(金宏弼)의 문인으로, 1519년 기묘사화가 일어나서 조광조 일파의 소장파 명신들이 죽임을 당할 때, 겨우 화를 면하고 파직되어 경기도 이천에 내려가서 후진들을 가르치며 한가히 지냈다.

김정국(金正國: 1485〔성종 16〕~1541〔중종 36〕, 호는 사재〔思齋〕)은 김안

국의 동생으로, 김굉필(金宏弼)의 문인이다. 1509년(중종 4)에 별시 문과에 장원으로 급제하고, 이조정랑·사간·승지 등을 역임하고, 무인년(1518) 황해도 관찰사가 되어 선을 가르치고 악을 금하는 내용으로 12조를 만들어 「경민편(警民編)」이라 하여 민간에 반포하고, 또 24조의 학령(學令)을 만들어 학생들에게 권하니 온 도가 감화하고 복종했다.

이때 남곤이 상사(上使)로 주청(奏請) 사절이 되어 중국으로 가게 되어, 옛 관례에 따라 황강(黃岡)까지 송별했다. 상사(上使)인 남곤의 관사에서 술잔을 잡고 작별할 때 김정국이 말하기를, "그대가 사림을 사랑하지 않으니, 좀 더 그들을 아껴 주기 바란다." 하니, 남곤은 심히 노하여 관사로 달려 들어갔고 김정국의 전별 술잔을 받지 않았다. 김정국이 겸손한 말로 사과하며 나오기를 청했으나, 남곤은 끝내 나오지 않았다. 김정국이 기묘년에 화가 일어나자 관직을 삭탈당하고 쫓겨나서, 20년이 되도록 조정에 돌아오지 못한 것은 남곤의 보복 때문이었다.

다음 해 1519년(중종 14) 그의 나이 35세 때에 기묘사화가 일어나자 상소문을 지었으나 아뢰지 않았는데, 상소를 올리려고 했던 일이 대간(臺諫: 사헌부·사간원의 벼슬을 통틀어 일컫던 말)에게 풍문으로 전해졌다. 공은 즉시 탄핵을 받고 파직되어 그해 12월 삭탈관직되어 고양(高陽)에 내려가, 호를 임금의 은혜로 쉰다는 뜻의 은휴(恩休)라 하고, 학문을 닦으며 저술과 후진 교육에 전념하였다.

〈 위태로운 지경에 임하여 이제현이 현몽하다 〉

백사(白沙) 이항복이 태어난 지 돌이 못 되어서, 유모가 안고 우물 근처에 다니다가 그를 땅에 내려놓고 앉아 졸고 있었다. 이항복이 기어서 장차 우물로 들어가려 할 즈음에 유모의 꿈에, 기다란 수염을 한 노인이 막대기로 그 유모의 정강이를 후려쳐 가로되 "어찌 아이를 보지 아니하고 졸고 있느냐?" 하였다. 유모가 아픔을 견디지 못하여 놀라 깨어, 급히 달려가 이항복을 구하였다. 여러 날이 지났는데도, 정강이가 오히려 아프거늘 크게 괴이하게 여겼다.

그 후 이항복의 선조 제사(先朝祭祀)를 지낼 때, 그 방조(傍祖: 6대조 이상의 조상의 형제) 익재 이제현 공의 화상(畵像)을 방안 가운데에 걸었거늘, 유모가 보고 크게 놀라 말하기를 가로되 "지난번에 나의 정강이를 친 분이 곧 이 그림의 얼굴 모양이라." 하니 익재는 전조(前朝)의 어진 정승이라.

—『청구야담(靑邱野談)』

이제현이 유모의 꿈에 현몽하여, 후손인 이항복이 우물에 빠지려 한다는 것을 일깨워 구하게 한 계시적인 꿈 사례다. 여기에 대하여 『청구야담』에서는 "신령이 삼사백 년 후에도 형적이 완전히 없어지지 아니하여, 능히 방계 혈족의 자손의 위태로움을 구하니, 한갓 신령이 명백할 뿐 아니라, 또한 이항복이 평범한 다른 아이와 다른 고로 신명(神明)의 도움을 이루게 하니라."라고 언급하고 있는 바, 계시적인 성격의 대표적인 꿈 사례다.

'조상의 영령이 있느냐 없느냐'를 떠나서, 꿈에서의 일깨움으로 아기인 이항복을 위험에서 벗어나게 해주고 있다. 이렇게 조상·산신령·동식물 등이 꿈속에서 말을 하고 계시적인 언급을 하는 것은 실제로 이러한 영령이 존재하는 것이 아닌, 눈앞에 다가온 위험을 일깨우기 위한 꿈의 상징 기법 중 하나인 것이다. 대부분 꿈의 실현까지 시간적인 여유가 없는 다급한 경우, 직접적인 현몽으로 일깨워주는 방법을 택하고 있다.

〈 부친의 현몽으로 호랑이를 피한 꿈 〉

성희안(成希顔)은 어머니 상(喪)을 당해서 묘 앞에 여막을 짓고 손수 음식을 만들어 바쳤다. 일찍이 그 아우와 더불어 산골짜기에서 마[薯蕷]를 캐다가 피로해서 함께 바위 위에서 조는데, 꿈에 성희안의 아버지가 나타나 도적이 온다고 소리쳐 놀라 깨어 보니, 큰 범 한 마리가 앞에 와 있었다. 즉시 돌을 던지고 피하니 사람들이 말하기를, "효성에 감동한 것이라." 하였다. (「묘지[墓誌]」)

—<중종조의 상신(相臣)>「중종조(中宗朝) 고사본말(故事本末)」『연려실기술』제9권, 「성희안(成希顔)」『해동잡록』4

이 또한 계시적인 성격의 꿈으로 성희안이 호랑이의 위험에서 벗어날 수 있도록 해주고 있다. 이 역시 잠을 자고 있는 동안에도 우리 뇌의 정신 활동이 초능력적으로 발휘되어, 조상이나 산신령이 계시해주는 꿈의 상징 기법을 통하여 주변에 닥쳐오는 위험을 일깨워주고 있는 것이다.

〈 무덤을 단장해준 데 대한 보은의 꿈 계시 〉

차식(車軾)은 송도 사람으로서 부지런히 배우고 글을 지었으며, 또 시를 잘 짓는다는 명성이 있었다. 일찍이 벼슬하다가 집에 있는데, 유수(留守)가 차식을 정종 능(陵)의 한식전사관(寒食典祀官)의 일을 맡아 보도록 했다.

차식이 능에 이르러 정자각을 보니, 해마다 비가 새어서 서까래가 모두 썩었고, 먼지가 벽에 가득했으며, 뜰에 풀만이 우거졌고, 상·탁자·기명은 오래되어 더럽고 깨져 있었다. 차식은 좌우를 돌아다보면서 탄식하였다.

이윽고 나이 많은 수복(守僕: 조선조 때 묘·능·사[社]·서원 등의 제사에 관한 일을 맡아보던 사람)이 와서 뵙자 차식이 말하기를, "나라의 능이 이렇게 매몰된 줄이야 일찍 몰랐었다." 하니, 수복이 말하기를, "이 능은 조천(종묘의 본전 안 위패를 그 안의 다른 사당인 영녕전으로 옮겨 모시던 일)한 지가 이미 백 년이 지났는데, 1년에 한식 이외에는 제사가 끊어집니다. 제관도 서울에서 보내는 것이 아니고 술잔을 올리거나 절을 하는 예도 떳떳한 법에 맞지 않으며, 희생에 쓰는 짐승은 여위었고 올리는 술이 쉰 것을 예사로 봅니다. 사당 문은 한 번 닫히면 1년이 다 가도록 고요하며, 지키는 군졸 또한 줄어 비바람을 수호할 사람이 없으니, 어찌 황폐하지 않을 수 있겠습니까?" 하였다.

차식은 이 말을 듣고 처량하게 느껴, 친히 소제를 한 다음, 제물을 정하게 차려가지고 목욕하고서 제사를 올렸다.

제사가 끝나고 잠이 들었는데, 꿈에 자줏빛 옷을 입은 중사(中使: 궁중에서 왕의 명령을 전하던 내시)가 와서 차식에게 소명을 전하기를, "주상께서 대궐에 앉아 계시니 나를 따라 들어가시지요." 하고 드디어 차식을 인도하여 큰 대문으로 들어갔다. 밖에서 바라보니 대궐 집은 크고 깊은데, 임금이 어탑 위에 앉아 있었다. 황공하여 나아가 탑 앞에 엎드리자 임금이 이르기를, "전번까지 온 제관은 모두 정성을 들이지 않아 제물이 보잘것없어서, 내가 흠향하지 않은 지가 오래였다. 그런데 오늘은 음식이 몹시 정결하기에, 내가 심히 가상히 여긴다. 들으니 네 어미가 지금 대하병(帶下病)을 앓는다니, 내가 좋은 약을 주리라." 하고 또 이르기를, "반드시 뒤에 복이 있을 것이다." 하는 것이었다.

• 『송도기이(松都記異)』
조선 선조 때의 문신 죽천(竹泉) 이덕형(李德泂: 1566~1645)이 송도유수(松都留守)로 재직 중에 그 지방에 전하는 설화 및 보고 들은 바를 모아서 엮은 야담집(野譚集)이다. 책 머리에 자서(自序)를 싣고, 본문으로는 화담(花潭) 서경덕(徐敬德)과 차식(車軾)·안경창(安慶昌)·최영수(崔永秀) 그리고 명기 황진이와 그 밖에 한명회(韓明澮)·차천로(車天輅)·한호(韓濩)·임제(林悌) 등 송도(松都) 출신 인사들에 얽힌 설화들을 수록했다.

차식은 꿈에서 깨어서도 두려움을 이기지 못하다가 날이 밝자 동구로 나왔다. 때마침 매 한 마리가 뒤에서 가볍게 날아 지나가더니, 큰 물고기 한 마리를 말 앞에 떨어뜨린다. 그 생선은 생기가 팔팔하여 땅에서 뛰는데, 뱀장어로서 그 길이가 한 자나 되었다. 차식은 꿈속에 있었던 일을 생각하여 가지고 집으로 돌아와서, 연일 국을 끓여서 어머니께 드렸더니, 그 병이 드디어 나았다.

차식은 벼슬이 군수(郡守)에 이르고, 두 아들 천로(天輅)와 운로(雲輅)는 모두 과거에 급제하였다. 차천로는 역시 문장으로 벼슬이 첨정(僉正)에 오르고, 차운로도 글로 이름이 높아 벼슬이 시정(寺正)에 이르렀다. 차천로의 아들 전곤(轉坤)도 과거에 올라 지금 정랑(正郞)이 되었다 한다.

— 이덕형(李德泂), 『송도기이(松都記異)』•

무덤을 단장해준 보은으로 어머니의 병을 고쳐주는 것과 복을 받게 될 것을 계시해주고 있다. 이 이야기에서는 신비스러운 꿈의 세계가 펼쳐져 있다. 논리적으로 살펴보면, 매가 뱀장어를 잡아 새끼에게 가져다주려고 하늘을 날아가다가 뱀장어를 낚아챈 발톱에 힘이 빠지게 되고, 또한 뱀장어도 버둥거리다가 떨어질 수도 있다. 하지만 하필이면 사람 앞에 떨어질 수가 있겠는가? 현실에서 일어날 수 있는 일이라 하더라도, 어찌 그 전날 꿈에 "병을 고쳐주겠노라."라는 보은의 계시적 성격의 꿈을 꿀 수가 있다는 말인가? 또한 "반드시 뒤에 복이 있을 것이다."라는 말처럼, 자식이 부귀영달하는 일로 실현되고 있다.

이러한 선인들의 꿈 사례를 통해 볼 때, 꿈에는 우리가 말로 표현할 수 없고 논리적으로 설명할 수 없는 신비스러움이 존재한다고 말할 수밖에 없을 것이다.

〈 사슴을 살려준 보은으로 자손이 재상이 될 것을 계시 〉

서필(徐弼)은 신라 서신일(徐神逸)의 아들로, 고려 광종 때 사람이다. 벼슬이 내의령에 이르고 시호는 정민이다. 서신일이 신라 말년에 나서 성 밖에서 살았는데, 사슴이 몸에 화살이 꽂힌 채 뛰어들어 왔다. 이에 그 화살을 뽑고, 사슴을 숨겨 주었더니 사냥꾼이 와서 찾아내지 못하고 돌아갔다. 꿈에 한 신인(神人)이 나타나서 감사하며 하는 말이 "사슴은 내 아들이다. 그대의 도움을 입어 죽지 않았으니, 마땅히 그대의 자손으로 하여금 대대로 재상이 되게 하리라." 했다.

서신일(徐神逸)의 나이가 80세가 되어서 아들을 낳으니, 이름을 서필(徐弼)이라고 했다. 서필(徐弼)이 서희(徐熙)를 낳고, 서희(徐熙)가 서눌(徐訥)을 낳았는데, 과연 서로 이어 태사가 되고, 내사령이 되었고, 묘정(廟庭)에 배향(配享)되었다.

— 이제현(李齊賢), 『낙옹비설(櫟翁稗說)』

『세종실록지리지』에도 같은 내용이 전한다. 나이가 80세가 되어서 아들을 낳았다는 것도 놀라운 일이지만, 어떻게 몇십 년, 몇백 년 뒤의 일까지 꿈에서 계시되고 예지된 대로 이루어질 수 있는 것인지, 새삼 꿈의 신비성에 대하여 놀라움을 금하지 않을 수가 없다. 그리고 이 책에서 살펴보고 있듯이 수많은 역사적인 사례가 이를 입증하고 있다. 태몽이 한평생에 대한 예지를 보여준다면, 이렇게 어떠한 일에 대해 계시적인 성격의 꿈을 꾼 경우, 꿈속에서의 계시대로 이루어지고 있음을 알 수 있다. 유사한 다른 사례를 살펴본다.

〈 거북이를 살려준 보은으로 3대 재상을 계시 〉

근세에 통해현(通海縣)에 거북같이 생긴 큰 생물이 밀물을 타고 포구에 들어왔다가 썰물이 되어 돌아가지 못했었다. 백성들이 장차 그것을 죽이려 하니 현령 박세통(朴世通)이 금지시키고, 큰 새끼를 만들어 두 척의 배로 끌고 가서 바다에 놓아 주었다. 꿈에 한 노인이 앞에 와서 절하고 말하기를,

"내 아이가 날을 가리지 않고 나가 놀다가 하마터면 솥에 삶음을 면치 못 할 뻔했는데, 공께서 다행히 살려 주셔서 음덕(陰德: 남이 모르는 덕행)이 큽니다. 공과 자손 3대가 반드시 재상이 될 것입니다"고 했다.

박세통과 아들 박홍무(朴洪茂)는 다 함께 재상의 지위에 올랐으나, 손자인 박감은 상장군으로서 벼슬을 내놓고 물러나게 되니, 마음에 만족지 않아 시를 지어 말하기를

龜呼龜呼莫耽睡(구호구호막탐수)　거북아 거북아 잠에 빠지지 마라.
三世宰相虛語耳(삼세재상허어이)　삼세 재상이 빈말뿐이로구나.

라고 했더니, 이날 밤에 거북이 꿈에 나타나 말하기를

"그대가 술과 여색에 빠져서 스스로 그 복을 덜어버린 것이요, 내가 감히 은덕을 잊은 것은 아닙니다. 그러나 장차 한 가지 기쁜 일이 있을 것이

니 잠깐 기다리시오."라고 하였다. 이삼일 뒤에 과연 벼슬에 다시 오르게 되었다.

— 이제현, 『낙옹비설』 전집 2

이 이야기는 『대동운부군옥』 2에도 실려 있는 바, 아무리 좋은 꿈을 꾸거나 계시적인 꿈을 꾸었다고 할지라도, 꿈대로만 실현되지 않음을 알 수 있다. 성실한 노력과 겸허한 마음가짐으로 올바른 생활을 해나갈 때, 꿈의 예지대로 이루어짐을 보여주고 있다.

여기에 대해서 중국의 왕부(王符)도 이러한 꿈의 징조에 대해서, 다음과 같이 언급하고 있는데 올바른 견해라고 할 수 있겠다.

또 무릇 사람의 도리란 상서로운 징조를 보고 스스로 덕을 닦게 되면 복이 반드시 이루어질 것이요, 상서로운 징조를 보고도 방종하고 제멋대로 하면 복이 화가 되고 마는 법이다. 마찬가지로 요망한 징조를 보고도 교만하게 굴면 그 화가 찾아올 것이요, 요망한 징조를 보고 경계하고 조심하면 화가 바뀌어 복이 되는 법이다.

—「몽렬(夢列)」『잠부론(潛夫論)』

〈 거북이를 살려준 보은으로 8형제를 계시 〉

이원(李黿)의 자는 낭옹(浪翁)이며, 호는 재사당(再思堂)이요, 본관은 경주(慶州)다. 익제(益齊) 이제현(李齊賢)의 후손이고, 박팽년(朴彭年)의 외손이다. 성종 기유년에 문과에 올라 벼슬이 좌랑에 이르렀다. 무오년에 곤장을 맞고 나주(羅州)로 귀양 갔다가, 갑자년에 죽임을 당하였다. 중종(中宗) 초년에 도승지를 증직하였다.

공의 아버지 이공린(李公麟)이 박팽년의 딸에게 장가들어 혼례를 거행하던 날 밤 꿈에 늙은 첨지 8명이 절하면서 청하기를, "우리들은 장차 솥에 삶겨 죽게 되는데, 만약 생명을 살려 주시면 후하게 은혜를 갚겠습니다." 하였다. 공린이 놀라서 일어나 보니, 음식 만드는 사람이 자라 여덟 마리로 국을 끓이려고 하므로 즉시 강물에 놓아 보내게 하였다. 이때 자라 한 마리가 빠져 달아나기에, 어린 종이 삽을 가지고 잡으려다가 잘못하여 그 목을 끊어 죽였다.

그날 밤에 또 꿈을 꾸니 7명이 와서 감사하였다. 그 후에 공린이 아들 8명을 낳았는데, 이름을 오·귀·원·타·별·벽·경·곤(鼇·龜·黿·鼉·鼈·鼊·鯨·鯤)으로 지었으니, 그 꿈의 상서를 기념한 것으로 모두 재주와 명성이 있었다.

이원(李黿)은 문장과 의로운 행동으로써 더욱 세상 사람의 추앙을 받았는데, 갑자년에 비명에 죽었으니, 그 징험이 더욱 뚜렷한 셈이다. 지금도 이씨(李氏)들은 자라를 먹지 아니한다. (『부계기문[涪溪記聞]』)

―<무오당적(戊午黨籍)>「연산조(燕山朝) 고사본말(故事本末)」『연려실기술』 제6권

원 출전은 김시양(金時讓)의 『부계기문』에 실려 있는 바, 이 역시 신비한 계시적인 꿈이야기다.

이공린(李公麟)•이 혼인날 밤의 꿈에 나타난 여덟 노인의 목숨을 살려달라는 부탁을 받고, 솥에 삶겨질 뻔한 자라 8마리를 구해주려고 하였으나 잘못하여 자라 한 마리를 죽이게 된 바, 그 후에 7명이 와서 감사의 말을 하고 있다. 그 후 아들 8명을 두었으나, 자라 한 마리가 잘못하여 죽어서 7명만 나타났던 것처럼, 셋째 아들인 이원(李黿)이 갑자사화로 죽기에 이른다.

• 이공린(李公麟)
조선 중기의 문신으로 이제현(李齊賢)의 6대손이며, 관찰사 이윤인(李尹仁)의 아들이다. 어려서부터 재질이 뛰어났고 포부가 원대하였다. 그러나 장인 박팽년(朴彭年)의 죄에 연좌되어 몇 년간 관직에 나갈 수가 없었다. 1504년(연산군 10) 갑자사화 때 그의 아들 원(黿)의 죄에 연좌되어 해남에 유배되었다가, 중종반정에 의하여 풀려났다.

〈 귀한 두 아들의 출세를 계시 〉

윤봉구는 파평 윤씨로 자(字)는 서응이며 호는 병계, 혹은 구암이라 하였다. 아버지 윤명운은 두 번 아내를 여의고, 완

산 이씨에게 세 번째 장가를 들었다. 하루는 이씨가 꿈을 꾸었는데, 웬 여자가 사당으로부터 나와서 말을 건넸다.

"나는 자네 지아비의 첫 부인이었다네. 예전에 둘째가 들어와 내 아이를 심하게 구박하면서 제사도 아주 성의 없이 지내기에 내가 죽여버렸지. 지금 자네의 그 훌륭한 덕행이 저승을 감동시켜 필시 귀한 아들 둘을 낳을 걸세."

과연 그 뒤에 아들 둘을 낳았으니, 그 맏이가 봉구였다. 봉구는 관직이 판서에까지 이르고 문헌이란 시호를 받았으며, 둘째 봉오는 문과에 올라 대사헌을 지냈다.

—김성언 역주, 『대동기문』 하, 국학자료원, 2001, 493쪽

〈 갑충(甲虫)이 큰 경사가 있을 것을 알려주다 〉

—전략—최영흥(崔永興) 공은 본디 청빈하여 생업을 일삼지 않았으나, 부인이 재산 관리를 잘함으로 인하여 집안이 곤궁함을 느낄 수 없었다.

부인이 어릴 적에 한 갑충(甲虫)이 거미줄에 걸려 있는 것을 보고 불쌍히 여겨 살려주었다. 그날 밤 꿈에 그 갑충이 와서 사례하기를 "10년 뒤에는 의당 큰 경사가 있을 것이다." 하였다.

그런데 과연 10년 뒤에 공이 문과에 급제하였고, 부인이 별세한 뒤에는 완성부원군 형제가 모두 재상의 그릇으로써, 나라에 큰 공훈을 세워 위대한 행적이 무궁한 후세에 빛나게 되었으니, 바로 그 증험이 아니겠는가. 이 또한 기이한 일이라 하겠다. 부인은 공보다 4년 앞서 별세하였으니, 그때가 만력(萬曆) 병진년(광해군 8, 1616)인데 향년 60세였다.

—「최영흥 묘지명」 『상촌집』 제25권

갑충을 살려준 데 대하여, 꿈으로 경사가 있을 것이라는 보은을 계시하고 있는 바, 실제 그대로 이루어지고 있다.

〈 무덤을 보수해주고 보은의 계시를 받다 〉

상원군의 북쪽 시오 리 되는 곳에 마을이 하나 있는데, 왕산촌(王山村)이

라 하며, 그 마을의 북쪽에 산이 하나 우뚝하니 솟아 민둥하니 나무가 없는 데 왕총(王冢)이라 한다.

정미년(선조 40, 1607) 7월에 큰 비가 내려 왕총이 무너졌다. 마을 사람 조벽(趙璧)이란 자가 왕총이 무너졌다는 소문을 듣고, 그가 부리는 자들을 인솔하여 와서 살펴보니, 광중(壙中: 송장을 묻기 위하여 판 구덩이)의 깊이가 두 길 남짓한데 벽돌에는 꽃무늬가 새겨져 있고, 정성껏 장사를 지냈음을 알 수 있었다. 북쪽에는 등이 있는데 기름이 반쯤 차 있었으며, 뼈 두 무더기가 아직도 남아 있었다. 광(壙) 남쪽에는 돌로 된 종이 흙 속에 묻혀 있으므로, 씻어서 보았더니 신명대왕묘(神明大王墓)라는 다섯 글자가 씌어 있었는데, 자획(字劃)이 크고 졸(拙)했다.

조벽은 마을의 노인들을 모아 흙을 날라 덮었다. 조벽의 꿈에 붉은 옷을 입고 금띠를 두른 신인(神人)이 나타나,

"나는 왕총(王冢)의 신이오. 그대들에게 뼈를 묻어 준 큰 은혜를 입었으니, 마땅히 풍년을 들게 하여 보답하겠소." 하였다.

이후부터 3년을 연달아 과연 큰 풍년이 들었으며, 노약들이 병을 앓거나 요절하는 이가 없었으니, 아아! 그 얼마나 신령스러운가. 조벽이 내게 와서 한 말이 이러했다.

내 생각으로는, 나라에 지도와 서적이 드물어 삼국 이전의 일은 상고할 수가 없지만, 신명왕(神明王)이란 호칭은 고구려 역사에 보이지 않으니, 주몽(朱蒙)의 후손이 아닌 것은 분명하다. 무덤이 또한 성천(成川)에 가깝고, 성천은 옛날의 송양국(松壤國)이니, 아마도 이는 그 왕이 아닐까 하나 내가 감히 알지 못하겠다. (요약 발췌)

—「상원군(祥原郡) 왕총기(王冢記)」, 허균 「문부 3 (文部三) 기(記)」『성소부부고』 제6권

허균이 언급한 바, 큰 고분인 왕총(王冢)은 이전의 부족국가 시대의 어떤 왕이나 권력자의 무덤이었을 것으로 보인다. 송양국(松壤國)의 도읍은 성천(成川)이었고, 고구려 초기의 부족 국가로 일명 비류국(沸流國), 다물국(多勿國) 또는 비류나(沸流那)라고도 하며, 후에 고구

려에 흡수된 비류수 일대에 있었던 부족국가다. 이 나라의 왕 송양(松壤)은 고구려 동명왕 2년에 고구려에 항복하여 합병되었다.

성천군(成川郡)은 평안남도 중부에 있는 군으로, 조선 시대 1414년(태종 14)에 성천으로 고쳐 도호부로 승격되었고, 대체로 500m 이하의 낮은 산지와 소규모의 평야로 이루어져 있다. 비류강이 군의 중앙을 가로지르면서 불류강·비우천·백원천 등의 지류를 합류하여 군 서부 경계를 흐르는 대동강으로 흘러든다. 군의 중앙에는 비류강에 의해 형성된 성천분지가 있다.

상원군(祥原郡)은 평양시 남동부에 있는 군으로, 평양상원군고분군(平壤祥原郡古墳群)이 있다. 이는 평안남도 중화군 상원면(현재 북한의 평양시 상원군 상원읍)에 있는 고구려 시대의 고분군으로, '소구절'이라는 깊숙한 골짜기에 수십 기의 고분이 분포되어 있으며, 이 중 제1·2·3호분 3기를 북한의 조선중앙역사박물관 조사단에서 발굴 조사를 하였다.

〈 무덤의 보수를 계시한 꿈 〉

나의 고조 의정공(議政公)이 일찍이 꿈을 꾸니, 양경공(良景公) 이종선(李種善)●이 와서 말하기를,

"내 집이 헐린 지 이미 오래되어서 바람과 비를 가리지 못하고 있다. 지금 세상에 공만이 내 집을 지어 줄 만하니 공은 잊지 말도록 하라." 하므로, 고조는 놀라 깨어서 괴이하게 여겼다. 양경공의 종손은 한성군(韓城君) 이질(李秩)이었으므로, 그를 불러다가 꿈이야기를 했더니,

한성군이 말하기를, "연산조(燕山朝) 때 찬성(贊成) 이파(李坡)●가 폐비 사건으로 극형을 당한 일이 있었

● 이종선(李種善: 1368년〔고려 공민왕 17〕~1438년〔세종 20〕)의 시호는 양경(良景)이다. 고려 말의 유명한 성리학자 목은 이색의 아들로, 이파(李坡)가 부관참시 당할 때 조부인 그의 무덤까지 화(禍)를 당하였는 바, 90여 년이 지나 후손의 꿈에 나타나 무덤의 보수를 계시하고 있다.

● 이파(李坡: 1434〔세종 16〕~1486〔성종 17〕)는 조선 전기의 문신으로 1504년(연산군 10) 갑자사화 때 폐비 윤씨의 사사에 참여했다는 죄로 열두 간신으로 몰려, 살았을 때의 벼슬을 박탈당하고 부관참시(剖棺斬屍)를 당했다.

는데, 양경공은 찬성의 조부이기 때문에 그 무덤을 헐어버렸으나 자손이 미약하고, 또 묘가 한산(韓山)에 있기 때문에 아직 고치지 못했으니 필경 이 때문일 것입니다." 했다. 고조는 이 말을 듣고 더욱 이상히 여겨 드디어 친 자제들을 보내어 봉분을 고쳐 쌓았다. 양경공은 의정공에게 고조 항렬이 되니, 그가 돌아간 지가 그때 이미 90여 년이 되었다.

이런 일로 보면 사람의 정백(精魄)이 오래되어도 없어지지 않는 것과 또 무덤은 죽은 사람의 집이 되는 것이 분명하니, 자손된 자는 먼 조상이라고 해서 소홀히 하지 못할 것이요, 무덤이 무너진 것도 고쳐 쌓지 않을 수 없는 것이다. 양경공은 목은(牧隱)의 아들이다. 내 고조의 휘는 유청(惟清)이다.

— 이덕형, 『죽창한화(竹窓閑話)』

〈 조문국(召文國) 경덕왕릉의 계시 〉

먼 옛날에 한 농부가 외밭[瓜田]을 마련하기 위하여 작은 언덕을 갈던 도중, 사람이 드나들 수 있는 큼직한 구멍을 발견했다. 이상하게 생각되어 들어가 보니 돌로 쌓은 석실이 나타났다. 석실의 둘레에는 금칠을 하였고, 가운데는 금소상(金塑像)이 있는데, 그 머리에 쓴 금관이 찬란하게 빛나고 있었다. 농부는 욕심이 나서 금관을 벗기려 하였더니, 그만 농부의 손이 금관에 붙어서 떨어지지 않았다.

이날 밤에 의성군수(義城郡守)의 꿈에 한 노인이 나타나서 이르기를, "나는 경덕왕(景德王)이다. 아무 곳 아무 데로 가서 살펴보고 그 무덤을 개수, 봉안토록 하여라."라고 현몽하였으므로, 이튿날 곧바로 그곳을 발견하여 봉을 쌓고 관리하여 오늘에 이른 것이라고 한다.

조문국(召文國)은 경상북도 의성군 금성면에 존재하였던 부족국가였다. 『삼국사기』 2권 「벌휴(伐休) 이사금(尼師今)」 조에 벌휴왕 2년(서기 185)에 신라에 복속된 것으로 되어 있다.

꿈과 관련된 다른 이야기를 살펴본다. 현재의 능지(陵地)는 약

500년 전에 오극겸(吳克謙)의 외밭[瓜田]이었는데, 외를 지키던 어느 날 밤 꿈에 금관을 쓰고 조복(朝服)을 한 백발의 노인이 나타나서, "내가 신라 시대 조문국의 경덕왕인데, 너의 원두막이 나의 능(陵) 위에 있으니 속히 철거하라"고 이르고는 사라졌다. 이에 놀란 외밭 주인은 현령께 고하고 지방의 유지들과 의논하여 봉분을 만들고 매년 춘계 향사를 올렸다.

〈 무덤의 훼손을 경고하다 〉

권오복(權五福)은 자는 향지(嚮之)이며, 호는 수헌(睡軒)이요, 본관은 예천(醴泉)이다. 성종(成宗) 병오년에 진사·문과에 오르고, 교리로 호당(湖堂)에 참여했다가, 무오년에 김일손(金馹孫)과 함께 죽었다. 문집이 있어 세상에 전한다.

천계(天啓) 연간에 어떤 사람이 상을 당하여 묘지를 과천(果川) 지방에 정하였더니, 그 곁에 고분(古墳) 하나가 있었는데 이것이 공의 무덤이었다. 그 집에서 일을 시작한 지 며칠 지난 뒤에 자제 한 사람이 역사(役事) 감독을 하고 있었는데, 역군의 잘못으로 고분 앞에 계절(階節) 돌 몇 조각을 빼내게 되었다.

그런데 그날 밤 꿈에 홍포(紅袍)를 입은 장자(長者)가 고분으로부터 나와 성난 듯한 빛을 띠므로, 그 사람이 자신도 모르게 앞으로 나아가 절하며 그 성명을 물었더니, 장자가 대답하기를, "나는 권한림(權翰林) 아무개다." 하고, 무덤을 가리키며, "저게 나의 집이다. 근자에 역군들이 와서 내 집을 짓밟고 뜰 돌을 빼내어 심히 불안하게 하는데, 그대는 어찌 금하지 않느냐." 하였다.

이윽고 꿈을 깨니 땀이 흘러 흥건히 온몸을 적시었다. 이튿날 고분 앞에 가서 깨진 곳을 고치고 글을 지어 제사를 지냈다.

―<무오당적(戊午黨籍)>「연산조(燕山朝) 고사본말(故事本末)」『연려실기술(燃藜室記述)』제6권

〈 자리 뺏긴 탑신이 벌을 내리다 〉

남연군(南延君) 구(球)는 아들 넷을 두었는데, 흥선대원군은 막내아들이다. 남연군이 죽을 때, 대원군은 겨우 18세였다. 지관을 따라 덕산에 있는 대덕사에 이르러서 지관은 오래된 탑 하나를 가리키며, "저곳이 대길지이니 좋은 곳이라는 것을 말하지 말라"고 하였다.

대원군은 바로 돌아와서 재산을 모두 처분하여 이만 냥의 돈을 만들었다. 그 돈의 반액을 가지고 내려가서 대덕사 주지승에게 주고, 불을 지르게 하여 절이 전부 타버렸다. 대원군이 상여를 받들고 그곳에 이르러, 불타고 남은 재를 쓸고 쉬니 한밤중이었다.

형 세 사람이 잠자리에서 일어나 꿈이야기를 하는데, 흰옷을 입은 늙은이가 노해서 욕설을 늘어놓으며 "나는 탑신인데 너희들은 어찌해서 내가 거처하는 곳을 빼앗으려 하느냐? 끝내 장례를 지낸다면 뜻하지 않은 죽임을 당할 것이며, 네 형제가 별안간 참혹하게 죽임을 당할 것이니 속히 돌아가는 것이 좋겠다."라는 것이었다. 세 사람의 꿈이 모두 같았다.

대원군은 흥분하면서 "그렇다면 이곳은 진정 명당자리다. 명이란 타고난 것인데, 신(神)이 죽으라고 빈다고 해서 죽겠는가? 이렇게 종실이 쇠퇴하니 우리 형제들은 안동 김씨 문전에서 옷자락을 끌며 얻어먹으면서 구차한 삶을 바라는 것보다는, 차라리 일시에 쾌하게 되는 것이 좋지 않겠는가? 형님들은 모두 자식이 있으나, 하나의 핏덩어리도 없는 것은 오직 나뿐이오. 그러니 죽는 것이 두려울 것이 없으니, 형님들은 여러 말하지 마시오." 하였다.

이른 아침에 탑을 깨뜨리고 보니, 그 자리는 전체가 돌이었다. 도끼로 깨뜨리니 도끼가 튀기만 하였다. 이에 도끼를 치켜들고 허공을 향하여 크게 꾸짖으니, 도끼는 다시 튀지 않았다고 한다. 장례를 치렀으나 다른 사람이 후에 손을 댈 것을 염려하여, 수만 근의 철을 녹여서 부었으며 그 위에 흙을 비벼서 다졌다.

장례를 끝내고 그 절에 있던 주지승과 함께 서울로 돌아오는데, 수원 대포진을 건널 때 배 안에 있던 중이 갑자기 큰 소리를 지르며 불에서 구해달라고 머리를 휘저으면서 발광하더니, 물속에 뛰어들어 죽었다.

> 많은 사람들은 그 남연군의 묘가 복추형(伏稚形)이라고 하였다. 그 일이 있은 후 14년 만에 고종이 탄생하였다.
>
> —『매천야록(梅泉野錄)』 제1권

남연군(南延君: 1788〔정조 12〕~1836〔헌종 2〕) 및 흥선대원군 이하응(李昰應: 1820〔순조 20〕~1898〔고종 35〕), 또한 남연군 묘를 이장하게 된 것에 대한 각종 기록이 서로 다르기에 먼저 정리를 하여 본다.

남연군의 이름은 이구(李球)로, 영조의 현손이며, 슬하에 네 아들을 둔 바, 막내아들이 흥선대원군 이하응이다. 1821년에 수릉관(守陵官) 등 말단직을 역임하면서 어려운 생활을 하였다. 그의 무덤은 명당으로 이름이 높으며, 1836년(헌종 2)에 연천에 장사 지냈다가 충청도 덕산(德山)으로 이장된 바, 1868년(고종 5) 독일인 오페르트(Oppert, E. J.)가 도굴하려고 한 것으로 유명하다.

일부 백과사전 및 인터넷상에 남연군의 생몰에 대하여, 1822년(순조 22)에 사망한 것으로 나오고 있는 바 이는 잘못된 것이다. 이러한 데는 『조선왕조실록』에 1822년(순조 22) 11월 13일 "수릉관 남연군 이구(李球)가 상을 당하였기 때문에, 완성 도정(完城都正) 이희(李爔)를 완성군(完城君)으로 봉하여 대임시켰다(〔원전〕 48집, 212쪽)."라는 기록이 있어서 잘못 알려진 것으로 보인다.

하지만 1834년(순조 34) 11월 13일의 "왕세손(王世孫)이 하령(下令)하기를, '남연군 구(球) 등을 모두 종척집사(宗戚執事)로 차하(差下: 벼슬을 시킴)하라.' 하였다(〔원전〕 48집, 416쪽)."라는 기록으로 보아, 1834년(순조 34) 이후에 사망한 것이 올바르다고 하겠다.

또한 『매천야록』에 남연군이 죽을 때, "대원군의 나이 겨우 18세였다."라고 언급되고 있는 바, 흥선대원군 이하응의 생몰 연대가 1820년(순조 20)~1898년(고종 35)으로, 남연군의 사망은 1836년(헌종 2)이 올바르다고 하겠다.

흥선대원군 이하응은 남연군의 넷째 아들이며, 제26대 왕 고종의 아버지다. 세간에서는 대원위대감(大院位大監)으로 널리 불려진 바, 12세에 어머니를 여의고 17세 때인 1836년(헌종 2)에는 아버지를 여윈 뒤 쇠락한 왕손으로 안동 김씨의 세도정치하에서 불우한 시절을 보냈다. 하지만 자신을 낮추고 기회를 엿보던 이하응은 1863년 철종이 사망하자, 조대비와 묵계를 맺어두었던 대로 자신의 둘째 아들인 12세의 명복(命福)을 왕위에 오르게 한다.

그는 대원군으로 섭정을 하게 되면서, 초기 10년간의 집정은 강직한 성격과 과감한 개혁정치로 서원철폐 등 포부를 펼치게 된다. 하지만 정권에 대한 지나친 집착으로 인하여 아들인 고종 및 명성황후와 대립했으며, 지나친 쇄국 정책과 일제의 침략 야욕 등으로 인하여 급변하는 국제정세에 능동적으로 대처하지 못한 채로 근대국가로의 전환을 실현하지 못하였다.

남연군이 죽은 해에 흥선대원군의 나이는 17세(『매천야록』에는 18세)였다. 흥선대원군은 아버지의 장사를 치른 후로부터 10년이 지난 1846년(헌종 12)에 경기도 연천군에 있던 아버지 남연군 묘를 이장하게 된다.

당시 이름난 지관이었던 정만인(鄭萬仁)이 추천한 2대에 걸쳐 군왕이 나온다는 이대군왕지지(二代君王之地)의 명당자리를 확신하고, 중을 매수하여 절을 불살라가면서, 또한 꿈에 탑신이 나타나 위협하는 것을 무시하면서까지 탑이 있던 자리로 이장했던 것이다.

그 후 새롭게 이장한 지 6년 뒤인 1852년에 후일 고종(高宗: 1852〔철종 3〕~1919, 재위 기간 1863~1907)이 되는 둘째 아들 명복(命福)을 낳았고, 이장한 후로부터 17년 뒤인 1863년에 철종의 뒤를 이어 12세의 명복이 왕위에 오른다. 흥선군 자신은 섭정의 대권을 위임받아 국정의 전권을 쥐게 되었으며, 손자인 순종까지 2대에 걸쳐 황제를 탄생시켰다.

1867년 통상을 요구하다 실패한 독일 상인 오페르트가 남연군의 시신을 담보로 통상을 강요하기 위해 묘를 도굴하려고 하였으나, 이러한 사연이 있는 무덤임을 알지 못하여 도굴에 실패하는 오페르트 사건• 이 일어나게 된다.

• 오페르트 사건

독일인 오페르트(Oppert, E. J)는 1866년 3월과 8월 두 차례에 걸친 조선과의 통상교섭에 실패하자 기회를 노리다가, 1868년(고종 5)에 흥선대원군의 아버지인 남연군 구(球)의 묘를 발굴해 시체와 부장품을 이용하여 대원군과 통상문제를 흥정하고자 하였다.

오페르트는 도굴단을 조직하여 도굴에 착수하였으나, 흥선대원군 이하응의 묘지 이장에 이러한 사연이 있음을 알지 못했기에 실패하고, 날이 밝아오자 철수할 수밖에 없었다. 무덤을 도굴하고자 하였던 이 사건으로 인하여, 서양에 대한 쇄국정책과 천주교 탄압이 가중되었다.

〈 장차 내 집을 뺏으려고 한다는 꿈 〉

우리 일가에 이공 지번(李公之蕃)·지무(之茂)·지함(之菡)은 모두 동복 형제간이었다. 맏이와 막내는 재주와 행실이 일찍이 뛰어났고 명성이 더욱 자자했다. 막내는 이학(理學)에 통달하여 학자들이 모두 그를 토정 선생(土亭先生)이라고 불렀다. 이들 형제는 모두 지리(地理)를 알았는데, 그 어머니 상사를 당하여 맏형이 그 막내아우에게 말하기를, "한산(韓山)에 계신 선묘(先墓)는 산세가 낮고 미약해서 항상 비습(卑濕)한 것이 걱정되니, 이번에 딴 곳을 골라서 옮겨 모시도록 하자." 했다.

이리하여 형제는 호서(湖西)의 여러 산을 두루 돌아보다가, 어느 날 홍주(洪州) 오서산(烏鼠山)에 올라, 사방으로 근처 고을의 산 모양과 물 형세를 살펴보고 고만(高巒)이라고 부르는 곳에 묏자리를 정하기에 이른다. 날이 저물어서 산 밑에 있는 어촌에서 잤다.

그 이튿날 주인 할멈이 맏이에게 묻기를, "손님은 어디서 오셨소? 어젯밤 꿈에 머리털이 하얀 늙은이가 모양도 기이하게 생겼는데 울면서 말하기를, '너희 집에 온 손이 장차 내 집을 뺏으려고 한다' 합디다."라고 말했다. 맏이는 이 말을 듣고 마음속으로 기뻐하여 필경 산신령일 것이라고 생각했다.

장례를 모시려 할 때, 그 아우 토정에게 이르기를, "장례를 모시고 난 뒤 기해년에는 우리 3형제가 모두 귀한 자식을 얻을 것인데, 다만 너의 아들이 불행하겠으니 이것이 한스럽다."고 했다. 그 뒤 기해년에 맏이는 과연 아들을 낳았으니, 이 분이 바로 아계(鵝溪) 이 상공 산해(李相公山海)이고, 그 가운데 분도 또 판서(判書) 산보(山甫)를 낳았다. 그리고 토정의 아들도 낳았는데 총명하고 재주가 있어 그중에서도 뛰어났는데, 나이 겨우 20세에 세상을 떠났다. 그의 시편(詩篇)이 호서 지방에서 전해지면서 외워지고 있다. (요약 발췌)

— 이덕형, 『죽창한화』

〈 원릉의 사초가 비로 인해 사태가 나서 위안제를 지내라고 명하다 〉

예조(禮曹)에서 원릉(元陵)의 사초(莎草)가 비로 인하여 사태가 났음을 아뢰니, 임금이 말하기를,

"밤에 꿈이 이상하여 새벽에 일어나서 특별히 주서(注書)를 보내어 봉심(奉審)하게 하였는데, 이 계(啓)가 뜻밖에 이르니 이루 놀랍고 걱정된다."

하고, 드디어 대신(大臣)과 예조 당상이 봉심하고 위안제(慰安祭)를 지내라고 명하였다.

— 정조 4년(1780) 6월 1일 『조선왕조실록』 [원전] 45집, 168쪽

원릉(元陵)은 21대 영조와 계비 정순왕후 김씨의 능(陵)이다. 무덤에 입힌 떼가 망가질 것을 꿈으로 예지하고, 사람을 시켜 살펴보게 하고 있다. 주서(注書)는 승정원(承政院)에 두었던 정7품직이며, 봉심(奉審)은 왕명을 받들어 묘우(廟宇)나 능침(陵寢)을 보살피게 하는 것을 말한다.

이 밖에도 정조는 환조대왕(桓祖大王) 이자춘과 그의 비(妃)인 의혜왕후(懿惠王后)의 신주(神主)를 영흥(永興) 본궁에 합제(合祭)하는 제사를 지내고자 할 때, 마치 꿈에서 직접 뵙고 가르침을 받는 것처럼 곡진하게 타일러주시는 말씀을 들었다고 밝히고 있다(정조 19년 윤2월 20일 〔원전〕 46집, 560쪽).

〈 늙은이가 울면서 살려달라고 부탁하는 꿈 〉

재상 권홍(權弘)은 벼슬이 최고에 다다르고 나이도 많아 매일 구릉(丘陵)을 찾아 노니는 것을 일로 삼았다. 일찍이 어느 날 저녁 꿈에 한 늙은이가 엎드려 울며 호소하기를, "홍 재상이 우리 종족을 처참하려 하니 상공(相公)이 구원하여 주옵소서." 하니, 권이 말하기를, "내가 어떻게 구하겠는가." 하니, 늙은이가 말하기를, "홍 재상이 반드시 상공과 같이 가자고 할 터이니, 공이 사양하면 홍공도 행하지 못할 것입니다. 이는 다시 살려 주시는 은혜이옵니다." 하였다.

조금 있다가 문을 두드리는 소리가 들리므로 놀라 깨어 물어보니, 홍공이 "오늘 전곶(箭串)에서 자라를 구워 먹으려고 공과 같이 가려고 왔습니다." 하는지라, 권공은 생각하기를, '꿈속의 늙은이는 반드시 자라[鼈]일 것이다.' 하고는 병을 핑계하여 사양하였는데, 뒤에 들으니 홍공도 가는 일을 그만두었다고 한다.

— 이륙(李陸), 『청파극담(靑坡劇談)』

다음에 이어지는 〈장미 영령의 계시〉 등에서도 살펴볼 수 있지만, 이렇게 거북이·자라·사슴·호랑이 등의 동물이나 매화·장미 등의 식물이 꿈속에 등장하여 어떠한 계시적인 말로써 일러주는 경우에 절대적으로 따르는 것이 좋다.

이 경우에 좋게는 보은(報恩)의 은택을 입는 일로 이루어지며, 계시대로 하지 않았을 경우에 화(禍)를 입는 일로 실현된다. 이 역시, 동식물의 영령이 존재한다기보다는, 어떠한 것을 일깨워주는 꿈의 상징기법의 하나로 동식물이 말하는 형태로써 전개되고 있는 것이다.

〈 장미 영령의 계시 〉

내 족인(族人: 아주 가깝지는 않은 일가) 김현감(金縣監)은 집이 인왕산(仁王山) 밑에 있는데, 경치가 몹시 좋고 뜰 앞에는 장미화(薔薇花) 나무가 있어 온 뜰이 환하게 비쳤다. 김공은 이것을 완상하다가 안석에 기대어 잠이 들었다.

갑자기 황의(黃衣)를 입은 장부 한 사람이 앞에 나와 읍하며 말하기를,

"내가 귀댁에 몸을 의탁한 지가 이미 여러 대가 되어 문호(門户)를 보호하여 근심과 즐거움을 같이 해 왔는데, 이제 주인의 아들이 무례하기가 자못 심하여 매양 더러운 물을 내 얼굴에 끼얹고 온갖 더럽고 욕된 짓을 다 합니다. 그래서 나는 그 아들에게 화를 입힐까도 생각했지만, 주인을 위해서 차마 하지 못하고 있사오니, 엄하게 가르쳐서 이렇게 못하도록 해주시면 다행이겠습니다." 하더니, 말을 마치자 장미 나무 밑으로 들어갔다.

김공은 꿈에서 깨자 놀랍고도 이상히 여겨 마음속으로 혼자 생각해도 무슨 일인지 알 수가 없었다. 도로 안석에 기대어 누웠는데, 조금 있다가 보니 김공 첩의 아들 중에 나이 많은 애가 갑자기 꽃나무 앞에 오더니 오줌을 누는 것이었다. 오줌 줄기가 꽃나무 가지 위까지 올라가더니, 남은 방울이 꽃에 떨어져 꽃이 모두 시들어 버렸다.

김공은 그 꿈이 맞다는 것을 깨닫고 첩의 아들을 불러 몹시 꾸짖은 다음, 계집종을 불러 물을 길어다가 친히 꽃에 뿌려 그 더러운 물을 씻어 주고 꽃나무 밑을 깨끗이 씻었다.

김공은 본래 시에 능했기 때문에 절구 한 수를 지어 사과했다 한다. 나는 이것을 항상 기이하게 여겼다.

— 이덕형(李德泂), 『죽창한화(竹窓閑話)』

3. 국가적·사회적 변란 예지

미래 예지 꿈의 대표적인 사례인 국가적·사회적 변란 예지에 대하여 살펴본다. 1894년, 고종 재위 31년 정월에 고종은 낮잠을 자다가 광화문이 무너지는 꿈을 꾸게 된다. 이후 동학혁명이 일어나면서, 일본과 청나라가 군대를 파병하게 되고 국가적으로 혼란에 빠져들게 된다. 광화문은 경복궁의 남쪽 문으로 정문(正門)이다. 이러한 정문이 무너지는 꿈의 상징적 의미가 국가적·사회적 혼란을 의미하고, 나아가 망국(亡國)으로 나아가는 것을 예지해준다는 사실을 쉽게 알 수 있을 것이다.

1) 변란 예지

〈 표범이 호랑이의 꼬리를 깨물어 자른 꿈 〉

고구려 태조대왕 90년(서기 142년). 왕이 밤에 꿈을 꾸었는데, 한 표범이 호랑이 꼬리를 깨물어 잘랐다. 깨어서 그 길흉 여부를 물으니, 어떤 사람이 말하였다. "호랑이는 백수의 으뜸이고, 표범은 같은 종류의 작은 것입니다. 그 뜻은 왕족으로서, 대왕의 후손을 끊으려고 음모하는 자가 있는 것 같습니다."

왕은 불쾌하여 충신인 고복장에게 말하였다. "내가 어젯밤 꿈에 본 것이 있었는데, 점치는 사람의 말이 이와 같으니 어찌하면 좋겠는가?" 고복장이 대답하였다. "착하지 않은 일을 하면 길(吉)이 변하여 흉(凶)이 되고, 착한 일을 하면 재앙이 거꾸로 복이 됩니다. 지금 대왕께서 나라를 집처럼 근심하고, 백성을 아들처럼 사랑하시니, 비록 작은 이변이 있더라도 무슨 걱정이 있겠습니까?"

그로부터 4년 뒤, 태조대왕 94년(146) 가을 7월에 왕의 아우인 수성은 왜산 밑에서 사냥하면서 주위 사람들에게 말하였다. "대왕이 늙도록 죽지 않고 내 나이도 장차 기울어가니 기다릴 수 없다. 주위에서 나를 위하여 꾀를 내어라." 주위 사람들은 모두 "삼가 명을 좇겠습니다."라고 하였다.

겨울 10월에 우보 고복장이 왕에게 말하기를 "수성이 장차 반란을 일으킬 터이니, 청컨대 먼저 죽이십시오." 하니, 왕은 말하였다. "나는 이미 늙었다. 수성이 나라에 공이 있으므로, 나는 장차 왕위를 물려주려고 하니, 그대는 번거롭게 걱정하지 말라."

고복장이 말하였다. "수성의 사람됨이 잔인하고 어질지 못해, 오늘 대왕의 선양을 받으면 내일 대왕의 자손을 해칠 것입니다. 대왕께서는 다만 어질지 못한 아우에게 은혜를 베풀 것은 알고, 무고한 자손에게 화가 미칠 것은 알지 못하십니다. 원컨대 대왕께서는 깊이 헤아리십시오."

12월에 왕은 아우인 수성에게 말하였다. "나는 이미 늙어 모든 정사(政事)에 싫증이 났다. 하늘의 운수는 너의 몸에 있다. 더욱이 너는 안으로 국정에 참여하고, 밖으로 군사(軍事)를 총괄하여 사직을 오래 보존한 공이 있고, 신하와 백성들의 소망을 채워 주었다. 내가 맡기는 이유는 사람을 얻었다고 말할 수 있기 때문이니, 너는 왕위에 올라 영원히 신의를 얻어 경사를 누려라." 그리고 왕은 왕위를 물려주고 별궁으로 물러나, 태조대왕이라고 칭하였다.

이에 아우인 수성이 왕위에 올랐다. 차대왕 2년(147) 3월에 고복장을 죽였다. 복장이 죽음에 임하여 탄식하며 말하였다. "원통하구나! 내가 그때 선왕의 가까운 신하로서 난을 일으키려는 도적의 사람을 보고도 어떻게 묵묵히 말하지 않을 수 있었겠는가? 한스럽게도 선왕께서 나의 말을 따르지 않아 여기에까지 이르렀구나. 그대는 이제 막 왕위에 올랐으니 마땅히 정치와 교화를 새롭게 하여 백성에게 보여야 할 터인데, 옳지 않은 것으로써 한 사람의 충신을 죽이는 것이다. 나는 도(道)가 없는 때에 사느니 차라리 빨리 죽는 것이 낫겠다." 그리고는 처형당하니, 원근 사람들이 듣고 모두 분하고 애석해 하였다.

차대왕 3년(148) 4월에 왕은 사람을 시켜 태조대왕의 맏아들 막근(莫勤)을 죽였다. 그 아우 막덕(莫德)은 화가 연이어 미칠까 두려워, 스스로 목을 매었다. 차대왕 20년(서기 165년) 3월에 태조대왕이 별궁에서 죽었다. 나이가 119세였다. 이해 겨울 10월에 재상인 명림답부(明臨答夫)가 백성들이 견디지 못하므로 차대왕을 죽였다.

—「태조대왕」「차대왕」 고구려본기 제3, 『삼국사기』 권 제15

『삼국사기』에 전하는 꿈 사례로, 안정복의 『동사강목(東史綱目)』에도 실려 있는 바, 허목(許穆)의 『미수기언(眉叟記言)』에 나오는 글로 덧붙여 살펴본다.

명림답부(明臨答夫)가 수성을 시해하고, 좌보 어지류(菸支留)가 왕의 아우 백고(伯固)를 맞이하여 세우니, 그의 나이 77세였다. 백고는 피신해 산중에 들어가 나오지 않다가, 이에 이르러 왕위에 올랐다. 백고가 즉위하여 수성을 차대왕(次大王)이라 칭하였다. 수성의 아들 추안(鄒安)이 도망하여 산중에 숨어 있다가 대궐에 나와 죄를 청하므로, 읍을 봉해 양국군(讓國君)으로 삼았다.

—「동사(東事)」『기언(記言)』 제34권 원집(原集) 외편, 『고구려세가(高句麗世家)』 상, 허목(許穆) 『미수기언(眉叟記言)』

상징적인 미래 예지 꿈의 대표적인 사례다. 표범이 호랑이의 꼬리를 깨물어 자른 꿈의 해몽을 "호랑이는 백수의 으뜸이고, 표범은 같은 종류의 작은 것입니다. 그 뜻은 왕족으로서, 대왕의 후손을 끊으려고 음모하는 자가 있는 것 같습니다."라고 했는데 이는 올바른 해몽이다. 꿈속에 나타나는 호랑이나 고양이, 구렁이, 기타 동물 등은 대부분 사람을 상징한다. 앙칼진 아내를 암고양이라고 한다든지, 화류계 여성을 꽃뱀으로 비유하고 있는 것처럼 꿈의 상징 기법은 문학적 상징이나 일상의 관습적 언어와도 일맥상통하고 있다.

태조대왕은 아우인 차대왕에게 왕위를 선양하였으나, 결국 차대왕은 충신과 두 조카를 죽였다. 태조대왕은 꿈의 예지에 대하여 가볍게 생각하고, 대비하지 않았기에 이러한 일을 당한 것일까? 아니면 꿈 자체가 상징적인 미래 예지 꿈으로 장차 그것이 실현될 수밖에 없었던 것일까?

필자의 수많은 사례 연구를 통해 볼 때, 경고성 성격의 꿈이 있기는 하지만 상징적인 미래 예지 꿈인 경우에는 실현 자체를 우리 인간이 벗어나게 할 수는 없다. 오직 선행을 베풀고 근신(謹愼)함으로써 장차 일어나는 일에 대하여 최소화한 사례는 있다.

태조대왕의 꿈은 꿈을 꾼 후로, 5년 뒤에 실현되고 있다. 5년째에 충신인 고복장이 죽고, 이어 6년째에 호랑이 꼬리로 상징되었던 자신의 두 아들이 죽는 일로 실현되었다.

이처럼 꿈의 예지는 현실에서 그대로 실현된다. 다만 이러한 상징적인 미래 예지 꿈은 즉시 실현되지 않기에 우리 인간은 꿈의 예지에 대해서 소홀하기 쉽다. 꿈으로 예지된 일은 가벼운 사건일수록 빨리 일어나며, 커다란 사건일수록 나중에 일어난다. 태몽 같은 경우, 꿈이 생생하며 그 실현 기간도 평생에 걸쳐서 이루어지고 있다. 자신의 꿈 일기를 써보자. 그리하면, 자신의 꿈이 언제, 어떻게 실현되는지를 보다 명확하게 알 수 있을 것이다.

〈 중국의 정변 예지 — 사신이 온 꿈 〉

통사(通事) 강방우(康邦祐)가 요동으로부터 평양에 이르렀는데, 서북면 도순문사(西北面都巡問使)가 강방우의 말을 급히 알리기를,

"6월 13일에 연왕(燕王)이 전승(戰勝)하여, 건문 황제(建文皇帝)가 봉천전(奉天殿)에 불을 지르고, 자기는 대궐 가운데서 목매달아 죽었으며, 후비(后妃)·궁녀 40인이 스스로 죽었고, 이달 17일에 연왕이 황제의 위(位)에 올랐는데, 도찰원 첨도어사(都察院僉都御史) 유사길(兪士吉)과 홍려시소경(鴻臚寺少卿) 왕태(汪泰)와 내사(內史) 온전(溫全)·양영(楊寧) 등을 보내어, 이들이 조서를 가지고 이미 금월 16일에 강을 건너왔고, 역사(力士) 두 사람과 본국 내시(內侍) 세 사람이 따라옵니다."

하였다. 임금이 일찍이 박석명(朴錫命)에게 말하기를,

"꿈에 중국 사신이 이르렀는데, 내가 사람을 시켜 성지(聖旨)를 전사(傳寫: 돌려가며 베끼어 씀)하게 하여 보았으니, 중원(中原)에 반드시 기이한 일이 있을 것이다."

하였는데, 이때에 이르러 과연 들어맞았다.

—「연왕이 황제가 되어 조서를 보냈다는 통사 강방우의 전언」 태종 2년 (1402) 9월 28일 『조선왕조실록』 [원전] 1집, 247쪽

이것은 『조선왕조실록』의 기록으로 장차 일어날 일을 사실적인 미래 투시의 꿈으로 예지하고 있다. "꿈에 중국 사신이 이르렀는데, 사람을 시켜 성지(聖旨)를 전사(傳寫)하게 하여 보았으니, 중원(中原)에 반드시 기이한 일이 있을 것이다."라고, 중국에 큰 정변이 생기게 될 것을 꿈으로 예지하고 있는 바, 연왕(燕王)이 황위를 찬탈하고 황제가 되어 조서를 보내오는 일로 실현되었다.

연왕(燕王)은 명나라 태조 주원장(朱元璋)의 넷째 아들로, 이름은 주체(朱棣)이며, 연왕(燕王)에 책봉되어 원(元) 왕조의 잔여 세력을 정벌하여 전승을 거둠으로써 태조의 신임을 얻었다. 조카인 혜제(惠帝) 건문황제(建文皇帝) 주윤문(朱允炆)에게서 1402년 6월에 황위를 찬탈하고, 그 후에 조선으로 조서(詔書)를 보내오게 된다.

• 적의(翟衣)

옛날 황후(皇后)가 입던 예복으로, 붉은 비단(緋緞) 바탕에 청색(靑色)의 꿩을 수놓아 만든 옷.

• 송시열(宋時烈: 1607년〔선조 40〕~1689〔숙종 15〕)

호는 우암(尤菴)이며, 기사환국의 기사사화로, 숙종 때 장희빈이 낳은 아들을 세자로 정하는 문제를 반대하다가 숙종의 노여움과 남인의 사주로 국문을 받으러 오던 중 전라북도 정읍에서 사사(賜死)된다.

노론의 정신적 지주로서 이이·김장생의 학문을 계승하고 성리학을 집대성하여 동방의 주자(朱子)로 불렸다. 정조 때는 국가적 차원에서의 스승인 송자로 격상되고 유고는 가장 방대한 문집인 일명 『송자대전(宋子大全)』으로 간행되었다. 『조선왕조실록』에 그의 이름이 3,000회 이상 언급되는 것으로도 유명하다.

〈 장래에 있을 화(禍)를 구해줄 수 없다는 꿈 〉

권유(權惟: 송시열의 사위)가 정릉 참봉(貞陵參奉)이 되어 입직(入直)하던 날 밤 꿈에, 어떤 부인이 적의(翟衣)•를 입고 정자각(丁字閣)에 앉아 권유를 급히 불러 이르기를 "3백 년 동안 폐해졌던 나의 지위를 회덕(懷德)의 대유(大儒)가 회복시켜 주었는데, 나는 그분의 장래에 있을 화(禍)를 구해 줄 수 없으니, 어찌 한스럽지 않은가." 「황강문답[黃江問答]」『한수재집[寒水齋集]』

— 권상하(權尙夏), 「초산어록(楚山語錄)」『한수재집(寒水齋集)』

정릉 추복(追復)의 의논이 일어났을 때, 정릉 곁에 사는 늙은이의 꿈에 한 부인이 와서 말하기를 "나는 한 대인(大人)의 신구(伸救)에 힘입어 장차 태묘(太廟)에 들어가게 되었으나, 나는 그 사람의 화(禍)를 구제해 줄 수 없으니 통한스럽다." 했다고 한다.

—「한수재선생문집(寒水齋先生文集) 연보(年譜)」『한수재집』

서로 다른 기록을 보이고 있어 두 개 모두 살펴보았다. 회덕(懷德)은 '덕을 품는다.'는 뜻의 지명으로, 우암 송시열•의 친가가 있던 곳이다. 정릉(貞陵)은 이성계의 비(妃) 신덕왕후의 능(陵)이다. 정릉 참봉(貞陵參奉)이자, 송시열의 사위였던 권유(權惟)에게 신덕왕후(神德王后)가 나타나 회덕의 대유(大儒)인 송시열에게 능(陵)을 복원시키는 은혜를 입었음에도 불구하고, 장차 다가올 기사환국의 화(禍)를 피하게 해줄 수 없어 한스럽다는 이야기를 듣게 되는 계시적 성격의 꿈이다.

신덕왕후 강씨는 방번(芳蕃)·방석(芳碩) 두 왕자와 경순공주(慶順公主)를 낳았다. 하지만 태종(太宗: 1367~1422)은 자신을 지지하지 않아서 감정이 좋지 않았던 신덕왕후를 후궁으로 강등시키고, 능(陵)은 묘로 격하시켰다. 하지만 약 270년 후 1669년(현종 10) 송시열의 상소에 의해 신덕왕후는 왕비로 복위되었고, 무덤도 왕후의 능(陵)으로 복원되었다.

2) 소릉(昭陵) 복원 꿈이야기

사건마다 꿈으로 계시되거나 예지되고 있기에 〈현덕왕후가 세조의 꿈에 나타나 분노하다〉, 〈소릉 복원에 반대하는 자에게 병을 내리다〉, 〈꿈에 관의 위치를 계시해 찾게 하다〉 등으로 나누어 상세하게 살펴본다.

먼저 소릉(昭陵)에 대하여 간략히 살펴본다. 소릉은 문종(文宗)의 비(妃)요, 단종의 어머니인 현덕왕후(顯德王后) 권씨(權氏)의 옛 능호(陵號)다. 세조(世祖)가 왕위를 찬탈하고 단종(端宗)을 죽게 한 바, 세조의 꿈에 단종의 어머니인 현덕왕후 혼령이 꿈에 나타나 "죄 없는 내 자식을 죽였으니, 네 자식도 죽이겠다." 했는데, 깨자마자 세자(世子)의 사망 소식이 전해졌다. 이에 크게 화가 난 세조가 그 능을 파헤쳐 버리라고 명하여 능은 폐허가 되었다. 당시에 어떤 승려가 바닷가에 떠 있는 현덕왕후의 관곽을 발견하고 풀숲에 묻어 두었다.

• 세조

세종의 둘째 아들이고 문종의 아우로서, 현덕왕후는 형수가 된다.

• 동궁(東宮)

초명은 숭(崇), 이름은 장(暲), 자는 원명(原明)으로 1455년(세조 1) 세자로 책봉되었으며, 월산대군(月山大君)과 성종을 낳았다. 예절이 바르고 글 읽기를 즐겼으며 해서(楷書)에도 능하였으나, 어려서부터 병약하여, 1457년 병이 크게 들어 20세의 나이로 죽었다. 1471년(성종 2)에 덕종(德宗)으로 사후 추존되었다.

• 단종

수양대군에게 왕위를 물려주고 상왕(上王)이 되어 수강궁(壽康宮)으로 옮겨 살았으나, 단종을 복위하고자 하는 사건이 일어나자 1457년 6월 노산군(魯山君)으로 강봉되어 강원도 영월의 청령포에 유배되었다가, 다시 노산군의 숙부 금성대군(錦城大君)이 복위를 계획하다가 발각되는 사건이 일어나자 10월 마침내 죽임을 당하기에 이른다.

〈 현덕왕후가 세조의 꿈에 나타나 분노하다 〉

세조•가 꿈을 꾸었는데, 현덕왕후가 매우 분노하여 "네가 죄 없는 내 자식을 죽였으니, 나도 네 자식을 죽이겠다. 너는 알아두어라." 하였다. 세조가 놀라 일어나니, 갑자기 세자인 동궁(東宮)•이 죽었다는 기별이 들려왔다. 그 때문에 소릉을 파헤치는 변고가 있었다(『축수편[逐睡篇]』). 덕종의 죽음이 9월 2일이니, 포초록(圃樵錄)에 기록된 정축년 가을이라 함이 옳은 듯하다.

— <소릉(昭陵)의 폐위와 복위>「문종조(文宗朝) 고사본말(故事本末)」『연려실기술』 제4권

세조는 아들의 죽음에 크게 화가 나서, 꿈속에 나타난 현덕왕후의 소릉을 파헤쳐 버리라고 명하는 바, 이긍익(李肯翊)도 세조가 현덕왕후가 분노하여 세조의 자식을 죽이겠다는 계시적인 꿈을 꾼 시점이 정축(1457)년 겨울이 아닌, 가을이 옳다고 밝히고 있다.

단종•의 죽음의 대한 기록은 『조선왕조실록』 세조 3년(1457) 10월 21일 조에 "노산군이 스스로 목매어서 졸(卒)하니, 예(禮)로써 장사 지냈다"고 나온다. 세조가 자신의 아들인 세자가 죽고 나서, 소릉을 파헤치게 한 것으로 미루어, 세조의 꿈에 현덕왕후가 나타나서 저주의 말을 한 것은 사실로 보아야 할 것이다

소릉에 대해 조선 중기의 문신이요 학자인 이자(李耔:1480~1533)의 『음애일기(陰崖日記)』에 나오는 기록을 살펴본다.

> 정축년(1457) 겨울에 세조가 궁궐에서 낮잠을 자다가 가위에 눌린 괴이한 일이 생기니, 곧 소릉을 파헤치라고 명하였다. 사신이 석실(石室)을 부수고 관을 끌어내려 하였으나, 무거워서 들어낼 도리가 없었다. 군민(軍民)이 놀라고 괴이쩍어하더니, 글을 지어 제를 지내고서야 관이 나왔다. 사나흘을 노천(露天)에 방치해 두었다가, 곧 명을 따라 평민의 예로 장사 지내고서 물가에 옮겨 묻었다.
>
> 능을 파헤치기 며칠 전 밤중에, 부인의 울음소리가 능 안에서 나오는데, "내 집을 부수려 하니, 나는 장차 어디 가서 의탁할꼬."였다. 그 소리가 마을 백성의 마음을 아프게 흔들었다. 얼마 후에 역마(驛馬)를 탄 사신이 갑자기 달려왔다. 언덕 벌에 옮겨 묻었어도, 신령스럽고 기이함을 매우 드러내서, 예전 능이 있었던 터의 나무나 돌을 범하든지 마소를 풀어 놓아 그 무덤 자리를 짓밟으면 맑은 하늘이 갑자기 캄캄해지고 비바람이 불어 닥치므로, 누구나 서로 경계하고 감히 가까이 가지 못하였다. 이 일의 본말을 눈으로 직접 목격하고 얘기해 준 노인들이 있다.

소릉과 관련된 다른 기록으로 『포초잡기(圃樵雜記)』에 다음과 같이 나온다.

> 이보다 앞서 소릉은 옛날에는 안산리(安山里)에 있었는데, 그 마을에는 재사(齋社)가 있고 앞에는 큰 바다를 임해 있었다. 정축년 가을에 재사의 중이 밤에 들으니, 부인의 우는 소리가 바닷속으로부터 점점 산 밑으로 오다가 그치므로, 새벽에 중이 가서 보니 옻 칠한 관(棺) 하나가 물가에 떠내려와 있었다. 놀라고 이상함을 이기지 못하여, 곧 풀을 베어 관을 덮고 바닷가 흙으로 덮어 그 자취를 감추었다. 그 뒤로부터 조수(潮水)에 모래가 밀려 쌓여서 육지가 되었다. 몇 해 되지 않아서 갑자기 풀이 나고 언덕이 이루어져 무덤의 흔적은 없고, 다만 흙이 높은 곳이 관(棺)을 묻은 곳이라 했었다.

그 후 영남(嶺南)의 유생(儒生)들을 중심으로 세 차례나 위호(位號)를 복위시키고자 하는 논의가 일어났으니, 맨 처음 남효온이 상소하여 추복(追復)할 것을 극력 청하였으나 임사홍(任士洪) 등의 방해로 좌절되었다.

연산(燕山) 때에는 김일손(金馹孫) 등이 다시 이 문제를 제기했으나 성과를 거두지 못했다. 중종(中宗) 7년에 소세양(蘇世讓)이 소릉을 복위하자고 아뢰었으나 성사되지 않다가, 다음 해에 종묘에 벼락이 내려친 것을 계기로 재차 논의되었다.

> 계유년에 명하여 소릉(昭陵)을 회복시켰다. 소릉을 폐한 것은 하늘의 이치를 거스르고 사람의 마음을 배반해서 귀신과 사람이 분통해한 지 오래다. 대간(臺諫)과 시종(侍從)·유생(儒生)에 이르기까지 서로 글을 올려 임금께 아뢴 지 1년이 넘었다. 이에 2월 28일에 종묘(宗廟)가 있는 동산 안의 소나무에 벼락이 치니, 임금이 놀라고 두려워하여 친히 제사 지내어 위안시키고 드디어 명하여 소릉을 회복하게 했다. 예조판서 김응기(金應箕)를 보내서 옛날에 썼던 재궁(梓宮: 왕이나 왕비의 관)을 찾아서 현릉(顯陵) 좌편 언덕에 옮겨 모시고, 현덕(顯德)이란 존호(尊號)를 회복시켜 역대 왕의 위패(位牌)를 모시는 태묘(太廟)에 모셨으니, 어찌 특히 유명(幽明)의 원통함을 쾌하게 씻을 뿐이리오. 참으로 한 나라의 큰 경사였다.
>
> — 이자(李耔), 『음애일기(陰崖日記)』

이때도 많은 논란 끝에 소릉 복원에 반대하던 영상 유순정(柳順汀)이 급작스러운 병으로 참여하지 못하게 되어, 왕이 결정을 내려 파헤쳐졌던 현덕왕후(顯德王后)의 관을 찾을 수 있었다. 이어지는 꿈 사례에서 알 수 있듯이 누군가와의 싸움에서 지는 꿈, 누군가에게 얻어맞는 꿈, 꾸중을 듣는 꿈은 현실에서 상대방으로 상징된 병마(病魔)에 시달리게 되거나 자신의 주장을 펼 수 없는 일로 실현된다.

〈 소릉 복원에 반대하는 자에게 병을 내리다 〉

조금씩 다르게 전개되고 있기에 인용하여 살펴본다.

① 중종 임신년에 소릉(昭陵) 복위를 위한 회의를 특별히 베풀었는데, 정승 유순정(柳順汀)이 홀로 불가하다고 하였다. 조정에서 의논을 널리 모으던 그날, 어떤 한 사람의 꿈에 해평부원군 정미수(鄭眉壽)가 유 정승과 씨름으로 서로 겨루다가 유 정승이 지는 것을 보았다. 때는 해평부원군이 죽고 장사를 치르기 전날이었다. 날이 밝아 유 정승이 관과 띠를 갖추고 대궐로 나아가려고 하는데, 갑자기 중풍이 들어 마침내 일어나지 못하였다. 소릉 복위의 반대 논의를 행하지 못하게 되었으므로, 마침내 소릉 복위가 이루어졌다.

—『월정만필』,『대동야승』 제57권

② 권민수의 자는 숙달이며, 호는 기정이다. 우리 중종 대에 대간이 소릉을 회복할 것을 청원하였을 적에, 처음에 권민수가 승정원에서 숙직하였는데, 밤에 해평군 정미수(鄭眉壽)가 영상 유순정(柳順汀)에게 손찌검을 하며 크게 분함이 있는 듯하고, 유는 매우 군색해 하는 것을 꿈꾸었다. 권민수가 놀랍고 괴이하게 여겼더니, 며칠 있다가 능을 회복하자는 의론이 나오매, 유순정이 가장 그 의론에 난색을 보이더니 의론이 끝나자 갑자기 병이 나서 조당(朝堂: 조정 국사를 의논하는 곳)으로부터 메어 내어와 드디어 일어나지 못하였다. 정미수(鄭眉壽)는 소릉 현덕황후의 외손이었다. 사람들이 이르기를, "귀신이 보복하고 저승에서 보응 받는 것이 이치에 어김이 없다 하더니, 권민수의 꿈이 이에 이르러 바로 맞았다." 하였다.

—『용천담적기(龍泉談寂記)』,『해동잡록』 6

③ 처음에 기정 권숙달이 은대(승정원)에서 숙직하는데, 꿈에 해평군 정미수(鄭眉壽)와 유순정 영의정이 서로 다투고 치면서, 분함을 참지 못하였고, 영의정이 매우 궁색해 하였다. 기정은 놀라고 이상하여 사람

들에게 말을 하자 수일 후에 능을 복원하자는 논의가 나왔다. 영의정이 맨 먼저 어렵다고 하였는데, 논의를 마치자 갑자기 병이 나서, 간신히 수레를 타고 집으로 돌아와, 병이 점점 더하여 드디어 일어나지 못하였다.

그가 병들어 있을 적에 근일의 조정 일을 자제에게 물으니, 소릉의 일로 크게 다툰다고 대답하므로, 공이 머리를 흔들며 말하기를, "그 일은 끝내 할 수 없다." 하였으니, 그의 고집이 이와 같았다. 의논할 때에 만약 공이 있었더라면, 아마도 끝내 마음을 돌리지 못했을 것이다. 해평군 정미수(鄭眉壽)는 소릉의 외손인데 사람들이 말하기를, "영혼이 있으면 어찌 이 일에 통분한 감이 없으리오. 신의 어두운 보응은 이치에 없다고 하지 못할 것이니, 기정의 꿈이 영험하다." 하였으나, 이는 진실로 황매하여 반드시 믿는다고 이르지 못할 것이다. 다만 우연한 기회에 서로 감응하는 바가 있는 듯하니, 이 역시 괴이하도다.

—『용천담적기』,『대동야승』 제9권,『해동야언』 3

마침내 소릉을 복원하기로 하였으나, 오래전 일이라 파헤친 관이 있는 곳을 쉽게 찾을 수 없었다. 이때, 꿈에 현덕왕후(顯德王后) 영령이 관을 찾도록 계시해주어 찾게 되는 바, 중종 8년에 문종의 현릉(顯陵) 곁으로 이장하였는데, 이후로는 문종과 같이 현릉이라 일컬었다.

〈 꿈에 관의 위치를 계시해 찾게 하다 〉

드디어 임금이 허락하는 명을 내려 도감(都監)을 설치하여 그 일을 감독하도록 하였다. 처음 소릉이 폐해진 뒤에 바닷가로 옮겨서 장사 지내고는, 제사 지내고 수호(守護)하는 일을 폐한 지가 여러 해가 되어, 단지 무덤의 봉분만 있었으므로 여전히 사람들이 의심하였던 것이다. 악전(幄殿)을 설치하고서 묘를 이장하려고 깊이 파들어 갔으나, 관(棺)이 보이지 않아 당황하여 어찌할 줄 몰랐다. 이날 밤 감독관이 선잠을 자는데, 꿈에 휘장을 치고 안석에 기대어 왕후의 모습을 갖추고 그 옆에 두 명의 시비가 모시고 있는데 감독관을 불러 위로하기를, "너희들이 수고한다." 하므로, 감독관이 엎드려 놀라 땀이 흘렀다. 꿈이 깬 뒤에 이상히 생각하고, 다음 날 아침에 두어 자 남짓 더 깊이 파니, 홀연 손바닥만 한 옻칠 조각이 삽날에 붙어 나오는 것이 보였다. 이것은 관의 두꺼운 칠이 떨어져서 올라온 것이다. 그리하여 이장하는 일을 잘 마치게 되었다.

— 김안로(金安老), 『용천담적기』

이제 재궁을 찾았으나 있는 곳을 알지 못하여, 군인들로 하여금 물가에 벌여 서서 진흙 나오는 곳을 모조리 파서 산모퉁이까지 갔으나 볼 수가 없었다. 어찌할 수가 없더니, 감역관(監役官)이 말하기를, "꿈에 신인(神人)이 나타나서 다시 1척이 넘게 파보라고 하였습니다." 하여, 다시 2척 정도를 파니 진흙이 나오기 시작하면서, 비로소 옻칠한 나무판자가 우뚝 서 있는 것이 보였으니, 이것이 재궁의 형적이므로 드디어 법물(法物)을 얻었다 한다.

— 이자, 『음애일기』

3) 임진왜란 관련 예지 꿈

선인의 꿈 체험담으로, 임진왜란이 일어나게 되고 왜적이 물러가게 될 것을 예지한 류성룡의 꿈에 대한 기록을 살펴본다. 이러한 역사적인 사건과 관련된 꿈 사례들은 장차 일어날 일을 꿈으로 보여주는 미래 예지적인 꿈에 해당한다.

〈 경복궁이 불타 다시 지을 때는 올려 지으라는 꿈 — 임진왜란과 수복할 것을 예지 〉

신묘년 겨울에 내가 우연히 하나의 꿈을 꾸니, 경복궁의 연추문(延秋門)이 불에 타서 잿더미가 된 것이다. 내가 그 아래를 배회하고 있으니, 곁에 어떤 사람이 있어 말하기를, "이 궁궐은 처음 자리를 정할 적에 지나치게 아래로 내려갔으니, 지금 만약 고쳐 짓는다면 마땅히 약간 높게 산 쪽에 가깝게 자리를 정해야 할 것이오."라고 하였다. 내가 놀라 깨어나니 온몸에 땀이 흘렀는데, 감히 다른 사람들에게 꿈을 말할 수 없었다.

이듬해 임진년 4월에 임금이 탄 수레가 왜적을 피해 경복궁을 떠나고, 세 궁궐인 경복궁·창덕궁·창경궁이 모두 불에 타서 잿더미가 되어버렸다. 적병이 팔도에 가득히 찼으며, 여러 사람들이 나라의 회복이 가망 없다고 의심하고 있었다. 나는 비로소 친하고 아는 사람에게 이 꿈이야기를 말하고는, 또 이르기를 "꿈속에서 이미 경복궁을 고쳐 지을 일을 의논하였으니, 이는 곧 나라가 회복될 징조이므로 왜적을 족히 두려워할 것이 못되오."라고 하였다. 이윽고 왜적은 과연 패하여 물러갔으며, 임금의 행차는 도성으로 돌아왔던 것이다.

—「몽조(夢兆)」『서애집(西厓集)』

신묘년 겨울은 1591년(선조 24)으로 임진왜란이 일어나기 5개월여 전이다. 류성룡은 꿈속에서 "경복궁이 불타 없어지고, 새로 짓는다면 산 쪽에 가깝게 올려 지어야 한다"는 이야기를 듣게 된다. 이 꿈을 꾸고 난 후에는 불길한 꿈으로 여겨서, 꿈이야기를 할 수 없었으나, 왜적이 침입하여 국가의 안위를 걱정해야 할 때, 경복궁을 새로 짓는 논의로 미루어, 장차 한양이 수복되고 왜적이 곧 물러나게 될 것을 예지했다.

한편 류성룡은 이러한 미래 예지적 체험에 대하여 다음과 같이 말하고 있다.

"아직 현실로 닥쳐오지 않는 미래의 일을 꿈에서 보게 되는 것이 어떤 이치인지를 알 수가 없으나, 사람의 마음은 본디 형체는 없지만 신령스러워, 일의 조짐을 먼저 알아내게 되는 것이다. 나는 평생에 꿈꾼 바 징험이 많았는데, 몸소 널리 돌아다닌 곳이 거의 반 이상은 꿈속에서 본 것이었다."

꿈으로 미래를 예지한다는 사실을 긍정하면서, 꿈속에서 본 그대로 장차 현실에서 일어나게 되는 사실적인 미래 투시의 꿈을 자주 꾸었음을 밝히고 있다. 또한, 그러한 꿈을 꾸게 되는 것이 우리 인간의 정신능력 활동에서 빚어지고 있다고 정확하게 언급하고 있다.

꿈에는 여러 가지가 있다. '꿈에 본 내 고향'이란 말이 있듯이 자신의 마음에 잠재된 소망이 꿈으로 표출되기도 하며, 뺑소니 운전사가 '경찰관이 붙잡으러 오는 꿈'을 꾸듯이 불안이나 초조감 등 자신의 내면 심리가 꿈으로 표출되기도 한다. 또한 꿈을 통해 주변에 대한 위험을 일깨워 잠에서 깨어나게 한다든지, 꿈속에서 시를 짓는다든지 등의 창의적인 발명이나 행위를 가능하게 해주기도 한다.

하지만 이러한 것에 앞서, 꿈이란 우리 인간의 영적 능력에서 비롯되는 고도의 정신능력 활동으로, 자신이나 자신의 주변 일 또는 사회적·국가적인 변란에 이르기까지 장차 일어날 일에 대하여 꿈을 통해 예지하고 있다.

이러한 꿈은 미신이 아닌, 인간의 정신능력을 다루는 정신과학적인 측면에서 접근해야 할 것이다. 우리 인간에게는 시각·청각·촉각·후각·미각의 五感(오감) 외에 마음으로 느끼는 六感(육감)이 있다. 비유하자면, 꿈의 세계는 六感(육감)에서 나아가, 七感(7감)의 뇌로 느끼고 보는 초능력적인 정신능력의 세계인 것이다.

자고 있을 때도 우리의 뇌는 활발히 활동하고 있으며, 현실에서 발휘될 수 없었던 영적 능력이 꿈을 통해 극대화되고 있다. 현실의 자아가 궁금해하고 관심이 있던 일이나 대상에 대해 정신능력이 초능력적으로 발휘되어, 꿈을 통하여 예지해주고 일깨워줌으로써, 장차 다가올 일에 대한 마음의 준비를 하도록 도와주는 것이다.

우리는 동물들이 지진이 날 것을 알고 미리 대피하거나, 연어가 자기가 태어난 곳으로 찾아와 알을 낳는 것을 신비하다고 여긴다. 하지만 만물의 영장인 우리 인간은 그 이상으로, 자신이나 자신의 주변사 또는 사회적·국가적인 변란 등등 장차 다가올 미래의 일을 꿈을 통해 예지하고 있는 것이다. 태몽이라든지, 복권 당첨, 사건 사고나 죽음 예지, 국가적 사회적 변란 등에 앞서 꿈으로 예지된 무수한 실증적인 사례를 들 수 있다.

다소 특이한 사례로, 꿈속에서 시를 짓는 몽중시로써 장차 일어날 임진왜란의 비극적 상황을 예지한 허균(許筠)의 『성소부부고(惺所覆瓿藁)』에 나오는 이야기를 살펴본다.

〈 허균의 몽중시로 임진왜란을 예지 〉

내가 언젠가 꿈에 한 곳에 이르니, 거친 연기와 들풀이 눈길 닿는 데까지 끝없는데, 불탄 나무의 껍질 벗겨진 데에 다음과 같이 시를 적었다.

寃氣茫茫(원기망망) 원통한 기운 끝없어
山河一色(산하일색) 산하가 한 빛이로다.
萬國無人(만국무인) 온 나라에 사람 하나 없고
中天月黑(중천월흑) 하늘 가운데의 달도 침침하네

잠에서 깨어 몹시 언짢게 여겼었는데, 임진왜란에 서울이나 시골을 막론하고 피가 흐르고, 집들이 불타 없어짐에 이르러서, 이 시가 지극히 옳은 것으로 바야흐로 징험이 되었다.

선인들의 꿈 사례 가운데에는 이처럼 꿈속에서 시를 지었음을 밝히고 있는 몽중시가 상당수 있는 바, 이 사례는 허균이 임진왜란이 일어나기 몇 달 전에 꿈속에서 지은 몽중시로 잠을 깨고 나서 기록한 것이다.

꿈속에서 시를 짓고 깨어나서도 기분이 언짢았음을 허균 스스로 밝히고 있는 바, 장차 일어나게 될 임진왜란의 참화를 예지해주고 있다. 몽중시 속에 등장하는 시어는 '寃氣(원기: 원통한 기운)', '無人(무인: 사람이 없다)', '月黑(월흑: 달빛이 캄캄하다)' 등으로 시의 전반적인 분위기가 어둡고 음울하여 장차 병화(兵禍) 등 어두운 미래가 다가오고 있음을 예지해주고 있다. 山河(산하)는 우리의 국토를 상징하고 있으며, 원통한 기운이 차 있다는 것으로 백성들이 어려움과 고통에 시달릴 것을 상징적으로 보여주고 있는 것이다. "사람 하나 없는" 또한 전란으로 인하여 황폐한 정황을, "하늘 가운데의 달빛도 침침하네"는 밝은 광명이 비치지 아니하고 시련과 고난의 어려움에 빠져들게 될 것을 예지해주고 있다.

"달빛도 침침하네"와 같은 꿈의 상징 기법은 소설이나 시에서의 문학적 상징 의미와도 일맥상통하게 전개되고 있다. 예를 들면, 정철(鄭澈)의 가사 작품인 「관동별곡(關東別曲)」의 맨 끝 구절에 나오는, "명월이 천산만락(千山萬落)의 아니 비친 데 없다"는 '임금의 성총이나 은혜로움이 천산만락(千山萬落: 천 개의 산과 만 개의 부락)인 온 나라에 펼쳐지네.'라고 해석할 수 있다. 또한 세종이 지은 「월인천강지곡(月印千江之曲)」은 '달이 천 개의 강에 비친다'는 뜻으로, 달빛으로 상징된 부처님의 교화와 자비로움이, 천 개의 강으로 상징된 온 세상에 펼쳐짐을 나타내고 있다.

허균의 이 몽중시는 형식적으로는 사언사구(四言四句)의 비교적 간결한 시 형식으로써, 깨어나서도 쉽게 꿈속에서 지은 시의 내용을 기억하게 해주고 있다. 또한, 꿈속에서 지은 몽중시에 나오는 내용 중 '萬國無人(만국무인: 온 나라에 사람 하나 없고)'은 삭막하고 쓸쓸한 시적 배경으로, 변란·시련·고난 등 어려움으로 실현될 것을 보여주고 있다. 이와 비슷한 요즈음 사람들의 사례로, 총성도 없고 군인도 보이지 않지만 전쟁이 나서 도시가 사람이 살지 않는 것처럼 텅텅 비어 있었던 꿈을 꿨는데, 이는 IMF가 닥칠 것을 예지한 것이었다.

이 밖에도 1993년 구포역 참사, 성수대교 붕괴, 무장공비 청와대 습격사건, 8·15 문세광 저격사건, KAL기 추락, 씨랜드 화재사건, 삼풍백화점 붕괴사건 등 커다란 국가적·사회적 사건을 예지해준 수많은 사례가 있다. 자세한 꿈 사례는 2014년 필자가 출간한 『홍순래 박사 꿈해몽』의 여러 사례를 참조하기 바란다.

〈 임진왜란이 평정될 것을 예지 〉

심사진(沈士進)이 나(박동량)와 함께 비변사에 있을 적에 의론이 당시에 일어난 일에 미쳐서 내가 말하기를, "이미 어떻게 할 수 없게 되었습니다." 하니, 심사진이 대답하기를, "근심하지 마오. 중흥은 멀지 않을 것이오." 하였다. 내가 "왜 그러느냐"고 물었더니, 심사진이 대답하기를, "홍연길(洪延吉)의 아들이 어리석고 글자도 모르는데, 어느 날 꿈에 글 한 구절을 얻었습니다. 그 글에,

細雨天含柳色青　보슬비가 하늘에 가득하니 버들은 푸른빛을 띠고
東風吹送馬蹄輕　샛바람이 길에 불어오니 말발굽이 가벼웁네.
太平名官還朝日　태평해져 명관들이 조정으로 돌아오는 날
奏凱歡聲滿洛城　승전가를 올리니 기쁜 소리 장안에 가득하구나.

하였습니다." 이것이 신묘년(선조 24년, 1591년) 겨울의 일입니다. 홍연길의 아들이 귀양지로 이 시의 내용을 부쳐 보내며, 오래지 않아서 귀양이

풀릴 것이라 하였습니다. 이에 홍연길이 꾸짖어, "누구에게 속임을 당하여 이런 말을 하느냐." 하였으니, "어찌 중흥의 징조가 아니겠습니까." 내가 홍연길에게 묻기를, "이 말이 과연 그러했습니까?" 하니, 그가 대답하기를, "그런 일이 있었습니다. 문장의 이치를 깨닫는 힘이 넉넉치 못하여 '승전고를 울린다[奏凱(주개)]'라는 말을 내가 귀양지에서 석방되어 돌아가는 징조로 해석한 모양입니다. '天銜(천함)'이란 또 무슨 뜻인지 알지 못했습니다." 하였다. 나는 웃으며 말하기를, "만일 중흥의 공을 논하게 되면 그대의 아들이 제일이겠습니다." 하니, 홍연길도 웃었다(沈의 이름은 友勝[우승], 洪의 이름은 宗祿[종록]이다).

박동량(朴東亮)의 『기재사초(寄齋史草)』 하·『임진잡사(壬辰雜事)』에 나오는 이야기로, 이 이야기는 야담집인 『기문총화(記聞叢話)』에도 나오고 있다. 『기문총화』는 보고 들은 이야기를 모은 책이라는 뜻으로, 『계서야담(溪西野談)』, 『덕호야담(德湖野談)』, 『신전유서(莘田遺書)』 등 여러 다른 이름과 판본으로 전해지고 있다.

한편 일부 번역서에는 광해군의 폭정을 바로잡은 '인조반정을 예언한 시'로 소개되어 있는 바(李羲準 著, 유화수·이은숙 역, 「仁祖反正을 예언한 詩」『國譯 溪西野談』 卷六 213화, 국학자료원, 2003, 651~652쪽), 이는 중흥을 잘못 이해한 데서 오는 잘못된 견해다. 이 글은 임진란 앞뒤의 일을 기록하고 있는 『기재사초』에 실려 있으며, 『임진잡사』라는 말처럼 임진왜란에 관한 글이라고 보아야 할 것이다.

또한 중흥은 '(집안이나 나라 따위의) 쇠하던 것이 중간에서 다시 일어남, 다시 일어나게 함'이라는 뜻으로, 임란으로 인해 한때 사직의 위태로움에서 벗어나 다시 일어날 것을 뜻하며, 무엇보다 꿈속에서 지었다는 시구에 나오는 "명관들이 조정으로 돌아오는 날〔名官還朝日〕"이라는 말은 왜란으로 피난 갔다가 한양이 수복되어 돌아오세

될 것을, "승전가를 올리니 기쁜 소리 장안에 가득하구나〔奏凱歡聲滿洛城〕"라는 말은 전란에서 이기게 될 것을 예지한 것으로 보아야 할 것이다.

더구나 몽중시를 지은 것이 신묘년(1591, 선조 24) 겨울의 일이니, 이는 4개월 여 뒤인 1592년(선조 25) 4월에 일어나는 임진왜란으로 인한 국가 사직의 안위에 대한 예지를 보여주는 꿈으로 보아야 할 것이다. 장차 일어날 국가적·사회적으로 중대한 사건에 대한 예지일수록, 몇 달 전에 꿈으로 예지되고 있으며, 앞에서 이와 유사한 류성룡의 경복궁이 불타 잿더미가 된 꿈 사례를 살펴본 바 있다.

또한 "보슬비가 하늘에 가득하니 버들은 푸른빛을 띠고〔細雨天含柳色青〕"에서 버들이 푸른 때로 계절적 배경이 드러나고 있는 바, 실제로 난을 피해 의주로 몽진(蒙塵)한 임금을 비롯한 조정의 대신들이 한양에 다시 돌아오게 되는 것은 1593년 4월 18일 왜군이 도성에서 철수하여 남하한 이후에 이루어지고 있다.

시의 형식은 칠언절구로, 여덟 줄로 나가는 율시(律詩)보다는 비교적 기억하기 좋은 네 줄의 간결한 절구 형식으로 되어 있다. 일반적으로 몽중시는 오언절구가 가장 많으며, 심지어 시어(詩語)·구(句)·연(聯)만을 기억하여 적은 몽중시도 상당수 보이고 있다.

〈 박유일이 독사가 나타난 꿈을 꾸고 왕자를 구하다 〉

박유일은 충주 박씨였다. 임진란 당시 왕자 임해군 진과 순화군 보가 수하 사람 네 명을 거느리고 함경도에서 모병하고 있을 때, 토적 국경인이란 자가 왜장 '가토 기요마사(加藤清正)'에게 붙어서 두 왕자를 사로잡으려고 경성 용성면에 매복하고 있었다. 그날 밤에 유일은 부근 땅에 내려온 용의 새끼를 독사란 놈이 물어 죽이려는 꿈을 꾸었다.

급히 그곳에 달려가 본즉, 과연 두 왕자가 마침 봉변을 당하고 있어서 요행히 구출할 수 있었다. 임금이 충의를 가상히 여겨, 그가 죽은 후 호조좌랑을 추증하고 창열사에 배향하였다.

—『청구야담(靑邱野談)』

왕자를 용의 새끼로, 해치고자 하는 무리를 독사로 상징해 등장시킨 것으로 미루어, 상징적인 미래 예지 꿈은 분명하다.

유명조선양왕자기적비(有明朝鮮兩王子紀蹟碑)는 일본군의 포로가 된 두 명의 왕자 임해군(臨海君)과 순화군(順和君)의 사적을 기념하여, 함경북도 경성군 용성면(龍城面)에 1865년(고종 2)에 세워진 비(碑)다.

임진왜란 때 두 왕자가 회령에 피난을 갔다가, 반적의 무리들이 한밤중에 쳐들어와 두 왕자와 함께 그들을 따르던 신하 넷을 결박하여 왜장에게 팔아넘기려고 했다. 그 당시에 박유일(朴惟一)이 꿈을 꾸었는데, 서쪽 산기슭에 두 마리 용이 미물들로부터 곤경에 처하는 것을 보게 되었고, 꿈에서 깨어나 기이하게 느끼며 황급히 달려가 반적의 무리와 두 왕자가 있는 것을 발견해 두 왕자를 구원하였다는 내력이 있다. 이에 따라 1865년(고종 2) 조정에서 창의당(彰義堂)이라는 액면을 내리고, 박유일의 집 서쪽에 비석을 세우기도 했다.

여기서는 꿈의 예지를 받아 구출한 것으로 나오고 있는데, 실제 역사적 사실을 살펴본다. 임해군은 선조의 서장자로 광해군의 형이다. 임진왜란 때 동생 순화군과 함께 함경도로 떠나 병력을 모으는 임무를 맡게 되었다. 하지만 민가를 약탈하고 주민을 살해하는 등의 일로 반감을 사, 결국 임진년 7월 23일, 임해군과 순화군은 조선인으로서 일본에 협력한 순왜(順倭)였던 국경인·국세필 등에게 포박되어 왜장 가토 기요마사에게 넘겨졌다(회령의 변고). 이후 몇 차례의 포로 협상으로 풀려나, 후일 광해군의 즉위 후 유배지인 교동에서 죽었다.

4) 인조반정 예지 꿈

태몽이나 죽음 예지, 국가적·사회적 사건에 앞서 꿈의 예지가 있었던 것처럼, 장차 일어나게 될 역사적인 큰 사건을 꿈으로 예지하는 것은 당연한 것이라 볼 수 있다.

광해군(光海君: 1575〔선조 8〕~1641〔인조 19〕)이 쫓겨나고 인조가 왕위에 오르게 되는 인조반정(仁祖反正) 또는 계해년에 일어났다고 해서 계해정사(癸亥靖社)라고도 하는 바, 먼저 이해를 돕기 위해 꿈이야기에 앞서, 광해군 및 인조반정에 대하여 간략히 살펴본다.

광해군은 1608년부터 1623년까지 15년간 왕위에 있었다. 이름은 혼(琿), 어머니는 공빈 김씨(恭嬪金氏)로 선조의 둘째 아들이다. 형인 임해군보다 총명하여 대신들의 지지를 받아, 1592년(선조 25) 임진왜란이 일어나자 피난지 평양에서 서둘러 세자에 책봉되었다. 즉위한 처음에는 사고(史庫)의 정비 및 임진왜란 당시 원병을 보내준 명나라와 새로 일어난 후금(훗날 청〔靑〕나라) 사이에서의 중립외교 등을 잘 해냈었다. 그러나 형인 임해군을 비롯하여, 능양군(綾陽君: 훗날 인조)•의 동생인 능창대군(綾昌大君)을 죽게 하였다. 또한 선조의 계비 인목왕후(仁穆王后) 김씨(金氏)에게서 태어난 이복동생인 영창대군(永昌大君)•, 계비의 친정아버지인 김제남(金悌男) 등을 죽게 하였으며, 계비인 인목대비(仁穆大妃)를 서궁에 유폐시켰다. 이와 관련해서는 인목대비 폐비사건에 얽힌 궁중 비사를 기록한 『계축일

• 능양군(綾陽君)

휘는 종(倧). 선조의 손자이며, 후에 원종으로 추존된 정원군(定遠君)의 세 아들 중 첫째 아들이다. 어머니는 인헌왕후(仁獻王后), 비는 한준겸(韓浚謙)의 딸 인열왕후(仁烈王后)다. 김류(金瑬)·김자점(金自點)·이귀(李貴)·이괄(李适) 등 서인(西人)의 반정(反正)으로 왕위에 올랐다. 1624년 이괄이 반란을 일으켜 서울을 점령하자, 잠시 공주(公州)로 피난하였다가 도원수 장만(張晩)이 이를 격파한 뒤 환도하였다.

기(癸丑日記)』• 일명 서궁록(西宮錄)에 잘 나와 있다.

인조반정은 1613년(광해군 5) 인목대비 유폐사건이 일어난 후로부터, 10여 년 뒤인 1623년(광해군 15)에 대북파에 눌려 지내던 이서(李曙)·이귀(李貴)·김류(金瑬) 등 서인 일파가 광해군 및 집권당인 대북파(大北派)를 몰아내고 정원군(나중에 원종으로 추존)의 맏아들인 능양군을 왕으로 추대한 정변이다.

반정 후에 서궁에 유폐되어 있던 인목대비를 복위시키고, 광해군과 동궁을 폐출하고 선조의 손자인 능양군을 왕위에 추대했다. 한편 광해군은 반정군이 대궐에 침입한 뒤 비로소 대궐 뒷문으로 달아나, 의관(醫官) 안국신(安國臣)의 집으로 숨었으나, 곧 체포되어 서인으로 강등된 후, 강화로 귀양보냈다가 제주(濟州)로 옮겨져 신사년에 죽었는데, 인조 19년 67세였다.

반정에 참여한 인물들에게는 논공행상이 행해졌으나, 공평하지 못하여 후일 서인 사이에 반목이 일어나고, 1년 뒤 이괄이 반란을 일으키는 요인이 되었다. 또한 인조가 즉위한 후에는 광해군이 행한 명나라와 청나라 사이의 중립외교에서 벗어나, 기울어가는 명나라에 대한 친명외교 노선을 펼쳤는데, 이는 새로 강력하게 일어난 청의 침입으로 인한 병자호란을 초래하게 되는 결과로 이루어졌다.

• 영창대군(永昌大君)
광해군을 지지하던 이이첨(李爾瞻) 등 대북파는 1613년(광해군 5)에 서양갑(徐羊甲)·박응서(朴應犀) 등 7명의 서출이 영창대군을 추대하고자 하였다는 역모를 거짓으로 자백하게 하고, 외조부 김제남도 관련된 것으로 모함하였다. 이 결과로 영창대군은 서인으로 강등되어 강화도에 위리안치되었다. 그 후 이이첨 등의 명을 받은 강화부사 정항(鄭沆)에 의하여 쪄죽임을 당하기에 이른다.

• 『계축일기(癸丑日記)』
필사본으로 되어 있는 바, 지은이는 인목대비 측근의 궁녀로 추정되고 있다. 인목대비는 김제남의 딸로, 19세에 선조의 계비가 되어 정명공주와 영창대군을 낳았다. 임진왜란 등으로 인하여 급하게 공빈 김씨의 소생으로 둘째인 광해군이 세자가 되었고, 선조가 급작스럽게 죽자 광해군이 즉위하였는데, 친형 임해군(臨海君)을 죽이는 등 주변을 의심하며 많은 옥사(獄事)를 일으켰다. 계축년(1613, 광해군 5)에 이이첨(李爾瞻)이 서양갑(徐羊甲)

사건에 연루된 박응서(朴應犀)를 꾀어, 김제남이 영창대군을 추대하여 역모를 꾀한다고 무고(誣告)하도록 하였다. 이 사건으로 김제남 부자와 영창대군은 죽임을 당하고, 인목대비는 경운궁(慶運宮)으로 쫓겨나 폐비가 되었으며, 온갖 고생을 하다가 11년 뒤 인조반정으로 복위된다는 내용을 담고 있다.

〈 인조의 아버지가 된 원종을 낳게 될 것을 계시한 꿈 〉

과거에 명종이 늦도록 대를 물릴 아들이 없으므로, 문정대비(文定大妃)가 매우 걱정하였는데 어느 날 저녁 꿈에 기이한 사람이 나타나 고하기를, "상주(尙州)의 이 아무개가 딸이 있는데, 궁중에 들여오면 좋을 것이다." 하였다.

이에 꿈을 깨어 사람을 시켜 물색했으나 그 사람을 찾지 못하였는데, 문득 한 승려가 그 사람이 있는 곳을 가리켜 주어, 드디어 찾아서 후궁으로 들였으니 바로 이숙의(李淑儀)였다. 숙의는 끝내 아들이 없었으나, 이숙의(李淑儀)의 외종(外從)으로서 궁중에서 길러진 인빈(仁嬪)을 인순왕후(仁順王后)가 보고 기특히 여겨 선조에게 부탁하여 후궁으로 두게 했는데, 이때 나이 14세였다. 뒤에 4남 5녀를 낳아 길렀는데, 원종도 인빈이 낳았다.

—『계곡집』, 「원종(元宗) 고사본말(故事本末)」 『연려실기술』 제22권

꿈의 계시로 찾아낸 이숙의(李淑儀)는 아들을 낳지 못하지만, 결과적으로 외종(外從)인 인빈(仁嬪)이 궁중에서 자라게 되어, 선조의 후궁이 됨으로써 장차 인조반정으로 왕위에 오르게 되는 인조의 아버지 정원군(나중에 원종으로 추존)을 낳는 일로 실현되고 있다.

정원군(1531〔중종 26〕~1604〔선조 37〕)은 선조의 다섯째 아들로, 좌찬성 구사맹(具思孟)의 딸을 맞아 훗날 인조가 되는 능양군 및 능원대군·능창대군을 낳았다. 1587년(선조 20)에 정원군(定遠君)에 봉해졌으나, 셋째 아들인 능창대군이 광해군의 시기를 받아 역모로 몰려 1615년(광해군 7)에 죽임을 당하면서 화병으로 1619년(광해군 11) 죽게 된다. 그로부터 4년 뒤 1623년(광해군 15) 인조반정으로 첫째 아들인 능양군이 왕위에 오르자 대원군(大院君)에 추존되었다가, 다시 많은 논란 끝에 1627년(인조 5) 원종(元宗) 왕으로 추존되었고, 그의 부인은 인헌왕후(仁獻王后)로 추존되었다.

〈 이항복이 자신의 죽음과 인조반정을 예지한 꿈 〉

무오년 5월에 이항복이 북청(北靑)에 귀양 가 있었다. 하루는 꿈에 선조가 용상에 앉아 있고, 류성룡·김명원·이덕형이 함께 입시하고 있었다. 선조가 이르기를, "혼(琿: 광해군의 이름)이 무도하여 동기를 해치고 어머니를 가두어 두니, 폐하지 않을 수 없다." 하니, 덕형이 아뢰기를, "이항복이 아니면 이 의논을 결정하지 못하겠으니 속히 부르소서." 하였다. 이에 항복이 깜짝 놀라 깨어서, 자제들에게 말하기를, "내가 살아 있을 날이 오래지 않을 것이다." 하더니 이틀 뒤에 죽었다. (「백사행장[白沙行狀]」『명신록[名臣錄]』)

—<중종조의 명신(名臣)>「중종조(中宗朝) 고사본말(故事本末)」『연려실기술』

다시 『계곡집(谿谷集)』에 실려 있는 이항복의 일대기를 적은 행장(行狀)의 내용을 간추려 살펴본다.

공의 휘(諱)는 항복(恒福), 자(字)는 자상(子常)이요, 그 선조는 경주(慶州) 사람이다. 폐비 문제로 광해군의 노여움을 사게 되어, 삼사(三司)가 절변(絶邊)에 위리안치(圍籬安置)시킬 것을 청하였는데, 한참 시간이 지난 뒤에 멀리 귀양 보내라고만 명하였다. 금부가 배소(配所)를 의논하는 과정에서 모두 6차례나 지역을 바꾼 끝에, 비로소 북청(北靑)으로 배소가 확정되었다.

무오년 정월에 이르러 길을 떠나게 되었는데, 공 스스로 이제는 돌아오지 못할 것이 분명하다고 짐작하고는 가인(家人)에게 명하여 의금(衣衾)과 염습(斂襲)에 필요한 물품들을 모두 챙겨 가지고 따라오게 하였다. 그리고 자제들을 경계시키기를, "나라를 섬기는 일을 잘못되게 하여 이런 죄를 얻게 되었으니, 내가 죽더라도 조의(朝衣=公服)로 염(斂)을 하지 말고 심의(深衣)와 대대(大帶)만 쓰도록 하라." 하였다.

유배지에 도착하고 나서 예전에 앓던 풍질(風疾)이 다시 발작하여 위독한 상태에 이르렀다. 5월에 이르러 공이 꿈을 꾸었는데, 선조가 평내(平

臺)에 임어(臨御: 임금이 그 자리에 왕림함)하고 류성룡과 김명원과 이덕형이 모두 모시고 서 있는 가운데, 이덕형이 공을 불러오자고 청하는 내용이었다.

공이 꿈을 깨고 나서 탄식하여 말하기를, "내가 이제 세상에 있을 날이 얼마 남지 않았구나." 하였는데, 며칠 뒤에 병세가 마침내 위급해지더니, 이달 13일에 세상을 뜨고 말았다. 그때의 나이 63세였다.

—「오성부원군(鰲城府院君) 이공(李公) 행장(行狀)」『계곡집(谿谷集)』 제15권

이 꿈이야기는 장차 일어날 두 가지 사건을 예지해주고 있다. 하나는 이미 죽은 선조대왕을 비롯하여 이덕형이 자신을 불러와야 한다는 꿈을 꾸고 나서, 이항복 스스로 머지않아 자신이 죽게 될 것을 예지하고 있다. 또한 꿈속에서 "폐하지 않을 수 없다."라는 말로 장차 광해군이 인조반정으로 인하여 왕위에서 쫓겨나게 될 것을 예지해주고 있다.

꿈속에 등장한 인물인 류성룡(1542~1607), 김명원(1534~1602), 이덕형(1561~1613) 및 선조(宣祖: 1552~1608)는 이항복(1556~1618)이 꿈을 꾼 시점인 무오년(1618) 5월에는 이미 그들이 죽은 지 5~11년이 지난 때였다(참고로 이덕형〔李德泂: 1566~1645〕은 다른 인물이다). 요즈음 사람들의 사례에서도 이처럼 죽은 사람이 나타나 같이 가자고 하는 경우, 죽음으로 실현되고 있다.

이덕형은 1613년(광해군 5) 이이첨(李爾瞻)의 사주를 받은 삼사(三司)에서 영창대군의 치형과 폐모론을 들고나오자, 이항복과 함께 이를 극력 반대하였다. 이에 삼사가 모두 그를 모함하며 처형할 것을 주장하였으나, 광해군은 관직을 삭탈함으로써 이를 수습하였다. 그 뒤 용진(龍津)으로 물러가 국사를 걱정하다 병으로 죽었다.

이항복은 광해군 9년 그의 나이 62세 때인 1617년 11월에 이이첨 등이 주도한 광해군의 계모인 인목대비를 왕비에서 폐위하여 평민으로 만들자는 주장에 적극적으로 반대하다가, 1618년 1월, 함경도 북청(北青)으로 유배되어, 5월 13일 유배지에서 죽게 된다.

이항복이 "이항복이 아니면 이 의논을 결정하지 못하겠으니 속히 부르소서."라는 꿈을 꾼 것이 무오년 1618년 5월인 바, 그로부터 이틀 뒤 자신의 죽음으로 실현되고 있으며, 그로부터 5년 후인 1623년(광해군 15) 3월에 꿈속에서 선조가 "혼(琿: 광해의 이름)이 무도하여 동기를 해치고 어머니를 가두어 두니 폐하지 않을 수 없다."라고 말한 것처럼, 광해군을 왕위에서 몰아내는 인조반정이 일어난다.

광해군은 계모인 인목대비를 서궁에 유폐하였으며, 이복동생인 영창대군과 친형 임해군을 죽이는 패륜을 자행하였다. 이 같은 광해군의 실정(失政)으로 기강이 문란해지자, 서인 이귀·김자점·김류·이괄 등은 반정(反正)을 모의하여 능양군을 추대하기로 하고 거사를 일으켜 궁궐을 점령하였다. 이어 왕대비(인목대비)의 윤허를 얻어, 능양군(인조)이 왕위에 올랐다.

〈 황룡(黃龍)이 하늘로 날아오르는 꿈 — 인조반정의 성공 예지 〉

인조반정에서 능양군의 성공적인 거사를 '황룡(黃龍)이 하늘로 날아오르는 꿈'으로 예지해준 꿈이야기가 있다. 홍대용(洪大容)이 중국의 육비(陸飛)에게 보낸 편지의 내용을 간추려 살펴본다.

> 백사(白沙) 이항복은 선조 때의 유명한 정승입니다. 크고 넓은 역량이 있어 왜란(倭亂) 때부터 나라의 일에 마음을 다하여 충성과 공로가 크게 알려졌고, 정승으로서 수십 년 동안 나라의 원로이었습니다.

광해군이 영창대군을 죽이고, 이어 인목대비를 폐위하는 의논이 있자, 이항복이 글을 올려 극력 반대하였고, 광해군이 크게 노하여 아주 먼 변두리 땅으로 귀양 보냈었습니다.

이항복이 장차 귀양 길을 떠날 때 조정의 사람들과 친구들이 동문 밖에서 전송했었습니다. 이때에 김류가 미약한 관원으로 참여하였었는데, 이항복이 김류를 보고 말하기를, "그대들을 보건대, 귀한 사람이 될 기상이 많으니, 나라가 비록 위태롭겠지만 멸망하게 되지는 않겠지?" 하면서, 바로 한 폭의 준마도(駿馬圖)를 주며 말하기를, "반드시 이 그림의 주인을 찾아 돌려주라"고 했었습니다.

김류가 "그 주인이 누굽니까?" 하고 묻자, 이항복이 웃으면서 말하기를, "장차 찾아줄 것이지, 지금 꼭 물을 필요 없다." 하므로, 김류가 어려워서 감히 재차 묻지 못하였습니다.

그 후 이항복은 마침내 귀양살이를 하다가 죽었고, 당시의 나라 사정은 날로 급박해지기만 하였습니다.

김류가 본래 침착하고 굳세며 식견과 생각이 있는 사람인지라, 이항복이 시킨 일에 반드시 깊은 뜻이 있을 것이라고 생각하여, 바로 서울 거리 위에 있는 집을 사들여, 그 그림을 벽 위에 걸어 놓고 매일 그 밑에서 거처하며 산 지 여러 달인데, 어느 날 갑자기 비바람이 사납게 몰아치자 어떤 사람이 비를 피하여 처마 밑에서 쉬고 있었습니다.

김류가 그 사람을 보니, 얼굴의 상(相)이 대단히 훌륭하므로 마루 위로 맞아들여 말을 주고받는 사이에, 그 사람이 벽 위에 걸린 말 그림을 보고서 갑자기 눈물을 흘리므로 김류가 그 까닭을 묻자, 그 사람이 말하기를,

"이것은 내가 아이 때 그린 것입니다. 어느 해 대궐에 들어가 선왕(先王: 선조)을 모셨을 때에 명령을 받고 이것을 그렸으니, 궁중에 있어야 하는데, 지금 항간에 뒹구는 것을 보게 되어 울게 된 것이다."라고 하였습니다.

김류가 깜짝 놀라며 누구시냐고 물어보았더니, 바로 능양군(陵陽君: 훗날 인조)이었던 것입니다.

김류가 바로 집사람을 불러 술과 안주를 대접하라고 시키자, 김류의 집이 본래 가난하였는데, 갑자기 진수성찬을 차려 내왔던 것입니다. 김류가 마음에 이상하게 여겼으나, 그대로 권하여 마시며 먹었고, 이어 비도 갰으

므로 능양군을 전송하여 보내고 들어가 그 아내에게 물어보았더니, 아내가 말하기를,

"간밤 꿈에 황룡(黃龍)이 우리 집에 들어와 대청에 서리고 앉더니, 조금 있다가 천둥소리가 나며 비가 내려 지붕이 모두 부서져 하늘로 날아 올라가고, 당신도 그 꼬리에 매달려 어느새 사라졌습니다.

꿈을 깬 뒤에 생각하기를, '오늘은 반드시 귀인이 오시겠지' 하고서 힘을 다하여 진수성찬을 마련해 놓고 기다렸는데, 아까 손님이 오셨다는 말을 듣고 이 분이 귀인일 것이라고 생각하여 그것으로 대접한 것입니다." 하였습니다.

이에 김류가 비로소 깜짝 놀라며 알아차리기를,

"백사 이항복께서 그 그림을 가지게 된 것은 필시 선왕의 부탁을 받은 것이요, 그 그림의 주인을 찾아 주라는 것은 장차 나로 하여금 진인(眞人)을 발견하여 사직(社稷)을 편안히 하게 한 것이라"고 하여, 바로 이귀(李貴) 등과 비밀히 모의하여 반정의 대의를 거행한 것이니, 아마도 하늘이 명한 대통(大統)이 돌아갈 데가 있는 것을 알아차려 의심하지 않고 실행한 것인가 합니다.

대개, 선조 임금께서 말년에 광해의 과실이 현저하므로 그 왕위를 보존하지 못할 것을 알고 있었으나, 세자(世子)로 책봉해 놓은 지 이미 오래되어서 차마 느닷없이 폐하지를 못하였던 것이며, 능양군이 출생하자 특이한 기질이 있으므로 그가 나라의 주인이 될 것임을 알고서 항복에게 부탁하되, 한 폭의 묵화를 주어 후일의 국사를 부탁한 고명(顧命)의 증거로 삼았고, 항복은 또한 자기가 살아서 돌아오지 못할 것과 김류가 큰일을 감당해 낼 수 있을 것을 알고서 김류에게 이것을 주었으며, 그 주인을 밝히지 않았으나 김류가 신중히 처리하여 그림의 주인을 찾아내어 거사를 도모하였으니, 그 당시 임금이나 정승의 나랏일을 도모한 것이 신통하고 특이하였다 하겠으며, 일이나 상황이 이루어진 것도 이렇게 절묘하게 기이하였으니, 이 어찌 인력으로 될 수 있는 일이겠습니까?

— 홍대용(洪大容), <소음에게 준 편지[與篠飮書]>「二十四 항전척독(杭傳尺牘)」『담헌서(湛軒書)』 외집 1권(外集 卷一)

홍대용은 중국을 방문하는 연행사(燕行使)의 수행군관으로 청나라 북경에서 중국의 육비(陸飛)·엄성(嚴誠)·반정균(潘庭筠) 등과 깊이 사귀었다. 귀국 후에도 필담으로 여러 이야기를 주고받는 등 편지를 통한 교유가 계속되었고, 그 기록을 「항전척독(杭傳尺牘)」으로 문집에 남기고 있다.

소음은 육비(陸飛)를 가리키는 바, 홍대용은 육비에게 보낸 편지에서, 백사 이항복이 선조에게서 받은 한 폭의 준마도(駿馬圖)를 김류에게 주며 훗날을 기약할 것을 부탁하였으며, 김류가 이를 받고 신중하게 일을 진행하여 그림의 주인인 능양군을 찾아 반정을 일으킴으로써 사직을 편안하게 할 것을 도모하였으니, 이러한 것이 하늘의 뜻임을 밝히고 있다.

또한 김류의 부인이 황룡이 날아오르는 꿈을 꿈으로써, 황룡으로 상징된 능양군이 집에 찾아오게 되고, 황룡이 하늘로 힘차게 날아오름으로써 뜻을 얻어 왕위에 오르게 될 것과 남편 김류가 꼬리에 매달려 같이 하늘로 올라감으로써 뜻을 같이하는 인조반정의 거사가 성공하며, 권세를 얻게 될 것을 상징적인 미래 예지 꿈으로 보여주고 있다.

〈 훈의청에서 목숨을 마치리라[終身訓醫廳]—광해군의 운명을 예지 〉

조국필은 한양 조씨였다. 광해군의 훈신으로 한창군에 봉해졌으며, 그 부인은 광해군의 처로 폐비된 유씨의 언니였다. 인조반정 뒤에 한창군의 훈호를 삭탈당하고 품계가 강등되었기 때문에, 그 뒤로는 미지막 관직인 예빈시 정으로만 불려졌다.

조국필이 광해군의 전성 시절에 꿈을 꾸었는데, 어떤 인가의 문밖에 이르러 보니 문액(門額: 문위에 가로댄 上引枋 부분)에 흰 글씨로 '훈의청에서 목숨을 마치리라[終身訓醫廳].'라는 다섯 글자가 쓰여 있었다. 그 집에 들어가 보니 광해군이 상주의 옷을 입고 마루에 앉아 있는데, 흡사 변복을 하고 숨어 있는 듯하였다. 꿈에서 깨어서는 괴이히 여겨 집안사람들에게 이야기해 주었으나, 끝내 그 다섯 글자가 무슨 뜻인지는 알지 못했다.

반정이 일어난 날에 광해군은 대궐 북문으로 도망쳐 나가, 제용감 의원인 정남수의 집에 숨어 있었다. 정남수는 궁인의 겨레붙이로 마침 상중에 있었기에, 광해군으로 하여금 상복으로 갈아입게 하고 방안에 숨겨 두었다. 얼마 뒤 인조가 왕위에 오르고 조정이 완전히 일신되었다는 말을 듣고는 끝내 숨겨두지 못할 것을 알고, 군영에 가서 광해의 소재를 알렸다. 인조의 명으로 남여에다 실어서 대궐 문밖에 도착했는데, 광해군은 아직도 몸에 상복을 걸치고 머리에는 흰 가죽 귀싸개를 쓰고 있었으니, 꿈에서 본 것과 완연히 같았다. 또 정남수는 의원으로 그 당시 훈련도감의 약국을 맡고 있어, 그제야 그 다섯 글자의 뜻을 알게 되었다.

—『대동기문』

'조국필(趙國弼)이 꿈에 문액에 쓰인 흰 글씨를 보다.'라는 제목으로 실려 있다. 한창군(漢昌君) 조국필에 대해서는 『연려실기술』 제23권 「인조조(仁祖朝) 고사본말(故事本末)」 〈계해년의 죄적(罪籍)〉 부분에, "류자신(柳自新)의 사위로서 궁인들과 사귀어 통하고 역적 괴수들과 결탁하였다."라고 나와 있다.

위의 꿈을 꾼 조국필의 부인은 광해군의 처 폐비 유씨의 언니로, 광해군의 처(妻)와 관련을 맺고 있다. 이렇게 미래 예지 꿈으로 예지되는 경우 아무런 관련이 없다기보다는 주변 사람이나 관련 있는 사람에게 일어날 일을 대신 꾸기도 한다. 관련된 기록을 살펴본다.

이날 광해가 북문(北門)으로 담을 넘어 도망쳤으나, 갈 곳을 알지 못하여 곧 자수궁(慈壽宮) 승방으로 가다가 길에서 정몽필(鄭夢弼)을 만났는데,

몽필이 말을 주었으므로 총희(寵姬) 변씨(邊氏)와 함께 타고 그(광해)가 총애하던 안국신(安國信)의 집으로 갔다. 이에 국신이 상중에 입던 흰 개가죽 남바위를 쓰고, 생포(生布)로 지은 천익(天翼)과 삼띠·짚신 차림으로 다른 곳으로 옮겨가려 하였는데, 의원 정남수(鄭楠壽)의 밀고로 마침내 군사들에게 에워싸여 도총부에 들어오게 되었다.

인조가 서궁에 가 뵙고 옥새를 바치니, 대비가 이르기를, "광해를 보아야 너희들이 한 일을 알겠다." 하므로, 드디어 광해가 입은 옷 그대로 작고 까만 가마를 타고 나아가 뜰에 엎드렸다. 대비가 36가지 죄를 들어 면전에서 꾸짖으며 반드시 죽이려고 하는 것을 인조가 극력 간하고 말렸다. 드디어 반정한 것을 사직에 고하였다. (『명륜록』, 『속잡록』)

— <계해정사(癸亥靖社)> 「인조조(仁祖朝) 고사본말(故事本末)」 『연려실기술』 제23권

이때 폐주를 남여(藍輿)에 태워서 대궐문 밖에 이르렀는데, 그때까지도 개가죽 남바위를 쓰고 있을 뿐이었다. (『공사기문』)

— <계해정사(癸亥靖社)> 「인조조(仁祖朝) 고사본말(故事本末)」 『연려실기술』 제23권

『대동기문』에는 광해군이 정남수의 집에 숨은 것으로 나오는 바, 『연려실기술』에는 의관(醫官) 안국신(安國臣)의 집에 피신하였다가, 정남수(鄭楠壽)의 밀고로 잡혀 서인(庶人)이 되는 것으로 나온다.

〈 반정이 일어나자 도망하여 의관 안국신의 집에 숨다 〉

— 전략 — 광해군이 북쪽 후원의 소나무숲 속으로 나아가 사다리를 놓고 궁성을 넘어갔는데(평상시에 궁인들이 후원에 긴 사다리를 설치하여, 밤에 출입하기에 편리하도록 하였는데 왕이 이 사다리를 사용하여 궁성을 넘어갔다.) 젊은 내시가 업고 가고, 궁인 한 사람이 앞에서 인도하여 사복시 개천가에 있는 의관 안국신(安國信)의 집에 숨었다. 광해군이 국신의 집 사람인 정담수(鄭聃壽)로 하여금 나가서 변란이 일어난 것에 대해 탐지하게 하였는데,

담수가 돌아와서 들은 것이 없다고 아뢰니, 왕이 말하기를 "혹시 이이첨이 한 짓이 아니던가." 하였다. 왕이 이때 임취정(任就正) 등을 신임하여 이첨의 권세를 억제하려고 했었는데, 유희분이 은밀히 왕에게 아뢰기를 "이첨의 세력이 너무도 높으니 그가 꺾이지 않으려고 변란을 일으킬 계략을 가질 듯합니다."라고 했기 때문에 광해군이 의심했던 것이다. 그리고 세자 이질(李侄)은 왕을 뒤쫓다가 찾지 못하고, 장의동(莊義洞) 민가에 숨었다.

— 광해군 15년(1623) 3월 12일 『조선왕조실록』 33집, 496쪽

『조선왕조실록』에는 안국신의 집 사람인 정담수(鄭聃壽)로 나오고 있음을 알 수 있다.

그러나 공통적으로 붙잡힐 때, 조국필(趙國弼)이 광해군의 전성 시절에 꿈에서 보았던 대로 광해군이 상주의 옷을 입고 붙잡히고 있어 사실적인 미래 투시의 꿈으로 실현되고 있음을 알 수 있다. 또한, "훈의청에서 목숨을 마치리라〔終身訓醫廳〕."라는 문액에 쓰인 글자처럼, 의원과 관련된 의관 안국신(安國信)의 집으로 피신했다가 붙잡히는 일로 실현되고 있다.

〈 광해군에게 자식이 없게 될 것을 계시하다 〉

광해가 처음 즉위하여서는 후궁을 많이 두고 아들 많이 두기를 원하였는데, 중년에 꿈을 꾸니, 비단 도포를 입은 대관이 하늘에서 내려와 이르기를, "임금이 남의 아들을 많이 죽였으니, 임금은 한 아들도 보전하지 못할 것인데, 어찌 많은 아들을 원하느냐." 하였다. — 후략 — (『공사견문』)

— <광해군을 안치하다. 세자를 폐하고 사사하다> 「인조조(仁祖朝) 고사본말(故事本末)」 『연려실기술』 제23권

한 아들도 보전하지 못할 것이라는 이인(異人)의 꿈의 계시대로, 광해군은 후궁을 많이 두었으나 한 아들도 보전하지 못했다. 인조반

정 후에 광해군의 아들은 세자(世子)에서 폐위되고 강화도로 유배되었는데, 땅굴을 파서 탈출하고자 하였으나 실패하고 사사된다. 광해군은 강화를 거쳐 제주도로 유배되었다가 죽은 뒤에는 한 아들도 보전하지 못하여 제사를 받들 사람이 없어, 외손으로 하여금 제사를 지내게 하는 처지에 이르게 된다.

〈 죽은 선조가 꿈에 나타나 인목대비에게 위험을 알려주다 〉

12월 강원감사(江原監司) 백대형(白大珩)이 교체되어 돌아가서 이이첨(李爾瞻)·한찬남(韓纘男) 등과 상의하기를, "대비가 만약 살아 있게 되면 우리들은 마침내 땅에 묻히지도 못할 것이다." 하니, 정조(鄭造)·윤인(尹訒)·이위경(李偉卿)이 말하기를, "후회해도 소용이 없으니, 먼저 일을 단행하는 것만 같지 못하오." 하더니, 12월 그믐날에 백대형과 이위경은 "역귀(疫鬼)를 쫓는 굿을 한다." 하고서, 도적의 무리를 많이 거느리고 징과 북을 치고 떠들썩하게 경운궁(慶運宮)으로 난입하여 대비를 해치려고 하였다.

이날 초저녁에 대비의 꿈에 선조(宣祖)가 슬픈 기색으로 와서 말하기를, "도적의 무리가 지금 들어오고 있으니 피하지 않으면 죽을 것이다." 했다. 대비가 꿈을 깨고 나서 울고 있으니, 궁인이 그 이유를 물으므로 상세히 말하였다. 이에 궁인이 "선왕의 혼령이 먼저 타이르시니 이유가 있을 것입니다. 제가 대신 대비의 침전에 누워서 기다리겠습니다." 하여, 대비가 기뻐하며 잠시 후원으로 피했는데, 도적이 궁에 들어가 찾아서 해쳤다. 임금과 신하들이 모두 대비가 몸을 빼서 나간 것을 알지 못하였다.

이때 영의정 박승종(朴承宗)이 사변(事變)을 듣고, 곧 하인을 많이 거느리고 서궁에 이르러 고함을 치면서 도적을 쫓으니, 백대형이 끝까지 대비를 찾지 못하였다. 대비가 화를 면한 것은 실상 박승종의 힘이었다고 한다. 광해군에게는 대비가 정말로 죽었다고 했으므로, 반정(反正)하던 날에 대비가 있나 없나를 먼저 물었다. 그때에 대비가 다른 궁녀와 함께 죽음으로 절의를 지킨 그 궁인을 후원에 몰래 묻었는데, 반정한 후에 파내어 예를 갖추어 장사 지내었다. (『속잡록(續雜錄)』)

—<폐위 삭출의 절목(節目)>「폐주 광해군 고사본말(廢主光海君故事本末)」『연려실기술』 제20권

광해군이 인목대비를 서궁에 유폐시킨 것까지 모자라서 죽이려고 하는 것을, 죽은 선조가 인목대비의 꿈에 나타나 급히 몸을 피할 것을 계시해주었음을 밝히고 있다.

〈 선조가 계운궁에게 옥새를 주며 계시해주는 꿈 〉

— 전략 — 무신년 이후 언젠가 꿈에 선왕(先王)이 계운궁을 불러 이르기를 "너희 집에 하늘의 명을 받아 왕위에 오를 자가 있을 것이다." 하고는 이어 옥새를 내어주면서 이르기를 "이것을 특별히 그에게 주고, 나의 가르친 말을 전하라." 하자 계운궁이 절하고 사례한 후 묻기를 "신정(新政)에 최선을 다하면 이 나라를 진압하고 창성하게 할 수 있을까요?" 하였는데, 그 역시 신묘한 일이었다.

아, 빛나신 열조(列祖)의 영령이 우리 성상을 격려하여 큰 어지러움을 가라앉히고 뒤를 이어 복을 받아, 이 나라에 억만 년토록 끝없이 빛나는 길을 열게 하였으니, 그 꿈이 바로 이것을 말한 것이었다.

—「대제학 김류가 쓴 계운궁(인조의 생모인 인헌왕후[仁獻王后])의 묘지문」 인조 4년(1626) 3월 21일 『조선왕조실록』 [원전] 34집, 85쪽

능양군이 인조반정으로 왕위를 계승하게 될 것을 죽은 선조가 능양군의 생모인 계운궁의 꿈에 나타나서 일러준 계시적인 꿈이야기를 요약 발췌해서 살펴보았다. 계운궁은 인조의 아버지가 되는 정원군의 부인이며, 인조의 생모인 인헌왕후(仁獻王后)다.

선조는 무신년 1608년 죽은 바, 이 꿈은 선조가 죽은 후에 계운궁

의 꿈에 나타나 옥쇄를 주면서 장차 집안에서 왕위를 계승할 자가 있음을 계시하여 예지해주고 있다. 이는 장차 15년 뒤 계해년인 1623년에 인조반정으로 계운궁의 큰아들인 능양군이 왕위에 오르는 일로 실현되고 있다.

『국조보감(國朝寶鑑)』에는 능양군(인조)이 왕위에 오르는 과정과 인목대비의 꿈에 인조반정이 일어나기 전날 밤 죽은 선조대왕이 나타나 반정이 일어날 것을 계시했다고 밝히고 있는데, 이 기록을 요약 발췌하여 살펴보겠다. 단순한 꿈의 핑계가 아닌, 큰일이 일어나기 전에 꿈으로 예지되었다고 보아야 할 것이다.

〈 죽은 선조가 인목대비에게 인조반정이 일어날 것을 계시 〉

— 전략 — 상(인조)이 처음 도성에 들어오려고 하면서 이시방(李時昉) 등을 보내 의거의 뜻을 대비전에 알렸었는데, 급기야 상이 입궁하자, 대비는 선왕의 빈자리를 설치하라고 명하고는 침전으로 나와 발을 드리우고 상 위에다 대보(大寶)를 놓아두고는, 사군(嗣君)으로 하여금 빨리 들도록 전교를 내려, 상이 들어가 뜰에 서서 대성통곡을 하니 뒤따르던 신하들도 다 울음을 터뜨렸다. 대비는 이를 말리면서 이르기를,

"이는 종묘사직에 있어 큰 경사인데 곡할 것이 뭐가 있겠소." 하고는, 이어 제신들에게 전교하기를, "10년 유폐 끝에 오늘을 다시 보리라고는 생각도 못 했소. 어젯밤 꿈에 선왕께서 나에게 이 일이 있을 것이라고 말씀하더니, 지금 경들 덕에 인간 윤리가 다시 밝아지게 되었소." 하였다. 그리고 내시에게 명하여 대보를 상께 바치도록 하고, 또 별당(別堂)을 깨끗이 소제하라고 하면서 이르기를, "거기가 바로 선왕께서 일 보시던 곳이오." 하였다.

— 인조 1년(1623) 『국조보감』 제34권

이렇게 죽은 선조가 인목대비의 꿈에 나타나 인조반정이 있을 것

을 예지한 것을 『조선왕조실록』의 기록으로 요약 발췌하여 다시 살펴본다.

〈 의병을 일으켜 인조가 즉위할 것을 계시하다 〉

상(인조)이 의병을 일으켜 왕대비(王大妃)를 받들어 복위시킨 후에, 대비의 명으로 경운궁(慶運宮)에서 즉위하였다. 반정이 성공하여, 인목대비를 찾아뵈면서

"대사가 아직 안정되지 않아 날이 저물어서야 비로소 왔으니, 신의 죄가 막심합니다."

하니, 자전이 이르기를, "사양하지 마시오. 무슨 죄가 있단 말이오. 내가 기구한 운명으로 불행하게도 인륜의 대변을 만나, 역괴(逆魁)인 광해군이 선왕에게 유감을 품고 나를 원수로 여겨, 나의 부모를 도륙하고 나의 친족을 어육으로 만들고, 나의 어린 자식을 살해하고 나를 별궁에다 유폐하였소. 이 몸이 오랫동안 깊은 별궁 속에 처하여 인간의 소식을 막연히 들을 수 없었는데, 오늘날 이런 일이 있을 줄은 생각지도 못하였소."

하고, 또 군사들에게 이르기를, "역괴인 광해군은 선왕에 대하여 실로 원수다. 조정에 간신이 가득 차 있어 나에게 대악의 누명을 씌우고 10여 년 동안 가둬 놓았는데, 어젯밤 꿈에 선왕께서 나에게 이 일이 있을 것을 말하시더니, 경들이 다시 인륜을 밝히는 것에 힘입어 오늘을 볼 수 있었다. 경들의 공로를 어찌 다 말할 수 있겠는가."

— 인조 1년(1623) 3월 13일 『조선왕조실록』 33집, 502쪽

〈 꿈에 얻은 시의 예언이 적중한 김시양 〉

판서 김시양(金時讓)은 광해군 때에 종성으로 귀양을 갔는데, 꿈에 어떤 이가 시를 지어 주었다. 그 가운데 한 연을 기억하였는데, 다음과 같다.

不到觀魚海(부도관어해)　관어대가 있는 바다에 가지 않고,
何由見太平(하유견태평)　어떻게 태평성대를 볼 것인가

그 당시에는 그 뜻을 알지 못하였다. 그 뒤, 寧海(영해)로 귀양지를 옮겨서 관어당 아래에 거처하게 되었다. 그리고 계해년 인조반정이 일어나서야, 비로소 서울로 돌아오게 되었다.

— 김동욱 역, 『국역 기문총화』, 아세아문화사

『기문총화』에 실려 있는 몽중시 이야기다. 꿈속에서 받은 시 가운데 기억할 수 있었던 것은 단순하게는 함경북도에 있는 종성에서 "고기를 보는 바다에 가지 않고서, 태평성대를 볼 수 없네〔不到觀魚海, 何由見太平〕."라는 단지 한 연이지만, 가장 핵심적인 상징으로 장차 일어날 일을 보여주고 있다. 꿈은 단순한 고기를 볼 수 있는 바다가 아닌, 경상북도에 있던 영해로 유배지를 옮기게 되어 관어당 아래 거처하는 것으로 실현되고 있으며, 그 후에 인조반정이 일어나 태평 시대가 오게 되고, 유배지에서 풀려나게 되는 것까지 예지해주고 있다.

김시양이 유배지인 종성에서 이 꿈을 꾼 때가 1612년(임자년, 광해군 4)으로, 그 후 6년이 지난 1618년(무오년, 광해군 10)에 오랑캐의 변란이 있어서 남쪽인 경상북도의 영해(寧海)로 옮기게 될 것을 예지하고 있으며, 다시 5년(꿈을 꾼 후로부터는 11년) 뒤인 1623년(계해년, 인조 1) 인조반정으로 유배지에서 벗어나 서울로 돌아오게 될 것을 예지하고 있다. 이처럼 몇 년 뒤를 비롯하여, 몇십 년 뒤의 일어날 일을 예지해주고 있는 실증적인 사례가 셀 수 없을 정도로 많음을 알 수 있다.

〈 김시양이 훗날 원종(元宗: 인조의 아버지)이 반정하는 꿈을 꾸다 〉

병진년 사이에 김시양(金時讓)이 북쪽 변방에 귀양 가 있었는데, 이때는 광해의 어지러운 정사가 날로 더 심하여지던 때였다. 김시양이 원종(元宗: 인조의 아버지)이 반정하는 꿈을 꾸었는데, 그 꿈을 이상하게 여겨 일기에 쓰기를, "옥부(玉孚)가 불을 들었으니 범띠 해[虎年]의 일이다[玉孚擧火虎

年事].”라고 하였는데, 이는 원종의 휘(諱)가 옥(玉)과 부(孚)를 합한 부(琈)이고, 중종(中宗)이 범띠 해[虎年]인 병인년에 반정(反正)을 하였으므로 이런 은어를 쓴 것이다.

무오년에 영해(寧海)로 귀양지가 옮겨졌는데, 허의보(許毅甫)가 찾아와서 광해의 어지러운 정치를 언급하며 말하기를, “조종(祖宗)의 쌓은 덕이 반드시 하루아침에 없어지지는 않을 것이니, 왕자 정원군(定遠君)은 기량이 있고, 재상(宰相) 윤방(尹昉) 또한 비범한 사람이다.”라고 말하였다. 김시양이 꿈이 헛되지 않다고 생각하였더니, 2년 후에 원종이 세상을 떠나고, 계해년에 원종의 맏아들인 능양군이 반정하여 인조 임금이 되었다. (『하담록』)

— <계해정사(癸亥靖社)> 「인조조(仁祖朝) 고사본말(故事本末)」 『연려실기술』 제23권

김시양은 반정의 꿈을 꾸었으나 성공하기 전에는 역모로 몰릴 꿈 이야기고, 그대로 일기에 썼다가 혹시 나중에 말썽이 일어날 여지가 있기에, 정원군의 이름인 부(琈)를 옥부(玉孚)로 파자(破字)하여 표현을 은밀히 하였으며, 마찬가지로 반정의 의미를 이전에 중종이 호랑이해인 병인년에 반정(反正)을 하였기에 범띠 해〔虎年〕에 불을 든 것으로 일기에 적고 있다.

꿈속에서는 인조의 아버지로서, 나중에 원종(元宗)으로 추존되는 정원군이 반정하는 꿈을 꾸었으나, 정작 꿈의 실현은 그의 맏아들인 능양군이 반정하는 일로 이루어졌다.

이로써 보면, 김시양이 꾼 꿈은 사실적인 미래 투시의 꿈은 아니며 상징적인 미래 예지 꿈으로 보아야 할 것이다. 당시 폐비를 서궁에 가두는 등 광해군의 폭정이 날로 심해져 가는 상황에서 누군가 반정이 일어나기를 바라는 잠재적인 마음에서 이러한 꿈이 꾸게 되었

을 수도 있다. 하지만 이렇게 인조반정이 일어나게 될 것을 예지한 김시양의 다른 꿈 사례로 미루어보면, 김시양은 미래 예지적인 꿈을 꾸는 능력이 뛰어났으며, 그 표현 방법도 고차원의 상징 기법을 동원하고 있음을 알 수 있다.

5) 병자호란 관련 꿈

〈 병자호란이 일어날 것을 일깨워주다 〉

이항복은 광해군 때 체찰사(體察使)로서 서북도(西北道)의 관리 임명을 전적으로 주관하였다. — 중략 — 반정공신의 여러 사람들은 대체로 모두 항복이 평소 길러둔 사람들이었으니, 옛날에도 이만큼 사람을 많이 얻은 이가 없었다. 반정하던 날에 이항복이 김류·이귀 두 사람의 꿈에 나타나서 말하기를, "오늘 종묘사직을 위하여 이 거사가 있다. 그러나 다음에 이보다 더 큰 일이 있을 것인데, 내가 그것을 매우 걱정하니 여러분은 힘쓸지어다." 하였는데, 이는 대개 남한산성의 일을 가리킨 것이었다. (『남계집(南溪集)』)

— <계해정사(癸亥靖社)> 「인조조(仁祖朝) 고사본말(故事本末)」 『연려실기술』 제23권

원 출전인 『남계집(南溪集)』은 조선 중기의 문신이요, 학자인 남계(南溪) 박세채(朴世采: 1632~1695)의 문집이다. 이항복은 1618년(무오년) 북청(北靑)의 유배지에서 병으로 이미 죽었으나, 그로부터 5년 뒤 인조반정(1623, 광해군 15)이 있던 날에 반정의 주역인 이귀, 김류 등의 꿈에 나타나 인조반정을 격려하고 있다.

하지만 "다음에 이보다 더 큰 일이 있을 것인데, 내가 그것을 매우 걱정하니"라는 부분에서, 4년 뒤의 정묘호란 및 13년 뒤에 청나라가

쳐들어와서 남한산성에서 항거하다가 부득이 항복하게 되는 병자호란을 일깨워 주고 있다.

〈 인조 임금에게 그대의 신하와 같이 있게 해달라는 꿈 〉

남한산성에 있는 숭렬전에는 백제의 시조 온조왕과 산성 축성 당시의 책임자였던 이서(李曙) 장군의 위패가 모셔져 있다. 행궁에 있을 때, 인조 임금의 꿈에 백제의 온조대왕이 현몽하여 청나라 군사들을 물리치는 데 도움을 주었다. 이에 온조왕을 모신 사당을 짓고 제를 지냈는데, 온조왕이 다시 나타나서 "나를 위해 제사를 지내주어 고맙구나. 다만 나 혼자 있는 것이 외로우니, 부탁하건대 그대의 신하 중 한 명을 나에게 보내줄 수 없겠는가?"라고 했다.

그런데 인조 임금이 꿈에서 깨었을 때, 수어사 이서 장군이 죽었다는 소식을 듣게 되었다. 이후 정조 임금이 '崇烈殿(숭렬전)'이라는 이름을 새긴 편액을 하사하여, 지금까지 숭렬전이라고 불리고 있다.

이서(李曙: 1580[선조 13]~1637[인조 15])는 조선 중기의 무신으로, 1623년 장단부사로 있을 때 인조반정을 이루는 데 공을 세웠다. 그 뒤 총융사로 남한산성을 수축하였으며, 1636년 병조판서로 청나라의 침입에 대비하다가 병자호란이 일어나고, 인조를 따라 남한산성에 들어가 지키다 이듬해 성 안에서 죽었다. 이후 남한산성의 온조왕(溫祚王) 사당과 인조 묘정에 배향되었다. 시호는 충정(忠正)이다.

한편 병자호란 때 강화도 함락에 대한 문학작품으로는 「강도몽유록(江都夢遊錄)」이 있는 바, 병자호란 때 강화도에서 절개를 지키어 죽은 부인들이 모여 남편들의 무능과 불충 등을 공격하는 꿈의 세계를 설정하고 있다.

6) 이괄의 난(亂)이 진압될 것을 예지한 꿈

〈 가짜 해가 산산이 부서지는 것을 보는 꿈 〉

송덕영(宋德榮)은 연안 송씨로 고려 공민왕 때 전사했던 충신 송광언의 후손이었다. 무과에 올라 인조 갑자년에 평안도 맹산 현감이 되었는데, 이괄이 반란을 일으켰다는 소식을 듣고는 서울 길마재까지 뒤쫓아 왔다. 도원수 휘하에 소속되어 정충신과 함께 한마음으로 힘을 합쳐 싸웠다.

두 해가 나란히 나타나 서로 부딪치더니, 가짜 해가 결국 산산이 부서지고 마는 꿈을 꾸고서, 처조카 이희건에게 "꿈 조짐이 길하니 오늘은 죽음을 각오하고 싸우지 않을 수 없다"고 다짐했다. 전투에서 적의 바로 앞까지 돌격해 활을 쏘니 모조리 다 명중했으며, 활시위를 당기자마자 반란군은 모조리 거꾸러졌다. 난이 평정된 후 삼등 진무공신에 녹훈되었고 연창군에 봉해졌으며 평안도의 군사를 지휘하게 되었다. — 후략 —

—『대동기문』

송덕영(宋德榮: ?~1627, 인조 5)이 가짜 해가 산산이 부서지는 꿈으로 이괄(李适)의 난이 진압될 것을 예지한 꿈이야기다. 송덕영은 조선 중기의 무신으로 1593년(선조 26) 무과에 급제하여 만호(萬戶)가 되었다. 1624년(인조 2) 이괄의 난 때 평안도 병마절도사 남이흥(南以興) 아래에서 종군했고, 길마재 싸움에서 정충신(鄭忠信)·이희달(李希達)과 함께 공을 세웠다. 그 공으로 진무공신(振武功臣) 3등에 연창군(延昌君)으로 봉해졌으며, 1627년 정묘호란이 일어나자 안주 남성(南城)에서 후금의 군대를 막다가 전사했다.

『조선왕조실록』의 인조 2년(1624) 3월 8일 조 「장만·정충신 등 진무 공신(振武功臣) 27인을 책정하다」에 송덕영(宋德榮)을 3등에 한 자급을 올린 기록이 보인다.

가짜 해는 반란군의 괴수인 이괄을 상징적으로 보여주고 있으며,

이괄은 인조반정 후에 논공행상에 대한 불만 및 공신 간의 알력으로 인해 반란을 일으키게 된다. 두 해가 서로 부딪친다는 것은 서로 간에 대립과 싸움을 뜻하고 있으며, 가짜 해가 산산이 부서지는 것은 반란군이 싸움에서 패하여, 이괄의 난이 진압될 것을 상징적으로 예지해주고 있다.

이와 유사한 사례로, 해에 관한 기록이 『삼국유사』에 향가인 월명사(月明師)의 「도솔가(兜率歌)」가 실려 전하고 있는 바, 배경설화 이야기 속에 하늘에 해가 두 개인 이야기가 나오고 있다.

> 경덕왕 19년 경자 4월 초하룻날에 해가 둘이 떠서 10여 일간 없어지지 않았다. 일관은, "인연 있는 스님을 청하여 산화공덕을 지으면 예방이 되리라." 하였다. 이에 조원전에 단을 깨끗이 모시고 청양루에 행차하여 인연 있는 스님을 기다렸다. 그때 마침 월명사가 천백사의 남쪽 길로 지나가므로, 왕이 사람을 시켜 불러들여 단(壇)을 열고 계(啓)를 지으라고 명하였다[命開壇作啓]. 월명사는, "저는 다만 국선의 무리에 속하여 오직 향가만 알고 범패 소리에는 익숙하지 못합니다." 하였다. 왕은 "이미 인연 있는 스님으로 정하였으니, 향가를 지어도 좋다."라고 하였다.
>
> —「월명사(月明師) 도솔가조(兜率歌條)」『삼국유사(三國遺事)』 권5

월명이 이에 4구체 형식의 불교적이며 주술적인 성격을 띤, 미륵신앙을 통한 국태민안(國泰民安)을 바라는 「도솔가(兜率歌)」를 지어 불렀더니 하늘에 해가 둘인 변고가 없어졌다. 해는 만물을 비추는 따사로운 대상이며, 하늘에는 해가 하나이듯이, 그 상징성은 하나뿐인 임금을 상징하고 있다. 따라서 하늘에 두 개의 해가 나타났다는 해석은 반란이 일어나서 '나도 왕이다'를 참칭하는 무리가 있었음이요, 한 해가 사라짐은 반란이 진압되었음을 뜻하고 있다.

문학적 표현에서도 '해'는 임금을, 구름은 간신의 무리 등을 상징하고 있음을 쉽게 찾아볼 수 있다. 이백(李白)의 「登金陵鳳凰臺(등금릉봉황대)」에서 "總爲浮雲能蔽日(총위부운능폐일: 뜬구름이 해를 모두 가리니), 長安不見使人愁(장안불견사인수: 장안이 안 보여 시름에 잠기게 하네)." 라는 시구 중 '해'는 '임금'을 뜻하고 있다. 또 송강 정철은 「관동별곡(關東別曲)」에서 "아마도 녈구름 근쳐의 머믈셰라(지나가는 구름이 해 근처에 머물까 두렵구나〔간신배들이 햇빛인 임금의 총명을 가릴까 두렵구나〕)." 라고 노래하고 있다.

덧붙여, 이괄의 난이 실패할 것을 파자점으로 점쳤다는 구비전승되어 오는 이야기를 살펴본다. 이괄이 거사하기 전에 파자점을 치는 노인에게 점을 친 바, 이괄이 선택한 글자가 '田' 자였다.

이에 풀이하기를, "魚失頭尾(어실두미)하니 机上之肉(궤상지육)이라(물고기가 대가리와 꽁지를 잃으니 도마 위에 오른 고기 신세라)." 그대는 장차 목 잘리고 다리 잘리고 능지처참을 당할 것이라고 풀이해주자, 이괄이 화를 벌떡 내면서 "다른 풀이는 없소?"라고 하니, 다르게 풀이해주기를 "'田' 자는 甲字無足(갑자무족)하니 勇兵無日(용병무일)이라(甲〔갑옷 갑〕 자에 다리가 없는 것과 같으니, 용감한 병사가 있어도 쓸데가 없는 것과 같도다)."라고 반란이 실패할 것을 풀이해주었다는 이야기가 전해진다. 파자(破字)에 대한 자세한 것은 필자의 『한자와 파자(어문학사)』를 참고하기 바란다.

7) 기사사화(己巳士禍)

숙종 15년(1689) 서인(西人)과 남인(南人) 사이의 정치적 권력 쟁탈로 인하여 일어난 사림(士林)의 화(禍)다. 1689년(숙종 15) 숙종이 후궁이었던 소의 장씨(昭儀蔣氏, 장희빈)의 아들을 원자로 책봉하고자 하는 것에 대하여, 당시 정권을 장악한 서인의 송시열 등이 반대했는데, 이를 계기로 실각 중이던 남인들이 왕을 충동해 서인들을 축출하는 큰 옥사를 일으켰다. 이는 기사환국(己巳換局)으로도 불린다.

〈 중전 인현왕후(仁顯王后)가 꾼 꿈 — 장희빈에 대한 꿈 〉

임금이 이르기를, 병인년에 희빈(禧嬪)이 처음 숙원(淑媛)이 되었을 때, 중전이 귀인(貴人: 김수항의 종손녀)과 함께 한 패가 되어 원망하고 질투한 실상은 진실로 이루 말할 수 없다.

중전이 어느 날 나를 보고 말하기를, "꿈에 선왕(先王)과 선후(先后)를 뵈었더니, 내전(內殿: 왕비)과 귀인은 복록이 길 것이며, 아들을 많이 낳아 선조조(宣祖朝)와 같을 것이다. 그러나 숙원은 아들이 없을 뿐만 아니라 겸하여 복도 없을 것이며, 오래 궁중에 있다가는 반드시 경신년 뒤에 뜻을 잃은 사람(남인)들과 결탁해서 망측한 일을 만들어내어, 마침내 국가에 불리하리라 하셨습니다." 하였다. — 중략 — "이미 숙원은 아들이 없을 것이라고 말했는데, 원자는 어떻게 해서 탄생했단 말인가. 그 꾸미고 속이는 것을 이것으로써 알 수 있다." 하였다.

유사한 다른 기록을 살펴본다.

질투하고 원망하는 외에 따로 간특한 꾀를 내어, '선왕(先王)·선후(先后)의 말씀'이라고 말을 만들어, 내게 말하기를, "숙원은 전세의 짐승으로 전하에게 사살(射殺)당하여 그 원수를 갚기 위해 태어났다. 따라서 경신년 역옥(逆獄) 이후에 한쪽[南人]의 불만을 품은 무리들과 서로 결탁해서 화가 장차 헤아릴 수 없을 것이며, 또 팔자에 본래 자식이 없으니 상감이 한갓 애만 쓸 뿐이요 효과가 없을 것이다. 그러나 내전(內殿)은 자손이 많아서 선조조(宣祖朝)와 다름이 없을 것이라고 하시더라." 하였다.

—『동소록(桐巢錄)』, 『연려실기술』 제35권

이로 인하여 급기야 다음과 같이 인현왕후(仁顯王后)를 폐출하라는 전교를 내리기 이른다.

전교하기를 "후비가 투기하는 것은 옛날에도 있었으나 오늘같이 심하지는 않았다. 중궁이 꿈에 들은 선왕과 대비의 말씀이라고 감히 말을 하고, 원자가 탄생한 뒤로 원망하고 노여워하는 빛이 많이 있으니, 반드시 종사에 화를 끼칠 것이다, 내가 미리 원자를 세운 것도 이를 걱정했기 때문이었다. 이런 패악한 행동으로는 결코 하루도 국모 노릇을 할 수 없겠으므로, 폐출하라고 분부한다." 하였다.

—『기사유문』, 『연려실기술』 제35권

〈 숙종이 꾼 꿈 — 아들을 낳게 될 것이라는 꿈 〉

기사년(1689) 1월 10일에 임금이 장희빈이 낳은 왕자의 명호(名號)를 정하고자 했다. 이에 태어난 지 두세 달로 아직 어리니, 왕자의 명호를 정하는 일이 너무 빠르다고 반대하기에 이른다.

이에 임금이 이르기를, "내 나이 거의 30이 되도록 아들이 없다가 작년에야 비로소 왕자가 생겼는데, 어찌하여 지금 내가 정하고자 하는 것이 빠르다고 하느냐. 작년 5월에 꿈속에서 어떤 사람을 만나, '내가 언제 아들을 낳겠느냐'고 물으니, 답하기를 '벌써 임신을 하였다'고 하기에, 내가 말하기를, '비록 임신을 하기는 하였으나 사내인 줄 어떻게 알겠는가.' 하니, 답하기를, '바로 남자입니다.'라고 하였다. 그리하여 왕자가 난 뒤에 나의 마음은 더욱 믿는 곳이 있는 것이다." 하였다.

—<원자(元子)의 명호(名號)를 정하다>「숙종조(肅宗朝) 고사본말(故事本末)」『연려실기술』 제35권

숙종이 원자(元子)의 명호를 정하는 것에 반대하는 주동자를 물어 박태보(朴泰輔: 1654[효종 5]~1689[숙종 15])를 다시 잡아들이고 임금을 무함(誣陷: 없는 사실을 그럴듯하게 꾸며서 어려운 지경에 빠지게 함)하였다 하여 형벌로 엄하게 국문을 하게 이른다.

네 끝내 자백하지 않겠느냐. 상소(上疏) 가운데 있는 '꿈에 기억한 것'이란 무슨 말이냐. 너는 내가 헛말을 만들어낸 것이라고 하는 것이냐." 하니, 태보가 아뢰기를, "신이 궁중 일을 자세히 알지는 못하나, 꿈이란 본래 맹랑한 것이어서 증거가 없고 믿기 어려운 것이니, 어찌 일일이 장래 일을 맞추기를 바라겠습니까.

중전의 잘못은 꿈을 기억하여 우연히 아뢴 것에 지나지 않는데, 지금 전하께서 이 일을 끄집어내어 큰 죄안을 만들려 하시니, 이 어찌 더없이 지나친 처사가 아닙니까. 이제 전하께서 비록 중전이 꿈의 예시를 믿었다 하시나 이것은 실상 전하께서 꿈을 좋아하시기 때문입니다. 전날에도 신들을 인견하실 때에 자주 꿈이야기를 하시며 깊이 믿으시는 뜻을 보이셨으니, 신은 이번 내전의 일도 전하께서 먼저 스스로 꿈을 믿는 실수를 하셨기 때문에 그런 것으로 여깁니다." 하였다.

임금이 크게 노하여 이르기를, "네가 더욱 내가 헛말을 만들었다고 무함하니, 너는 간악한 너의 당파라고 여겨 옹호하는 데 지나지 않는다."

—<원자(元子)의 명호(名號)를 정하다>「숙종조(肅宗朝) 고사본말(故事本末)」『연려실기술』 제35권

꿈의 예지는 신비로울 정도로 정확하다. 다만, 박태보는 중전을 옹호하고자, 숙종이 인현왕후에게 들은 장희빈이 아들을 낳지 못할 것이라는 꿈이야기에 대해서, 꿈이란 본래 맹랑한 것이어서 증거가 없고 믿기 어려운 것이니 장래 일을 맞추지 못한다고 하고 있다.

박태보는 조선 후기의 문신으로, 박세당의 아들이다. 1689년 기사환국 때 서인(西人)으로서, 인현왕후의 폐출(廢黜)을 강력히 반대해 주동적으로 상소(上疏)를 올렸다가 심한 고문을 받고 진도로 유배 가던 도중, 병으로 인하여 노량(露梁)에 이르러 나아가지 못하고 머무르다가 마침내 5월 5일에 숨이 끊어졌다.

한편 이러한 역사적 사실을 바탕으로 소설이나 TV 드라마, 설화 등에서 꿈을 주요 제재로 원용하여 사건을 전개해나가고 있음을 살펴볼 수 있다.

참고로, 불영사(佛影寺)와 인현왕후 이야기를 살펴본다. 불영사는 경상북도 울진군 서면 하원리 천축산에 있는 절로, 「천축산불영사기(天竺山佛影寺記)」에 의하면 651년(진덕여왕 5)에 의상(義湘)이 창건했다고 한다. 1933년에 세워진 불영사 사적비에는 혜능선사의 이적(異蹟)과 인현왕후 민씨의 복위에 관련된 이야기가 쓰여 있는데 다음과 같다.

인현황후가 폐비가 되어 사가로 쫓겨난 뒤, 5년이란 세월을 눈물로 보내다가, 마침내 죽기로 마음먹고 독약 그릇을 앞에 놓고 울다가 잠이 들었다. 꿈에서 백발 노승이 나타나, 천축산 불영사에 있는 절이라고 하면서, “3일만 참고 기다리면 반드시 좋은 일이 있을 것입니다.”라고 하고 사라졌다.

폐비 민씨는 꿈의 내용이 너무나 기이한지라, 3일을 기다렸더니 왕의 부름을 받게 되어 다시 왕비에 오르게 되었다. 이어 왕비로부터 노승의 이야기를 전해 들은 왕이 불영사에 하문하니, 150년 전에 입적한 양성당 혜능의 용모와 똑같았다. 이에 불영사에서 보내온 혜능의 진영을 왕비에게 보이니, 깜짝 놀라며 바로 그 스님이라는 것이었다. 숙종은 왕비를 살린 보답으로, 불영사를 중심으로 한 사방 십리 안의 땅을 불영사에 시주하였다고 한다.

4. 죽음·질병 예지

1) 죽음 예지

국가적·사회적 변란이 일어나기 전에 꿈으로 예지되듯이, 죽음이 있기 전에 꿈으로 예지되고 있다. 중국의 역사에서도 꿈으로 죽음을 예지한 수많은 사례가 있다. 공자는 두 기둥〔兩楹〕 사이에 앉아서 궤향(饋饗)을 받는 꿈을 꾸고, 자신의 죽음을 예견했다. 자신의 태몽이 양 기둥 사이에서 제사하는 태몽인 양영지전(兩楹之奠)이었던 바, 탄생과 죽음을 예지한 꿈이 같은 양상으로 전개되고 있음을 볼 수 있어 신비한 꿈의 세계를 보여주고 있다.

여기서는 죽음을 예지하는 꿈을 가급적 시대별로 유사한 사례를 모아 살펴본다.

〈 등에 화살을 맞은 꿈 〉

신무왕(神武王)이 왕위에 올랐다. 이에 자신이 지지하는 사람을 왕위에 올리기 위해 싸웠던, 이홍(利弘)은 두려워 처자식을 버리고 산 속으로 도망하였는데, 왕이 기병을 보내 뒤쫓아 가서 잡아 죽였다. 그 후에 왕이 병으로 몸져누웠는데, 꿈에 이홍이 활을 쏘아 왕의 등을 맞추었다. 잠을 깨어나 보니 등에 종기가 났는데, 이달 23일에 이르러 왕이 죽었다. 시호를 신무(神武)라 하고 제형산(弟兄山) 서북쪽에 장사를 지냈다.

—『삼국사기』권 제10

윗글은 『삼국사기』에 나오는 이야기로, 안정복의 『동사강목』에도 간략하게 나오고 있다.

꿈속에서 자신이 죽인 이홍(利弘)이 쏜 화살을 등에 맞았는데, 현실에서는 바로 화살을 맞은 자리에 등창이 나서, 장차 그로 인해 죽게 되는 일로 실현되었음을 보여주고 있다. 이와 유사한 사례로, 죽은 사람의 영령이 나타나서, 자신의 애첩을 건드린 사람에게 화살을 쏘았다는 꿈은 현실에서는 애첩의 정부가 급작스러운 복통으로 인해 죽는 일로 실현되었다.

이로써 화살을 맞거나, 창을 맞은 꿈은 그 맞은 부위에 질병이 걸리는 등 안 좋게 이루어지고 있음을 알 수 있다.

〈 신인(神人) 7~8명이 칼을 들고 죽인다는 꿈 〉

수로왕릉(首露王陵)은 경상도 김해도호부(金海都護府)의 서쪽 3백 보 지점에 있다. 순화(淳化) 2년에 양전사(量田使) 조문선(趙文善)이 능 밭을 반으로 줄여 백성에게 주려 하였더니, 그날 저녁 꿈에 신인(神人) 7~8명이 칼을 들고 와서, "네가 큰 죄악이 있으므로, 베어 죽이고자 한다." 하였다. 조문선이 놀라 깨어 병이 나서 밤에 도망하다가 길가에서 죽었다.

—「경상도(慶尙道) 김해도호부(金海都護府)」『신증동국여지승람(新增東國輿地勝覽)』제32권

수로왕릉에 영험함이 있었음을 보여주고 있다. 고려 성종(成宗) 10년(991) 양전사(量田使) 조문선(趙文善)이 능의 밭을 반으로 줄이려고 하자, 분노하여 계시적 성격의 꿈으로 죽일 것임을 말하고 있다. 순화(淳化)는 송나라 태종(太宗) 때의 연호로, 순화 2년은 고려 성종(成宗) 10년, 991년이다.

참고로 우리나라의 꿈이야기는 아니지만, 같은 계시적 성격으로 죽음을 예지해주는 재미난 중국의 사례로 『춘추좌씨전』 성공(成公) 10년 조(條)에 실려 있는 이야기를 요약해 살펴본다.

> 진(晉)나라 군주인 경공(景公)이 꿈을 꾸었는데, 큰 여귀가 머리칼을 땅까지 늘어뜨리고서 가슴을 치며 뛰면서 말하기를 "내 자손들을 죽였으니 너를 용서하지 않으리라. 나는 천제의 허락으로 네 목숨을 거두러 왔도다." 했다.
>
> 경공은 떨면서 한없이 도망치다 문득 잠에서 깨어났다. 경공은 너무도 불안하여 점쟁이를 불러 물어보았다. 점쟁이의 대답은 이러했다.
>
> "황공합니다만, 이미 때가 늦었습니다. 임금님께서는 새 보리가 익어도 그것을 잡수시기 전에 돌아가실 것입니다."
>
> 이 말을 들은 경공은 화를 낼 기운도 없이 그대로 자리에 눕게 되었는데, 온갖 약을 써도 전혀 차도가 없었다. 그래서 이웃 나라 진(秦)에서 이름 높은 명의 고완을 청하게 되었다. 고완을 기다리고 있을 때, 경공은 또 꿈을 꾸었다. 꿈속에서 병균이 두 사람의 동자로 변해 경공의 콧구멍에서 튀어나와서 이런 이야기를 주고받는 것이었다.
>
> "고완이 온다고 하는데 우리도 위험하니 어디로 숨어야 하지 않을까?"
>
> "글쎄. 황(肓)의 위, 고(膏)의 밑으로 들어가면 아무리 용한 고완이라도 해도 어찌할 수 없을 거야."
>
> 이런 이야기를 하고 두 동자는 다시 콧구멍으로 들어가 버렸다.
>
> 그날 고완이 도착하여 곧 경공을 진찰하더니 고개를 저었다.

"말씀드리기 황공합니다만, 병이 황(肓)의 위, 고(膏)의 아래에 들어 있어서, 침도 약도 듣지 않게 되어 있습니다. 천명이라 생각하십시오."

경공은 놀랍고 슬픈 가운데서도 고완을 정말 천하의 명의라 생각하고 후히 대접해 보냈다. 그러나 경공은 곧 죽지는 않았다.

이윽고 6월 그믐께가 되자, 새로 익은 보리로 쑨 죽이 경공의 밥상에 올랐다. 이에 경공은 전날 자기 병에 대해 점을 친 점쟁이를 불러 호통을 쳤다. "너는 나보고 새 보리를 먹기 전에 죽는다고 했는데, 지금 나는 이렇게 새 보리를 먹게 되었다. 함부로 나를 조롱한 죄, 죽음을 면치 못하리라."

그리고는 즉시 점쟁이의 목을 베게 했다. 그러나 막 먹으려고 할 때 배가 아파 왔다. 그래서 변소에 갔는데 가자마자 정신을 잃고 쓰러져 그 길로 죽어 버렸다. 신하들은 억울하게 죽은 원혼들이 그를 죽게 했다고들 쑥덕였다.

이로부터 병이 고황에 들었다고 하면 도저히 회복할 가망이 없는 깊은 고질병임을 뜻하게 되었다. 고황(膏肓)의 고(膏)는 염통 아래 앞가슴을 가리키고, 황(肓)은 명치 끝, 심장 아래, 횡격막 위를 가리킨다.

죽음을 알려주는 데서 꿈의 신령스러운 계시·고시(告知)가 나타나 있으며, 병균들이 사람처럼 말을 주고받는 꿈의 이적(異蹟) 등이 나타나고 있다.

〈 하늘에서 예리한 칼날이 찍는 꿈 〉

가을 7월에 전법 판서(典法判書) 김서(金憣)가 졸하였다. 이때 정화원비(貞和院妃)가 왕의 사랑을 받았는데, 백성을 평민인 줄 알면서도 노예로 삼았다. 그 백성이 전법사에 호소하였으나 왕이 지시하여, 결정을 지어서 정화(貞和)에게 주라고 독촉하니, 김서는 동료들과 함께 백성의 원통함을 알면서도 지시를 어기지 못하여 그만 노예로 결정하여 버렸다.

어떤 사람이 꿈을 꾸는데 예리한 칼이 하늘에서 내려오더니 한 관청의 관리를 마구 찍었다. 그런데 이튿날 김서가 등창이 나서 죽고, 그 후에 동료들이 서로 잇달아 죽었다. 다만 낭관 이행검(李行儉)만 그 논의에 참여하지 않아서 죽지 않았다.

— 충렬왕 2년 갑신 10년(1284) 『고려사절요』 제20권

정화원비(貞和院妃)는 고려 충렬왕의 비(妃)로서, 이 이야기는 『낙옹비설』 및 이수광의 『지봉유설』 「성행부(性行部)」 〈음덕(陰德: 남몰래 덕을 베푸는 것)〉에 다음과 같이 나오고 있다.

고려 이행검(李行儉)이 형부랑(刑部郎)이 되었다. 동료들은 권세에 몰려서 송사를 올바로 처리하지 못하고 자기 뜻을 굽히고 있었다. 그러나 행검은 이것을 옳지 못하다고 주장했다. 마침 행검이 휴가로 쉬는 날 동료는 이것을 처리하고 말았다.

이 일이 있은 후 어떤 사람의 꿈에 날카로운 칼이 하늘에서 내려오더니 형부의 관리를 모두 목 베어 죽이는 것이었다. 얼마 안 되어 형부의 관리들은 모두 갑자기 병들어 죽었는데, 이행검만이 혼자 아무 병없이 지냈다. 그 뒤에 행검은 벼슬이 직학사(直學士)에 올랐고, 그의 손자 공수(公遂)는 익산부원군이 되었으니, 이것이 어찌 음덕의 갚음이 아니겠는가. 이것으로 본다면 법을 어기고 사사로운 일을 행해서 그 마음을 속이는 바는 반드시 하늘의 형벌을 면하지 못하는 것이니, 마땅히 경계해야 할 것이다.

— 이수광, 『지봉유설』

〈 청의를 입은 아이들이 날뛰면서 들어와 축하의 예식을 한 꿈 〉

『파한집(破閑集)』은 이미 이루어졌으나 아직 임금께 알려드리지도 못한 채, 불행히도 가벼운 병으로 홍도정(紅桃井) 집에서 돌아가셨다. 이에 앞서 집에 어린 손녀가 꿈에 보니, 청의를 입은 아이 열댓 명이 푸른 기와 일산을 받들고 문을 두드리며 소리 질러 부르는지라, 집안의 심부름하는 어린 종이 문을 닫고 힘껏 막았으나, 조금 있다가 잠긴 문이 저절로 열리며 청의

를 입은 아이들이 날뛰면서 바로 들어와 축하의 예식을 하다가 잠시 후에 흩어져 가 버렸다. 그리고 얼마 안 되어 돌아가셨으니 어찌 옥루기(玉樓記)를 쓰게 하기 위해서 불러간 게 아니겠는가?

—『파한집(破閑集)』

이 글은 이인로(李仁老)의 서자인 이세황(李世黃)의 글로 『파한집(破閑集)』의 「발(跋)」에 실려 있다. 그는 하늘나라의 옥황상제가 거처한다는 누각의 옥루기(玉樓記) 글을 쓰기 위해서 불려 올려간 것이 아니냐고 말하고 있다. 우리가 죽음을 뜻할 때 '하늘나라에 간다'고 하듯이, 굳이 사족의 해설을 달지 않아도 될 정도로, 이인로의 죽음을 상징적으로 예지하여, 장차 죽게 될 것을 예지해주고 있다.

〈 칼을 잡고 큰 소리로 꾸짖는 꿈 〉

가을 7월에 장군 경대승(慶大升)이 졸하였다. 대승은 청주 사람으로서 중서시랑 평장사 경진(慶珍)의 아들인데, 체력이 남보다 뛰어나고, 일찍부터 큰 뜻이 있어서 집안 살림살이를 일삼지 않았다. 15세에 음직(蔭職)으로 교위(校尉)에 보직된 뒤, 여러 차례 승진하여 장군에 이르렀다. 경진(慶珍)은 성질이 탐욕스럽고 비루하여 남의 논과 밭을 많이 빼앗았는데, 그가 죽은 뒤에 대승이 그 논밭의 문서를 모두 선군(選軍: 군인 선발 및 그 업무를 관장하던 관서)에 바치고 하나도 남기지 않으니, 사람들이 그의 청렴함을 탄복하였다. 항상 무인들의 불법한 행동에 분개하여 개연히 복고할 뜻이 있었으므로, 문관들이 의지하여 중하게 여겼다. 또 의종(毅宗)을 시해한 자를 치고자 하였으나, 그 일이 어렵고 크기 때문에 은인자중하여 드러내지 않더니, 정중부·송유인 등을 죽이자 왕이 속마음으로는 꺼리나 겉으로는 두터운 은총(恩寵)을 보여서, 아뢰어 청하는 것을 좇지 않는 것이 없었다. 그러므로 사람들이 많이 따르고 붙었으나, 학식과 용기와 지략이 있는 자가 아니면 문득 거절하니, 무관들이 두려워하고 꺼려서 감히 방자하게 굴지 못하였다.

어느 날 밤에 홀연히 정중부가 칼을 잡고 큰 소리로 꾸짖는 꿈을 꾸고서 병을 얻어 죽었는데, 향년 30세였다.

— 명종 광효대왕(明宗光孝大王) 1 계묘 13년(1183) 『고려사절요』 제12권

이렇게 꿈속에서 꾸짖음을 당하는 경우, 현실에서 병을 얻게 되거나 죽음 등의 안 좋은 상황으로 빠져드는 일로 실현되고 있다. 이렇게 꾸짖음을 당하는 꿈으로 병이 나서 죽음을 예지한 다른 사례를 살펴본다.

〈 이태조의 성난 얼굴을 보고 병이 나서 죽다 — 하륜(河崙) 〉

하륜(河崙)의 자는 대림(大臨)이며, 호는 호정(浩亭)이고, 본관은 진주(晉州)다. 고려 때 과거에 급제하였고, 조선에 들어와서는 나라의 사직(社稷)을 정하고 임금을 도운 좌명(佐命)의 공신으로서 진산부원군(晉山府院君)에 봉해졌으며, 경진년에 정승이 되어 좌의정까지 지냈다. 병신년(1416)에 함경도에 사명(使命)으로 갔다가 죽었다.

세속에 전해지기를, 공이 각처의 능침을 살피면서 함흥에 왔는데, 꿈에 태조가 몹시 성낸 것을 보고 깬 다음 병을 얻어 정평(定平)까지 와서 졸하였다고 한다. 나이는 70이다. 시호는 문충공(文忠公)이다.

— <정종조의 상신(相臣)> 「정종조(定宗朝) 고사본말(故事本末)」 『연려실기술』 제2권

〈 얻어맞는 꿈을 꾸고 죽다 — 조염경(趙廉卿) 〉

최우가 자기 집에서 양부와 여러 장군들을 초대하여 잔치를 베풀었다. 거나하게 마시고 매우 즐거워하며 광대에게 풍악을 연주하게 하였는데, 하늘에서 갑자기 뇌성벽력이 치니, 최우가 두려워서 그만두게 하였다.

김홍기(金弘己)는 상장군 조염경의 사위인데, 조염경이 그 사위인 김홍기가 죄도 없이 죽은 것을 불쌍히 여기어, 온 집안이 고기반찬이 없는 소식(素食)을 하였다. 이 잔치에서 최우가 조염경에게 묻기를, "무슨 이유로 고기를 먹지 않는가." 하였다. 대답하기를, "저의 온 집안이 본래 소찬을 먹기

때문입니다." 하였다. 최우가 얼굴빛이 달라지며 말하기를, "나는 그 까닭을 아노라. 그대가 만약 딴 마음이 없거든 속히 사위를 맞으라." 하였다.

조염경이 두려워서 과부가 된 그의 딸을 낭장 윤주보(尹周輔)에게 시집보내려 하였더니, 딸이 울며 말하기를, "남편이 죽은 지 며칠이 못 되어 갑자기 나의 뜻을 빼앗으려 한다." 하였다. 조염경이 강제로 윤주보와 혼인시켰더니, 윤주보가 꿈에 김홍기가 자기를 치는 꿈을 꾸고 드디어 죽었다.

— 고종 안효대왕(高宗安孝大王) 2 정해 14년(1227) 『고려사절요』 제15권

꿈은 반대가 아닌 상징의 이해임을 여실히 보여주고 있는 바, 이렇게 싸움에서 지거나 꾸중이나 비난을 듣거나, 심지어 얻어맞는 꿈은 질병이나 죽음 등으로 이루어지고 있다. 또한 일반적으로는 꿈속에 얻어맞은 부위 등에 병이 나게 되어 죽음으로까지 나아가기도 한다. 유사한 사례를 살펴본다.

〈 가슴을 맞고 죽는 꿈 〉

권씨 성을 지닌 재상이 문관으로서 조정에 이름을 드날렸다. 아버지가 죽자 남의 무덤을 파헤치고 장사 지내려 할 때, 무덤 주인이 말하기를 "이 무덤은 우리 아버지의 무덤이다. 우리 아버지는 벼슬은 비록 낮으나 의기가 엄하고 굳세어 보통 사람이 아니었으니, 파내지 말라. 반드시 해로움이 있으리라." 하였으나, 듣지 않고 마침내 그 무덤을 파서 관을 열어 시체를 버리니, 그 아들이 시체를 어루만지며 통곡하기를 "영령이 만약 있으면, 이 원통함을 보복지 않겠는가." 하였다.

그 밤에 풍수(風水) 이관(李官)의 꿈에 수염이 붉은 한 장부가 분노하여 꾸짖기를 "네가 어찌 나의 안택을 빼앗아 타인에게 주었는가. 화근은 실상 네게 있다." 하면서 주먹으로 그의 가슴을 치니, 이관은 가슴을 앓아 피를 흘리다가 잠깐 사이에 죽고, 얼마 아니 가서 재상 또한 나라의 죽임을 당하고 가문이 멸망하니, 사람들이 모두 무덤을 파낸 까닭이라고 말하였다.

—『용재총화』 8권

유사한 외국 사례로 사나운 동물이 가슴을 물어뜯는 꿈을 꾸고 심장마비로 죽게 되는 이야기가 보카치오의 『데카메론』에 나온다.

〈 복통으로 죽은 꿈 – 죽은 김덕생 영령의 복수 〉

무술이 뛰어난 김덕생(金德生)이라는 사람이 있었다. 그는 태종조(太宗朝)에 공이 있어 여러 번 벼슬하여 상장군(上將軍)에 이르렀다. 김덕생에게는 친구 모씨가 있었는데, 그 친구는 일찍이 김덕생을 따라 종군하다가 잘 알려지게 된 사람이다. 김덕생이 죽은 지 10여 년이 지난 뒤의 일이다. 어느 날 김덕생의 친구 모씨는 저녁 잠자리에서 갑자기 놀라 일어나 큰 소리로 외치다가 다시 잠들더니, 조금 있다가 또다시 놀라 일어나 큰 소리를 질렀다.

이때, 모씨의 부인이 이상히 여겨 물으니, "꿈속에서 김장군이 흰 말을 타고 활과 화살을 메고는 나를 불러 말하기를, '우리 집에 도둑이 들어 왔기에, 그래서 쏘아 죽이려고 왔소.' 하는 거요. 그 후 다시 와서는 피 묻은 화살 한 개를 빼어 보이면서, '내, 이미 도둑을 쏘아 죽였노라'고 하잖겠어." 하였다.

부부는 서로 괴상하게 여기어 날이 새자 김장군의 본집으로 즉시 가 보았다. 김장군 집에는 나이 어린 후실(後室)이 있었는데, 그날 밤에 개가(改嫁)를 하였던 바, 낭군이 들어와서는 갑자기 복통을 일으켜 날이 새기도 전에 죽었던 것이다.

— 이륙 『청파극담』, 『대동야승』 6권

김덕생(金德生)은 고려 말 조선 초의 문신으로 본관은 상주, 아버지는 운보(云寶)다. 무과에 급제하여 1380년(우왕 6) 전옥서영(典獄署令)이 되었다. 방원(芳遠)의 잠저(潛邸) 때 송거신(宋居信)과 함께 방원을 보좌하였으며, 특히 말을 잘 타 신임이 매우 두터웠다.

『조선왕조실록』의 기록을 살펴보면, 김덕생이 태조 4년(1395)에 낭장(郎將)으로서 정안군(靖安君) 이방원(李芳遠)을 따라 사냥에 나갔다가, 이방원이 표범의 습격을 받자 단발의 화살로 쏘아 죽이고, 그를 구해내 태조로부터 말 한 필을 하사받았다. 또한 1400년(정종 2) 제2차 왕자의 난 때, 이방원을 도와 난을 평정하는 데 공을 세워, 이듬해 태종이 즉위하자 신임이 두터웠으나 불행히도 일찍 죽었다. 김덕생의 죽음에 대해서는 『조선왕조실록』의 세종 7년(1425) 10월 9일 조에 "영광(靈光) 죄수 여종인 성덕(性德)이 간부(奸夫)인 망룡(亡龍)과 짜고 본부(本夫) 김덕생을 모살(謀殺)하였으니 율이 능지(凌遲)에 해당하고, 망룡은 율이 처참(處斬)에 해당합니다."라는 기록으로 미루어, 김덕생은 1425년(세종 7)에 죽은 것으로 보이며, 다시 "김덕생이 죽은 지 10여 년이 지난 뒤의 일"이라고 언급하고 있으니, 1435년에 일어난 일로 추정된다.

김덕생은 불행히 일찍 죽었음을 알 수 있는 바, 뒤를 이을 아들도 없고 다만 두 딸이 있었기에 관작과 품질을 추증하고 김덕생의 후사를 세워 그의 제사를 받드는 것에 대하여 의논하게 한 기록이 『조선왕조실록』 세종 24년(1442) 8월 14일 조 「김덕생의 후사를 세워 그의 제사를 받드는 것에 대하여 의논하게 하다」에 보이고 있다.

〈 적성(赤星)이 떨어지는 꿈 〉 — 이의방의 죽음 예지

이의방(李義方: ~ 1174[명종 4])은 고려 중기의 무신으로, 정중부(鄭仲夫)·이고(李高) 등과 함께 1170년(의종 24) 무인정변을 일으켜 성공했다. 그 후에 이고를 죽이고, 정권을 잡았다. 이후 자신이 바라던 고려 의종의 애첩 무비(無比)를 손에 넣기에 이른다. 3년여 뒤에 1174년 12월 서경유수 조위총(趙位寵)이 난을 일으켰다. 진압군을 서경으로 출병시키고 개경에서 훈련 중인 군사를 독려하러 갔던 이의방은 정중부의 아들 정균에 의해 살해된다.

전날 밤 적성(赤星)이 떨어지는 꿈을 꾼 무비는 이의방에게 몸조심하라는 전갈을 보냈지만, 이미 살해당한 뒤였다.

— 김성철, 「유배로 읽는 한국사」 24

적성(赤星)이 떨어지는 꿈은 장차 일어날 일을 상징적인 꿈으로 보여주고 있다. 적성으로 상징된 권세·권력·명예의 추락을 예지해주고 있는 바, 자객에게 죽임을 당하는 것으로 실현되고 있다. 이 경우 여건에 따라서는 나라의 붕괴나 멸망 등으로 실현될 수 있다.

조위총(趙位寵: ?~1176〔명종 6〕)은 고려 중기의 문신으로, 1170년(의종 24) 이의방·정중부 등이 무인정변을 일으켜 의종과 문신들을 죽이고 집권하자, 1174년(명종 4) 이의방과 정중부의 토벌을 명분으로 난을 일으키지만 실패하기에 이른다.

〈 송희미(宋希美)의 사사(賜死) 〉

송흠(宋欽)이 경원부사로 있을 때에 그를 모시던 기생이 있었다. 아침에 말하기를, "어제저녁 꿈에 어떤 도둑이 갑자기 달려와, 영공의 머리를 베어 가는 것을 보았습니다." 했는데, 조금 있다가 도둑이 들었다는 보고가 있었다.

송흠이 꿈을 크게 꺼려 드디어 문을 닫고 나가지 않으니 부하들이 간하여, "자세히 보오니, 도둑의 형세가 외롭습니다. 치기만 하면 반드시 이길 것입니다. 어찌 그 노략질을 앉아서 보기만 하시고 구하지 않으십니까." 하였으나, 끝내 듣지 않았다. 도둑이 드디어 인마 백여 명을 몰고 갔는데, 한 군졸이 몸을 날려 성을 넘어가 창을 휘두르며 크게 고함쳐, 노략당했던 사람 수십 명을 빼앗아 가지고 돌아왔다.

이 사실이 나라에 알려지자 세종이 크게 노하여 송흠을 잡아오게 하고, 그 군졸을 발탁하여 사품관(四品官)으로 삼았다. 드디어 송흠을 의금부에 내려 군법으로 논하여 사사(賜死)하였다. 그가 죽을 때에 청파동 길을 거쳐 갔는데, 정승 최윤덕(崔潤德)이 송흠과 안면이 있는지라, 주과를 갖추어 서로 들면서 영결하기를, "상심하지 마시오. 공법으로 죽게 된 것이고, 하물며 인생이란 필경 한 번 죽는 것이 아니오. 나도 머지않아 공을 따라 갈 것이요." 하였다.

— 이륙, 『청파극담』

인간으로서 신비로운 꿈의 세계에서 펼쳐지는 영험한 예지의 일들을 자신의 임의대로 풀이하여 단정 짓는다는 것이 얼마나 어리석은 일인지를 보여주고 있다.

꿈에도 여러 가지가 있다. 기생이 꾼 꿈이 사실적인 미래 투시 꿈의 경우라면, 실제로 도둑이 머리를 베어 가는 일로 이루어질 수 있다. 하지만 상징적인 꿈인 경우, 자신이 죽는 꿈은 새로운 탄생이나 부활로 낡은 껍질을 벗고 새롭게 변화의 길로 나아감을 뜻하고 있다. 예를 들어, 자신의 목이 뎅겅 잘리는 꿈을 꾼 사람이 장성으로 진급한 사례가 있으며, 오토바이에 치여 죽는 꿈으로 복권에 당첨된 사례가 있다.

꿈의 상징성은 우리 인간의 상식적인 선을 뛰어넘어 오묘하게 펼쳐지고 있기에, 실제로 꿈이 실현되는 것에 대해 정확히 예측하기는 어렵다. 단지 추정해보는 정도인 것이다. 예를 들어, '꽃가마 타고 가는 꿈'이 귀하게 되어 영전, 승진하거나 합격하는 일로 이루어질 수도 있지만, 죽음으로 실현될 수 있다. 이 경우, 꿈을 꾼 사람의 처한 상황이 중요하다. 오랜 병석에 있던 사람이 이러한 꿈을 꾸거나, 햇빛이 가득한 들판으로 나가는 꿈을 꾼 경우에 장차 다가올 죽음을 예지하는 꿈으로 단정 지을 수 있다.

한편, 『청파극담』에는 송흠(宋欽)으로 나오고 있으며, 『해동잡록』 1, 『해동야언』 1, 『연려실기술』 등 여러 곳에 실려 전하고 있다.

여기서 등장하는 송흠은 과연 누구일까? 『조선왕조실록』에는 송흠(宋欽)이라는 이름의 각기 다른 두 인물이 등장한다. 한 사람은 의원으로 연산군의 생모인 폐비 윤씨를 죽일 때, 사약으로써 비상(砒礵)만 한 것이 없다고 추천했으며, 이로 인해 연산군 10년(1504)에 부관참시를 당하게 된다. 또, 한 인물은 조선 전기의 문신으로, 성종 때 급제하여 지위가 재상에 이르렀으며, 나이 90세에 죽었다.

따라서 이 두 사람 모두 아니다. 『조선왕조실록』 등의 기록을 보면, 송흠(宋欽)이 아닌, 송희미(宋希美)란 인물이라는 것을 알 수 있다. 이에 대하여 김시양이 지은 『부계기문(涪溪記聞)』에서도 다음과 같이 언급하고 있다.

> 경원 부사(慶源府使) 송희미(宋希美)의 죽음을 『해동야언』에서는 『청파극담』에 의거하여 송흠(宋欽)이라 쓰고 있고, 『서북정록(西北征錄)』에서는 송희미로 쓰고 있다. 경원부의 「선생안」을 살펴보니, 희미라고 하였다. 흠(欽)과 희미(希美)는 속음이 서로 비슷하기 때문에 잘못 전한 것이다. 성명도 제대로 전하지 못하는데, 하물며 그 밖의 일이겠는가?

다시 『조선왕조실록』의 기록으로 살펴보면, "전(前) 경원절제사 송희미 등을 국문하게 하다", "조석강·이백경은 장형을 처한 후 귀양보내고 송희미는 자결시키다" 등으로 나와 있다.

꿈을 맹신한 나머지, 꿈에 대한 올바른 인식을 갖추지 못한 데서, 죽음을 두려워하여 나가 싸우지 않고 비겁자로 몰려서 송희미(宋希美)는 사사(賜死)된다. 적의 침입 시 죽음을 두려워하여 대응하지 못한 죄로 군법에 의해 사사된 송희미는 그 이전에도 거짓 장계로 공을 세웠다고 비겁한 행동을 했으며, 또한 백성들을 제대로 돌보지 않아 죽게 하였으므로 엄벌에 처할 것을 탄핵받았다.

〈 칼을 빼 들고 원수를 갚았다는 꿈 〉

갑자년(1684년)에 서울 어느 백성의 꿈에 류혁연(柳赫然)이 군복에 칼을 빼 들고 뛰면서, "이제야 김석주에게 보복하였다." 하는 것이었다. 놀라서 그 꿈을 깨었는데, 거리에서 사람들이 전하기를, "청성(淸城) 김석주(金錫胄)가 죽었다." 하였다. (『몽예집[夢藝集]』)

—<경신년의 대출척(大黜陟)과 허견(許堅)의 옥사>「숙종조(肅宗朝) 고사본말(故事本末)」『연려실기술』 제34권

숙종 5년(1679)에 김석주(金錫胄: 1634~1684)는 서인으로서 병조 판서로, 류혁연(柳赫然: 1616~1680)은 남인으로서 훈련대장으로 있으면서 정치적으로 대립관계에 있었다.

류혁연은 서인이었던 김석주 등에 의해 1680년(숙종 6)에 남인 세력이 정치적으로 대거 축출된 경신대출척(庚申大黜陟)• 때, 경상도 영해(寧海)로 유배되었다가, 여러 논란 끝에 9월 5일 사사(賜死)되었다.

김석주는 숙종 6년(1680) 경신대출척으로 허적(許積) 등의 남인 세력을 몰아내고, 그 잔여 세력의 뿌리를 뽑기 위하여 허견(許堅)이 모역한다고 고변하게 하여, 이들을 추방한 공로로 청성부원군(淸城府院君)에 봉해졌으며, 병조판서 우의정 등을 역임하였다. 그러나 남인의 타도를 획책하여, 남인들로부터 많은 비난을 받았던 김석주는 남인인 류혁연이 죽은 후 4년이 지나 숙종 10년(갑자년, 1684)에 51세의 나이로 갑자기 숨을 거두었다.

• 경신대출척

1680년(숙종 6)에 남인 세력이 정치적으로 대거 축출된 사건이다. 숙종 때, 남인이 정권을 잡고 있었으나 숙종은 이들을 견제할 필요성을 느끼고 있던 중, 1680년 3월에 남인의 영수인 영의정 허적(許積)이 조부의 시호를 맞이하는 잔치에 궁중의 천막을 가져다 쓴 사건이 발생하였다. 숙종은 이날 비가 내리자 허적에게 궁정의 기름 먹인 천막을 가져다 쓰라고 명하였으나, 이미 가져간 것을 알고 크게 노하여 군권을 서인에게 넘기는 전격 조치를 취하였다. 여기에 허적의 서자인 허견이 역모를 꾸몄다는 고변이 있자, 남인들이 관직에서 대거 축출되고 서인이 재등장하였다.

〈 두 귀 밑에 금관자(金貫子)를 단 꿈 〉

옛날에 사람이 꿈에 소가 아이[竪]가 되어 보이고 죽은 자가 있고, 혹 꿈에 구슬 덩어리가 말함을 보고 죽은 자가 있으니, 꿈이란 것은 몽연(夢然)히 밝지 못하다 함이로다.

사람이 꿈을 믿어 재앙이 그 몸에 미치지 아니함이 없으니, 옛날에 경상좌수사가 군영에 있어 왜적이 우리 지경을 지나가거늘 장차 군사를 뽑아 그 길을 막고 잡으려 했다. 이때 군영 내에서 걸객(乞客: 몰락한 양반들로서 의관을 갖추고 다니며 얻어먹는 사람)이 활을 끼고 화살을 등에 지고 배에 오르거늘, 수사가 막아 말하기를 "전투는 위태롭다. 우리는 나랏일이니 감히 사양치 못하는 일이지만, 너는 어째서 이렇게 전투에 참여하려 하느냐?" 객이 가로되 "내가 젊었을 때에 꿈에 두 귀밑에 금관자(金貫子)를 붙여 뵈니, 내 높은 공을 세워 귀 밑에 쌍금을 붙이기를 이 싸움에서 얻으려 하오."

마침내 왜적을 쫓아가 바다에서 마주쳐 싸웠다. 객이 활을 당기고 뱃머리에서 왜적을 향하여 함성을 지르며 모든 군사를 지휘하였다. 홀연 왜선 가운데서 파란 연기와 총성이 울리더니, 총알이 객의 왼쪽 귀 밑으로 들어가 오른 귀 밑으로 나오니, 객이 드디어 물에 엎어져 죽은지라. 지금까지 전해 오며 웃음거리가 되고 있다. 또한 부평 백성이 꿈에 은관(銀冠)을 이고 은정자(은으로 만들어 관위에 다는 것)를 붙여 뵈니, 오래지 않아 강을 건넘에 얼음이 깨져 죽으니 또한 이런 류(類)이라.

—『어우야담(於于野談)』

이 이야기에서는 보기 드물게 꿈의 허황됨을 이야기하고 있으며, 꿈을 믿을 것이 못 된다는 이야기로 두 사람의 꿈 사례를 들고 있다.

하지만 어찌 보면 이 꿈들도 미래에 일어날 영험함을 보여주고 있다. 두 귀에 금관자를 붙인 꿈을 걸객은 좋은 꿈으로 생각했겠지만, 이는 총을 맞아 마치 금관자를 단 것처럼 두 귀에 구멍이 나서 죽을 것을 예지한 꿈으로 보아야 하겠다. 은관·은정자의 꿈도 마찬가지다. 은관(銀冠: 은으로 만든 갓)은 좋다고 볼 수 있겠지만, 얼음이 언 빙판도 하얀 은색으로 본다면 꿈과 관련성이 있다고 해야 할 것이다.

이 이야기는 어떠한 일이 일어나기 전까지는 상징적인 미래 예지 꿈의 실현이 어떻게 실현될지에 대하여 추정하기 힘들다는 것을 보여주고 있다. 보통 사람이 겸허한 마음으로 꿈을 받아들이지 않고, 탐욕이나 부귀영화와 재물을 탐하는 마음으로 꿈을 해몽하고 믿는다는 것이 더욱 위험한 일이라는 것을 이 이야기는 보여주고 있다.

〈 서거정이 어머님 죽음을 예지하다 〉

세조가 즉위하기 전 명나라에 사은(謝恩) 사절로 가게 되었을 때, 서거정(徐居正)도 집현전 교리로 뽑혀서 가게 되었다. 그가 이미 떠난 뒤에 어머니가 세상을 떠났다. 압록강을 건너는 저녁에 편지가 도착했으나, 세조가 일부러 숨기고 알리지 않았다.

밤에 서거정이 괴상한 꿈을 꾸고 놀라서, 저도 모르게 눈물을 흘렸다. 같이 자던 이가 그 까닭을 물었더니, 공이 말하기를 "내 꿈에 달에 변괴가 있었는데, 대개 달은 어머니의 상징이다. 내게는 늙은 어머니가 집에 계시는데, 꿈자리가 상서롭지 못하니 그래서 슬퍼한다." 하였다.

공의 꿈을 세조에게 알리니, 세조가 감탄하여 말하기를 "효성이 하늘을 감동시킬 만하구나." 하면서 드디어 공을 불러 이야기 해주었다. 세조가 즉위하자 늘 압록강에서의 꿈이야기를 하면서 "내가 그대를 취한 것은 비단 재주뿐만이 아니다." 하였다.

—『패관잡기』1

계유년(단종 1, 1453)에 세조가 북경에 갈 적에 서거정이 집현전(集賢殿) 부교리(副校理)로서 수행하였다. 압록강을 건너 파사보(婆娑堡)에서 자는데, 그날 저녁에 서거정의 모친이 죽었다는 부고가 왔다. 세조가 숨기려고 하였는데, 밤에 서거정이 이상한 꿈을 꾸다가 놀라 일어나 눈물을 흘리고 있었다. 같이 자던 사람들이 까닭을 묻자, 거정이 답하기를, "꿈에 달이 이상하였는데, 대저 달이란 어머니의 상징(象徵)이다. 우리 어머니가 집에 계시는데, 꿈의 징조가 불길하기 때문에 슬퍼한다." 하였다.

이 말을 세조에게 고한 사람이 있었는데, 세조가 탄식하기를, "거정의 효성이 하늘을 감동시킬 만하다." 하고, 마침내 사실을 알려주었다.

— 이정형(李廷馨), 『동각잡기(東閣雜記)』 상

두 기록의 이야기가 조금씩 다르게 전개되고 있다. 또한 이 이야기는 이익(李瀷)의 『성호전집(星湖全集)』에도 나오며, 이항복의 『지퇴당집(知退堂集)』에는 '달이 공중에서 떨어지는 꿈〔夢月落空中〕'으로 나오고 있다.

수양대군이 서거정과 함께 명나라에 들어가고자 할 때, 강을 건넜는지 건너기 전인지 명확하지 않지만, 수양대군이 서거정의 모친이 돌아가신 부고 연락을 받았으나, 이미 강을 건너 중국의 땅인 파사보(婆娑堡)였기에 부고 사실을 전하지 않으려고 했음을 알 수 있다.

하지만 서거정은 달이 공중에서 떨어지는 꿈을 꾸고 나서 집에 계신 어머니에게 변고가 있음을 직감했다. 아마도 중국으로의 먼 길을 떠나기 전에 어머니의 좋지 않은 건강상태에 대하여 걱정하고 있었을 것이다.

달은 음양으로 볼 때, 음의 상징이기에 '달이 공중에서 떨어지는 꿈'을 여자인 어머니의 죽음을 예지하는 상징적인 꿈으로 받아들인 서거정의 꿈해몽은 올바르다고 해야 할 것이다.

달 꿈이 음의 상징으로 여자를 상징한 사례를 살펴보자.

〈 선비 공인 이씨 행장(先妣恭人李氏行狀) 〉

돌아가신 어머니께서는 자매들 중에 셋째이신데, 외조부께서 여러 딸들 중에서 선비를 가장 사랑하셨다. 외조부께서 일찍이 네 개의 달이 함께 떠오른 꿈을 꾸셨는데, 세 번째 달은 매우 밝게 빛나는 반면 다른 달은 모두 구름에 가려져 빛이 흐릿하였다.

꿈을 깨고 나서 외조모에게 말씀하시기를, "달은 여자의 상(象)이다. 우리가 네 명의 딸을 두었고 꿈이 또한 이러하니, 이것은 셋째 딸이 필시 귀하게 될 징조다." 하셨는데, 그 후 다른 따님들은 모두 운수가 막히었거나 과부가 되었다. 그리고 외조모께서 만년에 돌아가신 어머니께 말씀하시기를, "옛날 너의 아버님의 꿈은 아마도 너의 심덕(心德)이 달과 같기 때문인 듯하다." 하였다.

—「행장(行狀), 경인년」『순암집』 제25권

덧붙이자면, 일반적으로 해의 태몽은 아들, 달의 태몽은 딸이지만 이는 절대적이지 않다. 요즈음 사람들의 태몽 사례로, 떠오르는 해의 태몽으로 딸을 낳은 경우도 있다. 이 경우, 여자이지만 성격이 활달하고 호탕하다든지 남성적인 성품을 지니고 있다. 마찬가지로 꽃의 태몽이었다고 해서, 절대적으로 딸을 낳지는 않는다. 연예인 김진처럼 꽃의 태몽을 꾸고, 잘생긴 아들을 낳는 경우도 있다. 작고 부드럽고 앙증맞고 귀여운 여성적 표상에 해당하는 상징물은 여아일 가능성이 높지만, 절대적이지는 않은 것이다. 따라서 태몽 표상이 아들·딸을 구분한다기보다는, 남성적·여성적 경향을 나타내주고 있다고 해야 할 것이다.

〈 흰실 여덟 량[八兩]을 받고 죽은 꿈 〉

주세붕(周世鵬)은 자가 경유(景游)이며, 호는 신재(愼齋)요, 본관은 상주(尙州)다. 을묘년에 태어나서 부제학을 거쳐 호조 참판에 이르렀다. 갑인년에 죽었는데 합천에 서원이 있다.

공의 어머니가 위독하자 향을 피우고 하늘에 빌었다. 이날 밤 꿈에 어떤 사람이 흰 실 여덟 량[八兩]을 주면서 '병이 나으리라.' 하였는데, 그 후 80일이 되어 죽었다. 이때 비로소 여덟 량이 80일을 늦추는 징조임을 알았다.

—<중종조의 명신(名臣), 주세붕>「중종조(中宗朝) 고사본말(故事本末)」『연려실기술』 제9권

아기가 오래 살기를 바라는 마음으로 돌잔치에 실을 놓아두는 우리의 관습적인 민속에서 알 수 있듯이, 실은 수명의 상징으로 쓰이고 있다. 주세붕(周世鵬)이 꿈속에서 받은 흰 실 여덟 량〔八兩〕의 상징 의미가 80일의 수명을 연장하는 일로 실현되고 있다.

〈 꿈에 형의 죽음을 예지하다 〉

손순효(孫舜孝)는 자가 경보(敬甫), 호는 물재(勿齋)이고, 본관은 평해(平海)다. 성품이 소탈하고 스스로 칠휴거사(七休居士)라고 호(號)하였다.

일찍이 영남 관찰사가 되어 이미 임기가 되어 동래(東萊)까지 순시해 이르렀다. 다음 날 전별의 연회를 열려는데, 현령이 공의 형인 인효(仁孝)의 부음을 받았다. 현령이 비밀에 부치고 발설하지 않았는데, 공의 꿈에 인효의 아들이 상주 차림을 한 단괄(친상 때 한 어깨의 옷을 벗어 매는 것과 머리를 삼으로 묶는 것)하여 보이거늘, 밤중에 일어나 앉아 꿈을 말하고 눈물을 흘리며 말하기를, "우리 형은 반드시 죽었으니, 내일은 소찬(素饌: 고기 없이 간소한 음식)을 장만하라." 하므로, 현령은 깜짝 놀라고 사실대로 아뢰었다. 그 우애롭고 정성된 영감이 이와 같았다.

—『해동잡록』1, 『해동잡기』, 『연려실기술』 제6권

꿈에 형의 아들이 상주 차림을 하고 있는 것을 보고, 형의 죽음을 예지하고 있다. 이는 사실적인 미래 투시의 꿈으로 실현된 사례다.

〈 아버지의 죽음을 예감하는 꿈을 꾸다 〉

지례현(知禮縣) 사람 윤은보(尹殷保)는 스승이 죽으매, 무덤 옆에 여막(廬幕)을 짓고 시묘살이를 했다. 어느 날 은보(殷保)는 부친이 병에 걸린 소식을 듣고 집에 돌아가 정성껏 간호하다가 병이 나은 후에, 돌아와서 다시 무덤에 여막살이를 한 지 한 달 남짓 되었다. 은보가 상서롭지 못한 꿈을 꾸고 즉시 집으로 돌아가니, 아버지가 과연 병을 얻어서 5일 만에 죽으므로, 가슴을 치고 뛰며 슬피 울면서 빈소(殯所) 곁을 떠나지 않았다.

— 세종 14년(1432) 9월 13일 『조선왕조실록』 [원전] 3집, 416쪽

은보(殷保)가 스승의 무덤 옆에서 여막살이를 하던 중, 아버님의 죽음을 예지하는 꿈을 꾸고서 집에 급히 가게 되어 부친의 임종을 보게 되었다는 내용이다. 아쉽게도 꿈 내용이 실려 있지는 않지만 아마도 부모님의 죽음을 예지하는 암울한 꿈을 꾸었을 것이다. 이렇게 구체적인 꿈 내용이 실려 있지는 않지만, 부모님이나 주변 누군가의 죽음을 예지하는 꿈을 꾸었다는 기록이 상당수 전하고 있다.

〈 김예몽의 죽음을 예지한 꿈 〉

김예몽(金禮蒙)의 본관은 광주(光州)요, 자는 경보(敬甫)인데, 세종 때에 다시 급제하여 벼슬이 판서에 이르렀다. 글로써 이름이 났으며, 시호는 문경공(文敬公)이다.

문강공(文康公) 이석형(李石亨)이 말하기를, "무릇 사람의 빈부·귀천·생사·영욕은 인위(人爲)가 아닌 것이 있으니 진실로 구차하게 할 수 없지만, 이름과 시호에 있어서도 역시 하늘이 정한 것이요, 분명히 우연이 아니다.

내 꿈에 중추(中樞) 김예몽이 멀리 떠나는데 따르는 사람들이 거리를 메웠고, 어떤 사람이 손에 한 물건을 가지고 앞서서 가는데, '문경공(文敬公)'이라 쓰여 있었다. 꿈을 깨어 매우 이상히 여겼지만, 그에게는 이야기하지 않았다. 1년 뒤에 김예몽이 죽어, 도성 문밖으로 상여가 지나갔는데, 그 시호를 보니 바로 '문경(文敬)'인데 꿈과 서로 맞았으니, 이로 보면 비록 조그

마한 일이라도 하늘이 정해 주지 않은 것이 없다." 하였다.

—『청파극담』, 『해동잡록』 2, 『대동야승』 6권

장차 일어날 죽음을 예지한 사실적인 미래 투시의 꿈으로, 다음의 사례 역시 꿈으로 죽음을 예지하고 있다.

〈 장례의 행렬을 보는 꿈 〉

정부인(貞夫人) 박씨는 의정부 좌참찬 윤승길(尹承吉)의 배필이다. — 중략 — 이에 앞서 어떤 사람이 중화(中和)의 큰길 근처에서 잠을 자다가 꿈을 꾸니, 화려한 수레가 앞장서서 가고 고귀한 수레가 또 바로 그 뒤를 따라가고 있었으며, 수레의 앞뒤로 호위하며 수행하는 사람들의 꾸밈새가 매우 성대하였는데, 바로 윤승길의 일행이라고 말하더라는 것이었다.

이에 꿈을 깨고 나서는 이 사실을 기록해 두었는데, 이윽고 공과 부인이 서로 잇따라 죽어 발인한다는 소문을 듣고서 행장을 가볍게 차리고 앞길로 달려가 보니, 너무나도 꿈에서 본 정경과 부합되었다고 한다. 아, 이 얼마나 기이한 일인가. 만약 거인(巨人)의 크고 훌륭한 덕이 아니었다면, 어떻게 이렇듯 꿈속에서까지 미리 보일 수가 있었겠는가.

—<정부인(貞夫人) 박씨(朴氏)의 행장>「행장(行狀)」 상 『택당선생 별집(澤堂先生別集)』 제8권

꿈속에서 화려한 수레 뒤에 고귀한 수레가 뒤따라 가는 정경이며, 그것이 좌참찬 윤승길(尹承吉)의 일행이라는 꿈을 꾼 후에 윤승길과 그 부인이 잇따라 죽어 발인하는 것을 보는 일로 실현되고 있다.

중화(中和)는 평안남도 최남부에 위치하는 군이다. 윤승길은 77세에 죽었는 바, 부인 박씨도 음식을 먹지 않아 죽으니 세상에서 또한 그 정렬(貞烈)을 칭송하였다(「전 의정부 좌참찬 윤승길의 졸기」 광해군 8년〔1616〕 11월 21일 『조선왕조실록』).

〈 머릿속의 피가 의자 다리로 흘러내린 꿈 〉

이징옥(李澄玉)은 양산(梁山) 사람으로서 무용이 남달리 뛰어났다.

처음 부거책(富居柵: 목책을 성처럼 두른 것)을 지키면서 여러 번 전공을 세워서 위엄과 명성이 중국과 오랑캐에 떨쳤다. 육진(六鎭)을 설립한 뒤에 더욱 공이 있어서 김종서(金宗瑞)가 그 재주를 기이하게 여겼다. 계유년 사변으로 김종서 등이 모두 죽고 광묘(光廟: 세조)가 선위(禪位)를 받았을 때는 이징옥이 함길도(咸吉道) 절제사(節制使)로 있었는데, 광묘가 은밀히 박호문(朴好問)을 시켜 날랜 말로 달려가서 이징옥의 대행을 하게 하고 이징옥은 조정에 돌아오게 하였다.

이징옥이 대행시키고 하루 지난 후에 문득 생각하니, "절제사도 중임인데 박호문이 아무 소리 없이 와서 대행하는 것은 무슨 곡절이 있다." 하고, 충갑(衷甲: 평복 속에 갑옷을 입음)으로 박호문의 영에 달려가서 의논할 일이 있다 하고서, 불러내어 박호문을 격살하고 군마를 정비하였으며, 또 글을 야인(野人)에게 보내서 자칭 대금 황제(大金皇帝)라 하고, 장차 오국성(五國城)에 도읍을 정한다고 하니 야인이 모두 복종하였다.

—『오산설림(五山說林)』

이징옥이 관속(官屬)을 설치하고, 기일을 정하여 월강(越江)하려고 종성(鍾城)에 이르니, 마침 날이 저물었다. 판관(判官) 정종(鄭悰)이 밤에 이징옥을 죽이고자 진언(進言)하기를, "밤에 행군(行軍)하는 것은 부오(部伍)가 서로 흩어질까 두려우니, 날이 새기를 기다림만 같지 못하다." 하였다. 이징옥이 "옳다." 하고, 행진을 멈추고 의자에 의지하여 어렴풋이 잠들려고 할 때 그의 아들이 의자 밑에 엎드렸다가 문득 이징옥에게 고(告)하기를, "꿈에 아버지의 뇌혈(腦血)이 의자 다리에 흘러내린 것을 보았나이다." 하니, 이징옥이 주문을 외며 말하기를, "좋은 징조다." 하였는데, 말을 마치기도 전에 정종이 사사(死士)를 거느리고 돌입하였다. 이징옥이 높은 담을 뛰어넘어 민가에 숨었는데, 정종이 추격하여 잡아 죽였다. 이는 아마 이징옥의 방비 없음을 틈타서 습격한 것이었다.

『서정록유편(西征錄類編)』, 허봉(許篈)『해동야언』

그때 정종이 집 판자 위에 사람을 숨겨 두었다가 그날 밤에 역사(力士) 세 사람이 긴 칼을 가지고 집 판자 위로부터 밧줄을 타고 내려와서 이징옥이 깊이 잠든 틈을 타서 그 오른쪽 팔을 찍었다. 이징옥이 놀라 일어나 그 칼을 빼앗아 찍으며 알몸으로 뛰어나와 좌우 손으로 쳐서 죽인 것이 수백 명이나 되었다. 드디어는 쏟아지는 화살에 죽었다. 그때 나이 24세였다 한다.

—『오산설림』

이 이야기는 『연려실기술』 제4권 「단종조(端宗朝) 고사본말(故事本末)」 〈이징옥(李澄玉)의 난〉에도 실려 있다. 이징옥의 아들이 아버지의 머릿속 피가 의자 다리 아래로 흘러내리는 꿈을 꾼 후, 부하의 배신으로 이징옥이 죽임을 당하게 되는 일로 실현되고 있다.

꿈은 반대가 아닌 것이다. 머릿속 피가 의자 다리 아래로 흘러내리는 꿈의 상징 표상이 끔찍한 느낌을 주는 것처럼, 현실에서 일어날 일도 아주 흉한 일이 일어날 것을 예지해주고 있다.

유사한 사례로, 살아 계신 친정 아버님의 머리가 쫙 갈라지는 흉몽을 꾼 주부가 있었다. 놀라 깨어나 불안한 마음에 친정 아버지에게 전화를 했으나, 아버님은 아무 탈이 없었다. 그러나 불안감은 가시지 않았다. 정확히 1주일 뒤, 제부(동생의 남편)가 회사에서 승진한 것을 자축하기 위해 모임을 가진 후, 교통사고가 나서 제부를 비롯해 4명이 즉사하고, 1명이 중상을 입는 사고가 일어났다. 꿈에서는 아버님의 머리가 갈라지는 꿈이었으나, 현실에서는 제부의 죽음으로 실현되었다. 어쩌면, 친정 아버님은 졸지에 과부가 된 딸에 대한 걱정으로 머리가 갈라지는 것 이상의 정신적인 고통이 생길 것을 상징적으로 보여주고 있다고 해야 할 것이다.

이렇게 꿈의 실현이 어찌 될지 정확하게 맞추기는 어렵지만, 어렴풋하게 일어날 길흉을 예지할 수는 있다(특이한 난해한 상징의 경우에는 예지조차 못 하는 경우도 있다). 이러한 상징적인 미래 예지 꿈은 꿈의 실현 결과를 피할 수 없는 것이 특징이다.

〈 관리가 푸른 종이와 붉은 붓대를 들고 찾아온 꿈 〉

공의 휘는 숙영(叔英)이요, 자는 무숙(茂叔)이다. 자호(自號)는 소암(疎庵)인데, 또 동해산인(東海散人)이라고도 하였다. — 중략 — 공이 지평(持平)이 되었다가 혐의가 있다고 여긴 나머지 대궐에 나아가 직책에서 물러나기를 청하고 돌아왔는데, 바로 그날 밤에 아무런 병도 없이 세상을 떠나고 말았다. 그런데 이웃에 사는 노파가 말하기를, "어젯밤에 꿈을 꾸니, 어떤 관리 하나가 손에 푸른 종이와 붉은 붓대를 들고는 급히 임 지평의 집을 찾았는데, 그때가 바로 숨을 거두실 무렵이었다."라고 하였다.

— <임소암(任疎庵)의 언행록> 「행장(行狀)」 하 『택당집(澤堂集)』 제10권

• 임숙영(任叔英)

임숙영은 조선 중기의 문신으로 자는 무숙(茂淑), 호는 소암(疎庵)이다. 1611년(광해군 3) 별시 문과의 대책(對策)에서 외척인 유희분(柳希奮) 등의 방종(放縱)을 책문(策文)으로 비난하는 글로 급제하였으나, 광해군이 보고 노하여 삭과(削科)되기에 이르고, 몇 달간의 삼사의 간쟁과 이항복 등의 주장으로 무마되어 다시 급제되었다. 1613년에 영창대군의 무옥이 일어나자 다리가 아프다는 핑계를 대고 정청(庭請)에 참가하지 않았다. 그러다 곧 파직되어 외방으로 쫓겨났다가, 인조반정 초에 복직되어 예문관검열과 홍문관정자·박사·부수찬 등을 거쳐 지평에 이르렀다.

노파의 꿈에 관리가 푸른 종이와 붉은 붓대를 들고는 임지평의 집을 찾아온 순간에 임숙영(任叔英: 1576[선조 9]~1623[인조 1])•이 죽음을 맞이하고 있다. '푸른 종이와 붉은 붓대'의 상징 의미는 글을 잘 짓던 임숙영에게 무언가 글을 부탁하는 일로 이루어지는 바, 현실이 아닌 하늘나라 등에서의 막중한 임무를 부여받는 것을 상징하는 것으로 죽음을 예지해주는 표상으로 볼 수 있다.

죽음을 예지한 또 다른 기록을 살펴본다.

> 충청도에 사는 선비의 꿈에 어떤 사람이 와서 말하기를, '임 아무개가 인간 세상에 귀양 간 지 이미 오래되었으니, 하늘에서 마땅히 불러 갈 것이다.' 하는 것이었다. 그 선비가 서둘러 행장을 챙겨 서울에 이르니, 임숙영은 죽어 있었다. 아아, 기이하도다!

> **〈 가마를 타고 하늘로 올라가는 꿈 〉**
>
> 한치형(韓致亨)은 청주 한씨로, 자는 통지(通之)였다. 재상이 되자 국가의 모든 일을 죽 써서 벽에 붙여 놓고 밤낮으로 생각하고 헤아려 마음에 짚이는 바가 있으면, 그때마다 임금에게 아뢰어 시행하도록 하였다. 없어진 옛 제도 가운데 좋은 것은 모두 다시 시행하고, 백성에게 이익이 되는 일은 일으키지 않는 것이 없으니 백성들이 편안히 여기게 되었다.
>
> 하루는 집안사람들이 꿈을 꾸었는데, 검은 옷 입은 수십 명의 사람들이 어깨에 오색 가마를 메고 하늘에서 위의(威儀)도 성대하게 내려오더니, 홀연 공을 가마에 태우고 올라가 버렸다. 얼마 있지 않아 공은 세상을 떠났다. (「소대기년[昭代紀年]」)
>
> 연산군 갑자년에 윤비 폐출에 가담했다는 죄로 화를 입었다.
>
> —『대동기문』

한치형(韓致亨: 1434〔세종 16〕~1502〔연산군 8〕)은 조선 초기의 문신으로, 무오사화 때는 좌의정으로서 유자광·노사신(盧思愼) 등과 함께 사화에 깊이 관여하였으며, 1500년 영의정에까지 올랐다.

그러나 죽은 뒤인 1504년 갑자사화 때, 일찍이 그가 연산군의 생모인 윤비(尹妃)를 폐출시킨 모의에 가담하였다 하여 윤필상(尹弼商)·한명회(韓明澮) 등과 함께 부관참시를 당하고 일가가 몰살되었으며, 중종반정 후 신원되었다.

〈 백학을 타고 돌아다니는 꿈 〉

오세재(吳世才)의 자는 덕전(德全)이다. 재주가 있었으나 등용되지 못하고, 외조(外祖)가 난 경주(慶州)에서 어렵게 지내다 죽었다. 죽기 전날 한 친구가 꿈에 공이 백학을 타고 돌아다니는 것을 보았는데, 다음 날 가 보니 이미 세상을 떠났다. (요약 발췌)

—<오덕전(吳德全) 선생의 애사 병서(幷序)> 「애사(哀詞)·제문(祭文)」 『동국이상국전집(東國李相國前集)』 제37권

친구의 꿈에 흰 학을 타고 다니는 모습으로 오세재(吳世才)의 죽음을 예지해주고 있다. 이와 유사한 사례를 살펴본다.

〈 병(甁)이 학으로 변해, 타고 공중으로 날아오른 꿈 〉

아, 소자(안정복[安鼎福])가 못나서 위생(衛生)의 방도를 몰라 10년 동안 피가 막히고 화기가 올라오는 기이한 병에 걸려 선생(성호 이익)을 찾아뵙지 못한 지 12년이 넘었습니다. 만약 이러한 증세가 조금 나아지면 삼가 함장(函丈: 스승, 선생)을 다시 한 번 모실 수 있을 것이라 여겼더니, 어찌하여 내 소원을 이루기도 전에 문득 돌아가셨단 말입니까. 아득한 천지와 같이 나의 회포는 끝이 없습니다. 아, 슬픕니다. 죽고 살며 없어지고 생기는 것은 하나의 이치로 귀결되는 것인 바, 세상을 싫어하여 구름을 타고 오르면 상제(上帝)의 고향에 이를 수가 있으니, 병학(甁鶴)을 타고 위로 오름은 선생에게는 즐거움이 되겠으나, 남기신 간찰을 어루만지며 울부짖자니 소자의 애통함은 더욱 간절해집니다. — 중략 — 존령(尊靈)이 계신다면 삼가 보아 이르소서. 아, 슬픕니다. 흠향하소서.

—<성호 선생에게 올리는 제문[祭星湖先生文], 계미년> 「제문(祭文)」 『순암집』 제20권(선생께서 전날 편지에, "꿈에 병[甁]이 학[鶴]으로 변하기에, 그 학을 타고 공중으로 날아올라 시원스럽게 유람하였다." 하였기 때문에, 이를 인용하여 우리들의 고사[故事]로 삼은 것임)

성호(星湖) 이익(李瀷: 1681〔숙종 7〕~1763〔영조 39〕)이 병중에 있으면서, 병(甁)이 학(鶴)으로 변하기에 그 학을 타고 공중으로 날아올라 시원스럽게 유람하는 꿈을 꾼 후에 죽게 되었음을 밝히고 있다. 이익은 조선 후기의 실학자로 안정복이 『동사강목』을 편집할 때에 지도해 주었다.

〈 신선이 고래를 타고 하늘에 오르는데, 머리를 풀어헤친 사람이 뒤를 따라간 꿈 〉

이언진(李彦瑱)이 스스로 지은 또 한 가지 이름은 상조(湘藻)이며, 자는 우상(虞裳)인데, 역관(譯官)이다. 성품이 지혜로운 데다 여러 책을 널리 읽었으며, 총기도 세상에서 뛰어나 일찍이 혜환(惠寰) 이용휴(李用休)에게 시(詩)를 배웠는데, 마음으로 본받고 솜씨를 흉내 내어 그의 오묘(奧妙)함을 모두 배웠다. — 중략 — 그의 아버지가 일찍이 관후(關侯: 關羽)의 사당에 문장(文章) 아들을 낳게 해 주기 원한다고 기도했는데, 과연 우상이 태어났다. 죽을 무렵 어느 날 집안 식구의 꿈에, 한 신선이 고래를 타고 하늘에 오르는데, 머리를 풀어헤친 사람이 뒤를 따라갔었다. 그리고서 얼마 안 되어 우상이 죽었다.

— 이덕무(李德懋) 『청장관전서』 제34권, 『청비록』 3

이언진(李彦瑱)의 죽음이 있기 전에 신선이 고래를 타고 하늘에 오르는데 머리를 풀어헤친 사람이 뒤를 따라가는 꿈으로써, 죽음을 예지하고 있다. 머리를 풀어헤치고 따라가는 사람이 가리키는 바를 이언진으로 볼 수 있다. 고래를 타고 오르는 신선의 상징 표상이 이언진인 경우, 누군가 이언진의 뒤를 이어 죽게 되는 일로도 이루어질 수 있다.

박지원(朴趾源)은 한문소설인 「우상전(虞裳傳)」을 지어 우상 이언진의 전기(傳記)를 통하여 인재 등용의 모순점과 양반들의 허례를 풍자하면서 이언진을 기리고 있다.

또한 다음과 같이, '흰 말을 타고 서쪽으로 가는 꿈', '일산을 펴고 옛집으로 돌아가는 꿈', '산이 무너지는 꿈', '곁을 떠나간 꿈'으로 죽음을 예지한 사례도 있다.

〈 흰 말을 타고 서쪽으로 가는 꿈 〉

예산군(禮山郡)에 합장한 묘소가 있는데, 팔봉산(八峯山) 동북쪽에 있는 것으로, 바로 한산 이공(韓山李公) 찬직(讚稙)의 묘소(墓所)다. — 중략 — 공은 계묘년 6월 7일에 태어나서, 정축년 5월 17일에 세상을 떠났다. 공이 돌아가시던 날에 내가 꿈에 공을 보았는데, 옷이 아주 깨끗하였으며 흰 말을 타고 어슬렁어슬렁 서쪽을 향해 가고 있었으니, 또한 이상한 일이라 하겠다.

— 이남규(李南珪), <통덕랑(通德郎) 이공(李公) 및 공인(恭人) 한씨(韓氏)를 합장(合葬)한 묘지명 병서> 「묘지명(墓誌銘)」『수당집』 제9권

〈 준마(駿馬)를 타고 와서 절하고 멀리 떠나는 꿈 〉

박태보는 남구만의 생질이다. 남구만이 강릉(江陵)에 귀양 가 있었는데, 26일에 태화역(太和驛)에서 자다가 꿈을 꾸었다. 정태화·홍명하와 함께 임금 앞에 있는데, 국가에 큰일이 있어 상황이 비참한지라 깜짝 놀라 깬 뒤에 이 일을 기록하였다. 또 5월 5일에 꿈을 꾸니 태보가 준마(駿馬)를 타고 와서 절하고 멀리 떠나는 기색이었다. 그 뒤에 서울 소식을 들으니, 곧 태보가 국문을 당하다가 명이 다한 날이었다. (『약천유사[藥泉遺事]』)

—「숙종조(肅宗朝) 고사본말(故事本末)」『연려실기술』 제35권

절하고 멀리 떠나는 꿈으로 죽음을 예지해주고 있다. 이 경우에 주로 일가친척이거나 친분이 있는 사람의 꿈에 등장한다.

〈 일산을 펴고 옛집으로 돌아가는 꿈 〉

황순익(黃純益)은 기이한 재주가 있었다. 술을 좋아하고 별로 자제할 줄을 몰라 낮은 벼슬자리에서 오락가락하며 오래도록 승진하지 못했다. 어느 추운 날 저녁에 갑자기 술을 많이 마시고 의자에 기대어 잤는데, 그의 이웃 사람이 꿈에 선생이 흰 일산(日傘: 자루가 긴 양산)을 펴고 백두산 옛집으로 돌아가려 하는 것을 보고, 새벽이 되어 찾아가니 이미 죽었으므로 세상에서 백두정(白頭精)이라 부른다.

—『파한집』

〈 산이 무너지는 꿈 〉

아, 슬프옵니다. 저는 외롭고 고단하여 본래 형제가 없었는데, 다섯 누님으로 인해 다섯 자형(姊兄)이 있게 되었습니다. 비록 한 집에 함께 살지는 못하였으나 서로 사랑하는 정이 어찌 골육과 다르겠습니까. — 중략 — 그런데 왜적을 피하고, 염병을 피하고, 또 굶주림과 추위를 면한 우리 자형이 산이 무너지는 꿈에 일어나지 못할 줄을 어찌 생각하였겠습니까. 아, 애통하옵니다.

— 장현광(張顯光), 「자형 채응곤(蔡應鯤)에 대한 제문」『여헌집(旅軒集)』

〈 곁을 떠나간 꿈 〉

군(君)의 이름은 맹휴(孟休), 자(字)는 순수(醇叟)다. 여주인(驪州人)으로 경헌공(敬憲公) 이계손(李繼孫)의 후손이며, 참판을 지낸 매산(梅山) 이하진(李夏鎭)의 손자이고, 성호 선생(星湖先生) 이익(李瀷)의 아들이다. 군은 계사년(1713, 숙종 39)에 태어나서 무진년(1748, 영조 24)에 이상한 병에 걸려 4년 동안을 앓다가 신미년(1751, 영조 27) 5월 7일에 졸하니, 나이가 39세였다. 그해 9월 모일에 그의 집 뒤에다 장사 지냈다.

그 당시 내가 의영고(義盈庫)에서 입직(入直)하고 있었다. 그날 밤 꿈속에서 군이 붓을 잡고 글을 초(草)하는데, 마치 초록(鈔錄)하는 것 같았으며, 인하여 몇 마디 말을 나누었는데, 내가 모르는 사이에 어느새 군이 훌쩍 떠나버렸다. 꿈을 깨고 나서 생각하니, 군이 죽은 날이 바로 그날 새벽이었는바, 역시 이상도 하다.

—「순수(醇叟) 이공(李公)의 유사(遺事), 임신년」『순암집』 제27권

이맹휴(李孟休: 1713〔숙종 39〕~1750〔영조 26〕)는 조선 후기의 문신이다. 안정복의 꿈에 이맹휴가 나타나 옆에서 글을 쓰는 것 같았는데 어느 사이에 훌쩍 떠나는 꿈을 꾼 바, 바로 그날 새벽에 이맹휴가 죽음을 맞이하고 있다.

〈 애도의 시를 청탁받는 꿈 〉

선배 임춘(林椿)이 세상을 떠난 지 2년이 지났다. 그런데 무오년 6월 25일 밤 꿈에, 나의 친구 박환고(朴還古)가 와서 말하기를 "임 선생이 죽었으니, 그 묘지명(墓誌銘)을 선생이 아니면 누구에게 부탁하겠는가." 하고는 세 치쯤 되는 목참(木槧)을 내놓으면서, 묘지명을 쓰라고 했다. 나는 그 목참이 너무 좁아서 쓰지 않으려 하였는데, 박이 말하기를 "선생의 글이라면 한 자만이라도 만족하다"고 했다. 그래서 드디어 지(誌)하기를 '임모(林某)의 자(字)는 기지(耆之)인데, 성질이 몹시 까다로워 재주를 퍽 자부하였으며, 여러 차례 과거를 보았으나 등과하지 못하고 모월 모일에 집에서 죽었다.' 하고, 이어 명(銘)하기를 '재주를 사용하지 못했으니 운명이로구나.' 하였다. 그때 옆의 중이 주사를 갈아 묘지명을 써 주었다.

— 이규보, 『동국이상국전집』

이규보(李奎報: 1168〔의종 22〕~1241〔고종 28〕)는 선배 임춘이 죽은 지가 2년이 지났는데, 꿈속에서 친구인 박환고에게 임춘의 묘지명을 써달라는 부탁을 받고 마지못해 써주는 꿈을 꾸었음을 밝히고 있다. 이 글을 쓴 무오년(1198)은 그의 나이 31세 때로, 임춘의 죽은 시기를 정확하게 알 수 없으나, 대략 2년여 전인 1196년 정도로 추정할 수 있다.

이규보는 깨어나서 대단히 괴상하게 여기며 "죽은 지가 오래되었는데 박이 이제서야 묘지명을 지어 달라 하니, 이것이 무슨 징조일까〔及寤, 甚怪之曰, 林死久, 朴纔乞誌, 是何祥乎〕."라고 미래 예지적인 꿈으로 여기면서 장차 무슨 징험이 있을 것인가 궁금해했다.

현실에서는 다음 날 친구인 박환고가 찾아와 "자신의 아이가 죽어서 다른 곳도 아닌 바로 임춘의 무덤 옆에 장사 지내고, 지금 이규보의 시 한 수를 청하여 위로해 주려고 찾아왔노라"고 애도의 시를 청탁하는 일로 이루어지고 있다.

이규보는 박환고에게 현실에서 지어준 애도시에서, 이러한 꿈을 꾸게 된 이유에 대하여 나름대로 밝히고 있다. "꿈이 어찌 징조가 없을쏘냐, 일에는 미리 참언도 있는 것일세〔夢豈自無徵 事或先有讖〕."라고 꿈의 미래 예지적인 기능에 대해서 당연시하고 있었음을 알 수 있겠다. 그리고 꿈속에서 세 치쯤 되는 목참이 너무 좁아서 묘지명을 쓰지 않았다면, 현실에서도 이런저런 말로 부탁을 거절하는 일로 이루어졌을 것이다.

이규보는 이러한 꿈을 꾸게 되는 행위에 대하여 정신이 감응하여 이루어진 것이라고 말하고 있다. '박생(朴生)의 아들을 애도하고 겸하여 꿈속의 일을 기록한 글'에서 죽은 아들에 대한 애도의 시를 부탁하고자 하는 박환고의 간절한 마음이 전달되어, 이규보 자신이 이러한 '임춘의 묘지명을 써달라고 부탁을 받는 꿈'을 꾸게 되었다고 말하고 있다.

이는 옳은 견해다. 박환고가 이규보에게서 위로의 시(詩)를 받고자 하는 간절한 마음이 전달되어, 이규보의 꿈에 나타났다고 볼 수 있다. 장차 다가올 관심사나 궁금해하는 일, 자신의 간절한 바람 등이 인간의 정신능력 활동에서 빚어지는 꿈의 세계를 통해서 형상화되고 교감되고 있는 것이다.

〈 둘째 형에게 보내는 글: 조카의 죽음을 예지했던 세 가지 꿈 〉

지난 겨울에 며칠 동안 눈물이 까닭 없이 저절로 흐르고, 꿈속에서 또 이가 빠졌습니다. 이런 일은 다 지난날 자식을 잃을 때 경험했던 일이므로, 조바심이 나서 조금도 마음을 놓은 적이 없었습니다.

그가 마마를 앓는다는 소식을 들은 날 이매(李妹)와 걱정과 조바심으로 밤을 지새웠는데, 이튿날 새벽에 서로 꾸었던 꿈을 물었습니다. 이매가 하는 말이, 그가 갓을 벗고 오는 것을 보았는데 그 몸이 맥이 없고 훌쭉했다고 하였는데, 제가 꾼 꿈은 검은 관(棺)을 손으로 어루만지면서 관과 장삽(墻翣)에다 물로 반죽한 밀가루덩이를 붙이는 꿈이었습니다.

이번 돌아오는 길은 현풍(玄風)의 서쪽, 고령(高靈)의 동쪽, 성주(星州)의 남쪽 등 큰 산의 사이를 경유하여 왔는데, 거쳐온 몇 군데가 몇 년 전 꿈속에서 본 것이었습니다.

또 지난 겨울 꿈에는, 제가 구룡(九龍)의 서당(書堂) 길 가운데서 발을 구르고 가슴을 치면서, "이 아이가 어디를 갔단 말이냐, 혹시 물에 빠진 것이 아닌가." 하고 울부짖다가 꿈을 깼는데, 깨고 나니 겁이 났습니다. 이번에 강나루에서 부음을 들었고, 옛집에 돌아와 곡을 한 것은 전일의 꿈 그대로였습니다. 만사는 미리 정해져 있는 것이니 어찌 사람의 힘으로 미칠 수 있겠습니까.

—<중씨(仲氏)에게 올림, 계묘년(1663, 현종 4년, 선생 57세) 1월 19일> 「서(書)」『송자대전』123권

송시열이 어린 조카의 죽음에 대한 슬픔을 토로하면서 둘째 형인 송시묵(宋時默)에게 보낸 편지글의 내용이다. 송시묵의 둘째 아들 기억(基億)이 숙부(叔父) 송시도(宋時燾)의 계자(系子)로 들어갔는데, 1663년 1월 초에 마마를 앓다가 죽었다.

마마를 앓고 있어 걱정하던 중, 이매(李妹)의 꿈에 조카가 갓을 벗고 오는 것을 보았는데 그 몸이 맥이 없고 훌쭉했으며, 송시열은 검은 관(棺)을 손으로 어루만지면서 관과 장삽(墻翣)에다 물로 반죽한

밀가루덩이를 붙이는 꿈을 꾸었다. 또한 지난 겨울의 꿈에는 아이가 없어져서 찾는 꿈을 꾸었다고 밝히고 있다.

세 꿈 모두가 죽음을 예지하는 불길한 꿈으로써, 인간의 생사와 만사가 미리 정해진 하늘의 뜻이었음을 말하면서 위로의 말을 전하고 있다.

〈 왕사가 공중(空中)의 부처 정수리 연화(蓮花) 위에 서 있는 꿈 〉

화엄종(華嚴宗)의 승려 찬기(贊奇)가 송경(松京)의 법왕사(法王寺)에 있었다. 꿈에 왕사가 공중(空中)의 부처 정수리 연화(蓮花) 위에 서 있는데, 부처와 연화의 크기가 하늘에 가득한 것을 보았다.

꿈에서 깨어 마음으로 이상하게 여기고 절 사람들에게 그 꿈을 이야기하니, 듣는 이들이 그것은 심상한 꿈이 아닌 것 같다고 하였다. 얼마 안 되어 부고가 왔는데, 왕사가 입적한 시간이 바로 그 꿈을 꾼 때였다.

— 변계량(卞季良), 「조선국(朝鮮國) 왕사(王師) 묘엄존자(妙嚴尊者) 탑명(塔銘)」『춘정집(春亭集)』

스님의 입적(入寂)을 예지해주는 꿈의 경우, 일반 사람들의 죽음 예지 꿈 사례와는 달리 불교적인 징조를 보여주고 있다. 고승의 입적을 예지한 유사한 사례를 살펴본다.

〈 누군가가 하세(下世)했다고 외치는 꿈 〉

만덕산(萬德山) 백련사(白蓮社) 정명국사(靜明國師)의 제자 정관(正觀)이 꿈에 어느 지방을 가니 사람이 크게 외치기를, "인화상(因和尙)이 이미 상품(上品)을 얻어 하세(下世)했다." 하였다.

— 임계일(林桂一), 「만덕산(萬德山) 백련사(白蓮社) 정명국사(靜明國師) 시집(詩集) 서(序)」『동문선(東文選)』 제83권

〈 자신의 빈자리에 돌아온다는 꿈 〉

강희안(姜希顏)의 자는 경우요, 호는 인재(仁齋)다. 하루는 말하기를, 꿈에 관청에 여러 선비들이 가지런히 앉아 있는 사이에 빈자리가 하나 있기에 물었더니 대답하기를, "여기 앉을 사람은 다른 곳으로 갔는데, 금년에 돌아옵니다." 하였다. "그 푯말에 쓴 것을 보았더니, 그것은 곧 내 이름이었으니, 나는 죽을 것이다." 하였다. 이해에 그는 과연 세상을 떠났다.

— 권별(權鼈)『해동잡록』2,『대동야승』5권

앞서 이미 죽은 선조대왕이 의논을 하고자 자신을 찾는 꿈으로 자신의 죽음을 예지한 이항복의 사례를 살펴보았지만, 강희안(姜希顏)의 경우에 꿈에 본 관청 빈자리가 현실의 관청이 아닌, 화려한 천상(天上)계의 관청이었을 것이다. 자신의 자리가 비어 있고, "다른 곳으로 갔는데 금년에 돌아옵니다."라는 말로써 자신의 죽음을 예지하고 있다. 하늘나라의 관청이 아닌, 현실 관청의 자리를 상징한 꿈이라면, 당연히 그해 안으로 승진하여 참여하는 일로 이루어졌을 것이다.

〈 강을 건너는 꿈으로 죽음 예지 〉

진일(眞逸) 선생이 말하기를, "꿈에 제학(提學) 이백고(李伯高)를 만났는데, 이백고는 용이 되고 나는 용을 붙잡고 날아서 강을 건널 때, 내가 떨어질까 걱정하니 용이 돌아보고는, '내 뿔을 꼭 잡아라.' 하였다. 드디어 강 언덕에 그쳐서 보니, 초목과 인물이 모두 인간 세상의 것이 아니었기로 꿈을 깨어 백씨께 말하였더니, 백씨가 말하기를, '백고는 당시의 큰 덕망이 있는 데다가 일찍이 중시(重試)에 뽑혔는데, 그대가 그 뿔을 잡았다 하니 반드시 중시에 장원으로 뽑힐 것이다.' 하였다." 하더니, 얼마 안 가서 백고는 주살당하였고 진일도 또 병이 들었는데, 병중에 시를 지어 백씨에게 대신 쓰게 하니 그 시에,

西風拂嘉樹(서풍불가수)　서풍이 아름다운 나무를 스치니
零露發華滋(영로발화자)　떨어지는 이슬이 윤기를 발하도다
我亦一天物(아역일천물)　내 또한 하나의 천물이니
玉汝來有期(옥여래유기)　옥녀에게 기한이 있도다

하니, 백씨가 말하기를, "이 시가 크게 생기(生氣)가 있으니 그대는 마땅히 병이 나으리라." 하였으나, 그 이튿날 죽었다. 이는 모두 흉한 징조요, 아름다운 징조가 아니었다.

— 성현, 『용재총화』 제2권

진일(眞逸) 선생은 성현과는 13살 차이가 나는 중형(仲兄)인 성간(成侃: 1427〔세종 9〕~1456〔세조 2〕)•으로, 30세의 나이에 병으로 죽었다. 죽기 전에 꾼 꿈에 이개(李塏: 1417〔태종 17〕~1456〔세조 2〕)•를 만나 이개는 용이 되고, 자신은 용을 붙잡고 날아서 강을 건너 초목과 인물이 모두 인간 세상의 것이 아닌 세상에 다녀온 이야기를 형인 성임(成任)에게 했다.

이에 성임은 과거에 급제할 꿈이라고 좋게 해몽해주지만, 인간 세상이 아닌 새로운 곳에 나아간 꿈의 예지대로 꿈속에서 용으로 등장한 이개는 김질(金礩)의 고변에 의하여 1456년(세조 2) 단종 복위 운동의 실패로 주살당하고, 이어 성간 본인도 병으로 죽는 일로 실현되었다. 두 사람 모두 1456년(세조 2)에 죽었다.

'강 언덕에 그쳐서 보니, 초목과 인물이 모두 인

• 성간(成侃)

성간은 조선 초기의 문신·학자로, 자는 화중(和仲), 호는 진일재(眞逸齋)로 형은 성임(成任), 아우는 성현이다. 세조 2년(1456) 7월, 그의 나이 30세 때 사간원(司諫院) 좌정언(左正言)에 임명되었으나, 부임하기 전에 병으로 죽었다. 저서로는 『진일유고(眞逸遺藁)』가 있는바, 저자 사후에 형 성임이 유고(遺稿)를 모으고, 동생 성현이 편집하여 1467년 목판으로 간행하였다.

• 이개(李塏)

이개는 자(字)는 청보(淸甫), 백고(伯高)로, 단종을 위하여 사절(死節)한 사육신(死六臣)의 한 사람이다. 1453년(단종 1) 10월에 수양대군(首陽大君)이 단종을 보좌하고 있던 대신 황보인(皇甫仁)·김종서(金宗瑞) 등을 살해하고 정권을 쥔 계유정난을 일으켰다. 1456년(세조 2)에 성삼문(成三問)·박팽년(朴彭年)·하위지(河緯地)·유응부(兪應孚)·유성원(柳誠源)과 함께 단종 복위를 꾀하다가 김질(金礩)의 고변에 의하여 실패로 돌아가 죽임을 당했다.

간 세상의 것이 아니었기로……'에서 알 수 있듯이, 강을 건너는 꿈으로 이 生(생)에서 저 生(생)으로 가게 될 것을 상징적으로 보여주고 있는 꿈이다(참고로, '이생'과 '저생'에서 '이승'과 '저승'이라는 말로 한자음이 변했다. 처음 생기는 달이 초생달에서 초승달로 바뀐 것처럼).

TV에서 「전설의 고향」 등을 보면, 저승사자가 와서 영혼을 데려갈 때, 배를 타고 강을 건너는 장면이 자주 등장한다. 또한 죽었다가 살아난 사람들이 한결같이 하는 말은 강을 건너가거나, 강 위를 날아서 갔다는 말을 하곤 한다.

우리가 이 生(생)과 저 生(생)의 구분을 나눌 때, '요단강 건너가 만나리.'라는 말이 있듯이, 불교에서 쓰는 말로 피안(彼岸), 차안(此岸)이라는 말이 있다. 강 건너 저쪽 세계인 피안(彼岸)의 세계는 속되게는 죽음의 세계요, 좋게 말해서 번뇌와 괴로움을 벗어난 해탈의 세계다. 강원도 철원에 到彼岸寺(도피안사)라는 절이 있다. '피안에 이르게 하는 절'이란 뜻이니, 절 이름이 아주 좋다고 보아야 할 것이다.

〈 꿈에 자신의 죽음을 예지하다 〉

가을에 건주 오랑캐 노라치가 명나라를 쳐들어가니 우리 군사를 부를새, 김응하(金應河) 장군이 조방장으로서 선천 군수가 되어 간지라. 행하기를 임하여 군관 오헌더러 일러 가로되, "밤에 꿈을 꾸니 내 머리가 도적에게 베인 바가 되니, 내 마땅히 도적을 많이 죽이고 헛되이 죽지 아니할 것이니 그리 알라." 하고, 활 둘과 화살 백을 차고 행하니, 모든 장수가 다 비겁하다 이르더라.

오랑캐가 쳐들어왔을 때 우리 군사가 크게 무너지니, 장군이 말에서 내려 홀로 버드나무에 의지하여 활을 쏘아 무수히 적병을 죽이고, 화살을 무수히 맞았음에도 쓰러지지 않았다. 화살이 다함에 장검으로 대항하니, 홀연 한 도적이 뒤로부터 창을 찔러 땅에 엎어졌다. 후에 도망해온 오랑캐가 버드나무 아래 있던 장수를 칭찬하며, 죽은 시체가 오래도록 상하지 않았다고 했다.

—『어우야담』

이것은 사실적인 미래 투시의 꿈으로 실현된 경우다. 도적에게 머리가 베이는 불길한 꿈을 꾸고 나서, 장차 있을 전투에서 자신의 죽음을 예감하고, 목숨을 아끼지 않고 싸우다가 장렬하게 전사하고 있다.

『조선왕조실록』 광해군 10년(1618) 6월 23일 조에 비변사에서 오랑캐의 침입에 대비하여 서쪽 변방을 대비하는 것이 급하다고 아뢰어, "평안도 좌조방장 김응하를 선천 군수로, 우조방장 이일원을 벽동 군수로 삼다."라는 기록이 보이고 있는데, 이것과 관련된 기록을 구체적으로 살펴본다.

〈 평안 감사가 중국군과 조선군이 삼하에서 패배했다고 치계하다 〉

평안 감사가 치계하기를, "중국 대군(大軍)과 우리 삼영(三營)의 군대가 4일 삼하(三河)에서 크게 패전하였습니다. — 중략 — 적의 대군이 갑자기 이르러 산과 들판을 가득 메우고 철기(鐵騎)가 마구 돌격해 와서 그 기세를 당해낼 수가 없었습니다. 마구 짓아뭉개고 죽여대는 바람에 전군이 다 죽었고, 도독 이하 장관들은 화약포 위에 앉아서 불을 질러 자살하였습니다. 우리나라 좌영의 장수 김응하(金應河)가 뒤를 이어 전진하여 들판에 포진하고 말을 막는 나무를 설치하였으나 군사는 겨우 수천에 불과했습니다. 적이 승세를 타고 육박해 오자 응하는 화포를 일제히 쏘도록 명했는데, 적의 기병 중에 탄환에 맞아 죽은 자가 매우 많았습니다. 재차 진격하였다가 재차 후퇴하는 순간 갑자기 서북풍이 거세게 불어닥쳐 먼지와 모래로 천지가 캄캄해졌고, 화약이 날아가고 불이 꺼져서 화포를 쓸 수 없었습니다. 그 틈을 타서 적이 철기로 짓밟아대는 바람에 좌영의 군대가 마침내 패하여 거의 다 죽고 말았습니다. 김응하는 혼자서 큰 나무에 의지하여 큰 활

3개를 번갈아 쏘았는데, 시위를 당기는 족족 명중시켜 죽은 자가 매우 많았습니다. 적은 감히 다가갈 수가 없자 뒤쪽에서 찔렀는데, 철창이 가슴을 관통했는데도 그는 잡은 활을 놓지 않아 오랑캐조차도 감탄하고 애석해하면서 '만약 이 같은 자가 두어 명만 있었다면 실로 감당하기 어려웠을 것이다.'라고 하고는, '의류 장군(依柳將軍)'이라고 불렀습니다."라고 하였다.

— 광해군 11년(1619) 3월 12일 『조선왕조실록』 [원전] 33집, 217쪽

〈 자신의 명정(銘旗) 글씨로 죽음을 예지한 꿈 〉

공은 휘는 적(嫡), 자는 대유(大有), 성은 이씨(李氏)다. 선조는 본래 한산인(韓山人)으로, 문정공(文靖公) 이색(李穡)의 후손이며 관찰사(觀察使) 이청(李淸)의 4대손이다. 수년 동안 권지정자(權知正字)를 지내고 규례에 따라 승진하여 저작랑(著作郎)이 되었는데, 정묘호란(丁卯胡亂)으로 인하여 임금이 강도(江都)로 파천했을 때에는 공이 마침 병이 들었다. 선대부(先大夫: 돌아간 남의 부친을 존칭하는 말)가 지키던 임단(臨湍: 지금의 단천)으로 병든 몸을 이끌고 갔다가, 그해 2월 26일 연상(漣上)에서 세상을 떠나니, 향년이 28세였다.

공이 일찍이 다른 사람에게 말하기를, "내가 꿈에 강가에 나아갔는데, 내 앞에 '승문저작이공지구(承文著作李公之柩)'라 씌어 있는 명정(銘旗)•을 보았으니, 나는 높은 벼슬을 못하고 저작랑으로 끝맺는 것이 운명이다." 하였는데, 이제 그 말대로 되었다. 공은 인자하고 아량이 있어서 효도와 우애에 독실하였고, 의리 지키기를 좋아하여 미치지 못할 듯이 하였으니, 아, 장래에 드러날 분이었는데, 불행히 일찍 세상을 떠났도다.

— 허목, <이저작(李著作)의 묘명(墓銘)> 「구묘문(丘墓文)」 『미수기언』 별집(別集) 제18권

• 명정(銘旗)
죽은 사람의 관직과 성씨 따위를 적은 기. 일정한 크기의 긴 천에 보통 다홍 바탕에 흰 글씨로 쓰며, 장사 지낼 때 상여 앞에서 들고 간 뒤에 널 위에 펴 묻는다.

이적(李嫡)이 자신의 명정에 '승문저작이공지구(承文著作李公之柩)'라는 글귀를 보고, 자신의 최고 벼슬이 승문원(承文院)의 정8품 관직인 저작랑(著作郎)에 그치게 될 것을 예지하고 있다. 승문원(承文院)

은 조선 시대 사대교린(事大交隣)에 관한 문서를 관장하기 위해 설치한 관서로, 저작랑은 중국 위나라에서는 문서의 초안을 맡아보던 벼슬인데, 이는 대부분 요직에서 물러난 늙고 병든 관리가 맡는 한직(閑職)이었다. 저작랑(著作郎)은 1466년(세조 12)에 저작(著作)으로 개칭되었다.

윗 사례는 꿈속에서 본 명정에 쓰인 대로, 장차 현실에서 그대로 일어나게 되는 사실적인 미래 투시의 꿈 사례다. 하지만 대부분의 상징적인 꿈에서 죽음과 관련된 명정을 보는 꿈은 죽음으로 상징된 새로운 탄생, 새로운 부활의 길로 나아감을 뜻하고 있다.

요즈음 사람들의 사례 두 가지를 살펴본다.

① 자신의 명정을 쓴 꿈(자신이 죽어 누울 칠성판에 깔린 붉은 비단에 아주 유려한 행서로 '현비유인광주이씨'라 적고 있던 꿈)

→ 서예 교실을 차리게 되어, 새로운 탄생의 길을 걸어나가는 일로 실현되었다.

② 깃발의 명정을 보는 꿈(깃발에 '현고학생부군신위'라 쓰여 있던 꿈)

→ 아들의 고시 합격으로 실현되었다.

〈 죽는 해를 계시해준 꿈 〉

공의 이름은 재(宰)요, 자(字)는 재지(宰之)다. 9월에 경미한 병환이 생겼는데 여러 아들에게 말하기를, "내가 일찍이 꿈을 꾸었는데 이인(異人)이 나더러 말하기를, '오년(午年)에 이르면 죽는다.'고 하더라. 금년이 무오년(戊午年)이고, 또 병이 이와 같으니, 내 필연코 일어나지 못할 것이다." 하였다.

마침내 10월 기사일에 돌아가니 향년 76세였다. 12월 임인일에 그가 살던 집에서 동쪽에 있는 감방(坎方) 산기슭에 장사를 지냈는데, 이는 평일의 유명(遺命)을 따른 것이다. 아, 공은 가히 유속(流俗)을 벗어나고 사물에 달관한 분이라고 이를 만하다. (요약 발췌)

— 이색(李穡), <고려국 대광 완산군 시 문진 최공 묘지명(高麗國大匡完山君謚文眞崔公墓誌銘) 병서(幷序)> 「묘지(墓誌)」『동문선』 제126권

이색(李穡)이 쓴 최재(崔宰)의 묘지명 글이다. 최재(1303〔충렬왕 29〕~1378〔우왕 4〕)는 고려 후기의 문신으로, 자는 재지(宰之)다. 1364년 감찰대부(監察大夫)로 기용되고, 중대광 완산군(重大匡完山君)에 봉해졌다. 1374년 벼슬을 사퇴하고 향리에서 1378년(우왕 4)에 죽었는 바, 간지(干支)로 戊午(무오)년이 된다. 이인(異人)이 '오년(午年)에 이르면 죽는다.'라고 말한 계시적 성격의 꿈 내용대로 현실에서 이루어지고 있다.

〈 죽게 될 해를 계시 〉

하서가 죽은 후에, 영남 하양에 오세억이란 사람이 죽은 지 사흘 만에 되살아나서 말했다. "꿈에 하늘나라에 갔는데 자색 옷을 입은 사람이 자그마한 집으로 데리고 들어갔다. 윤건을 쓴 학사가 있는데 김하서라는 것이다. '너는 금년에는 하늘에 올라오기에는 합당치 않으니, 나가서 힘써 수행하라.' 하고 이러한 시를 지어 주었다.

'세억은 그의 이름이오, 자는 대년인데, 문을 밀고 들어와 자미궁의 선인을 만났다. 일흔일곱이 된 후에 다시 만날 것이니, 인간 세상에 돌아가서는 이곳 일 마구 전하지 말라.'"

세억은 효자였다. 그 후에 과연 일흔일곱에 병 없이 죽었다.

—『성수시화(惺叟詩話)』

〈 귀신이 죽을 해를 계시해준 꿈 〉

선비(先妣: 돌아가신 어머니) 이씨의 세계(世系)는 선원(璿源)에서 나왔으니, 헌릉(獻陵: 태조의 능호)의 별자(別子) 효령대군 정효공(孝寧大君靖

孝公) 휘 보(補)의 후손이다. 그런데 정해년(1767, 영조 43) 윤7월 1일에 우연히 돌림병 이질(痢疾)에 감염되어 8월 5일 묘시에 돌아가셨는데, 수는 74세이다.

선비께서 14세 때인 정해년(1707, 숙종 33)에 홍역을 앓으시어 열이 솟아 혼절하셨는데, 그때 마치 어떤 사람이 큰 소리로 "이 아이는 다음의 정해년에 죽을 것이다."라고 말하는 듯하였고, 얼마 안 되어 깨어나셨다. 그리고 무신년(1728, 영조 4) 겨울에는 꿈속에서 귀신이 사람 수명의 길고 짧음을 말하는 것을 보시고 선비께서 "나의 수명은 얼마인가?"라고 물으시자, 귀신이 74세라고 답하였는데, 선비께서 깨시어 그 꿈을 말씀해 주셨다. 당시 선비의 연세가 젊으시어 앞날이 매우 먼 데다가 세상 사람들이 70세를 희수(稀壽)라 하기 때문에 나는 그 말씀을 듣고 매우 기뻐하였다. 그러나 세월이 물 흐르듯 하여 정해년이 점점 다가오자, 걱정스럽고 두려운 마음이 밤낮으로 끊이지 않았는데 끝내 이해에 돌아가셨으니, 사람의 수명이 과연 미리 정해진 것이어서 그러한 것이던가.

— <선비공인이씨행장(先妣恭人李氏行狀), 경인년> 「행장(行狀)」, 『순암집』 제25권

안정복은 돌아가신 어머니의 일대기를 적은 행장(行狀)에서 꿈의 예지대로 이루어지고 있음을 밝히고 있다. 어머니인 전주 이씨(이익령의 딸)는 1767년(영조 43) 정해년 그의 나이 56세에 운명하였다.

행장의 내용대로라면, 14세 때인 1707년 정해년에 홍역에 걸려 목숨이 위태로웠던 바, 다음 정해년인 1767년에 죽게 될 것을 계시적 성격의 꿈으로 예지하고 있다. 또한 35세 때인 1728년(무신년)에도 꿈속의 귀신에게 수명을 물은즉, 74세라고 말해주고 있음을 밝히고 있다. 따라서 행장의 내용대로라면, 장차 죽게 될 해를 길게는 60년 전에, 짧게는 39년 전에 구체적으로 계시해주고 있으며, 또한 꿈속에서 계시한 해에 운명하는 일로 실현되고 있다.

죽은 사람의 일대기를 적는 행장의 성격으로 볼 때, 선인들의 이러한 신비한 꿈의 세계에 대한 체험담은 거짓이 아닌, 실제로 있었던 실증적인 사례들이다. 필자는 이러한 실증적인 사례를 바탕으로 한 연구를 통하여 꿈의 세계 및 꿈의 실체에 대한 연구를 해나가고자 한다. 이 밖에도 다시 만날 때가 되었다는 계시적인 말로써, 죽음을 예지해주고 있는 사례를 살펴본다.

〈 이제 다시 만날 때가 되었다고 말하는 꿈 〉

무인년(1698, 숙종24) 봄에 처사(處士) 정만창(鄭晩昌)의 배위인 유인(孺人) 민씨(閔氏)는 모시는 자에게 이르기를 "지난밤 꿈에 이씨에게 시집간 딸이 아버지의 명령이라면서 서로 만나 합쳐질 기한이 되었다고 나에게 와서 말하였으니, 나는 오래 살지 못할 것이다." 하였는데, 과연 그해 6월 29일에 서울 집에서 별세하니, 향년이 63세였다.

—<유인(孺人) 민씨(閔氏) 묘지명 병서>「묘지(墓誌)」『한수재집』 제30권

〈 부처가 목에서 나와 날아간 꿈 〉

민신(閔伸)이 일하는 곳에서 꿈을 꾸었는데, 쇠 부처[鐵佛]가 목구멍에서 나와서 어깨 위에 앉았다가 공중으로 날아 사라졌다. 깊이 괴이하게 여기어 서울에 들어와 어머니를 뵙고 하직하고 돌아갔는데, 수일이 못 되어 죽임을 당하였다.

—「김종서의 가족이 그의 죽음에 관해 이야기하다」 단종 1년 계유(1453) 10월 10일『조선왕조실록』[원전] 6집, 624쪽

민신(閔伸: ?~1453〔단종 1〕, 호는 둔암〔遯菴〕)은 문종 때 병조판서를 지내고 1453년 이조판서가 되었다. 김종서 등과 함께 어린 임금 단종을 보호하기 위하여 애쓰다가, 왕위를 엿보고 있던 수양대군 일파에 의해 참살당한다.

꿈의 예지는 상징적으로 전개되고 있다. 신성하게 여겨지는 쇠 부처〔鐵佛〕가 자신에게 들어오는 것이 아닌, 나가는 표상으로서 불길한 징조로 받아들이고 있다. 이처럼 꿈을 꾼 자신이 꿈속에서 생각하고 느끼는 정황 또한 중요하다. 민신 또한 정권을 잡은 수양대군 등이 자신을 가만히 놔두지 않을 것이라는 시대 상황적인 여건을 감안하고 있던 차에, 쇠 부처〔鐵佛〕가 목구멍에서 나와서 어깨 위에 앉았다가 공중으로 날아 사라진 꿈으로 자신의 죽음을 예지하고, 어머니를 찾아뵈면서 다가올 죽음을 맞이하고 있다.

〈 꿈에 시구를 받고 죽음 예지 〉

율곡(栗谷) 이이(李珥)가 어릴 때, 꿈에 상제를 뵙고, 금으로 된 족자 하나를 받았다. 그것을 열어보니, 아래와 같은 시구가 있었다.

龍歸曉洞雲猶濕(용귀효동운유습)	용이 새벽 골로 돌아가니 구름이 여전히 젖었고,
麝過春山草自香(사과춘산초자향)	사향노루가 봄 산을 지나니 풀이 절로 향기롭다.

이것을 들은 여러 사람들이 기이한 조짐이라 하였다. 선생이 급작스럽게 작고한 다음에야 식자들은 비로소 그것이 상서롭지 못한 것임을 알았다. '용이 돌아간다. 사향노루가 지나간다.' 한 것은 빨리 죽을 조짐이요, '구름이 젖고, 풀이 향기롭다.' 한 것은 그가 남긴 혜택과 높은 이름만이 홀로 남게 될 것을 가리킨 말이다. 대현(大賢)의 일평생은 하늘이 이미 정한 바가 있으니, 한탄스러울 따름이다.

—『장빈거사호찬(長貧居士胡撰)』

『지봉유설』에는 다음과 같이 나온다.

이율곡이 젊었을 때, 꿈에 관청에 들어가니 아전이 문부를 검열하고 있었다. 그것이 무엇이냐고 묻자 아전이 말하기를, 여기에는 사람들의 수명이 길고 짧은 것이 모두 기록되어 있다고 한다. 그러고 나서 시 한 구를 써주는데, '향노루 봄산을 지나가니, 풀이 저절로 향기롭도다[麝過春山草自香].'라고 하였다.

이것은 대개 그가 세상에 있는 동안이 마치 사향노루가 산을 지나가는 것과 같고, 남아 있는 것은 이름뿐이란 말이다. 공이 죽었을 때, 나이 겨우 49세였다.

이이(李珥: 1536〔중종 31〕~1584〔선조 17〕)가 48세라는 비교적 젊은 나이에 급작스럽게 죽었음은 다음의 기록에서도 알 수 있다.

갑신년 1월 16일에 이조 판서 이이가 졸하니, 이산해(李山海)로 대신하였다. 「일월록(日月錄)」 이이(李珥)가 시골 출신인 외로운 몸으로 홀로 임금의 사랑과 신임을 받아 오로지 조화(調和)하기에 힘써서, 피차를 물론하고 오직 양쪽의 사류(士類)를 수습하는 것을 급선무로 삼았다. 그런데 그 당시의 사람들이 모두 대각(臺閣)에 벌여 있으면서 의심하고 물러서서 흘겨보며 함께 일할 의사가 없으니, 이이가 탄식하기를, "마음이 공정한 자는 오래 두고 내가 하는 일을 보면, 반드시 나의 참마음에 어떤 것도 없음을 분명히 알게 될 것이다." 하였는데, 갑자기 병을 얻어 세상을 떠났다. (「율곡행장[栗谷行狀]」)

— <이이(李珥)가 졸서(卒逝)하다> 「선조조(宣祖朝) 고사본말(故事本末)」 『연려실기술』 제13권

'용이 돌아간다. 사향노루가 지나간다.'라는 상징적인 한시 구절로써 장차 고귀한 인물이 일찍 죽게 될 일을 예지해주고 있다. 이러한 상징적 표현은 실현된 뒤에는 그 의미를 쉽게 알 수 있지만, 꿈을 꿀 당시에는 쉽게 그 의미를 알 수 없는 경우가 많다.

참고로, 이처럼 꿈속에서 받는 시(詩)로 장차 다가올 죽음을 예지한 중국의 당나라 때 시인 두목지(杜牧之)의 사례를 살펴본다.

> 목지(牧之)는 당(唐)나라 시인 두목(杜牧)의 자(字)다. 꿈에 어느 "사람이 너는 마땅히 '마칠 필(畢)' 자로 이름을 고쳐야 한다." 하였고, 그 후에 또 "흰 망아지가 저 골짜기에 있구나[皎皎白駒在彼空谷]."라는 한 글귀를 써 주는 꿈을 꾸었다. 꿈을 꾸고 나서 죽음을 예지하는 불길한 일이라 하여, 스스로 묘지(墓誌)와 제문(祭文)을 짓고, 자기가 지은 글들을 모아서 불살랐는데 그해에 죽었다 한다.
>
> —『신당서(新唐書)』卷一百六十六, 『구당서(舊唐書)』卷一百四十七 杜牧傳

여기서 '필(畢)' 자의 뜻인 '마치다, 끝내다'에서 죽음을 쉽게 연상할 수 있으며, '흰 망아지가 저 골짜기에 있구나"에서 동물인 망아지가 두목(杜牧)을 상징적으로 나타내어, 골짜기에 있다는 것이 죽음을 예지하는 것을 알 수 있다.

• 허초희(許楚姬)

자(字)는 경번(景樊), 호(號)는 난설헌(蘭雪軒)으로 허균(許筠)의 누이다. 8세에 「廣寒殿白玉樓上樑文」을 짓는 등 신동으로 일컬어졌다. 이달(李達)에게 시(詩)를 배웠고, 15세 무렵 김성립(金誠立)과 결혼하였으나, 남편과 시댁 간의 불화와 친정의 겹친 화액으로 삶의 의욕을 잃고 시(詩) 쓰기로 고뇌를 달래다가, 27세에 생을 마쳤다.

〈 **夢遊廣桑山詩序**(몽유광상산시서) 〉

碧海浸瑤海(벽해침요해)	푸른 바닷물은 옥 같은 바다에 스며들고
青鸞倚彩鳳(청란의채봉)	파란 난새가 아름다운 봉새와 어울렸네
芙蓉三九朶(부용삼구타)	연꽃 스물일곱 송이가 늘어져
紅墮月霜寒(홍타월상한)	차가운 달빛 서리에 붉게 떨어졌네

자신의 죽음을 예지하는 시를 꿈속에서 지은 특이한 몽중시다. 허난설헌(許蘭雪軒)으로 널리 알려진 허초희•(許楚姬: 1563,〔명종 18〕~1589〔선조 22〕)는 뛰어

난 글재주가 있었음에도 불구하고 불우한 인생을 살다가 27세에 요절한 바, 꿈속에서 이 시를 짓게 된 것에 대하여 다음과 같이 자세히 언급하고 있다.

> 을유년(1585) 봄에 나는 상을 당해 외삼촌 댁에 묵고 있었다. 하루는 꿈속에서 바다 가운데 있는 산에 올랐는데, 산이 온통 구슬과 옥으로 만들어졌다. 많은 봉우리들이 겹겹이 둘렀는데, 흰 구슬과 푸른 구슬이 반짝였다. 눈이 부셔 똑바로 바라볼 수가 없었으며, 무지개 구름이 그 위에 서려 오색이 영롱했다. 구슬 같은 폭포 두어 줄기가 벼랑의 바윗돌 사이로 쏟아져 내렸다. 서로 부딪치면서 옥을 굴리는 소리가 났다.
>
> 그때 두 여인이 나타났다. 나이는 스물쯤 되어 보이고, 얼굴도 아름다웠다. 한 사람은 붉은 노을 옷을 입었고, 한 사람은 푸른 무지개 옷을 입었다. 손에는 금빛 호로병을 차고 나막신을 신었다. 사뿐사뿐 걸어와서 나에게 읍하였다.
>
> 흐르는 시냇물을 따라 올라갔더니, 기이한 풀과 이상한 꽃이 여기저기에 피어 있었다. 무어라 표현할 수가 없었다. 난새와 학과 공작과 물총새들이 좌우로 날면서 춤추었다. 온갖 향내가 나무 끝에서 풍겨나 향기로웠다. 드디어 꼭대기에 올라가 보니, 동쪽과 남쪽은 큰 바다와 하늘이 맞닿아 온통 파랬다. 그 위로 붉은 해가 솟아오르니, 해가 파도에 목욕하는 듯했다. 봉우리 위에는 큰 연못이 맑았고, 연꽃 빛도 파랬다. 그 잎사귀가 아주 큼직했는데, 서리를 맞아 반쯤은 시들어 있었다.
>
> 두 여인이 말했다. "여기는 광상산(廣桑山)입니다. 신선 세계 십주(十洲) 가운데서도 가장 아름다운 곳이지요. 그대에게 신선의 인연이 있기 때문에, 감히 이곳까지 온 거랍니다. 한 번 시를 지어서 기록하지 않으시렵니까?" 나는 사양했지만, 받아들여지지 않았다. 그래서 절구 한 수를 읊었다.
>
> 두 여인이 손뼉을 치면서 크게 웃더니, "한 자 한 자 모두 신선의 글이다."라고 했다. 그때 갑자기 하늘로부터 한 떨기 붉은 구름이 내리 떨어져 봉우리에 걸렸다. 북을 둥둥 치는 소리에 그만 꿈이 깨었다. 베개말에는 아직도 아지랑이 기운이 자욱했다.

꿈속의 신선 세계에서 두 선녀를 만나서 시를 지어달라는 부탁을 받고 지은 시로, 인위적으로 시를 지은 것이 아닌, 자신도 알 수 없는 불가항력적인 힘으로 꿈속에서 몽중시를 짓는 행위가 이루어졌음을 밝히고 있다.

이처럼 상징적인 미래 예지 꿈의 특징은 자신의 의지와 상관없이 꿈의 상징 기법에 의한 전개를 보여주고 있다. 정신능력의 활동으로 빚어내는 꿈의 세계는 필요에 따라 가장 적절한 상징 표상으로 장차 일어날 일에 대한 예지를 보여준다.

산신령이나 죽은 사람을 등장시키거나, 동물이 말을 하거나, 훔치거나 죽이는 행위 등 평상시에는 일어날 수 없는 일들이 꿈속에서는 자신의 의지와는 상관없이 펼쳐진다.

다만, 글을 아는 사람에게는 이렇게 몽중시에 담긴 시어의 상징 의미로서, 장차 일어날 일을 예지해주는 것이다. 그리하여, 꿈을 꾼 사람에게 보다 강렬하게 각인시키고, 궁금증을 갖게 해 장차 다가올 일에 대한 마음의 준비를 하게 해주는 것이다.

동생인 허균(許筠)은 "누이는 기축년 봄에 세상을 떠났으니, 그때 나이가 27세였다. 그 '三九紅墮(삼구홍타)'의 말이 이에 증험되었다." 라고 글을 보충하고 있다.

'三九紅墮(27송이 붉게 떨어지다)'에서 연꽃은 허난설헌의 꽃다운 모습을 상징한다. 三九는 3에 9를 곱하면 27 그리고 紅墮(홍타: 붉게 떨어지다)는 죽음을 상징하는 시어로써, 27세에 죽게 될 것을 예지하는 상징적인 미래 예지 꿈인 것이다.

또한 "하늘로부터 한 떨기 붉은 구름이 내리 떨어져 봉우리에 걸렸다"에서 하강의 이미지와 암울한 시상 전개를 보여주고 있어, 장차 죽음 등의 안 좋은 결과로 실현될 것을 예지해주고 있다.

꿈으로 예지된 죽음의 실현 기간을 살펴본다면, 을유년(1585) 봄에 죽음을 예지하는 시를 짓고 나서 기축년 봄에 세상을 떠났으니, 몽중시를 지은 후 정확히 4년 만에 실현되었다.

한편, 허균의 『학산초담(鶴山樵談)』에는 시를 짓고 이듬해 죽은 것으로 나오고 있다. "이듬해 죽었으니, 3에 9를 곱하면 27로써 살았던 나이와 같으니, 인사에 있어 미리 정해진 큰 운수를 어찌 벗어날 수 있겠는가." 꽃다운 나이에 일찍 죽어간 누이의 비극적인 죽음을 운명론적으로 받아들이면서, 달관하고자 했음을 이 글에서 엿볼 수 있다.

이처럼 죽음 예지 꿈의 실현은 비교적 넉넉한 기간을 둔 후에 실현되고 있다. 그렇게 함으로써 장차 다가올 불운한 일에 대해 시간 여유를 두고 마음의 준비를 하게 해주고 있다.

이러한 꿈속에서의 창작 행위인 '三九紅墮(삼구홍타)'에 대하여, "허난설헌 자신은 도교사상을 통해 이승에서의 하직도 이미 예언할 수 있는 경지에 다다른 것이다."와 같은 언급은 잘못된 견해다. 이는 죽음 예지 상징시의 특성을 모르는 데서 빚어지고 있으며, 나아가 꿈의 미래 예지적인 기능에 대한 그릇된 인식과 무관심에서 초래되고 있다고 보아야 할 것이다.

이렇게 꿈속에서 장차 일어날 일을 시를 짓는 행위로 예지한 상징적인 몽중시는 죽음 예지를 비롯하여, 과거 급제·승진·유배·국가적 변란을 예지한 몽중시 등 다양하게 나타나고 있다. 참고로, 꿈의 미래 예지적인 특성을 감안할 때, '몽중시'보다는 '몽참시(夢讖詩)'라는 용어를 사용하는 것이 타당하다고 하겠다.

꿈속에서 시를 짓거나 얻게 된 몽중시로써, 자신이나 타인의 죽음을 예지한 글에 대해서는 필자의 박사학위 논문 「몽중시 연구」를 참고하시기 바란다. 기이하면서 흥미로운 이야기로 독자 여러분의 지적 호기심을 충족시켜줄 것이다.

〈 죽음을 대신할 것을 허락받는 꿈을 꾸다 〉

이지남(李至男)의 자(字)는 단예(端禮)이며, 장령 언침(彦忱)의 아들이다. 학행(學行)으로 천거되어 소격서 참봉에 제수되니, 학자들이 영응(永膺) 선생이라 일컬었다.

어머니 안씨(安氏)가 이질을 앓아 위독하자, 공이 그 똥을 맛보니 달고 미끄러우므로, 목욕하고 하늘에 호소하여 자신이 모친의 죽음을 대신할 것을 빌었다. 안씨가 꿈에, 하늘로부터 내려오는 신인(神人)을 만났는데 말하기를, "네 아들의 지성이 하늘을 감동시켜, 이미 죽음을 대신하게 허락하였다."라고 하였다.

오랫동안 간호하느라고 몸이 몹시 상하여 간혹 두어 되의 피를 토하곤 하다가 마침내 죽으니, 바로 정축년(1577) 8월, 나이 49세였다. (요약 발췌)

— <선조조의 유현(儒賢)> 「선조조(宣祖朝) 고사본말(故事本末)」 『연려실기술』 제18권

2) 질병 관련 예지

〈 원귀가 치료를 방해한 꿈 〉

안덕수(安德壽)는 세종조의 명의라. 늙고 병이 많아 사람으로 더불어 드물게 보되, 그 진맥하고 약 짓기를 백에 하나를 틀리지 아니하니, 고질이라도 못 살리는 병이 없는지라. 세상이 일컫기를, "양예수(楊禮壽)는 패도로써 효험이 빠르되 사람이 많이 상하고, 안덕수는 왕도로써 효험이 더디되 사람을 상치 아니하니 시론이 많이 안가에게 돌아가니라." 하더라.

한 사람이 정신병을 얻어 여러 달을 고통받더니, 안덕수는 약을 써 다스려 그 증상이 다섯 번 변하되 다 효험을 본지라. 그날 밤 꿈에 한 사람이 덕수에게 일러 가로되, "내가 이 사람에게 원한이 있어 이미 옥황상제에게

고하고 '반드시 죽이고 말리라.' 하여, 이미 다섯 번이나 병의 증세를 변하게 하여 약을 피했다. 그러나 공이 다섯 번 약을 변하여 치료했으나, 내 장차 공을 이기리라. 명일에 마땅히 그 병이 여섯 번째 변할 것이니, 공이 만일 새 약으로 다스리면 마땅히 그 원수를 공에게 옮겨붙어 탈이 나게 하리라."

덕수가 깨어서 괴이하게 생각하더니, 이윽고 병가(病家) 사람이 와 병을 물으니 과연 여섯 번째 변한지라. 덕수가 '병들었노라' 일컫고 아니 갔더니, 마침내 그 사람이 죽으니, 슬프다!

—『어우야담』

이에 대하여 다음과 같이 평을 하면서, 꿈에 대하여 올바르게 믿을 것을 보여주고 있다.

사기(邪氣: 사악한 기운)가 사람에게 비록 해를 끼치는 경우가 있으나, 반드시 혈기의 허함으로 그 사악함을 드러내는 것이다. 사람이 능히 좋은 약으로 막아낼 수 있으면, 사악함이 그 틈으로 들어올 수 없는 것이다. — 중략 — 애석하도다. 안덕수(安德壽)는 한 꿈에 미혹하여 마침내 사람을 구하지 않았던 것이다.

〈 부처에게 병세를 물어보는 꿈 〉

임금이 도승지 김돈에게 이르기를,

"내 마음을 네가 이미 알았을 것이다. 효령대군이 오랫동안 병으로 앓고 있었는데, 이제 비록 조금 나았다 하더라도 한 번 몸과 마음을 움직이면 병이 반드시 다시 발작할 것이다. — 중략 — 효령대군이 근래에 부처를 매우 좋아하여, 병중에서 꿈에 부처를 보고 청하기를, "내 병이 만약 나을 수 있거든 팔을 들어 보이고, 만약 영영 낫지 못하겠거든 팔을 들지 마소서." 하고 청하였더니, 그제야 부처가 한쪽 팔을 들어 보이었는데, 이때부터 병이 점점 나았다고 한다.

—「중 행호를 내자암에 머물게 하다」 세종 21년(1439) 4월 21일 『조선왕조실록』 [원전] 4집 206쪽

효령대군이 꿈속에서 부처를 만나 병세의 호전 여부를 물어보았다는 『조선왕조실록』에 보이는 꿈 사례다. 이렇게 꿈속에서 계시적으로 언급해주는 경우, 꿈의 계시대로 이루어지고 있다.

〈 가시를 잘라내는 시(詩)를 짓는 꿈 〉

開園翦荊棘　정원을 만들어 가시나무를 잘라내고
斫地樹蘭蓀　땅을 파서 난초와 창포를 심었네
荊棘豈無枝　가시나무가 어찌 가지가 없으며
蘭蓀豈無根　난초와 창포가 어찌 뿌리가 없으리
荊棘日已除　가시나무는 날로 이미 없애버리고
蘭蓀日已蕃　난초와 창포는 날로 이미 번성하네
蘭蓀與荊棘　난초·창포와 가시나무는
美惡固當分　아름다움과 미움이 진실로 마땅히 나누어지나니

— 이민구(李敏求), 『동주집(東州集)』(『한국문집총간』 卷94, 민족문화추진회) 卷之二十二 西湖錄 十一, 239쪽

이민구는 이 몽중시를 짓게 된 계기를 다음과 같이 밝히고 있다.

> 동짓(하지)달 초하룻날 병이 혼미하고 위태로웠는데, 홀연히 꿈에서 시를 지었다. 다음 날 아침에 조금 소생하여, 이를 기록한다.

꿈의 세계가 펼쳐내는 오묘한 상징 세계에 찬탄을 금할 수 없다. 가시와 난초·창포는 유해한 식물과 유익한 식물로 명확하게 구분된다. 가시의 날카로움은 고통을 주는 병마의 상징 표상에 부합되고, 이러한 가시를 잘라내는 행위는 병마의 싹을 도려내는 치료 행위를 상징하므로 장차 병이 회복될 것을 예지해주고 있다.

이렇게 몽중시 자체가 고난도의 상징 의미를 담고 있기에 굳이

별도의 난해한 상징 기법을 사용하지 않고 있다. 이러한 상징 기법은 한자를 알거나 한시 등 한학적 소양이 뒷받침되는 선비나 학자들에게나 가능한 것이며, 꿈을 만들어내는 정신능력이 펼쳐내는 꿈의 세계가 그 사람의 능력에 알맞은 상징 기법으로 전개해주고 있는 것이다.

요즈음 사람들의 꿈 사례에서 뾰쪽한 뿔을 달고 달려드는 도깨비를 물리치는 꿈을 꾼 후에, 위경련을 치료한 사례가 있다. 이 꿈에서 질병의 상징 표상이 도깨비로 나타나고 있다. 이처럼 꿈속에서 도깨비나 귀신이 다른 사람과 싸우는 경우가 있다. 이 경우 꿈속에서 싸우는 대상은 병마(病魔)라든지, 자신이 힘을 기울이고 있는 사업이나 시험 등을 나타낸다.

여기서 싸움의 과정에서 나타난 신체 부위라든가 싸움의 결과 등은 중요한 상징 의미를 띠고 있다. 꿈속에서 관련된 신체 부위가 상징하는 바와 밀접한 관련을 맺고 있으며, 꿈속에서 이겨야 좋은 결과로 실현된다. 만약 도깨비에게 지는 것으로 꿈이 끝난다면, 도깨비로 표상된 대상이 무엇이냐에 따라 각기 다르게 현실에서 실현된다. 즉, 병환으로 생명을 건질 수 없게 되거나, 사업이 실패하거나, 시험 등에 낙방하는 일이 생긴다.

일부 사람들은 건강이 좋지 않으면 꿈을 많이 꾼다고 걱정하기도 한다. 이 경우에 마음과 몸이 허약하거나 마음이 공허하고 허망할 때, 허몽(虛夢)이라 하여 꿈을 자주 꾸게 되는 경우가 있을 수도 있다. 하지만 음미해보면, 우리 신체의 이상(異常)을 일깨워주는 과정에서 일어나는 꿈이기도 하다.

꿈을 많이 꾸는 것은 그만큼 잠재의식의 활동이 활발히 일어나고 있다는 것으로 보아 앞날을 예지해준다는 점에서 오히려 좋은 일로 받아 들여야 할 것이다. 이처럼 자신의 신체 이상(異常)을 꿈을 통해서 일깨워 주고 예지해준다는 점에서, 무한한 가능성을 지닌 정신능력이 펼쳐내는 꿈의 세계에 대한 신비로움을 새삼스럽게 느끼게 하고 있다.

〈 강원도 관찰사 황효헌이 치계하여 도내 절의와 효행을 보고하다 〉

강원도 관찰사(江原道觀察使) 황효헌(黃孝獻)이 치계(馳啓)하였는데 그 내용은 다음과 같다.

강릉부(江陵府) 진사(進士) 신명화(申命和)의 아내 이씨(李氏)는 남편이 병에 걸려 목숨이 위태로워지자, 어느 날 새벽 몰래 하늘에 기도하고 왼손 가운데 손가락을 자르면서까지 남편의 병이 회복되기를 기도하였습니다. 그런데 그날 밤 이씨의 꿈에 하늘에서 크기가 대추만 한 약이 떨어졌습니다. 다음 날 남편의 병이 씻은 듯이 나았습니다.

— 중종 21년(1526) 7월 15일 『조선왕조실록』 [원전] 16집, 519쪽

『조선왕조실록』에 나오는 이야기를 요약 발췌하였다. 신명화(申命和)의 아내 이씨가 손가락을 잘라내면서까지 하늘에 기도하는 지극한 정성에 남편의 병이 회복되고 있는 바, 그러한 계시를 꿈속에서 약을 내려주는 것으로 알려주고 있다.

유사한 이야기가 다음 『동국신속삼강행실도(東國新續三綱行實圖)』의 '이보할지(李甫割指)' 이야기에도 전하고 있는 바, 부모님의 병환으로 걱정하던 차에 꿈에 신인(神人)이 나타나 부모님의 병이 회복하게 될 방도를 계시해주고 있다.

〈 이보할지(李甫割指) 〉

이보(李甫)는 용안현 사람이니 그 아버지 태방이 고치기 힘든 병을 얻어 거의 죽게 되니, 구완하여 치료해도 효험이 없어 밤낮으로 울고 있는데, 꿈에 어떤 스님이 일러 말하기를, 산사람의 뼈를 먹으면 나을 수 있을 것이라 했다. 이보가 즉시 놀라서 깨어 손가락을 베어 약을 만들어 드리니, 아버지의 병이 즉시 나았다.

이처럼 계시적 꿈으로 질병의 예지나 치료를 알려주는 많은 사례가 있다. 중국의 사례로, 명(明) 나라 진우모(陳禹模)의 저서 『설저(說儲)』에 진의중(陳宜中)의 꿈에 신인(神人)이 말하기를 "천재(天災)가 유행해서 사람들이 역질(疫疾)로 많이 죽을 터인데, 오직 대황(大黃)을 먹는 자는 살게 될 것이다." 하였는데, 이 일은 『송사(宋史)』에 보인다(이덕무 『이목구심서 5〔耳目口心書五〕』, 『청장관전서』 제52권).

〈 임금의 환후가 갑자기 도졌다가 이튿날 진정되다 〉

이날 밤 파루(罷漏) 때 임금의 환후(患候)가 갑자기 도져 호흡이 고르지 못하므로, 약방(藥房)에서 흥정당(興政堂)에 입진(入診)하니, 임금이 종모(騣帽)를 쓰고, 작은 옷을 입고 이불을 두르고 베개에 기댄 채 침상(寢床) 위에 앉아 있었다. 도제조(都提調) 이이명(李頤命)이 나아가 엎드려 문후(問候)하자, 임금이 말하기를,

"밤중에 잠이 들어 겨우 눈을 붙이자마자 어떤 물건이 꿈에 나타났는데, 보기에 지극히 해이(駭異)하였다. 그 때문에 깜짝 놀라 깨어났는데, 이처럼 호흡이 고르지 못하여 진정시킬 수가 없다." 하였다.

이이명이 말하기를, "의법(醫法)에 꿈 때문에 병을 얻는 경우가 있다고 합니다. 본 것이 두려운 일이었습니까? 추악(醜惡)한 일이었습니까?" 하니,

임금이 말하기를, "두려운 일이었다." 하였다.

여러 의관(醫官)들이 진후(診候)를 마치고 안신환(安神丸)을 조제(調劑)

하여 바치니, 임금이 여러 신하들에게 물러가도록 명하였는데, 이튿날 비로소 진정되었다.

— 숙종 45년(1719) 7월 28일 『조선왕조실록』 [원전] 41집, 77쪽

이처럼 꿈속에서 귀신 또는 두려운 사람이나 대상을 보고 병을 얻는 경우가 있는데, 귀신이나 두려운 대상은 병마를 상징한다. 이 경우, 쫓기거나 위협을 느끼는 꿈은 좋지 않으며, 이기거나 죽이는 꿈은 질병의 회복으로 이루어진다.

5. 태몽

역사적인 인물에 대한 태몽은 다양하지만, 대부분 해나 별, 기타 좋은 표상으로 전개되고 있다. 해·달·별 등은 하늘에 떠서 만물을 비추며, 만인이 우러러보는 표상이라, 귀한 존재로 이름을 크게 떨치거나 업적·권세·사업 등에서 빛나는 존재가 됨을 상징하고 있다. 태몽에는 이 밖에도 동식물 등 다양한 표상이 등장한다.

1) 해와 달의 태몽 사례

〈 일연 – 태양이 몸을 비추다 〉

일연의 어머니 낙랑군 부인의 꿈에 태양이 사흘 밤이나 부인의 몸을 비추다. 일연의 처음 이름은 '見明(견명)'인바 광명의 상징인 태양을 꿈에 보았다는 뜻이다.

— 장덕순,『한국고전문학의 이해』, 일지사, 1976

〈 조인규 — 해가 품 안으로 〉

조인규는 충렬왕 때 사람이다. 어머니가 해가 품 안으로 들어오는 꿈을 꾸고 임신하였다. 나면서부터 영특하였으며 좀 자라서 공부를 시작하자 문의(文義)를 대략 통하였다. 국가에서 민첩하고 재주 있는 자제들을 뽑아서 몽고어를 가르치는 데 조인규가 뽑혔으나, 동류들보다 뛰어나지 못하였다. 3년 동안 문을 닫고 밤낮으로 쉬지 않고 익혀서 드디어 이름이 알려졌다.

—『신증동국여지승람』 제55권

〈 김이(金怡) — 꿈에 해가 들어오다 〉

김이(金怡)의 어머님의 꿈에 하늘이 찬란하게 붉고 해가 붉은 햇무리를 띠고 품속으로 들어와 보였다. 곧 임신하였더니 이(怡)를 낳으니 얼굴이 크고 의젓하며 일찍부터 큰 뜻이 있었다.

—『신증동국여지승람』 제24권

한편, 일본의 도요토미 히데요시(豊臣秀吉)도 어머니 품 안으로 태양이 들어가는 태몽이었다고 한다.

〈 인현왕후 — 해와 달이 두 어깨에서 떠오르다 〉

인현왕후의 어머니 은성부 부인(恩城府夫人: 송준길[宋浚吉]의 딸)이 서울의 서부(西部) 반송동(盤松洞) 집에서 해와 달이 두 어깨에서 떠오르는 태몽을 꾸고 인현왕후를 낳았다.

— 권상하, 「인현왕후에 대한 만사(挽詞)」 『한수재집』

〈 아침 해가 품속으로 들어오는 꿈 〉

모친의 꿈에, 아침 해가 몸을 비추다가 이윽고 품속으로 들어오는 꿈을 꾸고 출생하였다.

— 장유(張維), 「신도비명(神道碑銘) 병서(幷序)」 『송자대전(宋子大全)』 제156권

장유(張維: 1587~1638)는 조선 중기의 문신으로 『계곡만필(谿谷漫筆)』을 남겼으며, 이정구(李廷龜)·신흠(申欽)·이식(李植) 등과 더불어 조선 문학의 4대가로 불린다. 근대의 정치가인 몽양(夢陽) 여운형도 그의 어머니가 태양이 이글거리는 꿈을 꾸고 낳았다. 그의 호가 '몽양'인 것도 태몽에서 유래되었다. 외국의 사례로 삼국시대 오(吳) 나라 손견(孫堅)의 부인이 손책(孫策)을 낳을 때에는 달을 품에 안는 꿈을 꾸고, 손권(孫權)을 낳을 때에는 해를 품에 안는 꿈을 꾸었다는 일화가 전한다(『三國志 吳志 孫破虜吳夫人傳』).

2) 별의 태몽 사례

〈 김태현 — 밝은 별이 품에 〉

김태현(金台鉉)은 김수(金須)의 아들로, 어머니 고씨(高氏)가 꿈에 명성(明星)이 품에 들어오더니 태현을 낳았다. 일찍이 동무들과 선배의 집에서 공부했다. 선배의 집에 딸이 하나 있어 새로 과부가 되었는데, 시를 좀 할 줄 알았다. 그 여자가 하루는 창틈으로 시를 던졌는데, "말 탄 사람 뉘 집의 백면서생인가, 3개월 동안 그 이름을 몰랐었도다. 이제사 그가 김태현인 줄 알았으니, 가는 눈 긴 눈썹이 가만히 정이 생기네." 하였다. 김태현은 이 시를 받은 뒤부터는 딱 끊고 그 집에 다시는 가지 않았다.

—『신증동국여지승람』 제35권

〈 강감찬 — 큰 별이 품에 〉

그 어머니 꿈에 큰 별이 품에 떨어지는 꿈으로 출생하였다.

—「열전」 권 7 『고려사』 권 94

〈 원효대사 — 유성(流星)이 품속에 〉

처음에 그 어머니 꿈에 유성(流星)이 품속에 들어옴을 보고 인하여 태기가 있었으며 장차 해산하려 할 때 오색구름이 땅을 덮었다. 원효(元曉)는 속성(俗姓)이 설씨(薛氏)였다.

—『삼국유사』 권 4, 『동경잡기』

〈 자장율사 — 별 하나가 품에 〉

홀연히 그 어머니의 꿈에 별 하나가 떨어져 품 안에 들어오더니 임신하였다.

—『삼국유사』 권 4

〈 김유신 — 세 별이 내려오다, 황금 갑옷을 입은 동자가 내려오다 〉

김유신은 경주 사람으로 수로왕의 13세손이다. 아버지 서현은 경진(庚辰)일 밤에 형(熒)·혹(惑)·진(鎭) 세 별이 자기 몸으로 내려오는 꿈을 꾸었고, 어머니 만명은 동자가 황금 갑옷을 입고 구름을 타고 내려와 대청으로 들어오는 꿈을 꾸었다.

이윽고 임신하여 20개월 만에 낳았는데 등에 7개의 별 무늬가 있었다. 아버지가 말하기를 "庚(경)자와 庾(유)자가 서로 비슷하고 辰(진)자와 信(신)자가 음(音)이 서로 가까우며, 하물며 옛사람에 庾信(유신)이라는 사람이 있었음에랴?" 하고 드디어 유신이라고 하였다.

—『동경잡기(東京雜記)』

김유신의 태몽에 관하여, 『삼국사기』에 기록된 내용을 살펴본다.

김유신의 부(父)인 서현(舒玄)이 젊었을 때, 길에서 숙흘종의 딸 만명을 보고 마음에 들어 그에게 눈짓을 하여 서로 좋아하게 되었다. 서현이 만노군 태수가 되어 장차 만명과 함께 가려 하였다. 숙흘종이 자기 딸이 서현과 좋아하는 걸 알고, 그를 미워하여 딸을 다른 집에 가둬 두고 사람으로 하여금 지키게 했다. 홀연이 그 집 대문에 벼락이 내려 지키던 자가 놀라 어지러워할 때, 만명이 벼락이 떨어진 구멍으로 빠져나와 서현과 함께 만노군으로 갔다.

경진(庚辰)일 밤 서현은 두 개의 별이 자기에게 내려오는 꿈을 꾸었고, 만명도 신축일 밤에 금으로 된 갑옷을 입은 동자가 구름을 타고 방안으로 들어오는 꿈을 꾸었는데, 얼마 후 태기가 있어 스무 달 만에 유신을 낳았다.

아이에게 이름을 지으려 할 때 부인에게 이르기를, "내가 경진일 밤 좋은 꿈을 꾸고 이 아이를 얻었으니 이름을 경진이라고 해야 되겠으나, 예법에 날과 달의 간지(干支)로 이름을 짓지 못하게 되어 있소. 그런데 庚(경)과 庾(유)는 글자가 서로 비슷하고 辰(진)과 信(신)은 음이 서로 근사할뿐더러 옛날 어진 사람에게 유신이라는 이름이 있었으니, 이름을 유신이라 짓는 것이 좋을 것 같소?" 하고 이름을 유신이라 하였다.

—「열전」 제1 『삼국사기』 권 제 41

별·해·달의 태몽은 우러름을 받는 귀한 인물이 될 것을 예지해주고 있다. 또한 갑옷을 입은 동자가 구름을 타고 방안으로 드는 꿈에서, 장차 갑옷과 관련지어 장수로서 크게 이름을 떨치게 될 것을 태몽으로 예지해주고 있다.

〈 북두성(北斗星)이 내려와 조 부인(趙夫人)의 침소를 비추는 꿈 〉

공은 가정(嘉靖) 병인년(1566, 명종 21) 모월 모일에 태어났다. 출산할 때 의정공(議政公)의 꿈속에 북두성(北斗星)이 내려와 조 부인(趙夫人)의 침소를 비췄는데, 이 꿈을 꾸고 나서 살펴보니, 공이 이미 태어났다고 한다.

9세 때에 마마에 걸려 기식(氣息)이 끊긴 적이 있었다. 이때 집 사람의 꿈에 한 장부(丈夫)가 공을 붙들어 일으키자, 옆에 있던 늙은이가 만류하면서 "이 아이는 장차 귀인(貴人)이 되어 세상에 큰 공을 세울 것이다."라고 하였는데, 그러고 나서 얼마 뒤에 공이 다시 살아났다고 한다.

—「의정부 우찬성(議政府右贊成) 옥성부원군(玉城府院君) 장공(張公) 묘지명(墓誌銘), 이식(李植)」『택당집(澤堂集)』

장만(張晩: 1566〔명종 21〕~1629〔인조 7〕)은 조선 후기의 문신으로, 자(字)는 호고(好古)다. 1624년(인조 2) 이괄이 반란을 일으키자 도원수로 이를 진압하였다.

〈 삼태성(三台星)이 품속으로 들어오는 꿈 — 오윤겸의 태몽 〉

어머니의 꿈에 삼태성(三台星)이 품속으로 들어오는 꿈을 꾸었고, 한 달 남짓 뒤에는 또 용(龍)과 교감하는 꿈의 상서가 있었다.

그래서 부친인 오희문(吳希文)이 자(字)를 성룡(星龍)이라 하고 이르기를, "아이가 태어날 때 특이한 상서가 있었으니, 아마도 틀림없이 재상 자리에 오를 것이다." 하였다.

—「오윤겸(吳允謙)의 행장(行狀)」『백호전서』 제21권

3) 사람 관련 태몽 사례

죽은 사람이 새롭게 태어난 꿈과 관련된 영혼 환생 설화가 전해지고 있다.

〈 거사가 죽지랑으로 탄생하다 〉

처음에 술종공이 삭주도독사가 되어 장차 임지로 가는데, 이때 삼한에 전쟁이 있어 기병 삼천 명으로 호송하게 했다. 가다가 죽지령에 이르렀을 때, 한 거사가 그 고갯길을 닦고 있었다. 공이 그걸 보고 감탄하고 칭찬하니, 거사 역시 공의 위세가 혁혁함을 좋게 여겨 서로 마음이 통하게 되었다.

공이 부임하여 다스린 지 한 달이 되었을 때, 꿈에 거사가 방 가운데로 들어오는 것을 보았는데, 그 아내도 같은 꿈을 꾸었으므로 매우 놀랍고 괴이하게 여겼다. 이튿날 사람을 시켜 그 거사의 안부를 물으니, 사람이 말하기를 "거사는 죽은 지 며칠이 되었다." 하였다. 심부름 갔던 사람이 돌아와 보고하니, 그 죽은 날이 꿈을 꾸던 날과 같았다. 공이 말하기를 '아마 거사

가 우리 집에 태어날 것이다.' 하고는 다시 사람을 보내 고갯마루 북쪽 봉우리에 장사 지내고, 돌로 미륵(彌勒)을 하나 만들어 무덤 앞에다 세웠다.

공의 아내가 꿈을 꾸던 날부터 태기가 있어 아이를 낳으니, 이름을 죽지(竹旨)라 하였다. 그가 장성하여 벼슬길에 올라 김유신 공의 부수(副帥)가 되어 삼한을 통일하고, 진덕·태종·문무·신문 등 4대 재상이 되어 나라를 안정시켰다.

―「기이(紀異)」 제2 『삼국유사』 제2권

〈 대성이 전세, 현세의 두 부모에게 효를 하다 〉

모량리(牟梁里)의 가난한 여인 경조(慶祖)에게 아이가 있었는데, 머리가 크고 정수리가 평평하여 성(城)과 같았으므로 이름을 대성(大城)이라 하였다. 집이 군색하여 살아갈 수가 없어, 부자 복안(福安)의 집에 가서 품팔이를 하고, 그 집에서 약간의 밭을 주어 의식의 자료로 삼았다.

고승인 점개(漸開)가 불사를 흥륜사에서 베풀고자 하여 복안의 집에 이르러 보시할 것을 권하니, 복안은 베 50필을 보시했다. 점개는 주문을 읽어 축원했다. "당신이 보시하기를 좋아하니 천신(天神)이 항상 지켜 주실 것이며, 한 가지를 보시하면 일만 배를 얻게 되는 것이니 안락하고 수명 장수하게 될 것입니다."

대성이 듣고 뛰어 들어가 그 어머니에게 말했다. "제가 문간에 온 스님이 외치는 소리를 들었는데, 한 가지를 보시하면 일만 배를 얻는다고 합니다. 생각하건대 저는 숙선(宿善: 전세에서의 착한 일)이 없어 지금 와서 곤궁한 것입니다. 이제 또 보시하지 않는다면, 내세에는 더욱 구차할 것입니다. 제가 고용살이로 얻은 밭을 법회에 보시해서, 뒷날의 응보(應報)를 도모하면 어떻겠습니까?" 어머니도 좋다고 하므로, 이에 밭을 점계에게 보시했다. 얼마 지나지 아니하여 대성은 세상을 떠났다.

이날밤 재상 김문량(金文亮)의 집에 하늘의 외침이 있었다. "모량리 대성이란 아이가 지금 네 집에 태어날 것이다." 집 사람들이 매우 놀라 사람을 시켜 모량리를 조사하게 하니, 대성이 과연 죽었는데 그날 하늘에서 외치던 때와 같았다. 김문량의 아내는 임신해서 아이를 낳았다. 왼손을 꼭 쥐고 펴지 않더니 7일 만에야 폈는데, '大城' 두 자를 새긴 금간자(金簡子)가 있었으므로 다시 이름을 대성이라 하고, 그 어머니를 집에 모셔 와서 함께 봉양했다.

대성이 장성하자 사냥을 좋아하여서 하루는 토함산에 올라가 곰 한 마리를 잡고 산밑의 마을에서 잠을 자는데, 꿈에 곰이 귀신으로 변하여 말하기를 "네가 나를 죽였으니 나도 너를 잡아먹을 것이다." 하므로 대성이 겁에 질려 용서하기를 비니, 귀신이 말하기를 "네가 나를 위하여 절을 지어주겠는가?" 하므로, 대성이 그렇게 하겠다고 맹세하였다. 꿈을 깨니 온몸에 땀이 흘러 자리를 적셨다. 그 뒤로는 일체 사냥을 금하고, 곰을 위하여 사냥하던 자리에 장수사(長壽寺)를 세웠다.

그리고 현세의 부모를 위하여 불국사를 창건하고, 전세의 부모를 위하여 석불사(石佛寺: 지금의 석굴암)를 창건하였다 한다.

—「대성효이세부모(大城孝二世父母)」『삼국유사』 권5

〈 강수(强首) — 꿈에 뿔이 달린 사람을 본 꿈 〉

강수(强首)는 중원경(현재의 충북 충주시) 사량인(沙梁人)이다. 아버지는 석체나마(昔諦奈麻)이다. 그 어머니가 꿈에 뿔이 달린 사람을 보고 임신하여 낳았더니, 머리 뒤편에 뼈가 불쑥 나와 있었다. 석체가 아이를 데리고 당시 어질다고 하는 사람을 찾아가 묻기를, "이 아이의 머리뼈가 이러하니 어떻습니까?" 하니, 대답하기를

"내가 들으니 복희(伏羲)는 호랑이 모습이고, 여와(女媧)는 뱀의 몸이며, 신농(神農)은 소의 머리 같았고, 고요(皐陶)는 입이 말과 같았으니, 성현은 다 같은 유(類)로써 그 골상도 보통 사람과 같지 않은 바가 있었다. 그런데 아이의 머리에 검은 사마귀가 난 것을 보니, 골상법에 얼굴의 검은 사마귀는 좋지 않으나 머리의 사마귀는 나쁠 것이 없으니 이는 반드시 기이한 것이리라." — 후략 —

—「열전」 제6 『삼국사기』 권 제46

처음 이름은 우두(牛頭)였으나 외교 문서 작성 등에 뛰어난 실력을 발휘하여, 왕으로부터 특이한 머리 모양 때문에 강수(强首)로 불리게 된다.

〈 김경손 – 동자가 품 안에 떨어진 꿈 〉

김경손(金慶孫)은 평장사 태서(台瑞)의 아들인데, 어머니 꿈에 오색 구름 사이에서 푸른색 옷을 입은 한 동자를 여러 사람이 옹위하여 품 안으로 떨어뜨려 보냈다. 드디어 태기가 있어 낳았는데 처음 이름을 운래(雲來)라 하였다. 머리 위에는 용의 발톱같이 생긴 뼈가 있었고, 성이 나면 수염과 머리털이 모두 일어섰다. 성품이 씩씩하고 중후하고 화평하며 여유가 있었고, 지혜와 용맹이 출중하였다.

— 고종 안효대왕(高宗安孝大王) 4 신해 38년(1251) 『고려사절요』 제17권

〈 정여립 – 정중부를 본 꿈 〉

정여립(鄭汝立)의 아버지 정희증(鄭希曾)은 대대로 전주 남문 밖에서 살아왔다. 처음 정여립을 잉태할 때에 꿈에 정중부(鄭仲夫)가 나타났고, 날 때에도 또 같은 꿈을 꾸었다. 친구들이 와서 축하하였으나, 그는 기뻐하는 빛이 없었다.

나이 7~8세에 여러 아이들과 놀면서 까치 새끼를 잡아 주둥이로부터 발까지 뼈를 부러뜨리고 살을 찢었다. 희증이 그것을 보고, "누가 이렇게 못된 짓을 했느냐"고 물으니, 한 여종이 먼저 사실대로 대답하였다. 희증이 노하여 여립을 크게 꾸짖었더니, 그날 밤에 종 아이의 부모는 방아 찧으러 나가고 아이 혼자 자고 있는 것을 여립이 들어가서 칼로 배를 갈라 죽였다. 그 부모가 돌아와서 보니, 자리에 피가 가득하고 아이는 죽어 있었다. 발을 구르면서 통곡하니, 이웃 사람들이 저자같이 모여들었다. 그때 여립이 어두운 구석에 숨어 있다가 나오면서, "내가 한 짓이니 괴이하게 여기지 말라." 하고 조금도 기가 꺾이지 않았다. 듣는 이가 해괴하게 여기고 혹은 말하기를, "악장군(惡將軍)이 났다"고 하였다. — 후략 — (『혼정편록[混定編錄]』 5)

— <기축년 정여립(鄭汝立)의 옥사(獄事)> 「선조조(宣祖朝) 고사본말(故事本末)」 『연려실기술』 제14권

이처럼 조선 중기의 사상가인 정여립(鄭汝立: 1546〔명종 1〕~1589〔선조 22〕)의 태몽은 아버지인 정희증(鄭希曾)에게 고려의 무신난을 일으킨 정중부(鄭仲夫)가 나타난 꿈으로 알려져 있는 바, 역모사건으로 자결하게 되는 일생과 무관하지 않아 보인다.

1589년(선조 22) 기축년(己丑年) 10월에 정여립이 역모를 꾀하였다 하여, 기축옥사(己丑獄事)의 장본인으로 동인 세력이 숙청되고, 전라도 전체가 반역향이라는 낙인을 찍히게 하여 호남 출신 인사의 관계 진출을 어렵게 만들었다.

〈 정약전(丁若銓) — 아들 셋을 얻는 꿈 〉

— 전략 — 선고(先考) 정재원(鄭載遠)은 음사(蔭仕)로 여러 고을의 군수를 지내다가 진주 목사(晉州牧使)로 별세하였다. 아들 5형제를 두셨는데 정약전(鄭若銓)이 그 둘째다. 선비(先妣)의 꿈에 아들 셋을 얻었으므로, 아명(兒名)을 삼웅(三雄)이라 하였다.

— <선중씨(先仲氏)의 묘지명>「묘지명(墓誌銘)」『다산시문집』 제15권

정약전(丁若銓: 1758〔영조 34〕~1816〔순조 16〕)은 조선 후기의 문신으로 정약용(丁若鏞)의 둘째 형이다. 남인 인사들과 사귀고 그들의 영향을 받아 자신도 천주교 신자가 되었다. 1801년(순조 1) 신유사옥 때 흑산도로 유배되어 그곳에서 후진을 양성하다가 16년 만에 죽었다. 저서로는 흑산도 근해의 수산생물을 실제로 조사·채집·분류하여 각 종류별로 명칭·분포·형태·습성과 그 이용에 이르기까지 자세히 기록한『자산어보(玆山魚譜)』가 유명하다.

〈 퇴계 이황의 태몽 — 공자 〉

선생께서는 온계리(溫溪里)에 있는 집에서 태어나셨는데, 어머님께서 꿈속에서 공자(孔子)가 문 앞에 있는 것을 보고 선생을 낳았다(전해오는 말이기에 믿을 수는 없으나, 우선은 여기에 기록해 두어 참고하는 데 대비하였다).

— 김성일(金誠一), 「퇴계 선생(退溪先生) 언행록(言行錄)」『학봉전집(鶴峯全集)』

〈 송시열의 태몽 — 공자 〉

우암 송시열. 그는 선조 40년(1607), 지금의 충청북도 옥천군 구룡리(九龍里)에서 송갑조(宋甲祚)의 셋째 아들로 태어났다. 우암의 어머니 곽(郭)씨 부인이 밝은 달과 같은 구슬을 삼키는 태몽을 얻어 그를 잉태하였다고 한다.

우암이 태어나기 전날 밤에는 그의 아버지 송갑조가 마침 종가에 제사를 모시러 청산(靑山) 땅에 머물고 있었다. 한밤중에 홀연 공자가 여러 제자들을 거느리고 자신의 집으로 들어오는 꿈을 꾸어, 이상하게 생각하고 있는데 옥동자를 낳았다는 소식을 받았다고 한다. 그리하여 집에 온 그는 '이 아이는 성인이 주신 아들이다.' 하여 성뢰(聖賚)라는 이름을 지어주었다.

—「연보(年譜)」『송자대전(宋子大全) 부록(附錄)』 제2권

송시열은 서인 노론의 영수이자 사상적 지주로서 활동했다. 1689년 숙의 장씨가 낳은 아들(뒤의 경종)의 세자 책봉이 시기상조라 하여 반대하는 상소를 올렸다가, 숙종의 미움을 받게 되어 모든 관작을 삭탈당하고 제주로 유배되었다. 그해 6월, 국문(鞠問)을 받기 위해 서울로 압송되던 길에 정읍에서 사약을 받고 죽었다.

〈 이덕일(李德一) — 장군의 태몽 〉

신유년(1561, 명종 16) 부친의 꿈에, 중국 송대(宋代)의 충신이며 명장인

악비(岳飛)가 집에 와 깜짝 놀라 꿈을 깨어 보니, 공이 이미 출생한 상태였다. 그날 밤에는 또 채색 무지개의 서기(瑞氣)가 있었으므로, 사람들이 이상하게 여겼다.

— 권상하(權尙夏), 「묘표(墓表), 이덕일(李德一)」『한수재선생문집(寒水齋先生文集)』 제31권

이덕일(李德一: 1561~1622)은 조선 임금 선조(宣祖)때의 장수(將帥)로 호는 칠실(漆室)이다. 명장인 악비(岳飛)가 출생 시에 부친의 꿈속에 나타났듯이, 임진왜란 때 의병장으로 기개를 떨쳤다.

4) 동물·식물 관련 태몽 사례

동물·식물 등 다양하게 전개되고 있는 바, 용의 태몽이 가장 많이 보이고 있다.

〈 김일손(金馹孫) — 용마(龍馬)의 태몽 〉

갑신년에 나다. 김일손은 자는 계운(季雲)이며, 본관은 김해(金海)요, 호는 탁영자(濯纓子)이다. 공의 아버지 맹(孟: 자는 자진[子進])은 벼슬이 집의에 이르렀다. 용마(龍馬)의 꿈을 꾸고 세 아들을 낳아 준손(駿孫)·기손(驥孫)·일손(馹孫)이라 이름을 지었는데, 모두 문장으로 세상에 이름이 나고 과거에 올랐다. (『허백정집[虛白亭集]』)

— <무오당적(戊午黨籍)>「연산조(燕山朝) 고사본말(故事本末)」『연려실기술』 제6권

용마(龍馬)의 태몽 또한 좋은 표상이다. 훌륭한 말의 표상이기에 커다란 인물이 될 것을 예지해주고 있다.

〈 이제마(李濟馬) 태몽 — 말을 잘 키우라는 꿈 〉

이제마의 태몽은 조부인 이충원(李忠源)이 꿈을 꾸었다. 어떤 사내가 "제주에서 바다를 건너온 용마(龍馬)인데, 알아보는 사람이 없어 이 댁에 끌고 왔으니 잘 키우도록 하시오."라 하였다.

때마침 어떤 여인이 강보에 싸인 아이를 안고 들어 왔다. 아들인 이반오(李攀五)가 주막집의 여인과 통정하여 낳은 아이였다. 조부는 꿈을 생각하여 이들 모자를 흔쾌히 받아들이고, 제주도의 말을 얻었다고 하여, 이름을 이제마라 지었다고 한다.

〈 이율곡의 태몽 — 용이 날아든 꿈 〉

병신년(1536) 12월 26일에 강릉(江陵) 북평리(北坪里)에서 선생을 낳았다. 신씨의 꿈에 검은 용이 바다에서 침실로 날아들었는데, 조금 후에 선생이 태어났기 때문에 어려서는 자를 현룡(見龍)이라 하였다.

— 김집(金集), 「율곡(栗谷) 묘지명」『신독재전서(愼獨齋全書)』 제8권

그때 율곡을 낳았던 방을 지금도 몽룡실(夢龍室)이라고 부른다. 『백사집』 제4권 「율곡 선생(栗谷先生)의 비명(碑銘)」에는 용(龍)이 바다에서 날아와 방으로 들어와서, 아이를 안아다가 부인의 품속에 넣어주는 꿈을 꾸고는 이윽고 아들을 낳았다고 나오고 있다. 『송자대전(宋子大全)』 171권에는 문채가 찬란한 신룡(神龍)이 날아서 침실(寢室)에 들어오는 꿈을 꾸고 나서 선생을 낳았다고 적혀 있다. 이 밖에도 이율곡과 관련된 꿈이야기도 상당수 있다. 죽음 예지 꿈에서 살펴본 바 있는 바, 일찍 죽게 될 것을 예지한 꿈이야기를 비롯하여, 이름 및 자(字)에 관한 꿈과 관련된 이야기가 전해온다.

〈 숙종 — 이불 속에 용이 있는 꿈 〉

숙종은 현종의 적사(嫡嗣)였고, 모비는 명성왕후(明聖王后) 김씨로 영돈령부사 청풍부원군(清風府院君) 우명(佑明)의 딸이었다.

언젠가 효종의 꿈에 명성왕후 침실에 이불을 씌워 놓은 물건이 있어서 떠들고 보았더니 용이어서 꿈을 깬 효종이 기뻐하면서, 장차 원손(元孫)을 얻을 길몽이라 하고 미리 이름까지 지어두고 기다렸는데, 과연 현종 신축년 8월 15일(신유)에 상이 경덕궁 회상전에서 탄강했던 것이다. — 후략 —

— 『국조보감』 제41권, 숙종조 1, 즉위년(갑인, 1674)

숙종이 용꿈의 태몽으로 태어난 바, 용은 부귀·권세·명예의 상징으로 용꿈 태몽으로 출생한 사람들은 높은 직위나 권세, 명예로운 일생과 관련이 있다. 하지만 무조건 용꿈의 태몽이라고 해서 다 좋은 것은 아니며, 용꿈의 표상 전개가 어떻게 전개되느냐에 달려 있다고 하겠다. 올라가다가 떨어지는 용이라든가, 상처 난 용 등의 태몽 표상은 시련에 부딪치게 될 것을 예지해주고 있다.

참고로 상처를 입은 용이 하늘을 날고 있는 꿈으로 출생한, 고(故) 윤이상 씨의 태몽은 큰 뜻을 자유롭게 펼쳐보지 못하고 불운하게 일생을 보내게 됨을 보여주고 있다. 그리고 명성황후의 태몽은 한쪽 날개가 다친 학이 날아든 꿈이라고 하는 바, 뜻대로 펼치지 못하고 비운에 처하게 되는 운명을 예지하고 있음을 알 수 있다.

〈 자식의 요절 — 새끼 용이 물 위에 뜬 꿈 〉

— 전략 — 어린아이 용(龍)과 첩의 소생 딸 애생(愛生)을 모래밭에 버려두었는데, 조수가 밀려 떠내려가느라 우는 소리가 귀에 들리더니 한참 만에야 끊어졌다.

나는 나이 30세에 비로소 이 아이를 얻었는데, 태몽에 새끼 용이 물 위에 뜬 것을 보았으므로, 드디어 이름을 용(龍)이라 지었던 것이다. 누가 그 아이가 물에 빠져 죽으리라 생각했겠는가?

부생(浮生)의 온갖 일이 미리 정해지지 않은 것이 없는데, 사람이 스스로 깨닫지 못하는 모양이다. 왜적이 내가 타고 가던 배를 저희들 배의 꼬리에 달고 바람을 따라 남으로 내려가는데 배가 살과 같이 빨랐다.

— 강항(姜沆), 『간양록(看羊錄)』, 「난리를 겪은 사적[涉亂事迹]」

태몽에 새끼 용이 물 위에 떠 있어서 이름을 '용(龍)'이라고 지었던 어린 아들은, 새끼용처럼 장성하지 못하고 왜적으로 인하여 어린 나이에 조수(潮水)의 물에 죽게 되는 일로 실현되고 있다.

강항(姜沆: 1567〔명종 22〕~1618〔광해군 10〕)은 조선 중기의 문신으로, 정유재란 때에 배에 가족을 싣고 왜적을 피해 바닷길로 피난하고자 하였으나, 왜의 적선을 만나게 되어 자결에 실패하고 포로가 되어 일본으로 끌려가게 된다. 뛰어난 학식으로 일본인에게 감화를 끼쳐 1600년에 포로 생활에서 풀려나 가족들과 함께 귀국할 수 있었다.

강항은 적국에서 당한 포로들의 참상과 그곳에서 보고 들은 실정 및 전란에 대비해야 할 국내 정책에까지 언급하여, 『건거록(巾車錄)』을 지었다. 『건거록』은 '죄인을 태우는 수레'라는 뜻으로, 포로로 붙잡혀 가서 적국에서 연명한 신세를 스스로 부끄러워하여 지은 제목이다. 강항이 죽은 후에 그의 제자 등이 이를 발간하면서 『간양록(看羊錄)』으로 바꿨다.

'看羊(간양)'이란 '양을 돌보다.'라는 뜻으로, 중국의 한 무제(漢武帝) 때 강화사절단의 대표로 흉노에 파견되었다가 흉노왕의 회유를 거부하여, 북해(北海) 부근으로 추방돼 19년간이나 억류되어 있던 한나라 소무(蘇武)의 충절에 강항의 애국충절을 견주어 말한 것이다. 흉노왕은 소무를 추방할 때 숫양들을 가리키며 "이놈들이 새끼를 낳는 날, 너를 집으로 보내주리라"고 말했다.

〈 김덕령 장군 — 방안에 들어왔던 두 마리의 호랑이가 사라지는 꿈 〉

김덕령(金德齡: 1567〔선조 즉위년〕~1596〔선조 29〕) 장군의 태몽은 산에서 두 마리의 호랑이가 방에 들어 왔다가 사라지는 꿈이었다. 김덕령 장군은 임진왜란 때 의병대장이 되어 혁혁한 공을 세웠으나, 후일 이몽학(李夢鶴)과 내통했다는 반역죄로 몰려 억울하게 옥사하였다. 태몽의 상징은 호랑이처럼 용감하고 훌륭한 두 형제를 낳게 되나, 들어왔다가 사라지는 꿈에서 뜻을 크게 펴지 못하고 꺾이게 될 것을 예지하고 있다. 그의 형 김덕홍(金德弘)도 의병대장으로 전사했다. 김덕령에 대한 이러한 우국충절을 꿈을 빌려 노래한 작품으로 권필의 「취시가(醉時歌)」가 있다.

〈 신천익(愼天翊)의 태몽 — 학 두 마리가 양어깨에 앉는 꿈 〉

> 신천익은 자(字)는 백거(伯擧), 호는 소은(素隱)이다. 부친 신인(愼諲)이 전라도 영광에 귀양 가 있을 때, 아들이 없어 처 이씨와 함께 신령께 치성을 드렸다. 그러자 꿈에 학 두 마리가 날아와 양어깨에 앉더니, 먼저 온 놈은 하늘로 날아올랐고, 뒤에 온 놈은 바다로 날아 내려갔다. 과연 같은 날 아들 쌍둥이를 낳자, 하늘로 날아간 학을 연상하여 맏이 이름은 천익이라 짓고, 둘째는 바다로 내려갔다 하여 해익이라 했는데 모두 선풍도골이었다.
>
> —『조야집요(朝野輯要)』

신천익(愼天翊: 1592〔선조 25〕~1661〔현종 2〕)은 조선 중기의 문신으로 아버지는 신인(愼諲)이다. 광해군의 실정을 보고 사직, 전라남도 영암에 은거하였다. 아우 해익(海翊)과 더불어 문명(文名)을 크게 떨쳤다.

〈 김경여(金慶餘)의 태몽 — 백학이 방으로 들어온 꿈 〉

모친이 일찍이 백학(白鶴)이 방으로 들어오는 꿈을 꾸자 부친인 찬성공(贊成公)은 틀림없이 범상치 않은 아이를 낳을 것이라고 기뻐하였는데, 과연 병신년(1596, 선조 29) 섣달[季冬]에 공을 낳았다. 그러나 찬성공은 공이 태어나는 것을 미처 보지 못하고 세상을 떠났다.

—「송애(松崖) 김공(金公) 신도비명(神道碑銘) 병서(幷序)」『송자대전(宋子大全)』 제157권

김경여(金慶餘: 1596〔선조 29〕~1653〔효종 4〕)는 조선 후기의 문신으로, 자(字)는 유선(由善), 호는 송애(松厓)다. 부친은 찬성(贊成)에 추증된 김광유(金光裕)다.

〈 허목(許穆)의 태몽 — 새가 날아든 꿈 〉

허목(許穆: 1595〔선조 28〕~1682〔숙종 8〕)은 조선 중기의 문신이자 학자다. 그는 남인으로 17세기 후반 2차례의 예송(禮訟)을 이끌었으며, 허미수로 널리 알려져 있다. 본관은 양천(陽川), 자는 화보(和甫)·문보(文父), 호는 미수(眉叟)로 어머니는 임제(林悌)의 딸이다. 전해오는 민속에는 외할아버지인 임제(林悌)가 대신 태몽을 꾼 것으로 전해진다.

백호(임백호)공은 새가 도포 속으로 들어오는 꿈을 꾸고 태몽으로 여기어, 자신의 며느리에게 주려고 했으나 뜻대로 되지 않았다. 때마침 출가한 딸이 있다가 태몽을 받았다. 그 후에 태어난 아이는 새처럼 조그맣고 털이 오송송하며, 눈썹이 얼마나 길던지 가슴까지 내려왔다고 한다. 그래서 '미수(眉叟)'라는 호를 붙이게 되었다고 한다.

〈 이산해의 태몽 — 몽교(夢交)한 꿈 〉

이산해(李山海: 1539〔중종 34〕~1609〔광해군 1〕)는 조선 중기의 문신이다. 이색(李穡)의 7대손으로, 토정 이지함의 조카가 된다. 아버지는 이지번(李之蕃)이며, '산해'라는 이름은 아버지가 산해관(山海關)에서 그의 잉태를 꿈꾸었기 때문에 붙여진 것이라 한다.

민속에 전해오기를, 그때 부인과 동행을 하지 않았는데도 함께 잠자리에 드는 꿈을 꾸었다. 그리고 집에 있던 이산해의 부인도 같은 꿈을 꾸게 되었다. 꿈속에서 서로 운우지정을 맺어 태어난 아기가 이산해라고 한다.

오늘날에는 몽교(夢交)에 관한 위와 같은 이야기를 믿지 못할 것이다. 실제로 남편과 통정 없이 아이를 낳은 경우, 합리화하기 위해서 이러한 말을 지어낼 수가 있겠다.

다음의 이야기는 황현의 『매천야록』에 나오는 말로, 몽교(夢交)에 관해서 속신이 있었음을 알 수 있다.

> 민승호가 죽었는데 그의 후실 이씨는 젊고 아름다웠다. 수년이 지나서 몸을 삼가지 않는다는 소문이 있었다. 민영주·민영달과 불륜 관계를 맺어 어린아이를 낳아 길렀으니, 민간에서는 이름하여 몽득(夢得)이라 하였다. 그것은 죽은 민승호와 함께 몽교(夢交)를 해서 잉태했다는 말로 그렇게 부른 것이다. 중궁 민비는 그런 행위를 미워했다.
>
> —『매천야록』

〈 하경복 — 자라가 품속으로 들어온 꿈 〉

양정공(襄靖公) 하경복(河敬復)은 본관이 진주다. 그 어머니가 꿈에 자라가 품속으로 들어오는 태몽을 꾸고 임신하여 그를 낳았으므로, 어릴 때 이름이 왕팔(王八)이었다. 어려서부터 기운이 남보다 뛰어났으며, 기개가 뛰어났다. 무(武)에 능함으로써 발탁(拔擢)되어 크게 현달하였다. (요약 발췌)

— 서거정(徐居正), 『필원잡기(筆苑雜記)』 제1권

〈 박중손 – 집채만 한 큰 소 〉

밀산군(密山君) 박공(朴公) 중손(仲孫) 자(字) 경윤(慶胤)이 졸하여 장사를 지내게 되었다. 그의 여러 아들이 상락(上洛) 김수녕(金壽寧)에게 명(銘)을 요구하여 말하기를, "젊었을 때 우리 집에 내왕하여, 우리 아버님을 가장 잘 알고 있으니, 덕을 밝히고 공로를 빛나게 하여 사라지지 않게 해 주십시오." 하였다. — 중략 —

처음에 공의 비(妣) 정경부인(貞敬夫人) 왕씨(王氏)가 임신하였는데, 태몽에 집채만 한 큰 소를 보았다. 속으로 이상하게 여겨 찬성에게 말하니, 찬성이 말하기를, "장차 창성(昌盛)하려면 징조가 반드시 먼저 보이는 것이니, 내 생각에는 아이가 우리 집안을 중흥시킬 것이오." 하였다. 그 뒤 7개월 만에 공을 낳았다.

뛰어나고 명랑하고 특이하여 어릴 때도 장난을 좋아하지 않았으며, 조금 성장하게 되어서는 스스로 책을 끼고 다니며 글 읽을 줄을 알았다. 15세에 성균시(成均試: 국자감시[國子監試], 즉 진사를 뽑는 과거)에 합격하고, 다시 어진 스승과 벗들을 추종하여 노닐며 학문을 닦고 문장을 수련하여 선덕(宣德) 을묘년에 대과에 급제하였다.

— <유명조선국 수충위사협찬정난공신 숭록대부 밀산군 시 공효 박공 신도비명 병서(有明朝鮮國輸忠衛社協贊靖難功臣崇祿大夫密山君謚恭孝朴公神道碑銘 幷序)> 「비명(碑銘)」 『동문선』 제121권

박중손(朴仲孫: 1412[태종 12]~1466[세조 12])은 1453년(단종 1) 계유정난에 가담해 어린 단종을 보필하던 김종서(金宗瑞) 등을 제거한 공으로, 정난공신(靖難功臣) 2등으로 응천군(凝川君)에 봉해지고 병조참판에 올랐다.

5) 사물 및 기타 관련 태몽 사례

〈 성희안(成希顔) — 지팡이를 받는 꿈 〉

성희안은 자는 우옹(愚翁)이며, 본관은 창녕(昌寧)이다. 신사년에 태어났으며 세조 을사년에 문과에 올랐다. 정국공신 창산부원군(昌山府院君)에 봉해졌고 기사년에 정승이 되어 영의정에 이르렀다.

공이 태어날 적에 그의 어머니가 꿈을 꾸니, 한 신선이 와서 지팡이를 주면서, "이것을 짚으면 네 집에 복록이 일어나게 되리라." 하였다. 공이 자라서 지각이 들자, 이미 원대한 기상이 있었다. (「비문」)

— <중종조의 상신(相臣)> 「중종조(中宗朝) 고사본말(故事本末)」『연려실기술』 제9권

〈 정몽주 — 화분을 안다가 떨어뜨리는 꿈 〉

정몽주(鄭夢周), 자는 달가(達可)이며, 호는 포은(圃隱)이고, 본관은 연일(延日)이다. 어머니 이씨가 임신하였을 때, 난초 화분을 안다가 놀라 떨어뜨리는 꿈을 꾸고서 공을 낳았다. 따라서 이름을 몽란(夢蘭)이라 하였다. 어깨 위에 북두칠성 모양으로 일곱 개의 검은 점이 있었다. 아홉 살이 되었을 때, 어머니가 흑룡이 동산의 배나무 위에 올라가는 꿈을 꾸다 놀라 깨어나와 보니 바로 공이었다. 그래서 이름을 또 몽룡(夢龍)이라 하였다. 관례(冠禮)하면서 지금의 이름 몽주(夢周)로 고쳤다.

— <고려에 절개를 지킨 여러 신하> 「태조조(太祖朝) 고사본말(故事本末)」『연려실기술』 제1권

정몽주(1337〔충숙왕 복위 6〕~1392〔공양왕 4〕)는 고려 후기의 문신·학자로서, 어릴 때 이름은 몽란(夢蘭) 또는 몽룡(夢龍)이었고, 성인이 되어 다시 몽주(夢周)라 고쳤다. 몽주의 이름 또한 꿈에 훌륭하게 생긴 사람이 나타나, "나는 중국의 주공(周公)인데, 천제(天帝)의 명으로 너희 집에서 태어나기로 하였다."라고 했다고 한다. 이렇게 꿈에 중국의 주공을 보고 낳았다고 해서, 몽주(夢周)란 이름이 생겼다고 한다.

이처럼 태몽이 하나뿐만이 아니고, 경우에 따라서 이렇게 한 사람의 태몽으로 여러 가지 꿈을 꾸기도 한다. 실례로, 현대 자동차 정몽구(鄭夢九) 회장은 "내 이름이 몽구(夢九)가 된 것은 어머니가 태몽을 아홉 번 꾼 데서 유래되었다"고 밝히고 있다.

또한 앞에서 정여립의 태몽이 무신의 난을 일으킨 정중부가 나타난 태몽이었음을 살펴보았듯이, 꿈속에 사람이 태몽 표상으로 등장하는 경우, 나타난 사람과 체격이나 성품, 학식이나 인생의 운명길이 유사하게 전개되고 있다.

정몽주 또한 태몽에 주공(周公)이 나타났는데, 주공은 B.C. 12세기에 활동한 중국의 정치가로 성은 희(姬), 이름은 단(旦)이다. 주(周)나라 초기에 국가의 기반을 다졌으며, 공자가 나이 들어 꿈속에서 주공을 보지 못하는 것에 대하여 늙고 노쇠함을 걱정한 것을 말한 것에서도 알 수 있듯이, 공자는 그를 후세의 중국 황제들과 대신들이 모범으로 삼아야 할 인물로 격찬했다.

또한 이렇게 태몽 표상으로 등장한 사물이나 동물이 깨지거나 사라지거나 훼손되는 경우, 장차 인생길에서 요절이나 병마(病魔) 등으로 인하여 시달리게 되는 일로 이루어지고 있다. 예를 들어, 난초 화분을 떨어뜨리는 태몽 꿈은 장차 선죽교에서 타살되는 비운을 예지해 주고 있다.

〈 서경덕의 태몽 — 공자의 사당에 들어가다 〉

화담 선생의 성은 서씨요, 이름은 경덕, 자는 가구다. 어머니가 일찍이 공자의 사당에 들어가는 꿈을 꾸었다. 선생은 태어나서부터 뛰어나 크게 보통 아이와 달랐다. 차차 자라자 스스로 글을 읽는 것을 알아 눈을 거치면 문득 외었으며, 넓게 책을 보고 많이 기억했다.

—『해동잡록』 4, 『송도기이』, 『대동야승』 제71권

태몽에서 공자의 사당에 들어간 꿈에서, 장차 학문으로써 이름이 날 것을 예지해주고 있다. 또한 이렇게 공자와 관련된 태몽을 꾸었다고 밝히고 있는 위인으로, 우암 송시열과 퇴계 이황 선생이 있다.

〈 신용개의 태몽 — 악신(岳神)이 나타나다 〉

"신용개(申用漑)의 어릴 때 이름은 악종이니, 그 조부 신숙주의 꿈에 '악신'이 내린 상서로움이 있어서, 이름을 악종이라 하였으니 거처하는 북쪽이 곧 백악이었다."

— 신용개, 『해동잡록』 4

신용개(申用漑: 1463〔세조 9〕~1519〔중종 14〕)는 조선 전기의 문신으로 할아버지는 신숙주(申叔舟)다. 신용개의 『이락정집(二樂亭集)』 묘지와 비명(碑銘)에 나오는 유사한 또 다른 설명을 살펴보면, 신용개가 태어날 때 그의 할아버지 문충공(文忠公) 신숙주의 집 뒤에 백악산(白岳山)이 있었는 바, 문충공이 산에서 상서로운 기운이 내려오는 꿈을 꾸었다. 그래서 아명을 백악종(白岳種)이라고 지었다.

이처럼 부모나 가족이 꾼 태몽과 관련하여 이름을 짓는 경우가 상당수 있다.

〈 이현일(李玄逸) — 오색의 상서로운 기운이 집안 가득 덮여 있는 꿈 〉

조선 후기의 문신·학자인 이현일(李玄逸: 1627~1704)은 어머니의 태몽에 오색의 상서로운 기운이 집안 가득 덮여 있는 꿈을 꾸었다고 한다.

〈 이징옥 – 원적산이 속곳 가랑이로 들어온 꿈 〉

조선 초기 최고의 장수로, 최고의 장군 반열에 오른 세 장수인 이징석·이징옥·이징규 삼 형제의 태몽 이야기다. 남해안 왜구 방어의 책임자 이징석, 북방 오랑캐 방어의 책임자 이징옥, 그리고 조선 국방의 총책임자 이징규. 세 장수의 아버지인 이전생이 자리 잡은 양산 삼수리의 세 장수 생가터는 명당으로, 북쪽은 영취산(영축산), 남쪽은 원적산, 더 남쪽은 금정산이다.

어머니의 꿈에 영취산이 또박또박 걸어와 속곳 가랑이로 들어오는 태몽으로 큰아들을 낳고, 둘째 때는 원적산이 가랑이로 들어오고, 셋째 때는 금정산이 들어오는 태몽이었다. 큰아들 징석의 아호가 영취산 취를 써 취봉, 둘째 징옥이 원봉, 셋째 징규가 금봉인 게 다 그런 태몽에 연유한다.

이징옥은 김종서 장군의 심복으로, 세조가 김종서를 죽이고 단종의 왕위를 찬탈하자, 군사를 북방에서 일으키나 부하의 배신으로 실패하고 만다(요약 발췌, 〔동길산 시인의 부산·경남 문화지리지〕 〈19〉 양산 삼수리, 부산일보, 2006. 2. 11).

〈 도선(道詵) 국사의 태몽 – 오이를 먹은 태몽 〉

도선은 영암(靈巖) 사람으로서 나이 72세에 광양(光陽)의 옥룡사(玉龍寺)에서 죽었으니, 신라(新羅) 효공왕(孝恭王) 2년(898)이다. 왕건(王建)이 철원군 태수(鐵原郡太守)가 된 지 4년째에 도선이 비로소 입적(入寂)한 것이다. 사기(史記)에 의하면 "왕 태조가 태어나기 1년 전에 도선이 찾아와서 글을 바치면서, 장차 삼한(三韓)을 통합할 임금이라 하였고, 왕 태조의 나이 17세 되던 해에 다시 찾아와서는 군사를 출동하고 진(陣)을 배치하는 법과 천시(天時) 지리(地理)의 법을 고(告)하였다." 하였다. (요약 발췌)

국사(國師)의 성은 김씨(金氏)요, 혹은 태종무열왕(太宗武烈王)의 서얼손

(庶孼孫)이라고도 하는데, 그 모친이 외를 먹고 잉태했다는 설과 꿈에 구슬을 삼키고 잉태했다는 말은 아마도 모두 허황한 말일 것이다.

—「인사문(人事門)」『성호사설』 제11권

〈 정성진의 태몽 — 뜰 앞에 쌍죽(雙竹)이 난 꿈 〉

정성진(鄭誠進)은 집[당우(堂宇)]의 이름을 '쌍죽(雙竹)'이라고 지었는 바, 어머니께서 일찍이 뜰 앞에 쌍죽(雙竹)이 난 태몽을 꾸었는데, 그 줄기가 죽죽 솟아올라서 마치 구름 속을 뚫고 올랐다고 한다. 그러고 나서 두 아들을 두게 되자, '아, 이것은 꿈이 실현된 것이다.'라고 어머니께서 말씀하신 것을 기려, 이로써 당우의 이름을 지었다고 한다. (요약 발췌)

이남규(李南珪), 「쌍죽당기(雙竹堂記)」『수당집』 제6권

쌍죽(雙竹)이 난 꿈으로 장차 쌍둥이나 두 아들을 두게 될 것을 예지해주고 있다. 대나무의 크기나 모양이 같은 경우, 장차 쌍둥이나 두 자식의 재능과 능력이 유사함을 보여주고 있다.

6. 왕·황후 등극 및 귀한 신분 예지

왕위에 오르거나 왕비가 된다는 것은 개인의 운명으로 볼 때 커다란 일이다. 따라서 이런 경우에 꿈으로 예지되어 나타난다는 것은 당연한 일이라 하겠다. 또한 이러한 왕이나 왕후 등극의 꿈 사례에 있어서, 신성성을 미화하기 위해서라도 지어낸 거짓 꿈으로 조작하여 유포시킨 경우도 있을 수 있겠다.

먼저 널리 알려진 『삼국유사』에 나오는 원성왕(元聖王: ?~798)의 왕위 등극을 예지한 꿈이야기를 살펴본다.

〈 꿈에 왕위 등극을 예지하다 〉

이찬 김주원(金周元)이 처음에 상재(上宰)가 되어 있을 때, 원성왕은 각간으로서 차재(次宰)의 위치에 있었다. 차재의 위치에 있을 때의 어느 날, 복두(僕頭)를 벗고 소립(素笠)을 쓰고 12현금(絃琴)을 들고서 천관사(天官寺)의 우물로 들어가는 꿈을 꾸었다. 꿈에서 깨어나 사람을 시켜 해몽 점을 쳐보게 했다.

"복두를 벗은 것은 관직을 잃을 징조입니다. 가야금을 든 것은 목에 칼이 씌어질 징조입니다. 그리고 우물에 들어간 것은 옥에 들어갈 징조입니다." 그는 이 해몽을 듣고 근심에 빠져 두문불출했다.

그때 아찬 여삼이 찾아와서 면회를 요청했다. 그는 병이 났다는 핑계로 면회를 사절하고 나가지 않았다. 아찬은 재차 한번 만나고 싶다고 요청해 왔다. 그제야 그는 허락했다. 아찬은 들어와 공이 무슨 일을 꺼려 하고 있기에 두문불출이냐고 물었다. 그는 점몽의 사유를 자세히 들려주었다. 얘기를 듣고 난 여삼은 일어나 절을 하면서 말했다. "이것은 좋은 꿈입니다. 공이 만일 대위(大位)에 올라 나를 버리지 않으신다면, 공을 위해 내 풀어 드리리라." 그는 이에 시종하고 있던 사람을 물러가 있게 하고, 여삼에게 해몽을 요청했다.

"복두를 벗은 것은 자기 위에 아무도 없게 됨을 말합니다. 소립을 쓴 것은 면류관을 쓸 징조입니다. 12현금을 든 것은 12세손이 대를 전해 받을 징조입니다. 그리고 천관사의 우물로 들어간 것은 궁궐로 들어가게 될 상서입니다."

"내 위엔 김주원이 있는데 어찌 상위에 오를 수 있겠소?" 여삼은 일러주었다. "비밀히 북천신(北川神)에게 제사를 드려 두는 게 좋습니다." 그는 그대로 따라 했다.

그 뒤 오래지 않아 선덕왕은 붕어했다. 조정 안의 사람들이 상재의 자리에 있는 김주원을 받들어 왕으로 세우려고, 그를 왕궁으로 맞아들이려 했다. 그런데 그의 집이 북천의 북쪽에 있었는데, 북천의 냇물이 불어올라 건너올 수가 없었다. 이 기회에 먼저 대궐에 들어가 즉위했다.

이렇게 등극한 임금이 원성왕이다. 이름은 경신(敬信), 성은 김씨였다.

—『삼국유사』

원성왕이 꾼 꿈의 해몽은 여삼의 꿈해몽이 올바르기에 언급하지 않겠다. 하지만 이러한 상징적인 꿈의 실현은 현실에서 그 어떠한 행위에도 상관없이 꿈의 예지대로 이루어지고 있다. 굳이 북천신(北川神)에게 제사를 지내지 않는다 하더라도, 한 번 꾼 꿈의 실현은 새롭게 꿈을 꾸지 않는 한, 하늘의 뜻대로 꿈에서 예지된 대로 진행되고 있다.

원성왕은 신라 제38대 왕으로 성은 김(金), 이름은 경신(敬信, 敬愼)으로 내물왕의 12세손이다. 혜공왕 말기의 혼란을 평정한 공으로 선덕왕 1년인 780년에 상대등에 임명되었다. 선덕왕이 죽자 비가 와서 알천(閼川)이 불어 김주원이 건너오지 못했으므로, 신하들이 경신을 추대하는 일로 이루어진다. 하지만 훗날 김주원의 아들이 아버지가 왕위에 오르지 못한 것을 이유로 반란을 일으킨 것을 보더라도, 양자 사이에 왕위 계승 다툼이 있었음을 짐작할 수 있겠다.

〈 왕건의 비 장화왕후의 꿈 〉

고려 태조 장화왕후(莊和王后) 오씨의 아버지는 다련군(多憐君)으로 대대로 목포에서 살아왔었다. 다련군은 사간(沙干) 연위(連位)의 딸 덕교를 아내로 맞아서 딸을 낳았다. 어느 날 그 딸이 꿈을 꾸었는데 바다의 용이 자기의 배 속으로 들어오는 것이 아닌가! 놀라 깨어나 부모에게 이야기하니, 모두 기이하게 생각하였다.

얼마 안 되어 태조 왕건이 수군장군으로 나주에 진(鎭)을 두고 목포에 배를 정박하였을 때, 근처에 오색의 구름 기운이 서려 있었다. 그래서 다가가 보니, 그곳에서 어떤 처녀가 베옷을 빨고 있었다.

태조 왕건은 그녀를 불러 곁에 두고 가까이하려 하였다. 태조는 잠자리를 함께하고 임신시키기를 원치 않아 돗자리에다 방설하였다. 그녀는 자신의 손으로 임신케 노력하였다(원문에는 후즉흡지[后卽吸之]로 나온다). 마침내는 임신하여 아들을 낳으니 이가 바로 혜종이다.

얼굴에 돗자리 자국이 있어 세간에서는 그를 접주(주름살 임금)라 하였다. 훗날 그 자리에 큰 절을 세우고 흥룡사라 이름하였다.

—『신동국여지승람』 제35권

평범한 신분의 처녀로서, 용이 자신의 배 속으로 들어오는 꿈을 꾼 후에, 왕건을 만나게 되고 장화왕후가 되어 혜종을 낳는다. 이러한 혜종에 대하여, 『고려사절요』의 기록을 통하여 살펴본다.

> 혜종 의공대왕(惠宗義恭大王)의 휘(諱)는 무(武)요, 자(字)는 승건(承乾)이니, 태조의 맏아들이다. 어머니는 장화왕후(莊和王后) 오씨(吳氏)이며, 후량(後梁) 건화(乾化) 2년 임신(912)에 태어났다. 오씨가 일찍이 용이 품속에 들어오는 꿈을 꾸었는데, 얼마 안 가서 태조가 나주(羅州)를 지키러 나갔을 때 오씨를 보고 사랑하여 드디어 아기를 배게 되었다. 나서 성장하자, 도량이 넓고 지혜와 용기가 뛰어나서 태조를 따라 후백제를 정벌하는 데 공이 있었다. 왕위에 있은 지는 2년이요, 수(壽)는 34세였다.
>
> — 혜종 의공대왕(惠宗義恭大王) 『고려사절요』 제2권

이렇게 우리의 역사적 사건 뒤에는 꿈이야기가 담겨 있다. 왕이 되고 왕비가 되는 데 있어, 어찌 꿈으로 예지되는 일이 없을 것인가? 또한 그러한 고귀한 신분으로 나아가는 꿈이야기는 부귀와 권세·명예를 상징하는 용이나 해와 달의 이야기가 상징성을 띠고 전개되고 있다. 배 속으로 용이 들어오는 것은 용으로 상징된 귀한 인물이 다가오게 되거나, 태몽으로 귀한 인재를 낳게 될 것을 상징적인 미래 예지 꿈으로 보여주고 있다.

이 밖에 출전을 알 수 없는 다음의 글들이 있다.

〈 장대비가 하늘을 뒤덮는 꿈 〉

왕건이 하늘에서 장대비가 쏟아져 하늘을 뒤덮는 꿈을 꾸고 하늘의 뜻을 알고 거사를 일으켜 왕위에 오르게 되었다.

〈 오줌으로 나라가 넘쳐난 꿈 — 아들이 왕위에 오르다 〉

992년 7월에 욱(郁)을 사수현(泗水縣: 경남 사천[泗川])으로 귀양 보냈다. 왕욱(王郁)은 태조의 여덟째 아들이다. 그 집이 경종(景宗)의 왕비(王妃) 황보씨(皇甫氏)의 집과 서로 가까웠다.

경종이 죽자, 왕비(王妃)인 헌정왕후가 사제에 나와 거처하였는데, 일찍이 곡령(鵠嶺)에 올라가 오줌을 누니 나라 안에 넘쳐흘러 모두 은빛 바다를 이루는 꿈을 꾸었다. 이에 점을 쳐 보니, "아들을 낳으니, 그가 한 나라의 왕이 될 것이다." 하므로, 왕비(王妃)가 "내가 이미 과부가 되었는데, 어찌 아들을 낳을 수 있으랴." 하였다. 후에 왕욱이 마침내 조카인 왕비(王妃)와 관계하여 아기를 배었으나 사람들이 감히 말하지 못하니, 이는 왕비(王妃)가 대종(戴宗: 성종의 아버지 왕욱을 추존한 묘호)의 딸이기 때문이었다.

어느 날 왕비(王妃)가 왕욱의 집에 머무르고 있었는데, 집안사람들이 뜰에 섶을 쌓고 불을 질렀다. 불길이 한창 맹렬할 때, 성종(成宗)이 빨리 가서 물어보도록 하여 그 까닭을 알게 되어 그를 귀양 보내었다. 왕비(王妃)인 헌정왕후는 자기 집으로 돌아와 겨우 문에 이르자마자 산기(産氣)가 있어, 문앞의 버드나무 가지를 휘어잡고 아이를 낳고는 죽었다.

왕이 보모(保姆)를 가려서 그 아이를 길렀는데, 아이가 2살이 되었을 때 왕이 불러 보니 보모가 아이를 안고 들어왔다. 아이가 왕을 쳐다보고, '아버지' 하고 부르며 무릎 위에 올라와서 옷깃을 움켜잡고 또다시, '아버지' 하고 부르자, 왕이 불쌍히 여겨 눈물을 흘리면서, "아이가 아버지를 그리워하는구나." 하고, 이에 사수현(泗水縣)으로 보내어 욱(郁)에게 돌려주니, 이 아이가 곧 순(詢)으로 훗날의 현종(顯宗)이다.

— 성종 문의대왕(成宗文懿大王) 임진 11년(992) 『고려사절요』 제2권

고려 헌정왕후가 꾼 곡령(鵠嶺)에 올라가 오줌을 누니, 나라 안에 넘쳐흘러 모두 은빛 바다를 이루는 꿈은 자신의 영향력이 온 세상에 펼쳐질 것을 뜻하는 바, 현실에서는 자신이 낳은 아들이 왕위에 오르는 것으로 실현되고 있다. 이는 삼국유사에 나오는 문희·보희의 꿈이야기와 유사한 바, 「Ⅲ. 특징별 꿈이야기의 매몽」에서 살펴보셨다.

고려 5대 왕인 경종(景宗)이 죽자, 태조의 손자이며 대종(戴宗) 욱(旭)의 둘째 아들인 성종(成宗)이 6대 임금으로 즉위하게 되며, 이후에 조카인 개령군(開寧君) 목종(穆宗)에게 왕위를 물려주고 38세의 나이로 죽었다. 목종은 경종과 천추태후(千秋太后) 황보씨(皇甫氏)의 맏아들로서 강조(康兆)에게 피살된다.

왕욱(王郁)은 태조의 8번째 아들이며, 경종의 왕비였던 헌정왕후의 삼촌이었다. 당시에 고려 왕실에서는 친족끼리 결혼을 많이 했기 때문에 삼촌과 조카 사이에서 아이가 태어난 것은 문제 되지 않았다. 하지만 경종의 왕비였던 헌정왕후와 외삼촌 왕욱의 밀애는 허용될 수 없는 일이었다.

이렇게 해서 992년에 헌정왕후는 왕순을 낳고 바로 죽었으며, 왕순은 난륜(亂倫)을 범한 죄로 쫓겨가 있던 친아버지인 왕욱 품에 2살 때 처음으로 안기게 된다. 하지만 왕순이 5살이 되던 996년에 왕욱은 병에 걸려 세상을 떠나게 되고, 고아가 된 왕순은 이듬해 다시 개경으로 돌아왔다. 하지만 그해에 성종이 승하하고 목종이 즉위하면서, 왕순은 목숨이 위태로운 처지가 되었다.

목종의 생모인 헌애왕후는 천추궁(千秋宮)에 거처하면서, 목종이 18세 나이로 즉위하자 자신을 천추태후라 하며 섭정을 하였다. 자식을 낳지 못한 목종은 1003년에 왕순을 대량원군(大良院君)에 봉해 왕위를 물려줄 뜻이 있었지만, 목종의 모후 천추태후는 목종에게 아들이 없음을 기화(奇貨)로 자신과 자신의 연인 김치양 사이에서 태어난 아이에게 왕위를 계승하고자 하였다. 이에 당시 태조의 유일한 혈통인 대량원군 순(詢)의 존재를 두려워하여 왕순을 강제로 승려로 만들어 출가시켜 버렸다. 이뿐만 아니라 자객을 보내 왕순을 죽이고자 하였다.

김치양 일파는 1009년(목종 12) 목종을 살해하려고 대궐에 불까지 놓았으나, 뜻을 이루지 못하였고 놀란 왕은 병석에 눕게 되었다. 음모를 알게 된 목종은 이러한 사건이 후계자가 정해지지 않았기 때문에 일어난 것으로 생각하였다. 이에 목종은 왕위를 물려주기 위해 왕순을 은밀히 궁궐로 데려오게 했다. 대량원군을 맞아오게 하는 한편, 서경의 서북면도순검사(西北面都巡檢使) 강조(康兆)에게 명해서 상경(上京)해 호위하게 하였다.

하지만 강조(康兆)는 천추태후가 왕명이라 꾸미고 자신을 죽이려는 것으로 착각하고 반란을 일으켰다. 강조는 왕명을 받고 개성으로 오던 중에 목종이 생존하는 한, 생모인 천추태후와의 관계로 김치양 일파를 제거할 수 없다고 판단해, 1009년 2월 정변을 일으켜 목종을 폐위시키고 왕순을 임금으로 옹립했다. 이렇게 강조(康兆)의 정변으로 1009년 2월에 왕위에 오른 바, 그의 나이 18살이었다.

이렇게 왕이 될 가망성이 전혀 없었으며, 심지어 죽음의 위협을 받던 대량원군(大良院君) 순(詢)이 현종(顯宗: 992〔성종 11〕~1031〔현종 22〕)으로 고려 제8대 왕위에 오르게 될 것을 예지한 꿈이야기를 살펴본다.

〈 현종의 왕위 등극을 예지한 꿈 〉

현종 원문대왕의 휘(諱)는 순(詢)이며, 자(字)는 안세(安世)요, 안종(安宗) 욱(郁)의 아들이다. 어머니는 효숙왕후(孝肅王后) 황보씨(皇甫氏)이며, 성종(成宗) 11년 임진년(992) 7월 1일 임진에 났다. 천성이 총명하고 어질었으며, 학문에 통달하고 문필을 잘하였다.

처음에 머리를 깎고 숭교사(崇敎寺)에 우거하였는데, 그 절의 중이 일찍이 꿈을 꾸기를, 큰 별이 절 뜰에 떨어져서 용으로 변하였다가 또 사람으로 변하니 곧 왕이었다. 이로 말미암아 왕을 기이하게 여기는 이가 많았다.

신혈사(神穴寺)로 옮겨 거처하였는데, 또 꿈에 닭 울음소리와 다듬잇소리를 듣고 술사(術士)에게 물으니 방언(方言: 우리말)으로 해석하기를, "닭의 울음소리는 '꼬끼오'하는 것이니 '고귀위'로 고귀한 자리[高貴位]에 오를 징조요, 다듬이질 소리는 '어근당어근당' 하고 나는 것이니, 그것은 왕위가 가까워진 것[御近當]을 뜻하는 것입니다. 이는 즉위할 징조입니다." 하였다. 그 후 목종 12년(1009) 2월에 군신들의 영접을 받으며 왕위에 올랐다. 왕위에 있은 지는 22년이요, 수(壽)는 40세였다.

— 현종 원문대왕 『고려사절요』, 『고려사』 권 제4

왕순의 친어머니인 헌정왕후는 아들이 현종으로 즉위 후 효숙왕태후(孝肅王太后)로 추존되었다. 중의 꿈에 별이 떨어져 용으로 변하고 다시 사람으로 변하는 표상에서 꿈속에 나타난 인물이 귀한 인물이 될 것을 예지해주고 있는 바, 장차 강조의 정변으로 현종이 왕위에 오르는 일로 실현되고 있다.

또한 꿈에 닭 울음소리와 다듬잇소리를 듣고, "닭의 울음소리는 '꼬끼오' 하는 것이니 '고귀위'로 고귀한 자리〔高貴位〕에 오를 징조요, 다듬이질 소리는 '어근당어근당' 하고 나는 것이니 그것은 왕위가 가까워진 것〔御近當〕"이라는 파자 해몽의 풀이로 왕위로 오르게 될 것을 예지해주고 있다.

〈 시구(詩句)로써 운수를 예지 〉

고려 명종께서 즉위하기 전, 사저에서 살고 계실 때 이 절(竹山 凝石寺)에 이르러 향을 살랐다. 절의 중이 꿈을 꾸니, 태조께서 명종에게 아홀 하나를 하사하고 아울러 시를 내리기를,

授爾一牙笏(수이일아홀)　네게 한 아홀을 주노니

法師不離侍(법사불리시)　법사를 곁에 두어라

居年九九九(거년구구구) 居年은 九九九요
享位七七二(향위칠칠이) 享位는 七七二라

명종이 그 뜻을 풀지 못하였으나, 그 후에 임금에 즉위하여 재위한 지 28년에 최충헌에게 폐위되었으니, 그 응함이 어긋나지 않았다.

—『신증동국여지승람』

명종(明宗: 1131〔인종 9〕~1202〔신종 5〕)은 고려의 19대 왕으로서, 1170년부터 1197년까지 28년간 재위했다. 꿈속에 받은 시구에서, "居年 九九九"는 세 개의 九가 되니 숫자 39가 되어, 명종이 1131년에 출생하여 1170년에 임금에 오르기 전까지의 39년간을 뜻하고 있다. 또한 "享位 七七二"은 七 더하기 七을 해서 얻어진 十四에 다시 二를 곱하면 28의 숫자가 되기에, 28년간의 재위 기간을 예지해준 것으로 볼 수 있다.

〈 이름을 고치고 왕위에 오른 꿈 〉

겨울 10월에 왕이 이름을 탁(晫)으로 고쳤다. 일찍이 잠저에 있을 때, 꿈에 어떤 사람이 이름을 천탁(千晫)이라 짓더니, 얼마 안 가서 왕위에 올랐다. 이때에 와서 금주(金主)와 이름이 같으므로 고치고자 하여 재상들에게 의논하여 지어 올리게 하니, 참지정사 최당(崔讜)이 탁(晫) 자를 지어 올렸다. 왕이 마음속으로 이를 이상하게 여겨, 드디어 이름을 고쳤다.

— 명종 광효대왕(明宗光孝大王) 2 정사 27년(1197) 『고려사절요』 제13권

고려의 명종이 왕위에 오르기 전인 잠저 시절에 꾼 꿈은, 누군가가 이름을 탁(晫)으로 고치고 왕위에 오르게 되는 꿈이었다.

명종은 고려 제19대(1170~1197) 왕으로, 17대 왕인 인종과 공예태

후(恭睿太后)의 셋째 아들이며 18대 왕인 의종의 동생으로, 왕위에 오를 수 없는 몸이었다. 하지만 뜻밖에 무신의 난으로 인하여, 1170년에 의종이 폐위되고 무신들에게 추대되어 즉위하게 된다. 그러나 자신의 '호(晧)'라는 이름이 금나라 왕의 이름과 같아, 이름을 새롭게 고치는 과정에서, 이름을 탁(晫)으로 고치고 왕위에 오르게 되는 어릴 때 꾼 꿈과 같이 왕이 되고 나서 자신의 이름을 탁(晫)으로 고쳤다. 즉 어릴 때 꿈속에서 이름을 고쳤던 사람이 바로 자신의 또 다른 자아임을 상징적으로 보여주고 있는 것이다. 이렇게 꿈속에서 또 다른 자신이나 자신으로 상징된 인물이나 동물을 보게 되는 사례가 많다. 유사한 사례를 살펴본다.

〈 꿈에서 본 이름의 사람이 본대로 실현되다 〉

류동립(柳東立)의 원래 이름은 성(惺)이다. 계유년(1573) 혹은 갑술년(1574), 그가 열예닐곱 살 되었을 때 꿈을 꾸었는데, 조선 시대에 사간원의 정5품 벼슬인 헌납(獻納) 관직에 있는 류성(柳惺)이 죄를 지어 조정에서 사형으로 논죄되는 꿈이었다. 류성은 상서롭지 못하다고 생각해서 이름을 동립으로 고쳤다.

후일에 류성(柳惺: 1572〔선조 5〕~1616〔광해군 8〕)이라는 사람이 있었는데, 류영경(柳永慶)의 일가 조카로, 관직이 헌납(獻納)이었다. 광해군 즉위년인 1608년에 조정에서 류영경을 역모로 논죄했는데, 류성도 연좌되어 삼수(三水)로 귀양 보내졌다.

류동립이 비로소 자기가 이름을 바꾼 이유를 말하니, 매우 기이하게 여겼다. 류동립이 병으로 죽은 지 6~7년 후인 병진년(1616)에 조정은 류성에게 죄를 더하여 죽음을 내렸다. 이는 왕조실록에 금부도사가 죄인 류성을 사사(賜死)했다고, 광해군 8년(1616)에 보고서를 올리고 있음에서 확인할 수 있다.

"류동립이 어려서 꾼 꿈이 죽은 후에 바야흐로 징험되었으니, 어찌 매우 괴이한 일이 아니겠는가?"라고 『어우야담』에서 말하고 있는 바, 이처럼 어렸을 때의 이름과 관련지어 장차 실현된 사례가 있다.

류성(柳惺)은 자는 자경, 참판 영길의 아들이다. 1599년(선조 31) 진사로 정시 문과에 병과로 급제, 헌납을 지내다가 1608년(광해군 즉위) 소북으로서 영창대군을 세자로 옹립하려 하였으나 1608년 광해군이 즉위하여 정인홍 등 대북이 집권하자 상수에 유배, 1616년 사사되고 뒤에 부관참시를 당했다. 1623년(인조 1) 인조반정에 신원되었다.

한편 무신의 난으로 인한 뜻밖의 왕위 등극을 예지한 고려의 제19대 왕인 명종의 또 다른 예지적인 꿈 사례를 살펴본다.

〈 태조가 명종에게 홀(笏)을 주는 꿈 〉

최여해(崔汝諧)는 천성이 너그럽고 후덕하였으며, 과거에 급제하여 울주 통판(蔚州通判)에 보임되었다. 처음 명종이 익양공(翼陽公)으로 있을 때, 여해가 그 부(府)의 전첨(典籤)으로 있었다.

하루는 꿈에 태조가 명종에게 홀(笏)을 주고, 명종이 그것을 받아 어좌(御座)에 앉으니, 여해가 여러 동료들과 함께 하례하였다. 잠이 깬 뒤에 기이하게 여겨 명종에게 고하였다. 명종이 왕위에 오르자, 여해가 축하의 표문(表文)을 가지고 서울에 이르러 환관(宦官)을 통하여 아뢰니, 임금이 비로소 놀라며, "최전첨이 왔구나." 하고 인견(引見)하여 위로하고, 곧 좌정언(左正言)에 임명하였다. 벼슬이 여러 번 승진하여 추밀원사 산기상시(樞密院使散騎常侍)에 이르렀다.

사직하는 표문에 이르기를, "추밀원에 자리가 찼으니 진실로 오늘의 은혜와 영광을 알겠으며, 북궐(北闕)에서 임금께 알현하였으니 비로소 당년(當年)의 꿈이 맞음을 믿습니다." 하고, 사직하고 돌아가기를 칭하니, 임금은 그에게 특별히 정당문학을 제수하였다. 시호는 문정(文貞)이다.

—「경상도(慶尙道) 경주부(慶州府)」『신증동국여지승람』 제21권

정중부·이의방·이고 등이 난을 일으켜, 의종을 몰아내고 왕의 아우 익양공(翼陽公) 호(晧)를 맞아 대관전에서 즉위하였다. 전왕인 의종은 도참설을 믿어 여러 아우를 꺼려 했다. 명종이 왕위에 오르기 전에 잠저로 있을 때에 전첨(典籤) 최여해(崔汝諧)가 일찍이 꿈을 꾸니, 태조가 홀(笏)을 왕(익양공 호)에게 주니 왕이 받아 가지고 용상에 앉고 여해가 백관과 함께 하례를 올렸다. 깨고 나서 기이하게 여겨 이 이야기를 왕(익양공)에게 말하니, 명종이 이르기를, "부디 다시는 말하지 말라. 이는 큰일이다. 의종이 들으시면, 반드시 나를 해칠 것이다." 하더니, 이때 과연 징험되었다.

— 의종 장효대왕(毅宗莊孝大王) 경인 24년(1170) 『고려사절요』 제11권

1186년 4월에 최여해(崔汝諧)가 졸하였다. 왕이 잠저(潛邸)에 있을 때에 여해가 그 부(府)의 전첨(典籤)이 되었는데, 이상한 꿈을 꾸고서 왕에게 마음을 귀의하였다. 나주 판관(羅州判官)이 되었을 때 좋은 과실과 해포(海脯)를 구하여 부(府)에 많이 공궤(供饋)하니, 왕이 매우 기뻐하였다. — 중략 — 성품은 너그러웠으나 행정 사무에 익숙하지 못하고 재주와 학식이 얕고 짧았는데, 명종이 왕위에 오르기 전 잠저(潛邸) 시절의 요속(僚屬)이었기 때문에 높은 벼슬에 이르렀다.

— 명종 광효대왕(明宗光孝大王) 2 병오 16년(1186) 『고려사절요』 제13권

최여해(崔汝諧: 1101〔숙종 6〕~1186〔명종 16〕)는 고려 후기의 문신으로, 과거에 급제하여 울주통판(蔚州通判)을 거쳐 익양부(翼陽府)의 전첨(典籤)으로 있을 때, 익양공(翼陽公: 훗날 명종)이 태조가 홀(笏)을 주는 것을 받고 어좌(御座)에 앉는 꿈을 꾸고 나서, 장차 왕위에 오르게 될 것을 예지하고 있는 바, 후에 명종이 즉위하자 그 인연으로 높은 벼슬에 제수되었다.

〈 이성계의 왕위 등극을 예지한 꿈 〉

중 무학(無學)이 안변 설봉산(雪峰山) 아래 토굴에서 살았다. 태조가 잠룡시에 찾아가서 묻기를, "꿈에 허물어진 집 안으로 들어가서 세 개의 서까래를 지고 나왔으니, 이것이 무슨 징조요." 하니, 무학이 축하하며 말하기를, "몸에 세 서까래를 진 것은 바로 '왕(王)' 자의 형상입니다." 하였다.

또 묻기를, "꿈에 꽃이 떨어지고 거울이 떨어졌으니, 이것은 무슨 징조요?" 하니, 곧 대답하기를, "꽃이 날리면 마침내 열매가 생기고, 거울이 떨어질 때에 어찌 소리가 없으리오." 하였다. 태조가 크게 기뻐하여 그 땅에다 절을 창건하고 그 절을 석왕(釋王)이라고 이름하였다. 예전에는 태조의 친필이 있었는데, 전란 중에 잃어버리고 판각된 것만이 남아 있다.

— <잠룡 때 일> 「태조조(太祖朝) 고사본말(故事本末)」『연려실기술』 제1권

이 꿈이야기는 『순오지(旬五志)』에도 실려 있다. 등에 세 개의 서까래를 진 모습을 한자로 형상화하여 '王' 자로 풀이하고 있으며, 꿈의 신비성을 빌려 이성계가 왕의 자리에 오르는 것이 하늘의 뜻이었음을 민중들에게 믿도록 한 지어낸 거짓 꿈이 될 수도 있겠다.

또한 꽃이 떨어지고 거울이 깨지는 꿈도 "꽃이 날리면 마침내 열매가 생기고, 거울이 떨어질 때에 어찌 소리가 없으리오〔花落終有實, 鏡墜豈無聲〕."라고 해석하여 좋은 일이 일어날 것으로 해몽하고 있다.

이러한 꿈이야기는 구전되다가 『춘향전』 등의 이야기에 삽입되었다. 옥중에 갇혀서 이도령을 기다리는 춘향의 꿈에서, 거울이 깨지는 꿈과 술병의 모가지가 달아난 꿈을 꾸게 되는 바, 거울이 깨지니 소리가 크게 날 것이요, 술병은 술 병목을 들고 다니게 마련인데 병목이 깨지었으니 받들고 다니게 되는 것이니, 필시 사람들이 귀히 모시는 몸이 된다고 풀이하고 있다.

〈 박석명이 꿈에 용을 보다 〉

삼재(三宰) 박석명(朴錫命)은 문예로써 이름이 났었다. 어려서 공정왕(恭定王)과 함께 한 이불 속에서 잤는데, 꿈에 황룡이 자기 옆에 있는 것을 보고 깨어서 돌아다보니 태종(太宗)이었다. 이리하여 기이하게 여겨 서로 더욱 친밀히 지냈다.

임금에 즉위한 후 특별한 은총을 입어 10년간 지신사(知申事)를 했으며, 지의정부사(知義政府事)로 승진하여 육조(六曹)의 판서를 겸하였으니, 근대의 신하로서는 견줄 자가 없었다.

—『용재총화』 제3권, 『해동야언』 1

이방과(李芳果)는 영안대군(永安大君)·공정왕(恭靖王)·정종(定宗), 이방원(李芳遠)은 정안대군(靖安大君)·공정왕(恭定王)·태종(太宗)으로 알려져 있으며, 공정왕의 한자(漢字)가 다른 것을 유의 바란다.

이 꿈이야기는 『연려실기술』에도 실려 있다. 어렸을 때 박석명(朴錫命)의 꿈에 황룡이 자기 옆에 있었던 바, 깨어보니 훗날의 태종이 되는 이방원이 있는 것을 보고 장차 왕위에 오르게 될 것을 예지하고 있다.

태조 이성계는 신의왕후(神懿王后) 한씨(韓氏)에게서 아들 여섯을 두었으며, 이어 계비인 신덕왕후(神德王后) 강씨(康氏)에게서 두 아들을 두어, 이방원이 왕위로 오르기는 어려운 상황이었다. 특히 어머니인 한씨(韓氏)가 일찍 죽고 계비인 강씨(康氏)를 태조 이성계가 총애한 만큼, 전처소생의 다섯째 아들인 이방원이 왕위에 오를 것이라고 장담할 수 없는 여건이었다.

하지만 이방원은 1398년 방석의 세자 책봉과 정도전 일파의 병권 장악에 반대하여, 제1차 왕자의 난을 주동하여 계비 소생의 방번(芳蕃)과 세자로 책봉된 방석(芳碩) 및 정도전 등을 제거하고, 1400년 제

2차 왕자의 난으로 방간을 물리치고 힘겹게 왕위에 오르는 바, 이러한 모든 것이 오래전부터 꿈으로 예지되고 있음을 보여주고 있다.

〈 태조(太祖) 이성계가 세조에게 금인(金印)을 준 꿈 〉

임운(林芸)이 사관(史官) 김유(金紐)에게 말하기를,

"듣건대 자네가 『세조실록(世祖實錄)』을 편수(編修)한다고 하는데 그러한가?"

하니, 대답하기를, "그렇다." 하였다.

임운이 말하기를, "예전에 세조께서 잠저(潛邸)에 계실 때 나의 꿈에, 태조(太祖)께서 세조께 금인(金印)을 주며 말씀하시기를, '이것은 전가(傳家)의 보물인데 이제 너에게 천명(天命)이 있으므로, 와서 주는 것이다.' 하시니, 세조께서 굳이 사양하였으나 이루지 못하고 드디어 받고서 절하시는 것을 보았네. 이튿날 세조께 그 꿈이야기를 아뢰었더니 세조께서 꾸짖어 말씀하시기를, '네가 어찌하여 그런 말을 내느냐? 다시 그 꿈이야기를 말하면 죽이리라.' 하셨었네.

즉위하시고서는 한명회(韓明澮)에게 아뢰어 달라고 청하였으나 한명회가 아뢰지 않았고, 조득림(趙得琳)에게 청하였으나 또 아뢰지 않았는데, 이제 세조께서 승하(昇遐)하셨으니, 만약 여기에 싣지 않으면 후세에서 누가 다시 이를 알겠는가? 자네가 기록하기 바라네. 만약 또 기록하지 않으면 내가 마땅히 성상께 아뢰겠네."

하였으므로, 김유가 임금께 아뢰었다.

—「임운이 사관 김유에게 『세조실록』을 편수하는가 묻다」 예종 1년 (1469) 8월 7일 『조선왕조실록』 [원전] 8집, 409쪽

세조가 왕위에 오르기 전 잠저(潛邸) 시절에 임운(林芸)의 꿈에 태조 이성계가 세조에게 금인(金印)을 내려주면서 "이것은 전가(傳家)의 보물인데, 이제 너에게 천명(天命)이 있으므로 와서 주는 것이다."라고 내려주니, 사양하다가 세조가 받는 꿈을 꾸었다고 밝히고 있다.

이에 세조에게 꿈이야기를 한 바, '발설치 말라'고 하였다. 그 후 한명회·조득림 등을 통하여 그런 꿈이 있다는 사실을 아뢰게 하였으나 이루어지지 않은 바, 이제 세조가 승하하여 『세조실록』을 편찬하게 된 마당에 꿈이야기를 기록할 것을 사관(史官) 김유(金紐)에게 부탁하고 있다.

이미 세조가 죽은 뒤에 편찬하게 될 『세조실록』에 그러한 사실이 있었다고 기록을 집요하게 요청하는 것으로 미루어 그러한 꿈을 꾼 것을 사실로 볼 수 있겠다. 역사적으로 수양대군인 세조가 단종을 몰아내고 왕위에 오르는 바, "금인(金印)을 내려주면서 너에게 천명(天命)이 있다"는 꿈의 예지대로 실현되었다고 볼 수 있다.

하지만 이러한 꿈을 임운(林芸)이 실제로 꾸었는지에 대해서는 생각해볼 필요가 있다. 아랫사람으로서 모시는 윗사람의 의중을 간파하고, 지어낸 거짓 꿈이야기를 빌려 듣기 좋은 말로 아첨을 하거나 단종을 제거하는 등의 모종의 행위를 할 것을 꾀하고 있다고도 볼 수 있다.

〈 해 바퀴 가운데에 아기가 앉아 있는 꿈 〉

— 전략 — 처음에 방간의 난이 바야흐로 일어날 즈음에, 이화(李和)와 이천우(李天祐)가 정안공(靖安公) 이방원을 붙들어서 말에 오르게 하니, 부인이 무녀(巫女) 추비방(鞦轡房)·유방(鍮房) 등을 불러 승부를 물었다. 모두 말하기를,

"반드시 이길 것이니 근심할 것 없습니다." 하였다.

이웃에 정사파(淨祀婆)라는 자가 사는데, 그 이름은 가야지(加也之)이다. 역시 그가 왔기에 부인이 이르기를,

"어젯밤 새벽녘 꿈에, 내가 신교(新敎)의 옛집에 있다가 보니, 태양(太陽)이 공중에 있었는데, 아기 막동(莫同: 세종의 아이 때의 이름)이가 해 바퀴

가운데에 앉아 있었으니, 이것이 무슨 징조인가?"

하니, 정사파가 판단하기를,

"공(公)이 마땅히 왕이 되어서 항상 이 아기를 안아 줄 징조입니다."

하였다. 부인이 말하기를,

"그게 무슨 말인가? 그러한 일을 어찌 바랄 수 있겠는가?"

하니, 정사파는 마침내 제집으로 돌아갔었다. 이때에 이르러 정사파가 이겼다는 소문을 듣고 와서 고하니, 부인이 그제서야 돌아왔다. — 후략 —

—「제2차 왕자의 난, 방간을 토산에 추방하다」 정종 2년(1400) 1월 28일 『조선왕조실록』 1집, 162쪽

이 꿈은 제2차 왕자의 난인 방간의 난을 앞두고, 훗날 태종이 되는 정안공(靖安公) 이방원의 부인이 꾼 꿈에 관한 기록이다. 태양(太陽)이 공중에 있었는데, 훗날 세종이 되는 셋째 아기 막동(莫同)이가 해 바퀴 가운데에 앉아 있는 꿈을 꾸게 된다.

방간의 난은 1400년(정종 2) 왕위 계승을 둘러싸고 동복형제였던 방간(芳幹)과 방원(芳遠) 두 왕자 간의 싸움으로, 일명 '제2차 왕자의 난' 또는 '박포(朴包)의 난'이라고도 한다. 훗날 태종이 되는 이방원은 1차 왕자의 난을 통해 이복동생인 방번·방석 및 정도전 등을 제거했으나, 2차로 형인 방간과의 대결을 벌이게 된다.

박포는 제1차 왕자의 난 때, 정도전(鄭道傳) 등이 방원을 제거하려 한다고 밀고하는 등 난의 성공에 공이 많았다. 그러나 논공행상 과정에서 일등공신에 오르지 못해 불만을 품고 있던 중, 형인 방간이 동생인 방원에 대해 불평하자, 박포는 방원이 장차 방간을 죽이려 한다고 거짓 밀고하여 방간의 거병을 선동하여 서로 사병을 동원해서 싸우게 된다.

이 싸움의 와중에서 이방원이 탔던 말이 상치를 입고 집으로 돌아

오자, 이방원의 부인은 남편인 이방원이 죽었으며 싸움에서 패한 줄로 믿고 자결하려고까지 하나, 주변의 만류로 미수에 그치게 된다. 사실은 이방원의 말을 부하에게 빌려준 것이었으며, 결국 이방원은 싸움에서 승리하게 된다. 이에 방간은 형제간이라 죽이지 않고 토산(兎山)으로 유배되고, 박포는 사형당하게 된다.

해는 하늘에서 광명을 비추는 단 하나뿐인 존재로, 남편인 정안공(靖安公) 이방원이 방간의 난에서 승리하여 왕위에 오르게 될 것이며, 장차 막동(莫同)이를 후계자로 하여 왕위에 오르게 하게 될 것을 예지해주고 있다. 남편이 죽은 줄로 믿고 따라서 자결하고자 했을 때, 꿈을 믿었기에 결행하지 못했을 수도 있다.

널리 알려진 대로, 태종의 첫째 아들인 양녕대군(讓寧大君)과 둘째 아들인 효령대군(孝寧大君) 등 위의 두 형을 건너뛰어 정상적인 왕위 계승을 무시한 채, 셋째 아들인 충녕대군(忠寧大君)이 왕위에 오르게 되어 세종이 된다.

제2차 왕자의 난인, 방간의 난이 일어난 1400년에 어머니가 셋째인 아기 막동(莫同)이가 해 바퀴 가운데에 앉아 있는 꿈을 꾸고 난 후로부터, 18년 뒤에 원칙적으로는 장자가 아니기에 왕위에 오를 수 없었던 셋째 아들 충녕대군(忠寧大君)이 왕위에 오르게 되는 일로 실현되고 있다. 당시 왕세자는 형인 양녕대군(讓寧大君)이었으나, 태종은 충녕이 왕위에 적합하다고 판단해 1418년 6월 세자로 책봉하며, 세종은 8월에 왕위를 아버지인 태종으로부터 양위 받아 왕위에 오른다.

우리가 오늘날 사용하고 있는 한글의 창제가 세종에 의해 이루어진 바, 역사에 가정은 없는 일이겠지만, 셋째인 세종이 왕위에 오르지 않았더라면 우리 글자의 창제가 늦추어졌거나 아직까지 한자를 사용하고 있을 수 있겠다. 태종이 왕위 계승에 있어 셋째인 충녕대군을 선택한다는 것이 18년 전에 꿈으로 예지되었으며, 그 결과, 오늘날 우리 민족이 전 세계에서 가장 우수한 표음문자인 한글을 사용하고 있다는 이 모든 것이 신비로울 뿐이다.

〈 인열왕후(仁烈王后)가 될 것을 예지 〉

인열왕후(1594[선조 27]~1635[인조 13])는 한준겸(韓浚謙)의 딸로, 병오년 왕후의 나이 13세 되던 해에 마침 처자를 간선(簡選)하는 일이 있었는데, 선조가 그 훌륭함을 알고서 우리 전하에게 장가들도록 명하였다. 그런데 일단 납폐(納幣)하고서 선묘가 승하하였으므로, 3년이 지난 경술년 9월에 가서야 비로소 친영(親迎)하는 의식을 행하고 청성현 부인(淸城縣夫人)의 봉호를 받았다.

전에 왕후가 처녀 시절에 언젠가 밤에 꿈을 꾸다가 갑자기 가위에 눌린 듯 깜짝 놀라 깬 일이 있었다. 이에 한준겸이 왕후에게 가서 물어보니, 왕후가 말하기를 '꿈에 집의 지붕이 활짝 열리면서 해와 달이 하늘에서 떨어져 가슴속으로 들어왔다'고 하였다.

이때에 이르러 장차 혼례를 치르려 할 즈음에 홍역을 앓아 거의 위험한 상태에 이르렀는데, 아버지인 한준겸의 꿈에 선조가 나타나 말하기를 '걱정하지 말라. 병은 자연히 낫게 될 것이다.'라고 하였다. 그런데 과연 얼마 있다가 그 말대로 되었으므로, 한준겸이 더욱 마음속으로 기이하게 여겼다.

— 장유(張維), <인열왕후장릉지문(仁烈王后長陵誌文)>「묘지(墓誌)」『계곡집(谿谷集)』제11권

한 나라의 국모가 되는 데 있어 어찌 꿈에 상서로운 징조가 없을 수 있겠는가? 조선 인조의 왕비가 되는 인열왕후의 나이가 13세였던 1606년(병오년)으로부터 17년 뒤에, 1623년(계해년)에 인조반정으로 남편인 능양군이 왕위에 오르게 된다.

집의 지붕이 활짝 열리면서 해와 달이 하늘에서 떨어져 가슴속으로 들어오는 꿈을 꾼 시점을 대략 20세 처녀 시절로 본다고 해도, 그로부터 10년 뒤에 왕비가 될 것을 꿈으로 예지하고 있다. 해와 달은 하늘에 빛나는 하나밖에 없는 존재로 왕이나 왕비의 상징성에 부합되며, 이러한 해와 달이 가슴속에 들어오는 꿈은 장차 그러한 지위로 나아감을 상징하고 있다.

또한 홍역을 앓아 위독한 상황에서 이미 1608년(무신년)에 죽은 선조가 나타나 병이 회복될 것을 계시적으로 일러주고 있는 바, 장차 귀인이 될 것을 예지해주고 있다.

〈 조선조 명종 즉위를 예지해 준 꿈 〉

인종 11년 여름, 내(권응인: 權應仁)가 선천 임반역에서 잤는데, 늙은 역졸이 말하기를,

"밤 꿈에 하늘이 갑자기 무너지더니, 한 어린아이가 구름을 잡고 올라갑디다."

하였다. 얼마 되지 않아 인종이 돌아가시고, 명종이 즉위하니 나이 아직 어렸다. 그 꿈이 바로 증험이 있었다.

—『송계만록』 하,『대동야승』 제56권

권응인(權應仁)이 지은 시화 및 일화집인 『송계만록(松溪漫錄)』에 실려 있는 꿈이야기로, 늙은 역졸이 말한 꿈이야기의 체험 사례를 적고 있다. 이렇게 국가적·사회적으로 장차 일어날 커다란 사건을 일개 평범한 사람들이 꿈으로 예지하는 경우가 상당수 있다. 꿈을 꾸는 능력인 정신능력 활동이 활발한 사람들은 자신이나 자신의 주변 인물에게 일어날 일은 물론, 국가적·사회적인 중대한 사건의 예지를 꿈을 통해서 알아내고 있다.

꿈에서 하늘이 무너지는 것은 당시 임금이었던 인종의 죽음을 예지한 것으로 볼 수 있고, 한 어린아이가 구름을 잡고 올라가는 것은 나이 어린 12세의 명종이 즉위하는 것을 예지한 것으로 볼 수 있다.

중종은 제1계비 장경왕후(章敬王后) 윤씨에게서 인종을 낳고, 제2계비인 문정왕후(文定王后) 윤씨에게서 명종을 낳았다. 중종이 죽고 인종이 즉위했으나, 재위 8개월 만에 죽자, 당시에 12세였던 명종이 즉위하였다.

〈 조그만 용 한 마리가 피투성이가 된 꿈 〉

숙종대왕이 어느 날 낮잠을 자다가 장희빈이 있는 궁에서 조그마한 용 한 마리가 피투성이가 되어 꿈틀거리는 것을 보았다. 대왕은 하도 이상하여 장희빈 궁으로 가 보았더니, 장희빈이 질투심에 불타 최숙빈을 곤장으로 쳐서 피투성이가 되어 있었다. 이때 왕이 오는 것을 알고 독 안에 감추어 둔 것을 대왕이 목격하였다.

이때 최숙빈은 이미 왕자를 잉태하고 있었는 바, 장희빈의 행위로 인하여 배 속의 아기는 자칫하면 유산될 수 있었던 상황에서, 숙종 임금의 꿈에 피투성이의 용으로 나타남으로써 위험에서 벗어나게 되고, 훗날 후사가 없었던 경종의 뒤를 이어 영조 임금이 되었다.

참고로, 다음에서 나귀를 탄 꿈으로 왕위에서 몰락한 고려 말 우왕의 꿈 사례를 살펴본다.

〈 자신이 탄 말이 나귀가 되어 있는 꿈 〉

우(禑)가 정몽주의 집에 갔는데, 몽주가 막 원로들에게 잔치를 베풀 때였다. 최영이 잔을 받들어 올리니, 우가 말하기를, "내가 술 때문에 온 것이 아니라, 부왕 때의 늙은 재상들이 모두 모였다는 말을 듣고 부왕을 보는 것 같아서 왔다." 하였다. — 중략 —

우가 말하기를, "꿈에 경과 함께 적을 대하여 싸워서 이기고, 내가 탄 말을 보니 나귀였는데, 이것이 무슨 징조인가." 하였다. 이에 윤환(尹桓)·이인임·홍영통·조민수·임성림·이색 등이 아뢰기를, "옛날에 원 세조(元世祖)가 꿈에 나귀를 보면 길하다 하여, 항상 나귀를 대궐 마당에 매어 두고 나귀 꿈을 꾸려 하였으나 꾸지 못하였는데, 지금 상감께서는 이것을 꿈꾸었으니, 얼마나 길한 일입니까. 태평의 업을 곧 기다릴 수 있사온데, 다만 저희는 늙어서 미쳐 보지 못할까 두렵습니다." 하였다. — 후략 —

사신(史臣)이 말하기를, "윤환 등은 지위가 최고에 달하여 그 부귀를 누리면서, 우의 거칠고 음란함이 절도가 없는 것을 보고도 남의 일처럼 여겨서, 한 번도 간해서 말리지 않았고, 우의 양심이 잠깐 동안에 발로하여, 허물을 고쳐 줄 것을 바랐는데도 말 한마디 하지 않았다. 우가 스스로 요망한 꿈 얘기를 함에 이르러는, 도리어 허탄하고 바르지 않은 말로 아첨을 하였으니, 심하다. 그 면대하여 속임이여."

— 신우(辛禑) 11년(1385) 『고려사절요』 제32권

우왕에 대한 역사적 사실은 다 알고 있을 것이다. 적하고 싸워서 이기는 꿈은 좋은 꿈이다. 자신이 뜻대로 어떠한 일을 하게 됨을 뜻한다. 하지만 자신의 탄 말이 나귀로 변해 있었다는 것은 좋은 꿈이 아니다. 꿈은 반대가 아닌 상징의 이해에 있다. 크고 멋진 말을 탄 꿈이 좋은 꿈이지, 나귀를 탄 꿈은 장차 비천한 신분이나 직위가 될 것을 예지한 꿈으로 보아야 할 것이다.

7. 과거 급제·관직·관운(官運) 예지

과거 급제나 낙방 등 과거와 관련된 여러 이야기들은 무수히 많다. 우리나라에서 꿈의 세계에 대하여 30여 년 이상을 연구하셨던 필자의 스승이신 한건덕 선생은 꿈에 대하여 한마디로 다음과 같이 정의를 내리고 있다.

> '꿈이란 반수상태에서 행위되는 어떤 미해결의 관심사와 미래사를 판단하고 예지하는 잠재의식의 활동이다.'
>
> —『꿈의 예시(豫示)와 판단(判斷)』, 명문당, 1973

꿈에도 여러 가지가 있지만, 가장 대표적인 것은 장차 일어날 일을 예지해주는 것이다. 이러한 자신이 궁금한 미래사를 예지하는 데 있어, 선비들은 먼저 자신의 학문을 닦은 후 사람들을 다스리는 수기치인(修己治人)의 실천 방안으로써, 또한 자신의 이상을 펼칠 수 있는 관직에 나아가기 위한 과거에 지대한 관심을 지니고 있었다. 따라서 이러한 자신이 궁금히 여기는 과거 급제나 승진 등 주된 관심사에 대하여, 꿈으로 예지되는 일은 당연한 일이라 하겠다.

이 경우 자신의 꿈에 용꿈이나 기타 좋은 꿈의 전개로 예지되어 나타나는 경우가 가장 많지만, 꿈속에서 짓거나 받게 되는 몽중시로 예지되거나, 임금의 꿈에 보이게 됨으로써 등용되는 경우도 있다. 과거와 관련되어 구비전승되어 전해오는 대부분의 이야기들은 용꿈의 전개를 보이고 있다.

1) 사실적 예지

〈 꿈에서 본 대로 장원급제 〉

남양 부사 윤계가 젊은 시절이었다. 알성과를 앞두고 꿈을 꾸었는데, 자신이 써둔 묵은 원고에 세 군데나 비점이 찍혀서 상지상(上之上)으로 장원급제를 하는 꿈이었다.

과거 보는 날. 시험장에 들어가 보니 과연 꿈속에서 보았던 제목이 내걸렸다. 일찍이 생각을 해두었던 것이라, 혼자 마음속으로 기뻐서 자부하였다.

'이번 과거에 장원을 할 사람이 내가 아니면 누구랴?' 하고는 마침내 예전에 써 두었던 글을 고쳐가며 갈고 다듬고 또 다듬었다. 답안지 제출 마감 시간이 다 되었으나, 정성껏 글자를 쓰는 바람에 시간이 끝나가도록 미처 답안지를 제출하지 못하고 시험장을 나오고 말았다.

그로부터 여러 해가 지난 뒤, 윤계는 성균관에서 보이는 시험에서 다시 세 군데에 비점을 받고 상지상으로 장원을 하였으니 꿈속의 일과 꼭 맞아떨어졌다.

사실적인 미래 투시 꿈은 꿈속에서 본 그대로 현실에서 일어난다. 다만, 몇 년 뒤에 일어나기도 하고, 몇십 년 뒤에 일어나기도 한다. 성현도 꿈속에서 본 사람이 중국에 가서 본즉, 황제였다는 사실적인 미래 예지 꿈의 실현 사례를 밝히고 있다.

〈 꿈대로 과거에 나란히 합격하다 〉

찬성 허자(許磁)와 좌윤 이찬(李澯)은 대과에 오르기 전에 성균관에 같이 거하였다. 허 찬성은 이 좌윤보다 두 살 위로 허 찬성은 병진생, 이 좌윤은 무오생이었는데, 매양 이 좌윤의 윗자리에 앉았었다. 어느 날 허 찬성은 꿈을 꾸고 나서, 이로부터 매양 이 좌윤에게 윗자리를 사양하고 자기는 아랫자리에 앉았다.

계미년(중종 18, 1523년)에 같이 과거에 올랐는데, 이 좌윤은 2등, 허 찬성은 3등이 되었다. 허 찬성은 그제서야 그때의 꿈 얘기를 하되, "자기와 이 좌윤이 동방 급제를 하였는데, 자기 이름이 바로 이 좌윤의 이름 아래에 있었다. 그 뒤부터 배양 이 좌윤의 아랫자리에 앉은 것은 그 꿈이 실현되기를 바란 것이요, 이것을 숨기고 미리 말하지 않은 것은 행여 하늘의 기밀을 누설시킬까 염려해서였다"고 하였다.

—『월정만필』, 『대동야승』 제57권

사실적인 미래 투시의 꿈으로 실현된 사례다. 꿈이야기를 하면 이루어지지 않고 파몽(破夢)된다는 이야기가 있는데, 이 사례에서도 꿈이야기를 하면 꿈대로 이루어지지 않는다는 속신을 믿고 있음을 알 수 있겠다. 좋은 꿈을 이야기한다고 해서 꿈이 실현되지 않는 것은 아니다. 다만 속단하여 노력하지 않고 말만 앞세우는 생활보다, 묵묵히 자신이 맡은 바를 성실하게 해 나가라는 뜻이 담겨 있다. 꿈을 이루고 싶다면 자신의 꿈을 마음속에 굳게 지니고 꿈이 이루어지는 날까지 최선을 다해야 할 것이다.

미리 꿈이야기를 하면 천기를 누설했기에 조물주의 꺼림을 받았던 것이요, 겸허한 마음으로 스스로 교사한 마음이 없이 모든 일을 정성에서 우러나오는 진실한 마음으로 대할 때 꿈대로 이루어진다고 보고 있다.

2) 계시적 예지

〈 규성(奎星)이 이규보의 급제를 알려준 꿈 〉

이규보(李奎報)는 처음에 인저(仁氐)라고 이름하였는데, 기유년(1189) 사마시(司馬試)에 나아가려고 했을 때 꿈을 꾸었다. 꿈속에서 어떤 촌백성인 듯한 노인들이 모두 검은 베옷을 입고 마루 위에 모여 앉아 술을 마시는데, 옆 사람이 이르기를 '이들은 28수(宿)이다.' 하므로, 공은 깜짝 놀라 황송한 마음으로 두 번 절하고 묻기를,

"내가 금년 과거 시험에 합격할 수 있겠습니까?"

하니, 한 사람이 옆에 있는 사람을 가리키면서,

"저 규성(奎星)이 알 것이다."

하므로 공은 즉시 그에게 나아가 물었으나, 그의 대답을 미처 듣기 전에 꿈을 깨어 그 결과를 다 듣지 못한 것을 한스럽게 여겼다.

조금 후에 또 꿈을 꾸었는데, 그 노인이 찾아와 이르기를,

"자네는 꼭 장원(壯元)할 것이니 염려하지 말라. 이는 천기(天機)인 만큼 절대로 누설하지 말아야 한다." 하였다. 그래서 지금 부르는 이름으로 고치고, 과거 시험에 나아갔는데 과연 제1인으로 합격하였다.

—이함(李涵), 『동국이상국문집』 연보(年譜)

이 이야기는 『고려사』 「열전」에도 나오고 있는 바, 이규보(李奎報: 1168〔고려 의종 22〕~1241〔고종 28〕)는 그의 나이 21세 때인 기유년(1189)에 이 꿈을 꾸게 된다.

〈 이규보의 夢驗記(몽험기) 〉

“내가 일찍이 완산(현재의 전주)에 장서기의 벼슬로 있었다. 평소에는 성황당에 가는 일이 없었는데, 하루는 꿈에 사당에 가서 당하에 절하였다. 법조의 같이 절하는 자가 있는 듯하였는데, 법왕이 사람을 시켜 말하기를, ‘그대는 섬돌에 오르라.’ 하였다. 내가 청사에 올라서 재배하니, 법왕이 베로 된 모자에 검은빛의 옷을 입고 앉았다가 일어나 답배하는 것이었다.

“내가 듣기에 요즈음 목관(牧官)이 새로 『십이국사』를 찍었다 하는데, 그러한 일이 있는가?”

라고 물었다. 그렇다고 대답하니 또 말하기를,

“어찌 나에게는 주지 아니 하는가? 내가 여러 아들이 있는데 읽도록 하고 싶으니, 몇 책을 보내줄 수 있을까.” 하여 내가 그렇게 하겠다고 하였다.

또 왕이 말하기를,

“아전 중 우두머리인 아무개의 사람됨이 쓸만하니, 이를 잘 보호해 달라.”

하므로 내가 그렇게 하겠다고 대답하였다.

내가 다시,

“내 앞날의 화복 관계는 어떠하겠사옵니까?”

하고 물었더니, 왕이 길 위에 달리다가 축이 부러진 수레를 가리키며

“그대는 저 수레와 같은데, 금년을 넘기지 못하고 이곳을 떠나게 될 것이라.”

라고 하면서 자기가 가졌던 혁대 두 개를 주며 계속 말하기를,

“그대는 마땅히 귀히 될 터이니, 이것을 노자에 보태 써라.”

꿈을 깨고 나니, 전신에 땀이 흘러 축축하였다.

당시에 안렴사 낭장 노공(盧公)이 목관을 시켜 새로 『십이국사』를 찍게 한 일이 있고, 아전 아무개가 마음에 맞지 않아 내몰고자 하였는데 이것을 말한 것이다. 다음 날 아전에게 국사 두 권을 바치게 한 뒤, 그 사람의 죄는 묻지 않았다. 그해에 과연 동료의 참소를 받고 파직을 당하게 될 때에, 비로소 수레의 축이 부러진 의미를 깨달을 수 있었다.

그런 뒤로 한가한 세월이 7년이나 흐르도록 벼슬을 받지 못해 곤란을 겪어, 다시는 그 꿈을 믿지 않았다. 여러 요직을 거치며 벼슬이 3품에 오를 때

까지도 깊이 믿지 않았으나, 오늘날 재상의 자리에 오른 연후에야 큰 믿음을 가지게 되었다.

꿈을 말하는 것은 괴이하고 허탄한 것 같다. 그러나 주관(周官)에는 여섯 가지 꿈을 점치는 것이 있고, 또 오경(五經)이나 자(子)·사(史)에도 모두 꿈을 말한 것이 많다. 꿈이 진실로 징험이 있다면 이것을 말한들 무엇이 해롭겠는가. 아! 신도(神道)의 그윽한 감응도 역시 때로는 믿을 수 있으니, 어찌 다 허황하다고만 하겠는가. 갑오년 12월 모일에 쓴다."

— 이규보, 「몽험기(夢驗記)」『東國李相國全集』 권 제 25

이규보의 꿈의 체험을 담은 기록을 요약하여 살펴보았다. 이규보는 실제로 그의 나이 32세 때인, 신종 2년(1199, 기미년) 6월 전주목(全州牧) 사록(司錄)에 보임되고 서기(書記)를 겸하게 되어 1년여를 있게 된다. 하지만, '금년을 넘기지 못하고 이곳을 떠나게 될 것이다.'라는 꿈속의 계시적인 말처럼, 33세 때인 신종 3년(1200, 경신년) 12월, 낭장(郎將)의 모함으로 파직되어 경주(慶州)에 가게 된다. 그 후 38세인 희종 1년(1205, 을축년)에도, 심지어 「상최상국선서(上崔相國詵書)」를 지어 벼슬을 구하고자 하였으나 벼슬을 얻지 못하다가, 7년이 지나 그의 나이 40세 때인 희종 3년(1207, 정묘년)에 최충헌이 지은 모정(茅亭)에서 이인로 등과 함께 기(記)를 짓게 되고, 이로 인해 12월 직한림원(直翰林院)에 임명되는 일로 이루어지고 있다.

"꿈을 말하는 것은 괴이하고 허탄한 것 같다."라고 말하고 있다. 하지만 중국의 예로 꿈을 이야기한 문헌이 많이 있음을 거론하면서, 진실한 징험인 경우 당연히 이야기하는 것이 옳다고 말하고 있다.

"공자는 괴력난신에 대해서 말하지 않았다〔子不語怪力亂神〕."라는 언급에서 알 수 있듯이, 몇몇 선인들을 제외하고는 대체적으로 꿈에 대하여 확신적으로 이야기를 하지 않고 있다. 이는 선비 등 지식인들의 의식세계 자체가 성현의 말씀이나 문이재도(文以載道)적인 입장에서 수신의 측면에 중점을 두고 있었기에, 꿈을 믿는 것이 허황된 것이라는 입장을 견지하고자 했음을 알 수 있다.

그러나 주변 사람들의 꿈에 대한 신비한 징험에 대해서 들은 바가 있거나, 선인들이 몸소 신비한 미래 예지적인 꿈의 체험을 하는 경우, 꿈의 징조에 대해서 긍정하고 있음을 알 수 있겠다. 예를 들어 서거정(徐居正)은 1453년(단종 1) 수양대군을 따라 중국에 들어가던 중, 달이 떨어져 물에 잠긴 꿈으로 달이 음의 상징이기에 어머니의 죽음을 예지하고 있는 바, 꿈의 예지에 대해서 믿고 있었음을 알 수 있다.

『고려사절요』에 나오는 이규보의 기록을 요약 발췌하여 다시 살펴본다.

> 9월에 평장사 치사 이규보가 졸하였다. 규보의 처음 이름은 인저(仁氐)였는데, 꿈에 규성(奎星: 문장을 맡은 별)이 나타나 기이함을 알리니 규보(奎報)라 고쳤다. 급제한 지 10년에 승진하지 못하였더니, 재상과 선비들이 번갈아 그를 천거하여 오랫동안 양제(兩制)를 맡았다.
>
> 이때 몽고 군사가 국경을 위협하고 있었으므로, 규보가 진정서를 지어 올렸더니 몽고의 임금이 감동하고 깨달아 철병하였다. 시문을 짓는 데에는 고인의 법도를 모방하지 않고, 분방하고 독자적이며 막힘이 없고 웅건하였다. 『시문집(詩文集)』 53권이 세상에 전한다.
>
> — 고종 안효대왕(高宗安孝大王) 3 신축 28년(1241) 『고려사절요』 제16권

〈 승지에 임명될 것을 꿈으로 계시 〉

내가 옥당(玉堂)에 수직(守直)할 때 꿈에 승정원 앞방에 이르니, 겸선(兼善) 홍귀달(洪貴達)이 방에 있다가 나에게 말하기를, "그대는 속히 돌아가라. 내가 이 방을 나간 뒤에는 그대가 이 방에 들어올 것이다." 하더니, 얼

마 안 되어 겸선이 승지에 임명되었고, 갈려 간 뒤에 내가 또한 승지에 임명되었다.

— 성현, 『용재총화』 제4권

〈 뒤늦게 승지에 임명될 것을 꿈으로 계시 〉

꿈에 산곡에 들어갔더니 길이 매우 험하여 혹은 언덕을 따라 오르고 혹은 구렁을 건너서 몹시 어려운 길을 거쳐 겨우 산 중턱에 이르니, 높은 누가 있었다. 힘들게 올라가 보니 기지(耆之) 채수(蔡壽)가 먼저 그 가운데 앉아서 나를 맞이하며 말하기를, "어찌 먼 길을 이리저리 둘러 왔는가. 나는 지름길을 따라 올라 왔노라." 하며, 누 아래 있는 긴 다리를 가리키며, "이것이 지름길이다." 하였다.

얼마 아니 되어 채수는 전한(典翰)으로 승지로 특별히 임명되고, 나는 다른 직을 역임했다가 후년에 승지에 임명되니 그 꿈의 영험스러움이 꼭 맞았다.

— 『용재총화』 제4권

성현의 『용재총화』의 제4권에 실려 있는 계시적인 성격의 관직 예지의 꿈 사례다. 『조선왕조실록』의 기록으로 확인해 보면, 겸선(兼善) 홍귀달(洪貴達: 1438〔세종 20〕~1504〔연산 10〕)은 성종 9년(1478, 무술년) 41세 때 좌부승지, 우승지를 거쳐 11월에 도승지가 된다. 또한 기지(耆之) 채수(蔡壽: 1449〔세종 31〕~1515〔중종 10〕)는 성종 11년(1480, 경자) 6월 28일에 통정대부 좌승지(左承旨)가 된다.

성현은 꿈의 예지대로, 홍귀달 및 채수보다 늦게 성종 11년(1480) 4월 42세의 나이로 승정원동부승지(承政院同副承旨)가 되고, 성종 14년(1483) 그의 나이 45세 때 승정원우승지가 된다.

〈 생원에 그칠 것이라고 계시해준 꿈 〉

사헌부에서 아뢰기를,

"한성시(漢城試)에 합격(合格)한 생도 강여옥(姜汝玉)은 의(疑)와 의(義) 두 편을 지어서 이미 죽은 자기의 족형(族兄) 권약로(權約老)의 이름을 써서 바쳤습니다. 청컨대, 회시에 응시(應試)하는 것을 허가하지 마소서." 하니, 그대로 따랐다.

여옥이 평상시의 꿈에 권약로를 보니, 약로가 탄식하여 말하기를, "여옥아, 너는 장차 생원(生員)이 될 것이나, 나는 평생의 뜻을 이루지 못하였다"고 하였는데, 이와 같은 일이 자주 있었다. 여옥이 이상하게 여겨 드디어 이러한 짓을 한 것이다. 여옥은 뒤에 희(曦)로 이름을 고치었다.

—「한성시에 합격한 생도 강여옥의 회시 응시를 금하다」 세종 14년 (1432) 3월 4일 『조선왕조실록』[원전] 3집, 374쪽

지방에서의 과거 시험 1차 합격자를 생원(生員)과 진사(進士)로 부르는 바, 생원은 사서오경의 경서에 관한 시험에 합격한 사람, 진사는 시(詩)·부(賦)·송(頌)·책(策) 등 문예(文藝) 부분의 제술과(製述科)에 합격한 자를 뜻한다. 합격자에게는 성균관에 입학할 자격을 주었으며, 2차 시험인 대과(大科)에 응시할 수 있었다. 생원과 진사를 뽑던 과거를 사마시(司馬試)라고 불렀다.

이 꿈은 권약로(權約老)가 강여옥(姜汝玉)이 생원이 될 것이라고 꿈으로 계시해주고 있는 바, 실제로 합격하는 일로 실현되었으며, 죽은 족형(族兄: 같은 항렬의 형뻘이 되는 남자)을 위해서 대리 명(名)으로 시험을 본 부정행위로 인하여, 2차 시험인 대과(문과)에 응시하지 못하고 꿈의 예지대로 생원에 그치고 있다.

3) 임금의 꿈에 나타나 등용되다

임금의 꿈에 나타난 사람을 등용한 사례가 상당수 있다. 심지이 꿈에 나타난 지역의 인재를 등용한 사례도 보인다.

〈 공민왕 꿈에 신돈이 나타나 구해주는 꿈 〉

중 변조(遍照)는 본래 옥천사(玉川寺) 여종의 아들인데, 어머니가 천하므로 그 무리에 끼지 못하였다. 이에 앞서 공민왕이 일찍이 꿈을 꾸었는데, 어떤 사람이 칼을 빼어서 찌르려 하자, 어떤 중이 구하여 주어서 곤경을 벗어났다.

왕이 기억하고 있었는데, 마침 김원명(金元命)이 변조를 데리고 와서 왕께 뵈이니, 그 얼굴이 꿈에 본 중과 같았다. 왕이 매우 이상하게 여겨 같이 말하여 보니, 자못 말솜씨가 뛰어나고 스스로 도를 얻었다고 하였다. 왕이 크게 기뻐하여 자주 궁중으로 불러들이니, 이승경(李承慶)이 보고서 말하기를, "국가를 어지럽게 할 자는 반드시 이 중이다." 하고, 정지운(鄭之雲) 또한 "요사한 인물이다." 하여 죽이려 하니, 왕이 몰래 피하게 하였다.

두 사람이 죽은 다음 변조는 머리를 기르고, 거사(居士)가 되어 이름을 원래 이름인 신돈(辛旽)으로 하고 돌아와서 다시 왕을 뵙고, 비로소 궁중에 들어가 용사(用事)하였다. 사부(師傅)라고 부르며 국정을 자문하였는데, 왕은 그의 말을 듣지 않는 것이 없었고, 많은 사람이 따랐다. 사대부의 처첩들이 신승(神僧)이라고 하여 설법을 들으며 복을 구하러 그를 찾아오면, 신돈은 오는 대로 간통하였다. (『여사제강[麗史提綱]』)

—「태조조(太祖朝) 고사본말(故事本末)」『연려실기술』 제1권

『고려사절요』에 나오는 신돈에 대한 기록을 요약 발췌해 살펴본다.

이전에 왕이 꿈을 꾸니, 어떤 사람이 칼을 뽑아 왕을 찌르려 하는데 어떤 중이 왕을 구원하여 죽음을 면하게 되었다. 이튿날 왕이 대비에게 이 사실을 알렸다. 때마침 김원명(金元命)이 편조를 왕에게 보였는데, 모습이 꼭 같았다. 왕이 이를 크게 이상하게 여겨 함께 이야기하니 총명하고 말을 잘하며, 스스로 불도를 깨달았다고 하면서 큰소리치며 궤변을 늘어놓아 왕의 뜻에 맞추었다. 왕이 꿈을 꾸고 한창 불교에 미혹되었으므로, 이후로 여러 번 비밀리에 편조를 내전으로 불러들여 불법의 이치를 강설하였다.

편조는 영산현(靈山縣) 경남 창녕(昌寧) 옥천사(玉泉寺)의 종이다. 글을 한 자도 알지 못하는데 중이 되어 서울에 와서 돌아다니며 보시를 권하고 여러 과부들을 속이고 꾀어 간음하였다. 왕을 뵌 후로는 그 형체를 도인(道人)처럼 하여 거짓 꾸미기에 힘써, 몹시 더운 여름과 몹시 추운 겨울에도 해진 납의(衲衣: 승복) 한 벌로 지내니 왕이 그를 더욱 존중하여 그에게 주는 의복과 음식을 반드시 극히 정결하게 하며 버선까지도 반드시 머리 위에 이고 공경을 표시한 뒤에 편조에게 보냈다.

이승경(李承慶)이 이를 보고 말하기를, "국가를 어지럽힐 자는 반드시 이 중놈이다." 하였다. 정세운(鄭世雲)이 요사스러운 중이라 여겨, 편조를 죽이고자 하니 왕이 비밀리에 피하게 하였다. 승경과 세운이 죽으니 편조가 머리털을 기르고서 두타(頭陀: 여기서는 거사[居士]를 말함)가 되어 다시 와서 왕을 뵈었다. 이때에야 비로소 궐내에 들어와서 권세를 부렸다. 왕이 청한거사(淸閑居士)란 칭호를 주어 사부(師傅)라 칭하고 국정에 대해 자문하니, 사람들이 많이 그에게 붙었다. 사대부(士大夫)의 아내가 설법을 듣고 복을 구하겠다고 찾아가면 곧 사통하였다.

— 공민왕(恭愍王) 3 을사 14년(1365) 『고려사절요』 제28권

〈 명종의 꿈에 나타난 민영모(閔令謨) 〉

3월에 문하시랑 평장사로 벼슬에서 물러난 민영모(閔令謨)가 졸하였다. 영모는 황려현(黃驪縣) 사람이다. 왕이 잠저에 있을 적에 꿈을 꾸었는데, 한 재상이 광화문으로부터 나오니 추종(騶從)이 매우 많은데 어떤 사람이 말하기를, "이 사람은 공(公)의 재상입니다." 하였다.

왕이 즉위하자 영모가 과거에 합격하여 방(榜)을 내 거는 날에, 영모가 발[簾] 앞에 이르렀다. 왕이 그를 보니 꿈에 본 사람과 서로 비슷하므로 비로소 크게 임용할 뜻이 있어, 순서에 의하지 않고 승진시켜 후에 과연 재상이 되었다.

— 명종 광효대왕(明宗光孝大王) 2 갑인 24년(1194) 『고려사절요』 제13권

한편 이 이야기는 『신증동국여지승람』 제7권 「경기(京畿) 여주목(驪州牧)」에도 실려 있다.

〈 최항(崔恒) — 용 한 마리가 잣나무를 감고 있는 꿈 〉

최항(崔恒)의 호는 동량(幢梁)으로, 세종 갑인년에 문과에 장원하고 정묘년에 중시에 뽑혔다. 정난좌익공신(靖難佐翼功臣) 영성부원군(寧城府院君)에 봉해졌고, 정해년에 정승이 되어 반년 사이에 영의정에 올랐으므로, 복이 너무 지나치다 하여 사직하였다. 갑오년에 죽으니, 나이가 66세였다. 시호는 문정공(文靖公)이다.

세종이 장차 과거를 보이려 할 때에, 꿈에 용 한 마리가 성균관(成均館) 서편 정자 잣나무를 감고 있는 것을 보고 깨어서, 이상히 여겨 관노로 하여금 가만히 가 보게 하니, 한 선비가 행탁(行橐)을 베고 잣나무 아래에 누웠는데 잣나무에다 발을 걸치고 자고 있었다.

과거가 발표되매 공이 장원에 올랐는데, 관노가 그의 얼굴을 보니 바로 그 사람이었다. 이로부터 그 잣나무를 '장원백(壯元柏)'이라 이름하였다.

—『어우야담』, <세조조의 상신(相臣)> 「세조조(世祖朝) 고사본말(故事本末)」 『연려실기술』 제5권

〈 정기룡(鄭起龍) — 용이 종루에서 일어나 하늘로 올라가는 꿈 〉

통제사 정기룡(鄭起龍)은 곤양인(昆陽人)이다. 초명(初名)은 무수(茂壽)였는데, 어떤 이가 말하기를, "공(公)이 무과(武科)에 급제하여 창명(唱名)할 무렵에 선조대왕이, 용(龍)이 종루가(鐘樓街: 지금의 종로)에서 일어나 하늘로 올라가는 꿈을 꾸고 나서 인재를 물색했는데, 공을 얻고 괴이하게

여겨 지금의 이름을 하사했다"고도 한다. — 후략 —

— <통제사(統制使) 정공(鄭公) 신도비명 병서(幷序)> 「신도비명(神道碑銘)」『송자대전(宋子大全)』 제164권

정기룡(鄭起龍: 1562~1622)은 조선 중기의 무신으로, 처음 이름은 무수(茂壽)다. 자는 경운(景雲), 호는 매헌(梅軒)으로, 1580년(선조 13) 고성에서 향시에 합격하고, 1586년 무과에 급제한 뒤, 왕명에 따라 기룡(起龍: 용이 일어나다)으로 이름을 고쳤다.

〈 김자의(金子儀) — 급제한 사람의 이름과 비슷한 꿈 〉

김자의(金子儀)는 성질이 자만하고 거세며 특이한 절도가 있었다. 일찍이 예부에서 재예를 겨룰 적에 임금님께서 꿈에 보니, 어떤 사람이 급제했는데 이름을 창(昌)이라고 하더니, 봉한 것을 열어보니 공이 차석으로 이름이 정(晶)이라, 임금님께서 놀랍고 괴이하게 여겼다. 나랏일에 있어서는 직간(直諫)했으며, 성품이 술을 즐겼으며 그가 말하는 것은 모두 조정의 기강이었다.

— 이인로, 『파한집(破閑集)』

< 조진관(趙鎭寬) — 임금의 꿈에 현자(賢者)를 만나 함께 나랏일을 의논하다 〉

영조 임금이 집경당에 나아가 태학(太學)과 사학(四學) 유생에게 제술(製述)을 시행하였다. 이때 임금이 꿈에 어진 이를 만나 함께 나라의 일을 의논하였는데, 이는 필시 훌륭한 보필을 얻을 징조일 것이라고 여겨 이 과거를 실시한 것이다. 마땅한 답안을 찾지 못하였으나, 밤이 깊은 뒤에 고관(考官)이 2개의 시권을 가지고 들어와서 낭독하고 아뢰기를, "한 장은 잘 지었습니다."

하니, 임금이 명령을 내려 글을 지은 이를 살펴보게 하니, 바로 조진관(趙鎭寬)이었다. 임금이 이르기를,

"이 사람이 조상경(趙尙絅)의 손자인가? 문장을 만드는 데 말이 간략하고 임금의 부족한 점을 말한 것이 진실로 심절(深切)하니, 조엄(趙曮)은 자식을 잘 두었다고 말할 수 있다. 마땅히 그 아비를 사면하여 그 자식의 마음을 위로하게 하겠다."

하고, 조엄을 외직(外職)에 임명하라는 명령을 특별히 내렸다. 또 시문이 잘된 곳에 찍는 점인 비점(批點)을 명하고, 이르기를,

"너의 대책(對策)은 내가 꿈속에서 수작한 것과 서로 비슷하다. 이는 우연한 일이 아니다." 하니, 독권관(讀券官) 이은이 말하기를,

"다만 그 사람에게만 영광일 뿐 아니라 감선(減膳: 나라에 변고가 있을 때 임금이 근신하는 뜻에서 수라상의 음식 가짓수를 줄이던 일)하라는 전교도 자연히 거두시게 되니, 진실로 매우 다행스럽습니다."

하였다. 임금은 구현과(求賢科)로써 조진관에게 급제를 내리라 명하고, 친히 제문(祭文)을 지어 고(故) 판서 조상경에게 치제(致祭)하였다. (요약 발췌)

—「태학과 사학 유생에게 제술을 시행하다」 영조 51년(1775) 11월 14일 『조선왕조실록』 [원전] 44집, 502쪽

이어 이틀 뒤인 영조 51년(1775) 11월 16일의 『조선왕조실록』에는 꿈속에 만난 훌륭한 보필지신(輔弼之臣)이라며, 홍문관 제학 조진관(趙鎭寬)을 특명으로 가자(加資: 품계를 올림)하는 기록이 보이고 있다. 『조선왕조실록』에 보이는 유사한 사례를 살펴본다.

〈 임금이 꿈에 양득중(梁得中)을 만나다 〉

임금이 이르기를, "산림(山林)의 선비들은 내가 소외(疎外)시키는 것은 아니니, 양득중(梁得中)은 요사이 무슨 벼슬을 하고 있는가?" 하니,

유엄(柳儼)이 답하기를, "지금 종부시정(宗簿寺正)으로 있습니다." 하자,

임금이 이르기를, "어제의 꿈이 허망한 듯하기는 하나, 군신(君臣) 사이에 숨길 것이야 있겠는가? 꿈에 양득중을 만났는데 대접하기를 마치 위수

(渭叟)• 대하듯 하였다. 깬 뒤에 혼자 생각하기를, '초야(草野)에 혹 재덕(才德)을 가진 자가 있어 양득중을 빌려 현신(現身)한 것이나 아닐는지?' 하였다.

윤유가 답하기를, "꿈에 양득중을 만난 일은 정인(正人)을 얻을 조짐으로, 공손하고 조용히 치도(治道)를 생각하신 데서 나온 것입니다. 천거(薦擧)하는 조목을 내걸어 산림의 선비로 하여금 듣고 많이 참여케 함이 좋겠습니다."

— 영조 6년(1730) 10월 4일 『조선왕조실록』[원전] 42집, 229쪽

• 위수(渭叟)

위수(渭叟)는 위수의 늙은이란 뜻으로, 위수에 은거하던 태공망(太公望)을 가리킨다. 태공망은 문왕(文王)의 조부(祖父)인 태공이 기다리던 현인이라는 뜻으로, 주(周)나라 문왕(文王)의 스승이었으며 무왕(武王)을 도와 은(殷)나라 폭군인 주왕(紂王)을 멸망시켜 천하를 평정하였다. 본명은 강상(姜尙)이며, 속칭 강태공(姜太公)으로도 알려져 있다. 문왕에게 등용되기 전에는 때가 오기를 기다리며 낚시질로 세월을 보냈기에, 오늘날 낚시꾼을 일컫는 말로 쓰이기도 한다.

영조 임금은 양득중을 만나서 태공망을 대하듯이 극진히 공경하는 꿈을 꾸고 나서, 태공망 같은 국가의 정사를 돌볼 훌륭한 인재를 얻으려고 하고 있음을 알 수 있다.

〈 꿈에서 돌아다닌 지역의 인재를 등용하다 〉

임금이 말하기를,

"함흥·경흥이 어디에 있는지 내가 어떻게 알겠는가? 그러나 꿈에서 두루 돌아다녀 마치 눈앞에 있는 것 같다. 문과·무과에 합격한 사람이 모두 이 두 고을 사람인 데다가, 한석대는 안천 부원군(安川府院君)의 후손인데, 말할 것이 있겠는가? 진실로 우연이 아니다." 하니, 도제조 김치인이 참으로 그렇다고 하였다.

도승지 유언민(兪彦民)이 상소하여 품계를 올리라고 한 명을 거둘 것을 청하니, 임금이 답하기를, "오늘 승진·발탁한 것은 뜻한 바가 있어서이다." 하였다.

—「도승지 유언민이 가자(加資)하라는 명을 거둘 것을 청하나, 불윤하다」 영조 43년(1767) 10월 7일 『조선왕조실록』[원전] 44집, 266쪽

안천 부원군(安川府院君)은 태조 비 신의왕후(神懿王后)의 부(父) 한경(韓卿)이다. 꿈에서 돌아다닌 지역의 인재였기에, 임금이 호감을 가지고 품계를 올려 등용하고 있음을 알 수 있다.

4) 다른 사람, 사물이나 동물·식물 등으로 급제나 관운을 예지

〈 조석윤(趙錫胤)이 장원급제 할 때까지, 노인이 과거 때마다 꿈꾸다 〉

조석윤은 배천 조씨로, 자는 윤지, 호는 낙정이었다. 인조 병인년 별시 문과에 올랐으나 급제가 취소되었다가, 무진년 생원과에 합격한 후 다시 문과에 장원급제 했다. 당시 낮은 석차로 급제한 사람들이 장원한 사람을 찾아뵙고 인사 올리는 것이 예로부터의 관습이었는데, 머리칼과 수염이 희게 센 노인이 그를 찾아왔다. 얼굴을 들고 한참 쳐다보다가 말하기를

"희한하다, 희한해. 장원이 크기를 기다렸다가 겨우 급제했으니, 어찌 내가 늙지 않으리?"

"그게 무슨 말씀이십니까?"

"나는 과거장에서 세월을 다 보낸 호남 사람이오. 과거보러 갈 때마다 경기도 진위 고을 갈원에 묵기만 하면, 꿈에 꼭 한 아이가 나타나고 그리곤 낙방하더란 말이오. 그때 이후로 그 아이 꿈을 꾸면 반드시 낙방한다는 사실을 알게 되어, 꺼림칙한 마음이 들어 묵는 곳을 옮기기도 했지요. 그래도 소용이 없었고, 길을 바꾸어 안성 땅으로 들어와도 역시 그러해서, 끝내 어째 볼 도리가 없었소. 이번 과거 길도 또 그러기에 일찌감치 단념했는데, 뜻밖에 등제했기에 연유를 알 수 없더니, 이제 장원하신 분을 보니 완연히 꿈에 보던 그 소년이라 어찌 기이한 일이 아니겠소? 어떤 일이든 이루고 못 이루고는 인력으로 될 바는 아니니, 그저 입 다물고 있는 것이 옳소이다."

—『대동기문』

장차 급제할 사람의 얼굴을 아이 때부터 꿈속에서 보아왔다는 신비한 꿈이야기다. 이와 유사한 꿈으로, 장차 자신의 배필이 되는 상대방을 성장 과정에 따라 꿈속에서 보게 되는 경우가 있다.

조석윤(趙錫胤)은 1626년(인종 4) 별시 문과에 병과로 급제했으나 파방(罷榜)되고, 1628년 다시 별시 문과에 장원으로 급제하여 시강원 사서가 되었다. 인조 6년(1628) 4월 세자가 가례를 행한 것을 기린 별시에서 조석윤 등 11명이 뽑혔으며, 그해 8월 조석윤을 정언(正言)에 제수하고 있다.

〈 표절한 대책(對策) 글의 원래 저자가 급제한 것으로 꿈꾸다 〉

송영(宋英)이 등제(登第)하기 수개월 전에 생원(生員) 오한상(吳漢相)이 성균관[泮宮]에다 방목(榜目)을 붙인 꿈을 꾸었는데, 나윤(羅倫)이란 자가 있어 장원한 것이었다.

송영이 장원으로 뽑힘에 미치자, 여러 생도(生徒)들이 오한상의 꿈은 그릇되고 증험할 바가 없는 꿈이었다고 하였다. 나중에 중국 조정의 등과록(登科錄)을 보니 나윤(羅倫)의 책문(策問)이 있었는데, 송영의 대책(對策)이 태반이나 표절(剽竊)한 것이었으므로, 여러 생도(生徒)들이 바야흐로 오한상(吳漢相)의 꿈이 거짓이 아님을 믿게 되었다." 하였다.

— 성종 17년(1486) 5월 20일 『조선왕조실록』 [원전] 11집, 125쪽

'꿈은 모든 것을 알고 있다.'라는 말로써 밖에 표현할 수 없는 신비한 꿈이야기다.

요즈음 사람들의 사례로, 남자 친구가 말하는데 '덧니가 보이는 꿈'을 꾼 여대생이 있었다. 현실에서는 덧니가 없었던 바, 물어보니 "말하지 않았는데, 그런 사실을 어찌 아느냐?"고 반문하는 것이었다. 그러면서, "사실은 있었는데, 군대 가기 전에 덧니를 빼냈어."라고 말하는 것이었다.

〈 나무 위에 쌍룡이 얽혀 있는 꿈 〉

용두동(龍頭洞)은 김제군(金堤郡)의 남쪽 2리에 있는데, 조간(趙簡)이 살던 곳이다. 전하는 말에, "조간은 태어나면서 양쪽 어깨에 용의 비늘이 있었는데, 바로 벽골제의 용정(龍精)이라고 하였다. 그가 군의 낮은 관리가 되었는데, 하루는 괴수(槐樹) 나무에 올라갔더니, 읍재(邑宰)가 낮잠을 자다 꿈에 나무 위에 쌍룡이 얽혀 있는 것을 보았다. 꿈을 깬 뒤 사람을 시켜 사실을 알아본 뒤에, 즉시 공부를 시켜 후에 과거 시험에 1등으로 급제하게 되었는데, 그가 살던 곳을 용두동(龍頭洞)이라 한 것이다."라고 한다.

—「전라도(全羅道) 김제군(金堤郡)」『신증동국여지승람』 제33권

고을 사또의 꿈에 나무 위에 쌍룡이 얽혀 있던 곳에 조간(趙簡)이 있었기에, 범상치 않은 인물임을 알고 뒷바라지를 하여, 과거 시험에 1등으로 관운을 펼치게 된다.

조간은 고려 후기의 문신으로 1279년(충렬왕 5) 문과에 장원으로 급제하여, 서적점녹사(書籍店錄事)에 보임되었고, 이듬해 왕이 문신들에게 시부(詩賦)를 시험할 때 또 수석을 차지하였으므로 황패(黃牌)를 받고 내시(內侍)에 소속되었다.

〈 버드나무에 황룡이 걸린 꿈 〉

이만성은 우봉 이씨로 자는 사추, 호는 귀락당이었다. 숙종 임술년 진사과에 합격하고 병자년 문과에 장원급제 하였다.

과거 시험을 치른 후에 급제를 알리는 첫 방이 새벽에 나붙었는데, 공이 두 번째였다. 공은 믿지 않고서, "합격을 안 했으면 그만이려니와, 했다면 반드시 장원일 게다."라고 장담했다.

공이 꿈에 문 앞 버드나무에 황룡이 걸린 것을 보고 손에서 푸른 매를 놓았더니, 그 매가 용 머리에 앉아 부리로 용을 쪼아 옷이 피투성이가 되는 것을 보았기에 그렇게 자신만만했던 것이다. 나중에 정식으로 방이 닿아 보니 과연 장원이었다.

—『삼관기』

용은 부귀·권세·명예의 상징이다. 이러한 용을 타고 오르거나 죽여서 피를 뒤집어쓰는 꿈이 좋다. 다만, 안 좋게는 용을 타고 강을 건너는 꿈은 죽음 예지의 꿈이 될 수도 있다.

자신의 손에서 날아간 푸른 매가 용의 머리를 쪼아 용이 피투성이가 된 꿈이니, 제압·굴복·복종시킴의 상징으로, 이권·권세·명예를 얻게 될 것을 예지하며 장원급제로 실현되었다고 볼 수 있겠다.

〈 쌀알이 용으로 변한 꿈 〉

부제학 이덕중의 집은 서학재에 있었다. 집안이 몹시 가난하여, 다음 날 과거를 보러 과장에 갈 때 새벽밥을 짓기 위해, 그의 부인이 이웃집에서 한 되가 못 되는 쌀을 꾸어와 나무 그릇에다 담아 두었다.

부인이 밤에 꿈을 꾸니, 그 쌀알들이 모두 작은 용이 되어 나무 그릇에 가득 차는 것이었다. 깜짝 놀라 잠에서 깨어 일어나, 밥을 지을 즈음에 문밖에서 똑똑 두드리는 소리가 들리는 것이었다.

그러더니 삼산 이태중이 들어왔다. 이덕중이 놀라 일어나서 그를 맞이하며 물었다.

"형님께서는 뭐하시다가 이제야 들어오십니까?"

"걸어서 오는데 발에 물집이 잡히고 날이 저물어, 어제 도착하지 못했다네. 성 밖의 주막집에서 자고, 이제야 도착한 걸세."

이태중은 이덕중과 8촌간이었는데, 당시 결성에 살고 있었던 까닭이었다.

이덕중이 안에 들어가 남는 밥이 있느냐고 물으니, 한 그릇밖에 없다는 것이었다. 이덕중은 밥상을 바깥채로 차려 보내라고 하였다. 8촌형과 나누어 먹고 과거에 응시하러 갈 참이었다. 그러자 부인이 말하였다.

"이 밥은 절대로 나누어 드시면 아니 되옵니다."

이덕중이 그 까닭을 묻자, 부인이 지난밤 꿈이야기를 해주었다. 그러자 이덕중이 부인을 책망하며 말하였다.

"어떻게 밥을 나 혼자 먹고 형님을 굶기겠소? 만약 형님을 굶기고 나만 급제하려는 생각을 가지고 있다면, 천지신명도 필시 도와주지 않을 것이요." 하고는 밥을 차려 내보내라고 하였다.

부인은 어쩔 수 없어 밥을 차려 내보냈다. 그리고는 창틈으로 엿보니, 이태중이 차려온 밥을 먹고 그 반가량을 이덕중이 먹는 것이었다. 그리고 두 사람은 함께 과거 시험장에 들어갔다. 방이 나붙었는데, 두 사람이 모두 과거에 급제하였다.

입신양명을 꿈꾸던 선비들의 주된 관심사는 과거 급제였다. 따라서 이처럼 과거의 급제나 낙방을 예지하는 선인들의 꿈 사례와 관련된 이야기는 무수히 많다. 이는 장차 일어날 일을 꿈으로 예지해준다는 것을 극명하게 드러내고 있다.

〈 소가 용의 새끼를 낳은 꿈 〉

참판 윤필병은 남인이었다. 그는 포천에 살았는데, 소과의 급제자로서 대과를 보러 갔다. 새벽에 동문 밖에 이르니, 시간이 아직 일러 문을 열지 않았다. 그가 주막에 들어가자 주막집 주인이 나와 맞으며 물었다.

"생원님은 이번에 과거 보러 가는 분인가요? 그리고 성씨가 윤씨인가요?"

"그렇다네."

"간밤의 꿈에 어떤 사람 하나가 장작을 실은 소를 끌고 오는데, 장작더미 위에 오색 빛이 영롱한 괴물 하나가 있었습니다. 저희 주막으로 들어오기에, 장작더미 위에 실은 게 뭐냐고 물었습죠. 그랬더니 '이 소가 새끼를 낳았는데, 용이어서 서울 시장에 내다 팔려고 한다'고 하더군요. 깜짝 놀라 잠이 깨서 마음속으로 의아하게 여겼답니다. 그런데 생원님께서 이 길로 오셨고, 또 소에 실은 장작더미 위에 앉아 있던 사람의 성씨가 또 윤씨라고 하더군요. 제가 일찍이 들은 얘기로는 윤씨를 가리켜서 소라고 하고, 용은 과거에 급제할 징조라고 하더군요. 그러니 과거 급제를 축하드려야 되겠습니다요."

주막집 주인의 말을 듣고, 윤필병은 웃으며 그를 나무라고는 도성으로 들어갔다. 그런데 과연 그날 과거에 급제하였다.

장작을 실은 소는 재물의 상징으로 볼 수 있다. 오색 빛이 영롱한 용 또한 부귀·권세의 상징으로 과거 급제로 실현되었다고 볼 수 있다.

윤씨를 가리켜서 소라고 하는 것은 파자(破字) 수수께끼를 이용한 것에 해당한다. 구전으로 전해오는 한자 수수께끼로, 앉으면 소가 되는 성씨를 尹(윤)씨라고 하는 바, 성씨 尹에서 아랫부분을 떼어내면(앉게 되면 아래로 튀어나온 다리로 형상화한 부분이 보이지 않게 됨) '丑' 자가 남게 되는 바 '소 축' 자가 된다. 파자(破字)에 대해 자세한 것은 필자의 『한자와 파자』를 참조하기 바란다.

〈 꿈에 머리 위에 불기둥을 보다 〉

김심언(金審彦)은 예전에 상시(常侍) 최섬(崔暹)에게 배웠는데, 최섬이 앉아서 졸다가 꿈에 심언의 정수리 위에서 불이 나와 기운이 하늘에 뻗치는 것을 보고는 마음으로 이상히 여겨 딸을 아내로 삼아주었다. 심언은 과거에 올라 대성(臺省)에 승진되고, 지방관이 되어서는 농사를 권장하고 백성을 사랑하여 당시 많은 명예를 얻었다.

— 현종 원문대왕(顯宗元文大王) 무오 9년(1018) 『고려사절요』 제3권

이 이야기는 『신증동국여지승람』에도 실려 있는 바, 머리 위에 불기운이 하늘에 뻗치는 표상에서 장차 귀한 인물이 될 것을 예지하고 있다.

〈 먹[墨]을 받는 꿈 〉

이헌국(李憲國)이 젊었을 때 꿈을 꾸니, 문익공 정광필(鄭光弼)이 먹 두 자루를 내다가, 한 개는 정유길(鄭惟吉)에게 주고 한 개는 자기에게 주었다. 그런 뒤에 정유길과 공은 벼슬이 모두 좌의정에 이르렀다.

— 이수광, <몽매(夢寐)> 「신형부(身形部)」 『지봉유설』 15권

문방사우(文房四友)의 하나인 먹〔墨〕을 받는 꿈으로 벼슬길에 오르고 있다. 한편, 이러한 문방사우와 관련된 종이〔紙〕·붓〔筆〕·먹〔墨〕·벼루〔硯〕 등과 관련된 태몽인 경우, 장차 학자 등 학문의 길로 나아갈 것을 예지해주고 있다.

〈 대숲에서 나온 범의 꼬리를 붙잡은 꿈 〉

만력 갑신년에 민몽룡(閔夢龍)이 꿈을 꾸니, 대숲에서 범이 뛰어나왔다. 이에 그 꼬리를 붙잡아 보이더니, 과연 과거의 방(榜)의 끝에 몽룡의 이름이 붙었고, 박호(朴篪)가 장원에 뽑혔다. 이상한 일이다.

— 이수광, <몽매> 「신형부」 『지봉유설』 15권

과거에 급제할 사람의 이름을 꿈으로 예지한 사례다. 꿈을 꾼 민몽룡이 대숲에서 뛰어나온 범의 꼬리를 붙잡는 꿈으로, 범으로 상징된 인물의 맨 끝에 자리를 잡게 됨으로써 꼴찌로 과거에 급제하는 일로 이루어지고 있다. 또한 대숲〔竹〕에서 범〔虎〕이 뛰어나온 것으로써, 과거 급제자의 이름에 호랑이 호(虎) 자와 대나무 죽(竹)의 한자가 들어 있는 박지(朴篪)라는 사람이 장원이 되는 것으로 실현되고 있다.

『기문총화』에는 "선조 17년 갑신년에 민몽룡이 꿈을 꾸었다. 대나무 숲 속에서 호랑이가 뛰어오르는데, 그 꼬리를 붙잡는 꿈이었다. 과거에 급제할 때, 그 자신은 꼴찌를 하고 박지(朴篪)가 장원을 하였다."라고 나오고 있다.

『지봉유설』에는 "박호가 장원을 했다〔朴篪爲狀元〕."고 나오고 있지만, 『조선왕조실록』에 "서총대(瑞葱臺)에서 유생들에게 제술 시험을 보여 박지 등 4인을 선발하였다"는 기록이 나오고 있는 바, 박지란 인물이 옳다고 하겠다.

〈 두 마리의 봉(鳳)의 꼬리가 불에 타면서 하늘로 올라간 꿈 〉

가정 경신(庚申)년에 어떤 사람이 꿈을 꾸니, 두 마리의 봉(鳳)이 그 꼬리가 불에 타면서 그대로 하늘로 올라갔다. 그해 별시에 閔德鳳(민덕봉)이 첫째로 합격하고, 具鳳齡(구봉령)이 둘째로, 丁焰(정염)이 셋째로 합격했다.

— 이수광, <몽매> 「신형부」 『지봉유설』 15권

두 마리의 봉(鳳)이 하늘로 올라가는 데서, 이름에 '鳳' 자가 붙은 두 사람이 합격하는 일로 이루어지고 있으며, 꼬리가 불에 타면서 하늘로 올라간 것은 이름에 염(焰)자가 있는 정염(丁焰)이 급제할 것을 예지해주고 있다. 이 이야기는 『기문총화』에도 실려 있다.

또한 이와 유사한 사례로 꿈속에서 지은 몽중시로 급제할 사람을 예지한 사례도 있다.

〈 빛깔 있는 새가 날아서 입으로 들어온 꿈 〉

신광한(申光漢)이 젊었을 때, 빛깔 있는 새가 날아서 입으로 들어오는 꿈을 꾸었는데, 이로부터 재주와 생각이 날로 진보되었다. 장차 대제학이 될 무렵인데, 또 꿈을 꾸니 빛깔 있는 새가 입으로 들어왔다.

이것은 곧 옛날 나함(羅含)이 꿈에 오색이 영롱한 새를 삼킨 것과 같은 것이다. 중국 사신 장승헌이 왔을 때 신광한이 원접사(遠接使)가 되어 그와 주고받은 시가 있는데, 당시 장승헌은 그의 시를 크게 칭찬했다.

— 이수광, <몽매> 「신형부」 『지봉유설』 15권

여기에 대해서는 신광한이 「탄봉설(呑鳳說)」을 지은 바 있으며, 『해동잡록』에도 다음과 같은 기록이 실려 있다.

〈 꿈에 봉을 삼키고 재주가 진보하다 〉

신광한(申光漢)의 호는 낙봉(駱峰)이다. 역학(易學)에 뛰어났으며, 운수를 추정하는 데[推數] 힘썼다. 경세서(經世書)를 읽다가 알지 못하는 곳이 있어서 일곱 밤낮을 사색하더니, 홀연히 꿈속에 용모와 의표가 훌륭한 한 노인이 나타나, 스스로 소옹(송나라의 소강절)이라 칭하며 알지 못하는 것을 알려 주었다. 깨어나니, 환하게 알게 되었다.

어릴 때 꿈에 문채(紋彩) 있는 봉(鳳)이 날아와 집 모서리에 앉았다. 그가 입을 여니, 봉(鳳)이 날개 치며 날아 들어왔다. 이때부터 빛나는 재주가 날로 진보하였다. 그래서 탄봉설(呑鳳說: 봉새를 삼켰다는 글)을 지어 그 기이한 일을 기록하였는데, 늙어서 또 꿈에 한 봉새를 삼키고 얼마 되지 않아 문형(文衡)을 맡았다.

—『해동잡록(海東雜錄)』 4, 『대동야승』 5

꿈속에서 노인이 모르는 것을 알려주는 꿈을 꾸고 있는 바, 이러한 경우에 꿈을 통한 창의적인 사유활동이 극대화되어 이루어지고 있다. 현실에서 자신이 궁금해하는 점을 초능력적인 꿈의 세계를 통하여 깨달음을 얻도록 해주고 있는 것이다.

〈 꿈에 큰 붕새를 쏘아 관직 임명을 예지 〉

권맹손(權孟孫)의 본관은 예천이며, 자는 효백(孝伯)이고, 호는 송당(松堂)이다. 권 송당이 일찍이 꿈속에서 큰 붕새를 쏘아서 얻었는데, 이튿날 세종이 친히 성명을 써서 전조에 내려 첨지중추부사(僉知中樞府事) 벼슬을 주었으므로, 유방선이 시를 지어 축하하여 이르기를, "진기한 새의 길한 꿈을 응당 알리기를 먼저 하였고, 임금의 붓으로 친히 쓰시니 특별히 영화가 있네." 하였다.

—『해동잡록』 6, 『대동야승』 23권

권맹손은 커다란 봉새를 쏘아서 잡는 꿈을 꾼 후에, 벼슬을 얻고 있다. 이처럼 꿈은 반대가 아닌, 상징 표상의 이해에 있다. 뒤에 나오는 서대(犀帶)를 받는 꿈 사례에서도 알 수 있듯이, 꿈속에서 동식물이나 무언가를 얻는 꿈은 얻은 물건으로 상징된 재물이나 이권·권세를 얻는 일로 실현된다. 이 경우에 귀한 물건일수록 좋으며, 반면에 물건을 잃어버리는 꿈은 실직이나 훼손 등의 안 좋은 일로 실현되고 있다.

〈 뱀이 말 위에 서려 있는 꿈 〉

중종 때에 알성시(謁聖試)로 선비를 뽑았다. 정번(鄭蕃)이란 사람이 장원이 되었는데, 대사간이었던 서후(徐厚)가 정번의 가문이 변변치 못하다고 반박하여 은혜로움을 입지 못하게 하였다. 남곤(南袞)이 그 재주를 애석하게 생각하여, 따로 관직을 두어 이문습독(吏文習讀)이라 하였다.

정번(鄭蕃)·류항(柳沆)·어숙권(魚叔權)이 함께 선발 시험에 참가하였다. 시험 날, 어숙권은 꿈에 뱀이 말 위에 서려 있는 것을 보았다. 합격의 등급을 정할 적에, 류항(柳沆)이 첫째요, 어숙권(魚叔權)이 다음이었다. 류항은 뱀띠[巳]생, 어숙권은 말띠[午]생이었던 바, 류항이 어숙권의 위에 있게 될 것을 꿈으로 예지한 몽참(夢讖)이었던 것이다.

인간의 일이란 미리 정해지지 않은 것이 없으니, 자기 분수 밖의 것을 구하는 것은 어떻게 하자는 것인가?

— 권응인(權應仁), 『송계만록(松溪漫錄)』

꿈의 상징은 다양하게 나타나고 있으며, 이 꿈 사례에서는 장차 과거 급제의 등급이 '뱀이 말 위에 서려 있는' 상징적인 표상으로 나타나고 있다.

이처럼 우리가 꾸는 대부분의 꿈에서, 꿈속에 나타나는 동물은 사람을 상징하고 있다고 앞서 인급한 바가 있는 바, 알쏭달쏭하기나 황당한 전개의 꿈으로써, 꿈이 실현되기까지 궁금증을 갖게 해주고 있다. 또한 이러한 꿈해몽은 반대가 아닌, 꿈속에 나타난 상징 표상을 올바르게 이해하는 데 있다고 몇 차례 강조한 바 있다.

우리는 이러한 꿈의 언어인 상징의 세계가 특별하거나 유별난 것이며 아주 난해한 것으로 잘못 알고 있는 바, 실상은 그렇지가 않다. 꿈의 언어는 상징으로 전개되고 있으며, 우리가 쓰는 현실에서의 관습적인 언어 및 문학적 상징 언어와도 차이가 없이 일맥상통하게 전개되고 있다.

이러한 꿈의 상징에도 다양한 기법이 동원되고 있다. 동식물이나 죽은 조상이 나타나 말을 한다거나, 산신령이 등장하기도 하고, 기타 황당한 전개의 표상으로 꿈을 전개하고 있다. 특이하게 꿈속에서 한자가 나타나거나 상징 의미를 한자로 파자(破字)하여 풀이하는 파자해몽(破字解夢)도 있으며, 꿈속에서 시를 짓거나 얻게 되는 몽중시도 있다. 그리하여 우리가 꾼 꿈에 대하여 생생하게 기억하게 해주며, 상징 의미에 대하여 궁금증을 지니게 하여, 장차 꿈의 실현에 대하여 지속적인 관심을 갖도록 해주고 있다.

이 밖에도 꿈의 상징은 관습적인 상징이 아닌 개인적 여건이나 상황에 따른 개성적 상징물의 전개로 이루어질 수도 있다. 예를 들어 꿈에 물고기만 보면, 현실에서 돈이 생기게 되는 일로 이루어지는 사람도 있다.

또한 꿈속에 나타나는 동식물의 색깔이나 모양 등에 음양의 원리를 적용하거나, 주역의 원리를 원용하는 경우도 있다.

〈 거북이가 나타나 급제에서 탈락한 억울함을 호소하다 〉

무술년 10월에 공부낭중(工部郎中) 오군(吳君)이 사제(私第)에서 운명하였다. 아! 오군은 참으로 곧은 유풍을 지닌 자이다. 혹 벼슬이 뜻에 맞지 않은 것으로 불만을 삼은 적도 있다. 그러나 나는,

"선비가 시골에서 태어나 도보로 서울에 와서 비로소 출세하여 내외의 관직을 거쳐서 5품까지 올랐으니, 이것은 누구나 다 얻을 수 없는 것인데, 어찌 불만이라고 하겠는가?" 말하였다.

오군의 휘는 천유(闡猷)요, 본관은 해주(海州)다. 족보를 보면 대대로 모두가 고을 아전이었다.

오군은 일찍부터 학문이 넓고 문사(文詞)를 잘했다. 기유년에 사마시(司馬試)에 응시하여 합격하고 드디어 태학에 들어갔으며, 또 갑인년에 과거를 보아 합격하였다. 과거를 보러 갈 때 꿈에 거북 한 마리를 잡았다. 그래서 이름을 일귀(一龜)라고도 하였다.

과거에 급제한 사람에게 합격 증서로서 패를 주는 방방(放榜)을 하기 하루 전에, 시관(試官)의 꿈에 거북이 한 마리가 나타나서 말하기를,

"함께 공부한 사람들은 급제하였는데, 나 혼자만 버림을 받았다."

하였다. 시관이 모두 놀라 깨어서 버려진 것 중에서 가만히 찾아내어, 병과(丙科)의 우두머리로 뽑았는데, 방(榜)이 발표될 때에 보니 바로 오군이었다.

— 이규보, <검교군기소감 행상서공부낭중 사자금어대(檢校軍器少監行尙書工部郎中賜紫金魚袋) 오군(吳君)의 묘지명(墓誌銘) 병서(幷序)> 「잡저(雜著)」『동국이상국후집』 제12권

〈 모란꽃 위에 虛實(허실)이라는 글자가 쓰여 있던 꿈 〉

이후근(李厚根)이 일찍이 말하기를, "꿈에 모란꽃이 많이 피고 꽃잎이 몹시 큰데, 꽃 위에는 모두 虛實(허실)이라는 두 글자가 쓰여 있었으니 이것은 무슨 징조일까."라고 하였다.

내가 이 꿈을 풀어 말하기를, "이것은 '허실'이라는 이름을 가진 자가 과거에 급제할 조짐이요. 옛 시(詩)에 말하기를,

堪笑牡丹如許大(감소모란여허대)	저 모란꽃 저렇게 큰 것 우습기도 하더니,
不成一子謾空枝(부성일자만공지)	씨 하나도 맺지 못하고 부질없이 빈 가지일세.

라고 하였으니, 다만 아들을 얻지 못할 것이 두려울 뿐이요."라고 하였다. 그런지 얼마 안 되어 허(許) 좌랑 실(實)이 과연 과거에 급제했다. 그러나 그 아들은 일찍 죽고 다시 아들이 없었으니 괴상한 일이다.

— 이수광, <몽매>「신형부」『지봉유설』15권

허실(許實)의 자(字)는 약허(若虛)로, 허성(許筬)의 맏아들로서, 허균(許筠)에게는 조카가 된다. 모란꽃은 부귀영화를 상징하는 꽃으로서, '虛實(허실)'이라는 글자가 새겨져 있는 것을 파자 해몽으로 풀이하여 같은 음을 지닌 '허실(許實)'이라는 사람이 부귀영화를 얻는 과거에 급제할 것으로 예지하고 있다. 또한 '虛實(허실)'의 '허(虛)' 자가 '빌 허' 자로, 헛되고 비어 있음에서 자식을 얻지 못하는 것으로 예지하고 있다.

〈 매화(梅花)의 개화로 관직 임명을 예지 〉

옛날에 이르기를, "진인(眞人)은 꿈을 꾸지 않는다." 하였고, 또 이르기를, "상(想)이 없고 인(因)이 없으므로 꿈도 없는 것이다." 하였는데, 내가 꾼 꿈은 아무 징조나 예고가 되지 못하고 헛되이 꾸어지는 경우가 없었으니, 이 또한 인이 있고 상이 있어서 그러한 것일까?

갑자년(1864, 고종 1) 6월에 북도에 재임할 때 꿈속에서 3본(本)의 매화가 앞에 벌여 있는 것을 보았는데, 첫 번째 것은 나무가 약간 크고 꽃은 시들었고, 두 번째 것은 나무가 약간 작고 꽃이 반쯤 벌어졌으며, 세 번째 것은 나무가 가장 작고 꽃이 가장자리는 하얗고 가운데는 노란색이었다.

그 꿈을 꾼 날에 저초(邸抄: 지방의 각 고을로 보내는 연락 문서인 저보[邸

報]를 간추려 적은 문서)가 북도에 도착하여 재상에 함께 임명되었다는 소식을 듣게 되었다. 심암(心庵) 조두순(趙斗淳)이 영규(領揆)에 임명되고, 내가 좌규(左揆)에 임명되고, 하의(荷漪) 임공 백경(任公百經)이 단규(端揆)에 임명되었는데, 대체로 임공은 정경(正卿)으로서 입각(入閣)하여 금관자를 옥관자로 바꾸었고, 나는 이미 숭품(崇品)에 올랐기 때문이었다.

매화가 싱싱한지, 꽃이 아름답게 폈는지에 따라서 현실에서 관직의 품계가 정해지는 일로 이루어지고 있다. 이처럼 꿈속에서 꽃이나 식물 등이 등장하는 경우, 싱싱하거나 아름다울수록 그로 상징된 사람이나 대상이 귀하고 좋게 이루어지고 있다.

예를 들어, 태몽에서 꽃이 시든 것을 보는 꿈은 유산이나 요절, 신체적 이상이나 질병 등을 가져오게 되며, 일반적인 꿈의 경우에는 일의 실패나 좌절, 명예나 신분의 몰락 등으로 이루어지고 있다.

〈 난꽃 화분이 하늘에서 내려오는 꿈 〉

이재(李縡: 1680〔숙종 6〕~1746〔영조 22〕)는 조선 후기의 문신으로, 호는 도암(陶菴)·한천(寒泉)이며, 1702년(숙종 28) 알성 문과에 병과로 급제했다. 귀〔耳〕·눈〔目〕·마음〔心〕의 세 가지 기관을 통하여, 듣고 보고 느낀 것을 적어놓은 글이라는 뜻을 지닌 『삼관기(三官記)』를 남겼다.

알성시 급제자를 발표하던 날에 내가 임금 앞에 나아가니, 한 늙은이가 먼저 와 곁에 있기에 이상히 여겨 물어보니 그가 바로 임방(任埅)•이었다. 내가 태어나던 해에 임은 마흔한 살이었는데, 이제 같이 과거

• 임방(任埅)

임방(1640〔인조 18〕~1724〔경종 4〕)은 조선 후기의 문신으로, 1701년(숙종 27) 알성문과에 병과로 급제하여 장령·승지·공조판서 등을 역임하였으며, 연잉군(延礽君)의 세자 책봉에 앞장섰다. 그 뒤 신임사화로 함종에 유배되었다가 금천(金川)으로 옮겨져 그곳에서 죽었다.

에 올랐으니 참 드문 일이 아니겠는가?

내가 뒤에 이런 이야기를 들었다. 임방이 숙종 경신년 정시를 보던 전날 밤, 하늘에서 난꽃 화분 두 개가 내려오더니, 어떤 사람이 그 집에 와 화분 하나는 벌써 아현 사는 이감사 댁에 전달했다고 말하는 꿈을 꾸었다고 한다. 그 당시 내 아버지(이름은 만창)께서 문학으로 크게 이름이 나, 사람들이 곧 급제할 거라고 말들 했기 때문에, 임은 혹시 내 아버지와 같이 급제할 조짐이 아닌가 생각했다는 것이다.

그러나 하늘이 그로 하여금 그해 갓 태어난 아기였던 나를 기다렸다가 스물세 해 뒤에야 같이 급제하게 될 것이었다는 것을 누가 짐작하였으랴? 하필 과거 시험 제목도 「의란조」였으니 또한 기이한 일이었다.

— 도암(陶菴), 『삼관기(三官記)』

기록을 살펴보면, 급제 기록에 1년 차이가 나는 것이 조금 다르지만, 40여 년의 나이 차가 나는 것으로 미루어 체험적 사실이 틀림이 없는 듯하다.

과거 시험 제목이었던 '의란조(倚蘭操)'는 공자의 고사에서 온 것이다. 공자는 자기의 포부를 펴고자 여러 제후들에게 인의(仁義)의 도리를 설파했지만, 받아들여지지 않았고 참담하게 고향인 노나라로 돌아오는 도중에 고갯마루에서 쉬게 되었다. 이때 우연히 풍겨오는 향기를 찾아 나섰다가, 깊은 음곡(陰谷)에 홀로 피어 있는 난초를 발견하고, 자신의 덕이 높으면 사람들이 찾아오게 될 것을 깨달았다고 한다. 또한 뛰어난 향을 지녔지만 풀 속에 묻혀 있듯이, 때를 만나지 못하고 늙어가는 자신을 난(蘭)에다 비유하여 슬퍼하였다고 한다.

〈 서대(犀帶)를 받는 일로 예지하다 〉

헌종(憲宗) 기유년(1849) 봄에 지금은 돌아가신 부친인 문정공(文貞公)이 북릉(北陵)을 봉심(奉審: 임금의 명으로 능이나 묘를 보살피던 일)하면서 안변(安邊)의 관청에서 묵었는데, 자다가 꿈속에서 효정공(孝貞公)이 서대(犀帶) 2위(圍)를 주었다.

하나는 고물이었고, 하나는 납색으로 포도 무늬가 있었다. 그로부터 4년 뒤에 부친께서 1품에 승진하였고, 다시 12년 뒤인 계해년(1863, 철종 14)에 내가 북관에 있다가 1품에 올랐다.

서대(犀帶)는 코뿔소의 뿔[犀角]로 띳돈을 한 각대다. 옥대 다음으로 귀히 여겼으며, 조선 시대에서는 정1품·종1품의 관복에 서대를 착용하게 하였다. 이 역시 높은 관직의 품계를 나타내주는 귀한 물건을 받는 꿈을 꾸고, 장차 꿈대로 실현되고 있음을 알 수 있다.

〈 세 유생의 과거 급제 꿈 〉

옛날에 유생 세 사람이 과거 시험장으로 나아가려 할 때, 한 사람은 거울이 땅에 떨어지는 꿈을 꾸었고, 한 사람은 쑥대 묶음[艾夫]이 문 위에 걸린 꿈을 꾸었으며, 또 한 사람은 바람이 불어 꽃이 떨어지는 꿈을 꾸어, 모두 해몽하는 사람의 집으로 갔다. 때마침 해몽하는 사람은 없고 그의 아들이 혼자 있으므로, 세 사람이 나아가 물으니 그 아들이 점을 쳐 말하기를, "모두 상서롭지 못한 것이니, 소원을 이루지 못할 것이다." 하였다.

그때 마침 밖에 나갔던 해몽가가 돌아와 그 아들을 꾸짖고 시를 지어주면서 말하기를,

애부인소망(艾夫人所望)	쑥대(액막이로 방문 위쪽에 걸어두는 쑥 묶음)는 사람들이 우러러보는 바요
경락기무성(鏡落豈無聲)	거울이 떨어지면 어찌 소리가 없겠는가.
화락응유실(花落應有實)	꽃이 떨어지면 응당 열매가 있을 것이니
삼인공성명(三人共成名)	세 분이 함께 이름을 이루리라.

하였는데, 세 사람이 과연 모두 과거에 급제하였다.

— 성현, 『용재총화』 제6권

꽃이 떨어지는 꿈, 거울이 깨지는 꿈의 실현에서 볼 수 있듯이, 꿈은 어찌 보면 반대로 해석하는 것이 맞다고 생각하기가 쉽다.

하지만 절대로 그렇지 않다. 이는 머리카락이나 이가 빠지는 꿈, 신체가 훼손되는 꿈, 신발을 잃어버리는 꿈 등이 대표적인 흉몽으로 이루어지고 있음에서 잘 알 수 있겠다. 유사한 다른 예로, 꿈속에서 죽는 것이 안 좋은 꿈 같지만, 꿈의 상징 의미로는 낡은 껍질을 벗고 새롭게 태어나는 것을 의미한다. 목이 뎅겅 잘리는 꿈을 꾸고 장성으로 진급한 사례가 있는 등 죽는 꿈은 새로운 탄생의 길로 나아갈 것을 예지해준다. 꿈해몽은 반대가 아닌, 상징의 이해에 있다.

〈 과거 시제를 꿈으로 예지하다 〉

임한백(任翰伯)이 망설이다가 망설이다가 한참 만에 아뢰기를, "신이 지난번 영해(寧海)의 과거(科擧) 시험(試驗)을 치르는 곳을 개장(開場)할 적에 '바다를 본 사람에게는 물에 대해 말하기가 어렵다.'라는 것을 부제(賦題)로 내었고, '관어대부(觀魚臺賦) 뒤에 쓰다.'라는 것을 시제(詩題)로 내었습니다.

그런데 시장(試場)에 들어온 유생들이 다시 출제하기를 청하면서 말하기를 '이것이 출제되리라는 말이 봄부터 있었으니 지금 지을 수 없다'고 하였습니다.

신이 조정의 발포(發布)된 법령(法令)에서 다시 출제하는 것을 허락하지 않는다고 하였더니, 유생들이 말하기를 '예천(醴泉)의 시소(試所)를 개설하기 전에 어떤 사람이 꿈에 이런 출제가 있었다고 했기 때문에 도내(道內)의 유생들 가운데 지어 놓은 사람이 많으니, 이제 다시 출제하지 않을 수 없다'고 하고서 흩어져 나갔기 때문에 신이 부득이 다시 출제했습니다." (요약 발췌)

—「흥정당에 나아가 대신과 비국의 신하들을 인견하여 공사를 의논하다」 현종(1660) 9월 5일 『조선왕조실록』 [원전] 37집, 194쪽

한백은 과거 시제를 유출했다고 하여 조사를 받게 된다. 믿어지지 않는 이야기지만, 선비들의 주 관심사가 과거 급제에 있다 보니, 과거 시험 문제에 대한 간절한 궁금증에서 이렇게 과거 시제가 꿈에 나타날 수도 있다고 하겠다.

〈 꿈에 대궐 잔치에 참여하다 〉

사간 유선여(柳善餘)와 응교 윤자술(尹子述)이 나와 함께 어느 촌가에 모였다. 말이 세상의 돌아가는 이야기인 시사(時事)에 미치자, 유선여가 말하기를,

"내가 일찍이 신묘년에 꿈을 꾼 적이 있었는데, 다시 좋은 때를 볼 것이 아닌가 하오." 하니, 윤자술이 말하기를,

"내가 소싯적에 운명을 추정한 말 추명사(推命辭)가 있었는데, 역시 전혀 틀리지 않았소. 만일 그것이 맞다면 앞길이 역시 원대할 것입니다."

하였다. 나는 시험 삼아 그 얘기를 해보라고 하였다. 유선여가 말하기를,

"꿈에 대궐 안의 인정전(仁政殿) 같은 곳에서 공신을 위해 큰 잔치를 베풀었는데, 나도 그 자리에 참여하였으니, 어찌 중흥의 녹훈(錄勳)을 받을 징조가 아니겠소." 하니, 윤자술이 말하기를,

"운명을 추정한 말에, '임진년 7월에 마땅히 이마에 옥을 꽂을 경사가 있겠고, 이후로부터는 이름과 지위가 빛나 벼슬은 정승·판서에 오르고 편안하게 40년간 부귀를 누린다'고 하였습니다. 과거에 합격하여 고을 원으로 나간 해도 그 말과 똑같이 맞았으니, 어찌 믿지 않을 수 있겠습니까." 하였다.

내가 말하기를, "두 분의 꿈이 모두 길하니, 시사(時事)는 근심할 필요 없겠소."

하니, 유선여가 말하기를, "이 말을 하게 된 것도 답답한 소망에서 나온 것입니다."

하였다. 윤자술은 그 뒤 7월에 과연 당상에 올랐다. 윤의 이름은 승훈(承勳)이다.

—『기재사초(寄齋史草)』 하, 『임진잡사(壬辰雜事)』, 『대동야승』 제52권

〈 사다리가 성문에서 대궐에 이르는 꿈 〉

이의민은 경주(慶州) 사람으로, 키가 8척이나 되고 힘이 남보다 뛰어나게 세었다. 두 형(兄)과 함께 시골에서 횡포하게 구니, 사람들의 근심거리가 되었다. 이에 안렴사(按廉使) 김자양(金子陽)이 잡아다가 매질을 하여 고문(拷問)을 하였더니, 두 형은 감옥 안에서 여위어 죽고 홀로 의민은 죽지 아니하였는데, 자양이 그의 위인을 장하게 여겨 그를 뽑아 경군(京軍)에 편입시켰다.

아내를 데리고 남부여대하여 서울에 이르니, 마침 어두운 밤이어서 성문이 이미 닫혀 있었다. 성의 남쪽에(여관에) 들어 자게 되었는데, 꿈에 긴 사다리가 성문에서 대궐에 이르는 것이 있어서 사다리를 타고 올라가 보았는데, 깨고 나서 이상하게 여기었다.

이이민이 수박(手搏: 무예)을 잘하므로, 의종(毅宗)이 무척 좋아하였다. 무신의 변란에 의민이 가장 많이 사람을 죽였다.

— 명종(明宗) 3년(1173) 『고려사절요』 제12권

『고려사』에는 다음과 같이 실려 있다. 이의민(李義旼)이 처와 함께 서울에 당도하니 마침 해가 저물어서 성문이 벌써 닫혀 있었으므로, 성 남녘에 있는 연수사(延壽寺)에서 하룻밤을 지냈다. 그날 밤 꿈에 긴 사닥다리가 성문으로부터 대궐까지 뻗쳐 있고 그는 그것을 타고 올라가다가 꿈을 깨었으므로 이상하게 여겼다.

이의민이 사다리가 성문에서 대궐로 놓인 것을 타고 올라가는 꿈을 꾼 후에 관운이 순조롭게 올라가고 있다. 물론 정중부의 난에 사람을 많이 죽이거나 의종을 살해하는 등 안 좋은 짓을 하지만, 이의민 본인은 꿈을 꾼 후에 꿈의 예지대로 천한 신분에서 대장군의 직위에까지 나아가고 있다.

또한 이의민의 부친이 꾼 꿈이야기가 『고려사』에 다음과 같이 전하고 있다. 부친 이선(李善)은 소금과 채를 파는 것이 직업이었고, 모

친은 연일현(延日縣) 옥령사(玉靈寺)의 여종이었다. 이의민이 어렸을 때 이선의 꿈에 이의민이 청의(靑衣)를 입고 황룡사(黃龍寺) 9층 탑(塔)에 올라갔으므로 그는 이 아이가 반드시 큰 귀인(貴人)이 되리라고 생각하였다(〈이의민〉「열전 41」『고려사』 128권).

꿈은 반대가 아닌 상징의 이해에 있는 바, 9층 탑 위에 올라가는 꿈은 장차 귀한 직위에 올라갈 것을 예지하고 있다. 이와 유사한 꿈 사례가 『고려사절요』에 다음과 같이 전하고 있다. 고려 태조가 일찍이 9층 금탑이 바다 가운데 서 있는 것을 보고 그 위에 올라가는 꿈을 꾼 적이 있었다(태조 신성대왕〔太祖神聖大王〕 원년 918 『고려사절요』 제1권).

아버지 이선은 이의민이 청의(靑衣)를 입고 황룡사 9층 탑에 오르는 꿈을 꾼 뒤로, 이의민이 큰 인물이 될 것을 예견하고 삼 형제 중에 막내였던 그를 특별히 아꼈다.

이이민은 경군(京軍)에 선발된 뒤 수박(手搏)을 잘하였으므로, 무예로 의종의 총애를 받아 별장이 되었다. 1170년(의종 24)에는 정중부(鄭仲夫)의 난에 가담해 중랑장이 되었다가, 장군으로 승진하였다. 그 후 1173년(명종 3) 동북면병마사 김보당(金甫當)이 정중부의 집권에 반발해 의종 복위를 꾀하자, 유배지인 거제에서 경주로 나와 있던 의종을 살해하고 그 공으로 대장군이 되었다. 1174년 서경유수 조위총(趙位寵)의 난을 진압하기도 하였다. 1179년 정치적 입장을 달리하던 장군 경대승(慶大升)이 정중부 등을 죽이고 실권을 장악하고, 이이민을 '선왕을 시해한 대적'으로 천명하자 대립관계에 있게 되고, 이의민은 경대승을 피해 고향인 경주로 낙향한다.

일찍이 이의민은 오색 무지개〔紅霓〕가 양편 겨드랑이에서 일어나는 꿈을 꾸고 자부심이 강하였으며, 옛 도참(圖讖)에 "용손은 12에 다

한다〔龍孫十二盡〕."란 말을 믿고서, 왕씨가 12대에서 끝나고, '십팔자(十八子)'가 왕이 된다는 참설(讖說)대로 이(李)씨인 자신이 왕위에 오를 수 있다고 여겼다. 또한 자신의 출신이 경주라 하여 내심으로 역모(逆謀)를 일으켜 신라(新羅)를 다시 일으킬 뜻을 지니고 있었다(명종광효대왕〔明宗光孝大王〕 2 계축 23〔1193〕『고려사절요』 제13권).

1183년 30살의 나이에 경대승이 병으로 죽자, 이의민은 다시 개경으로 올라오게 되지만, 새로운 신라 중흥을 도외시하고 권력욕에 빠지게 된다. 이에 이의민의 근거지였던 경주 세력이 중심이 되어 김사미·효심 등이 역모(逆謀)를 일으키고, 이의민은 난처한 입장에 처하게 된다. 가까스로 난을 평정한 이의민은 벽상공신으로 책봉되어 권력의 1인자가 되고, 차남 이지영과 삼남 이지광은 백성들에게 못된 행패를 부리기에 이른다. 이어 이의민은 정변을 일으킨 최충헌 일파에 의해 미타산에서 살해된다.

이와 유사한 사례를 살펴본다.

〈 꿈을 믿고 역모를 고변하다 〉

의정부(議政府)의 종 정막개(鄭幕介)가 박영문(朴永文)과 신윤무(辛允武)가 난(亂)을 꾸민다고 밀고(密告)했다. 막개는 본래 천한 사람으로서 교활하기 비할 데 없어, 일찍 박영문과 신윤무의 집을 출입하여 몹시 가까웠던 바, 이때 박영문이 신윤무의 집에 가서 조정을 원망하는 말을 막개가 숨어서 듣고 모든 말의 곡절을 많이 얽고 보태서 만든 것이니 믿기 어렵다.

일찍이 꿈에 자기 몸이 결박되어서 수레 위에 놓였는데 형벌을 받기에 임해서 군기감(軍器監) 앞에 이르자, 문득 준마(駿馬)를 타고 있었으며 호위하고 따르는 것이 몹시 장대하였다. 꿈에서 깨자 생각하기를, "이는 내게 상서로운 징조로다." 하고, 이에 뜻을 결정하고 고변(告變)했던 것이다. 이 옥사(獄事)는 달리 증거가 없고 두 사람이 한 말을 막개가 들었을 뿐이므로, 오로지 막개가 고변한 말을 가지고 두 사람을 심문했다.

두 사람은 일찍이 견마(犬馬)의 수고로움을 기록하여 벼슬이 재상에 있었는데, 말 한마디 한 것을 가지고 대역(大逆)이라고 논단하였으니, 마음 아픈 일이로다. (요약 발췌)

—『음애일기』, 『대동야승』 제6권, 『해동야언』 3

꿈의 미래 예지적 성격을 믿고 꿈대로 이루어질 것을 알고, 밀고하여 사람을 죽게 만든 이야기이다. 종 정막개(鄭幕介)가 자신의 꿈에 몸이 결박되어 형벌을 받기에 임해서, 문득 준마(駿馬)를 타고 있었으며 의종(儀從)이 매우 많았던 꿈을 꾸고 나서, 역모를 고변하고 있으며, 그 후에 포상을 받고 재물까지 얻고 있다.

이렇게 고변하여 신분 상승이 이루어진 것에 대하여, 『조선왕조실록』에는 「정막개와 추관을 포상하다」라는 글에서 비판적으로 언급하고 있다.

한편 이 이야기는 『연려실기술』 제7권 「중종조(中宗朝) 고사본말(故事本末)」 〈박영문(朴永文)과 신윤무(辛允武)의 옥사〉에도 실려 있다.

〈 맹사성이 자신의 목숨을 구해줄 성석린을 예지한 꿈 〉

맹사성(孟思誠)이 대사헌(大司憲)이 되고 박안신(朴安信)•이 지평(持平)이 되어 평양군(平壤君) 조대림(趙大臨)•을 국문(鞫問)하는데, 임금에게 여쭈지 아니하고 고문하였다.

임금이 크게 노하여 두 사람을 수레에 싣고 저자에서

• 박안신(朴安臣)

처음 이름은 안신(安信)으로, 본관은 상주(尙州)다. 태조 계유년(태조 2)에 생원과에 장원을 하였고, 정종(定宗) 기묘년(정종 원년)에 과거에 급제하여 벼슬이 대제학에 이르렀다. 시호는 정숙공(貞肅公)이다. 공이 지평으로 있을 때 대사헌 맹사성(孟思誠)과 함께 평양군 조대림(趙大臨)을 임금에게 고하지 않고 잡아다가 고문하였더니, 태종이 크게 노하였다. 『명신록』에는 하륜·성석린·권근 등이 힘써 구원하여 죽기를 면하고, 곤장을 때려 먼 곳으로 귀양 보냈다고 하였다(〈태종조의 명신〔名臣〕, 박안신〔朴安臣〕〉「태종조〔太宗朝〕 고사본말〔故事本末〕」『연려실기술』 제2권).

• 조대림(趙大臨: 1387〔우왕 13〕~1430〔세종 12〕)

조선 초기의 문신으로, 조준(趙浚)의 아들이며, 태종의 부마로 둘째 딸 경정공주(慶貞公主)와 혼인하였다. 1408년 12월 반란자 목인해(睦仁海)의 꾐에 빠져 도성에서 군사를 일으켰다가 순군사(巡君司)에 감금되었으나, 왕의 부마로서 혐의가 없어 석방되었다.

죽이려고 할 적에, 맹사성은 실색(失色)하여 말을 못하는데, 박안신은 침착하여 조금도 두려워하는 기색이 없이 맹사성의 이름을 불러 말하기를, "그대는 상관이요, 나는 하관이나 이제 죽을 죄인이 되었으니, 어찌 존비(尊卑)가 있겠는가. 나는 일찍이 그대를 지조가 있다고 했는데, 어찌 오늘은 이렇게도 겁을 내는가. 그대는 저 수레 구르는 소리가 들리지 않는가." 하였다.

또 나졸에게, "기와 조각을 가져오너라." 하였으나 나졸이 듣지 않으니, 박안신이 눈을 부릅뜨고 꾸짖기를, "네가 만약 듣지 않으면, 내가 죽어서 반드시 먼저 너에게 화를 주겠다." 하고, 말소리와 안색을 더욱 엄하게 하니, 나졸이 두려워하여 마침내 기와 조각을 가져다주었다. 이에 시를 지어 기와 조각에 쓰기를, "내 직책 다하지 못하였으니 죽음은 달게 받겠으나, 임금이 직간(直諫)하는 신하를 죽였다는 이름이 남게 될까 두렵네." 하고 나졸에게 주어, "속히 가서 임금께 보이라." 하니, 부득이 궐내에 갖다 바치었다.

이때 독곡(獨谷) 성석린(成石璘)• 이 좌의정이었는데, 신병 때문에 가마를 타고 궐내에 나아가 극간(極諫)하니, 임금도 노염이 풀려 마침내 용서하여 죽이지 않았다.

맹사성(孟思誠)이 젊어서 제관으로서 소격전(昭格殿)• 에 치재(致齋)• 를 하는데, 잠깐 조는 사이에 꿈속에서 누군가가 "칠성(七星)이 들어오신다." 전하였다. 잠에서 깬 공이 뜰에 내려가 공손히 맞았는데, 여섯 대부(大夫)는 이미 들어왔고, 일곱 번째는 독곡 성석린이었다.

공이 죄를 얻어 저자에서 죽임을 당하게 되었는데, 성석린이 간해서 구한 힘으로 죽음을 면하였다. 평생에 성석린을 부모와 같이 섬기었으며, 성석린이 죽은 뒤에도 비가 오나 눈이 오나 그 사당을 지날 때면 반드시 말에서 내렸다.

—『용재총화』 제3권

• 성석린(成石璘: 1338〔고려 충숙왕 복위 7〕~1423〔조선 세종 5〕)은 그의 나이 71세 때인, 1408년에 맹사성의 사형을 면하게 간언하였다. 한편 이 이야기는 『연려실기술』 및 『해동잡록(海東雜錄)』에도 실려 있다.

• 소격전(昭格殿)

조선 시대에 하늘과 땅, 별에 지내는 도교의 초제(醮祭)를 맡아보던 관아. 조선 태조 때 두었으며 세조 때 소격서로 고쳤다.

• 치재(致齋)

제관이 입제 날부터 파제 다음 날까지 사흘 동안 몸을 깨끗이 하고 삼감.

권별(權鼈)의 『해동잡록(海東雜錄)』 3권 「본조(本朝)」 〈맹사성〉에도 이와 관련된 이야기가 실려 있다. 맹사성(1360〔공민왕 9〕~1438〔세종 20〕)은 대사헌으로서, 목인해(睦仁海)•의 꾐에 빠져 모반의 군사를 일으킨 태종의 부마인 조대림을 박안신(朴安臣)과 함께 임의로 국문하였으나, 태종으로부터 왕실의 친척인 조대림을 제거하여 왕실의 힘을 약화시키려 했다는 노여움을 사 목숨이 위태로운 상황에 처하게 된다.

• 목인해(睦仁海)
시가(市街)에서 찢어서 죽이는 형을 받았다.(「목인해를 시가에서 환열하고 자식들을 아울러 교살하다」 태종 8년〔1408〕 12월 9일 『조선왕조실록』 〔원전〕 1집, 468쪽)

하지만 맹사성이 젊은 날에 꾼 꿈속에 들은 "칠성(七星)이 들어오신다."라는 말처럼 일곱 번째로 들어온 인물이 자신보다 나이가 22살이나 많았던 독곡 성석린이었던 바, 성석린이 병중에 있던 상황에서도 불구하고 가마를 타고 대궐로 나아가 임금께 극력 간하여 맹사성을 구명(救命)하게 된다.

꿈은 상징적인 미래 예지 꿈으로, 꿈속에 칠성(七星)으로 마지막 들어온 인물이 성석린이었듯이, 왕의 노여움에 모두가 입을 다물고 있던 상황에서, 뜻하지 않게 꿈속에 칠성으로 등장했던 성석린의 결정적인 역할로 목숨을 구하고, 이로 인해 극진히 받들어 모시게 될 것을 예지하고 있다.

맹사성이 태종의 부마인 조대림을 국문하게 된 사실을 『조선왕조실록』의 기록을 통하여 살펴보면, 태종 8년(1408) 11월 7일 맹사성을 대사헌으로 하는 등 사헌부의 관리를 새로 임명하였으며, 한 달 뒤인 12월 5일에 〈호군 목인해가 평양군 조대림이 모반한다고 무함하다〉, 다음 날인 12월 6일에 〈사간원(司諫院)에서 조대림이 도성 안에서 군사를 일으킨 까닭을 핵문(劾問)하다〉로 나와 있다.

그러나 다음 해인 태종 9년(1409) 4월 2일의 〈조대림의 병권을 회수하자고 상소한 유사눌 등 내간들을 국문하여 유배 보내다〉에서 알 수 있듯이, 태종이 부마인 조대림에 대하여 적극적인 옹호와 지원을 보내고 있음을 알 수 있다.

〈 꿈대로 과거에 떨어지다 〉

이효권(李孝權)은 소를 꿈꾸면 길하고, 공기(孔頎)는 소를 꿈꾸면 흉하였다. 두 사람이 회시(會試)에 나가려는데, 이효권은 깊이 잠들고 공기는 어렴풋이 자는데 갑자기 구름만 한 소가 잠깐 마당을 지나가다가 공기를 보고 길게 울면서, "그대가 나를 보려 하지 않으니, 나도 그대를 보지 않으련다." 하므로, 공기가 이효권을 차면서 "그대도 꿈에 보았나?" 물으니, "보지 못했다." 하므로, 공기가 "그대는 보고 싶은데 보지 못하고, 나는 보기 싫은데 보았으니 소가 원망스럽다." 하였는데, 두 사람 모두 낙제하였다.

—『해동잡록』 3, 『대동야승』 5

누구는 조상 꿈만 꾸면 좋게 이루어진다는 사람이 있고, 누구는 조상 꿈만 꾸면 안 좋은 일로 이루어진다고 하는 사람들이 있다. 하지만 이러한 것은 조상 자체의 문제가 아니라, 꿈속에서 어떤 모습, 어떤 상징으로 전개되었는가에 달려있다고 하겠다. 온화한 모습으로 좋은 말씀이나 귀한 물건을 주는 조상 꿈이 결코 나쁠 리가 없으며, 반대로 노한 얼굴이나 어둡고 암울한 모습으로 나타난 조상 꿈의 실현은 결코 좋은 일로 이루어지지 않고 있다.

〈 차고 있던 패물이 떨어진 꿈 〉

찬성사로 벼슬길에서 물러난 김련(金連)이 죽었다. 김련이 일찍이 차고 있던 금어(金魚)가 땅에 떨어지는 꿈을 꾸고, 스스로 해몽하기를, "몸에 지닌 패물이 이미 떨어졌으니 오래 머무르지 못할 것이다." 하고, 드디어 늙었음을 이유로 은퇴하기를 청하였다. 성품이 순후하여 모든 사람의 길흉사에는 친하고 안 친한 것에 상관없이 모두 힘껏 도와주었다.

— 충렬왕 3 신묘 17년(1291) 『고려사절요』 제21권

김련(金連)은 광산 김씨이다. 충렬왕(忠烈王) 때 문신으로 경상도 도지휘사로 동정(東征: 일본 정벌)하려 할 때, 출정을 앞둔 어느 날 밤 차고 있던 금어(金魚)가 땅에 떨어지는 꿈을 꾸고, 스스로 해몽하기를 "내 몸에 계급이 떨어졌으니 패전의 징후다." 하고 출정 장군을 사퇴했다.

몸에 지녔던 귀한 금어(金魚)의 패물이 떨어지는 꿈으로써, 자신이 귀한 직위나 신분이 무위로 될 것을 예지하고 스스로 물러나기를 결심하고 있다. 이 경우 본인이 스스로 물러나지 않는다고 할지라도, 외적인 상황이나 여건의 변화에 의해 금어(金魚)의 패물이 떨어진 것처럼, 신분의 이상이 발생하는 일로 진행되기도 한다.

5) 몽중시로 예지

특이하게 꿈속에서 짓거나 받게 되는 몽중시로 과거 급제나 관운(官運)을 예지한 사례를 살펴본다.

〈 과거 급제자의 이름을 몽중시로 예지하다 〉

나의 고조(高祖) 제학(提學) 공의 이름은 어변갑(魚變甲)인데, 영락(永樂) 무자(戊子)년에 문과 회시(文科會試)에 급제하였다.

대제학 교은(郊隱) 정이오(鄭以吾) 공이 꿈에 시(詩)를 짓기를,

삼급풍뢰어변갑(三級風雷魚變甲)	세 번의 바람과 천둥으로 고기는 甲 있는 것으로 변하고
일춘연경마희성(一春煙景馬希聲)	한 봄의 아지랑이 자욱한 풍경에 말 울음소리 드물구나
수운대우원상적(雖云對偶元相敵)	비록 짝으로 대함에 원래 필적하다 고 하지만
나급룡두상객명(那及龍頭上客名)	어찌 용문에 있어서 윗자리에 이름 이 미칠 줄이야.

하였는데 공이 과연 전시(殿試)에 첫째로 급제하였다.

— 어숙권(魚叔權), 『패관잡기(稗官雜記)』 1

이 시는 태종 무자년에, 당시 대제학지공거(大提學知貢擧)였던 정이오(鄭以吾)가 전시(殿試)에 감독하기 전날 밤 꿈에 지은 시다. 몽중시에 사용된 시 구절인 "고기가 갑(甲) 있는 것으로 변하고〔魚變甲〕", "말 울음소리 드무니〔馬希聲〕"의 '어변갑(魚變甲), 마희성(馬希聲)'이 그대로 사람 이름이 되어 과거에 급제하는 일로 실현되고 있다. 시험 결과를 알리는 방(榜)이 붙었는데, 어변갑이 문과의 장원이 되었고, 마희성이 무과의 장원이 되었다.

이 꿈이야기는 『지봉유설』 「신형부(身形部)」 〈몽매(夢寐)〉를 비롯하여, 『패관잡기(稗官雜記)』·『해동잡록(海東雜錄)』·『문봉집(文峯集)』·『지퇴당집(知退堂集)』·『동시화(東詩話)』 등 여러 문헌에 실려 있어, 당시 사람들이 신비스러운 꿈이야기로 널리 회자되었음을 알 수 있겠다. 시험 고시관으로서, '누가 장원을 할 것인가'에 대한 정이오의 잠재의식적인 궁금증이 꿈에서 상징적인 몽중시를 짓는 것으로 형상화된 것으로 보아야 할 것이다.

〈 꿈에 노인이 과거에 급제할 시구를 계시 〉

정소종(鄭紹宗)이 젊었을 때, 꿈에 한 노인이 소종의 손바닥에

禹跡山川外　우임금은 산천 밖에까지 자취를 남기었고,
虞庭鳥獸間　순임금은 새와 짐승 사이에 조정을 두었네.

라는 시구를 적어 주었다. 소종은 그 시구를 기억하여 두고 잊지 않았다. 연산군 갑자년(1504) 겨울에 특별히 전시(殿試)를 보이는데, 칠언율시로 하였다. 그 글제는, '봄에 이원(梨園)을 개방하고 한가롭게 기악(妓樂)을 본다.'라고 하였는데, 연산이 직접 낸 것이다. 소종은 홀연히 젊었을 때 꿈에 본, 노인의 시구가 떠올라 각각 두 자씩을 보태어, 글귀를 지었다.

春濃禹跡山川外(춘농우적산천외)　봄은 우임금의 발자취가 있는 산천 밖에 무르녹았고
樂奏虞庭鳥獸間(악주우정조수간)　음악은 순임금의 뜰이 있는 새와 짐승 사이에서 울린다.

그때 김안국이 고시관으로 참석하였다. 상고관이 소종의 글을 하등으로 정하려 하였으나, 김안국이 이것은 실로 귀신의 말이라고 크게 칭찬하여 드디어 상등으로 정했다. 과방이 발표된 후에 소종이 은문(恩門)으로서 김안국을 가서 뵙자, 안국은 시상(詩想)이 여기까지 미치게 된 것을 물었다. 소종이 젊었을 때 꿈속의 일을 자세히 말하였더니, 김안국은 더욱 경탄하였다. 김안국의 글을 알아보는 명성이 이로부터 나타났다.

— 이기(李墍), 『송와잡설(松窩雜說)』

우정(虞庭)은 우순(虞舜)의 조정(朝廷)을 가리키는 바, 이 이야기는 『동시화』·『지봉유설』에도 실려 있으며, 계시를 받은 사람이 정소종으로 나오고 있다. 하지만 허균의 『성수시화(惺叟詩話)』·『소화평(小華評)』에는 다소 다르게 나오고 있다. 계시를 받은 사람이 정소종이 아

닌 김안로(金安老)로 나오고 있으며, 과거 시제(詩題) 및 선발에 대하여 보다 상세하게 전개되고 있다. 허균(許筠)의 시(詩) 비평집인 『성수시화』에 나오는 이야기를 살펴본다.

김안로가 젊어서 관동에 놀러 갔을 때, 꿈에 귀신이 나타나 읊조리기를,

春融禹甸山川外(춘융우전산천외)	봄은 禹甸의 산천 밖에 무르익고
樂奏虞庭鳥獸間(악주우정조수간)	음악은 虞庭의 조수 사이에서 연주되네.

이어서 말하기를, "이것이 바로 네가 벼슬길을 얻을 시어다."라고 하므로, 꿈을 깨고 나서 이를 기억해 두었다.

다음 해 정시(庭試)에 들어가니, 연산이 율시 여섯 편을 내어 시험을 치렀는데, 그 가운데 '春日梨園弟子沈香亭畔閑閱樂譜(봄날 이원 제자들이 침향정 가에서 한가로이 악보를 들춰보다)'라는 시제를 가지고, '閑' 자를 압운으로 해서 시를 지으라는 문제가 있었다.

김이 생각하니 '그 글귀가 꼭 들어맞는지라', 이내 그걸 가지고 써 냈다. 강혼(姜渾)이 고시관이 되어 크게 칭찬하고 장원을 시켰다. 김안국이 본디 글을 잘 안다고 이름이 난지라 참시관(參試官)을 하면서, "이 구절은 귀신의 소리지, 사람의 시가 아니다." 하고 즉시 그 출처를 묻자, 김이 사실대로 대답하니 사람들이 모두 그 감식안에 탄복하였다.

— 허균(許筠), 「설부(說部)」 4 『성소부부고(惺所覆瓿藁)』 권25

정소종은 하동(河東) 사람이며, 자(字)는 석년(錫年)으로, 연산 갑자년에 진사로서 별시에 올랐다. 연산군 갑자년(1504) 겨울에 특별히 전시를 보이는 것으로 미루어, 또한 꿈속에서 얻은 시구에 보태어 짓는 행위 등으로 미루어 꿈속에서 시구를 계시받은 사람은 정소종으로 보인다.

김안로는 연산 병인에 문과에 장원을 하였는 바, 병인년은 갑자년보다 3년 뒤가 된다. 또한 꿈속에서 받은 시구가 간결한 것일수록 원래의 이야기가 옳다고 보여진다. 자세한 이야기일수록 나중에 윤색이 더해진 것으로 보아야 할 것이다. 예를 들어 『구운몽』이나 『춘향전』에도 수많은 이본(異本)이 있지만, 이본일수록 원본보다 이야기가 덧붙여지고 있음을 볼 수 있다.

여기에서는 꿈속에서 계시받은 시구가 장차 과거 시험의 문제와 연관 지어 실현되고 있다. 이처럼 계시적인 성격의 몽중시는 미래 예지 꿈의 몽중시가 상징적으로 알쏭달쏭하게 보여주고 있는 데 비하여, 장차 일어날 일을 직설적인 계시로 알려주고 있다는 점이 다르다. 이러한 계시적인 꿈도 어찌 보면 '지어낸 거짓 꿈이야기'의 경우처럼, 자신이 직접적으로 드러내기 어려운 말이 있는 경우 꿈속에서 계시를 받았다는 것으로써 정당성이나 합리성, 나아가 신성성이나 신비감을 부여하는 수단으로 사용되기도 한다.

다음의 시는 꿈속에서 지은 시(詩)인지, 깨어나서 꿈속의 일을 적은 시(詩)인지 분명하지는 않지만, 사실적인 미래 투시의 꿈으로 장차 과거에 급제하게 될 일을 보여주는 사례다.

〈 과거 급제를 예지 〉

정응두(鄭應斗)가 아직 과거에 급제하기 전에 꿈속 일을 적은 시에 말하기를,

曙色初開玉殿春　새벽빛은 밝아오려 하고 궁전은 봄인데
位分龍虎夾階陳　龍虎(문과와 무과)로 자리를 나뉘어 섬돌을 끼고 벌려 있네.
中官賜罷天廚醞　중관(내시)은 임금께서 내리는 술을 보내오고,

浥露宮花滿首新　이슬 젖은 어사화가 머리에 가득 새롭네.

라고 하였다. 이윽고 과거에 급제함에 꿈속 일과 같았다고 한다.

— 이수광, <몽매> 「신형부」 『지봉유설』 15권

이 이야기는 『기문총화(記聞叢話)』에도 실려 있다. 이처럼 사실적인 미래 투시 꿈으로 이루어진 경우에는 꿈속에서 본 그대로 장차 현실에서 일어나고 있다.

〈 아들의 과거 급제 예지 〉

임자(壬子)년 봄에 나는 북경(北京) 옥하관(玉河館)에 있었다. 어느 날 밤에 꿈을 꾸니, 내가 전시(殿試)에 들어가 장원이 되었다. 어느 사람이 시권(詩卷)을 가지고 오는데 몸시도 꼭 붙여서 떨어지지 않는다. 내 아들 민구(敏求)가 나와서 이것을 떼어 보니, 이에 책문(策文)이었다. 나는 시를 지어 말하기를,

鳳有奇毛蔚(봉유기모울)　봉황은 기이한 털이 찬란하고,
鸞生二尾新(난생이미신)　난새는 두 꼬리가 새로 나왔네.

라고 하였다. 이때 갑자기 축하하는 사람들이 뜰에 가득히 나타나면서, 한 기생이 나와서 술을 따른다. 그 이름을 물으니 채운선(彩雲仙)이라고 하였다. 꿈에서 깨어났으나, 꿈속 일이 뚜렷하였다. 나는 덧붙여 그다음 구(句)를 채워,

彩雲仙獻酒(채운선헌주)　채운선이 술을 올리니,
歌舞滿庭春(가무만정춘)　노래와 춤이 뜰에 가득한 봄일세.

라고 하였다. 이해 가을에 민구(敏求)가 대책(對策)으로 과거에 급제했으니, 이 꿈은 그 조짐이었다.

— 이수광, <몽매> 「신형부」 『지봉유설』 15권

이와 같은 이야기가 『지봉집(芝峯集)』에도 실려 있다. 이수광의 꿈은 아들 민구가 6개월 뒤 가을인 광해군 4년(1612) 24세 때 증광별시(增廣別試)에서, 대책(對策)으로 과거에 급제하는 일로 실현되고 있다.

몽중시의 "鳳有奇毛蔚(봉유기모울), 鸞生二尾新(난생이미신)"에서 鳳(봉)과 鸞(난)은 상서로운 동물로 봉의 털이 찬란함에서, 빛나는 경사나 이름을 드날리는 것을 나타내준다고 볼 수 있다. 또한 마찬가지로 난(鸞)새는 길조(吉鳥)요 신령스러운 새이니, 봉황과 쌍벽을 이루는 새다. 일설에는 봉황의 일종으로 깃털이 유난히 푸른빛이 많이 나는 봉황을 일컫는다고 한다. 이러한 상서로운 새의 털이 찬란하고 새롭게 나오는 상징 표상은 발전과 번영의 상징에 부합하기에, 과거 급제로 실현되었다고 볼 수 있다. 또한 축하 자리에 등장한 기생의 이름 역시 사실적인 미래 투시 꿈으로 이루어질 경우, 채운선(彩雲仙)이란 이름의 기생이 실제로 술을 바치는 일로 이루어질 수 있을 것이다.

〈 謫仙(적선)의 시 구절로 좌천을 예지 〉

강극성(姜克誠)은 계해년 봄에, 꿈에 선객(仙客)과 같이 주루(酒樓)에 올랐었는데, 한 선녀가 잔을 들어 술을 권하였다. 선객이 강극성에게 시를 보여주기를 청하므로 절구(絶句) 한 수를 지어 보여주기를,

酒肆粧樓放縱狂	술집 단장된 누대에 거리낌 없는 광인
萬人牙頰姓名香	모든 사람의 입에 오르내리는 이름이 향기롭네.
逢君說着前身事	그대를 만나 전세의 일을 말하노니,
香案前頭奉玉皇	향안 앞에서 옥황을 받들던 몸이라네.

이라 하고, 이어 말미에 仙謫(선적)이라고 썼더니, 선객이 보고 묻기를, "소위 仙謫(선적)이라는 것은 즉 '謫仙(적선)'이냐?" 하였다. 잠시 후에 그 선녀가 작별하고 가려고 하므로, 강극성이 만류하고 노래 한 가락 부르기

를 청하였더니, 선녀가 말하기를, "첩은 노래에 익숙하지 못하니 원컨대, 시로써 화답하겠습니다." 하고, 바로 둥근 부채에 시를 써 주었다. 시에 이르기를

匆匆粧束下西樓 바쁘게 단장하고 서루에 내려와
來伴雙仙侑勝遊 두 신선을 모셔 즐겁게 놀기를 권하오.
聊唱蕊珠歌一曲 예주가(蕊珠歌) 한 곡조를 즐거이 부르노니
曲終非爲錦纏頭 곡을 마치는 것은 금전두(錦纏頭) 위한 것 아니라오.

쓰기를 끝내자 드디어 가버렸는데, 깨고 보니 꿈이었다. 강극성은 이해 가을에 어떤 일로 직위가 떨어졌으니 謫仙(적선)의 예고가 아닐까?

— 이제신(李濟臣), 『청강선생후청쇄어』

이처럼 謫仙(적선: 귀양 온 신선)으로 쓴 데서, 봄에 몽중시를 짓고 가을에 멀리 귀양 가는 일로 실현되었다고 볼 수도 있다. 다만, 꿈속에서 오고 간 칠언절구(七言絶句) 시가 완벽하게 적혀 있으며, 謫仙(적선)이라는 말이 일반적으로 널리 쓰인 말이기에 지어낸 거짓 꿈이야기로 볼 수도 있을 것이다.

중국의 이백(李白)이 재주가 너무 뛰어나, 사람이 아닌 귀양 온 신선이라는 뜻의 謫仙(적선)으로 불렸던 것은 널리 알려져 있다. 정철(鄭澈)도 「관동별곡(關東別曲)」의 뒷부분에서 지어낸 거짓 꿈이야기로, 자신을 謫仙(적선)으로 나타내고 있음을 볼 때, 이 몽중시에서도 말미에 仙謫(선적)이라고 쓴 것은 자신을 미화한 것으로 볼 수도 있는 것이다. 『기문총화(記聞叢話)』에는 시어(詩語)가 '雙仙(쌍선)'이 아닌 '雙娥(쌍아)'로 적혀 있다. 금전두(錦纏頭)는 머리에 쓰는 비단(緋緞) 수건으로, 기생(妓生)들에게 사례로 주던 비단 등의 물품을 뜻한다.

8. 부임지·유배지 예지

과거 급제에 대한 예지를 보여주는 꿈 사례가 상당수 있는 것처럼, 관직의 부임지나 당쟁으로 인하여 유배를 떠나기 전에 예지적 꿈을 꾼 사례가 상당수 있다.

이 경우에 보통은 사실적인 미래 투시의 꿈이나 상징적인 미래 예지 꿈으로 보여주고 있지만, 특이하게는 몽중시로 예지하는 경우도 있고, 또한 파자 표현으로 예지해주기도 한다.

파자 해몽의 〈유배지에서 향(香)을 받게 되는 이야기〉도 언제 유배지에서 풀려날 것인가를 예지해주고 있는 꿈이라 하겠다.

1) 사실적인 미래 투시 예지

〈 꿈에 임지를 예지하다 〉

선조 36년 가을에 내가 시강원(侍講院)에 입직하였다. 그날 밤 꿈에 만월대에 오르니, 장막 주변에 군마들이 달리는 것 같았다. 깨고 나도 분명하였는데 그게 무슨 징조인지 알 수가 없었다. 만월대라고 하는 곳은 내 평생에 발자취가 아예 이르지 않은 곳이지만, 언제나 옛 도읍터의 풍물을 상상하며 한 번 늘 소원을 풀고자 한 지가 오래였다. 그러던 차에 또 이런 꿈을 꾸고 보니 바야흐로 몹시 기쁘고 다행으로 여겼다.

그런 지 며칠 후에 이조(吏曹)에서 마침 비국(備局)의 공사로 인해, 각도의 순안어사(巡按御史)를 내게 되었다. 그래서 나는 늙은 어버이가 바야흐로 경기도 안에 계실 뿐 아니라, 또 기이한 꿈도 있기에 이조에 말해서 경기어사로 나갈 것을 요구했다.

그러나 선묘(先廟)는 올린 단자를 도로 내려보내면서 말하기를, "이 모(李某)는 곧 시강원의 장관이니 내보낼 수가 없는 즉, 딴 사람으로 고쳐 보내도록 하라." 하므로, 이에 나는 마음으로 서운하게 여겨 생각하기를, '전날의 꿈은 허황된 것이었구나.' 하였다.

이듬해 갑진년 봄에 내가 특명을 받고 개성부의 시재어사(試才御史)가 되었으니, 전날의 꿈이 비로소 맞은 셈이었다. 나는 부응교로서 바야흐로 보덕을 겸하게 되었으며, 먼저는 달리 보내라는 명령이 있었는데 뒤에는 특별히 보내라는 하교가 계셨으니, 몇 달 사이에 임금의 마음이 현저하게 다르기가 이러한 것으로 보아, 한 번 움직이고 한 번 쉬는 것에 모두 운수가 달려 있는 것이다.

이로 인해 생각해 보니, 전일에 다른 사람을 보내게 된 것은 반드시 천기를 누설해서 인사에 참례한 것으로써 조물주의 꺼림을 받았던 것이요, 뒤에 특명을 내린 것은 스스로 교사한 마음이 없으므로 전날의 꿈이 맞았던 것이다.

그러니 사대부의 공명 거취는 한결같이 하늘에 맡겨졌을 뿐이요, 사사로이 경영되고 진취될 수 없음이 분명하다.

— 이덕형 『죽창한화』, 『대동야승』 제71권

일반적으로 중대한 일의 실현일수록 꿈을 꾸고 나서 상당한 기간이 지나서야 이루어지는 것이 보편적이다. 사소한 일의 실현일수록 꿈은 빨리 이루어지고 있다.

이덕형은 1603년(선조 36) 가을에 시강원(侍講院)에 입직하였던 날, 꿈에서 개성의 만월대에 있게 되는 꿈을 꾸게 된다. 깨어난 후에 가보고 싶었던 곳이며, 늙으신 어버이를 생각하고 가까운 경기어사(京畿御史)로 나가고자 힘쓴다. 하지만 "시강원의 장관이니 내보낼 수가 없는 즉, 딴 사람으로 고쳐 보내도록 하라."는 임금의 명령으로 못 나가게 된다. 그러다가 이듬해 갑진년 봄에 특명을 받고 개성부(開城府)의 시재어사(試才御史)가 되는 일로 실현되고 있음을 밝히고 있다.

그는 꿈을 꾼 후에 바르고 겸허한 마음가짐을 지닐 것에 대하여 언급하고 있다. 또한 중국의 왕부(王符)도 『잠부론(潛夫論)』의 〈몽열(夢列)〉에서 이러한 꿈의 징조에 대해서, 다음과 같이 언급하고 있는데 올바른 견해라고 할 수 있겠다.

> 또 무릇 사람의 도리란 상서로운 징조를 보고 스스로 덕을 닦게 되면 복(福)이 반드시 이루어질 것이요, 상서로운 징조를 보고도 방종하고 제멋대로 하면 복이 화(禍)가 되고 마는 법이다. 마찬가지로 요망한 징조를 보고도 교만하게 굴면 그 화가 찾아올 것이요, 요망한 징조를 보고 경계하고 조심하면 화(禍)가 바뀌어 복이 되는 법이다.

〈 이중열(李中悅)이 3년 6개월 뒤에 귀양 가 있을 곳을 꿈꾸다 〉

> 계묘년 봄에 공(이중열)이 꿈을 깨서 그 아우에게 말하기를, "내가 꿈에 큰 고개 셋을 넘어가서 한 집을 빌려 자게 되었는데, 벚나무로 지붕을 덮은 판잣집이었다. 그 주인을 물으니 광릉(廣陵) 사람 이수장(李壽長)인데, 자기 증조가 갑자년 사화를 피하여 이리로 들어와 살면서, 관가 퇴기(退妓)에게 장가를 들어서 아들을 낳았다 하더라." 하니 아우가, "형님이 먼 지방으로 부임할 징조입니다." 하였다.
>
> 갑산에 귀양 와서 보니, 산천과 도로가 꿈에 보던 것과 꼭 같았다. 남문 밖에 거처를 정했는데, 주인이 또한 이수장(李壽長)이라는 사람인데, 광릉

군(廣陵君)의 후손으로 그 선대에 피난 와서 첩을 얻어 산다 하니, 그 사실이 꿈에 보던 것과 꼭 같았다. 얼마 후에 사사(賜死)되었는데, 이수장은 일가 간이므로 공을 불쌍히 여겨서 성의껏 돌보아 호송하였다. (『유분록』)

— <을사년의 당적(黨籍)> 「명종조(明宗朝) 고사본말(故事本末)」 『연려실기술』 제10권

사실적인 미래 투시 꿈의 극명한 사례로, 이중열(李中悅: 1518〔중종 13〕~1547〔명종 2〕)이 1543년 봄에 꿈을 꾸고 나서, 1546년 가을에 귀양가게 되니, 3년 6개월 뒤에 꿈으로 실현되고 있다.

이중열은 조선 중기의 문신으로 자는 습지(習之)이며, 중종 기해년에 문과에 급제하여 이조 정랑으로 있다가, 1545년(명종 즉위년) 을사사화에 연루된 이휘(李輝)를 변호하다가 파직되어, 다음 해인 1546년 가을에 대간에서 죄를 추론하여 갑산(甲山)으로 귀양 갔다가 1547년에 사사되었으니, 나이가 겨우 30세였다(『유분록』).

〈 유배지에서의 방면(放免)과 전란 평정을 예지 — 몽중작(夢中作) 〉

임진년 5월에 평안북도의 강계로 귀양 가서 있을 때에, 꿈에 이 시를 짓고, 그 이튿날 풀려나게 되었다. 인하여 임금의 명이 내려지기를 충효대절(忠孝大節)로써 장려해서, 즉시 행재소로 나아가 평양에서 임금님의 행차를 맞았다.

소대수유직(昭代收遺直)	밝은 시대라 버려진 바른말을 하는 신하를 받아들이니,
천지효탁명(天墀曉鐸鳴)	대궐 뜰에 새벽 목탁이 울리도다.

이 시는 송강 정철(鄭澈 1536〔중종 31〕~1593〔선조 26〕)이 57세 때 지은 것으로, 꿈속에 지은 시의 내용은 밝고 희망적인 내용으로 되어 있

다. "꿈에 이 시를 짓고, 그 이튿날 풀려나게 되었다."에서 알 수 있듯이 꿈을 꾼 그 다음 날 실현되고 있다. 밝은 시대인 昭代(소대)는 새롭게 이루어지는 조정을 상징적으로 나타내고 있다. 임진왜란으로 인하여 나라가 어려움에 처하자, 상호 화합하여 국난을 극복하고자, 바른말을 하여 유배 보낸 신하를 사면하게 될 것을 예지하고 있다. "대궐 뜰에 새벽 목탁이 울리도다."에서, 새벽은 어원적으로 '동쪽이 열린다.'라고 하는 밝음의 이미지로서 전란으로 인한 어둠이 사라지게 될 것을, "목탁이 울리도다"는 널리 치세가 이루어짐을 상징적으로 예지해주고 있다고 보아야 할 것이다.

정철은 1591년(선조 24)에 임금에게 세자 책봉을 건의하였다가 유배되며, 다음 해에 강계에서 풀려났다.

요즈음 사람들의 사례에서도 태양이 떠오르거나, 밝은 빛이 비치거나, 무지개가 아름답게 떠오르는 것을 보는 꿈은 처한 상황에 따라 합격·승진·성취·성공이나 질병 회복의 밝은 일로 이루어지고 있다.

〈 귀양지를 예지한 꿈 〉

선인은 평생에 꿈이 반드시 맞았다. 신묘년에 화를 당하여 남양(南陽) 구포(鷗浦)로 나가 살았는데, 새벽녘에 곁에 있는 사람을 보고 말하기를,

"꿈에 내가 강계부사(江界府使)가 되었으니, 그곳이 유배지가 될 것이다."

하였는데, 얼마 있다가 서울에서 사람이 와서 말하기를, 진주로 정배(定配)되었다고 하니, 선인께서 탄식하기를,

"평생에 꿈을 믿었는데, 늙으니 꿈도 맞지 않는다."

하였다. 그런데 남쪽으로 내려간 지 며칠 만에 대간의 논쟁으로 강계로 유배지가 옮겨졌다. — 후략 —

— 정홍명(鄭弘溟) 『기옹만필(畸翁漫筆)』, 『대동야승』 제54권

정철의 넷째 아들인 정홍명이 부친에 대하여 쓴 꿈 사례다. 벼슬길에 있는 경우라면 사실적인 미래 투시의 꿈으로, 실제로 강계부사가 되는 일로 실현된다. 하지만 꿈은 꿈을 꾼 사람이 처한 상황에 따라 달리 실현되며, 처한 상황이나 뜻하고자 하는 바를 가장 잘 알고 있는 자신이 가장 잘 해몽할 수 있다. 이 꿈은 정철이 처벌을 기다리던 당시에 꾼 꿈이다. 그러기에 꿈속에서 강계부사가 된 것으로써, 장차 강계로 귀양 가게 될 것을 짐작하고 있다. 필자의 경우도 인사 발령 전에 꿈속에서 발령지의 지명을 꿈꾼 경우가 있다.

정철의 연보를 살펴보면, 그의 나이 56세 때인 1591년(선조 24)은 임진왜란이 일어나기 1년 전으로, 3월에 유생들의 탄핵 상소로 인해 용산촌사(龍山村舍)로 나가 명을 기다렸다. 6월에 명천(明川)으로 유배지가 정해졌다가, 진주(晋州)로 옮겨 유배되었고, 강계(江界)로 이배되었다. 다음 해인 1592년(선조 25) 5월, 임진왜란이 일어나자 사면되고 소명을 받아 평양 행재소로 나가 왕을 인견하게 된다.

"선인은 평생에 꿈이 반드시 맞았다"에서 알 수 있듯이, 부친인 정철은 꿈으로 예지하는 능력이 탁월하였음을 알 수 있다.

〈 김시양이 유배지가 옮겨질 것을 꿈에 보다 〉

광해군 4년에 내가 과거의 시제(試題)로 죄를 짓고 종성으로 귀양 가게 되었다. 10월에 배소에 이르러 한 달 남짓 되었을 때에 꿈을 꾸니, 배소를 남쪽 지방으로 옮겼는데 고을 이름이 아래에 '해(海)' 자가 있어, 평해(平海)나 흥해(興海)인 것 같으나 자세히 알 수 없었다.

그 뒤 7년 만인 무오년에 오랑캐의 변란이 있어서, 서북 지방에 귀양 간 사람들을 남쪽으로 옮기라는 명령이 내려졌다. 나는 영해(寧海)로 배소를 옮기게 되었으니, 이때에 이르러 그 꿈이 비로소 맞은 것이다.

길흉과 영욕은 미리 정해져 있지 않은 것이 없는데, 저 세력과 이익을 얻기 위하여 악착스럽게 도모하고 힘쓰는 자들은 너무나 생각을 하지 못하는 것이다.

— 김시양 『자해필담(紫海筆談)』, 『대동야승』 71권

〈 임백수가 꿈에 귀양지를 보다 〉

임백수는 풍천 임씨로 자(字)는 치호였다. 진사시에 합격한 후, 순조 을유년 음보로 부솔 벼슬에 올랐으며 헌종 기해년 문과에 급제했다.

이후에, 권신의 잘못을 탄핵했다가 평안도 중화 고을로 귀양 갔다. 주첨지란 사람의 이웃집에 우거하다가, 달포 만에 귀양이 풀려 집으로 돌아가면서 이런 이야기를 했다.

"다섯 해 전에, 내가 꿈에 어떤 곳에 가서, 상서 신석우 및 상서 조석우와 함께 셋이서 앉아 이야기를 나누다 잠을 깨었는데, 그 광경이 머릿속에 역력히 남아 있었지만 그 까닭을 몰랐었소. 귀양 와서 주씨 집에 와 본즉, 문과 집이 꿈에서 본 옛날 두 분이 거처하던 곳과 꼭 같지 뭐요. 대개 일이란 것이 모두 미리 정해진 바가 있는 것이니, 딴 사람을 탓할 것도 없소 그려."

그는 관직이 이조판서에 이르렀고, 벼슬에서 물러난 후에도 봉조하 대우를 받았다.

— 김성언 역주, 『대동기문』 하, 국학자료원, 2001, 669쪽

사실적인 미래 투시의 꿈으로 실현된 바, 귀양 갈 곳을 5년 전에 미리 보았다고 밝히고 있다. 이렇게 귀양지를 꿈에서 미리 본 사례 또한 수없이 많다.

〈 최익현이 꿈으로 귀양 갈 곳을 예지하다 〉

— 전략 — 이틀을 묵고서 비로소 조그마한 배를 한 척 얻어서 70리를 가서 소안도(所安島)에 정박하였다. 저녁 식사를 마친 다음 피로하여 잠자리에 들었는데, 뱃사공이 바람이 불어 출발할 만하다 하므로, 첫닭 우는 소리를 들으며 배에 올랐다. 바다의 중간쯤에 이르렀을 무렵에 뱃멀미가 크게 일어나서, 정신은 맑았지만 오장이 뒤틀리어 몸을 가눌 수가 없었으며

정신을 차릴 수가 없었다. 조천포(朝天浦)에 이르니 시간이 사시(巳時)쯤 되었는데, 눈을 들어 햇볕을 쏘이니 멀미가 조금 가라앉았다. 앞을 바라보니 한라산(漢拏山)의 한 줄기가 남쪽을 가로막아 있고, 삼면은 큰 바다인데 아득하여 끝이 없으니 참으로 기이한 곳이었다.

문득 올여름의 꿈이 생각났다. 꿈에 자주 물결이 사나운 큰 강과 돌들이 뾰족하고 우뚝하며 인가가 적은, 평생에 가 보지 못한 곳에 이르러서 방황하다가 돌아온 일이 한두 번이 아니었다. 속으로 항상 괴이하게 여겼는데, 지금 보이는 것이 흡사 꿈속에서 보았던 경치와 같다.

— 최익현(崔益鉉), <탐라(耽羅)로 귀양 가게 된 전말(顚末), 계유년>「잡저(雜著)」『면암집(勉菴集)』 제16권

사실적인 미래 투시의 꿈으로 몇 달 뒤에 귀양 가게 될 곳을 예지하고 있는 꿈 사례다. 최익현(崔益鉉: 1833~1906)은 구한말의 애국지사로, 호는 면암(勉菴)이다. 1868년에 경복궁(景福宮) 재건을 위한 대원군의 비정(秕政)을 비판, 시정을 건의한 상소를 올렸다. 하지만 상소문의 내용이 과격하며 방자하다는 이유로, 1873년(고종 10) 12월에 제주도에 유배되기에 이른다. 하지만, 앞서 여름 꿈에 반복적으로 물결이 사나운 곳과 평생 가보지 못한 곳을 보는 꿈이 있었음을 밝히고 있는 바, 몇 개월 뒤에 제주도로 유배 가는 일로 실현되고 있다. 최익현은 1875년(고종 12) 3월에 귀양에서 풀려나서 한라산을 등정하고 한문으로 쓰인 「유한라산기(遊漢拏山記)」라는 기행문을 남겼다.

〈 이수광이 꿈에서 부임지를 가다 〉

내가 갑진년 가을에 순청(巡廳)에 연달아 입직할 때의 일이다. 꿈에 나는 외임(外任)이 되어서 고개와 바다를 바라보며 부임해 갔는데, 말소리와 풍토가 모두 서울과 달랐다. 꿈에서 깨어 이 일을 기억하여 절구 한 수를 지었으니,

"오랫동안 번을 든 순청 장수는, 바로 용량위 부호군일세. 끝이 없는 밤중 꿈에, 가을에 고개 동쪽 구름 속에 들어갔네[豹直巡廳將 龍驤副護軍 無端中夜夢 秋入嶺東雲]."라고 하였다.

이듬해에 나는 안변부사가 되어 그곳에 도착해 보니, 한결같이 꿈속에 본 것과 같았다. 대개 인생의 가고 오는 것은 모두 태어나기 전에 정해진 바 아닌 것이 없으니 이상한 일이다.

— 이수광, <몽매> 「신형부」 『지봉유설』 15권, 조선고전간행회(朝鮮古書刊行會), 1915, 158~159쪽

2) 상징적인 미래 예지

〈 '옛날에 살던 집을 새로 이읍시다.'라고 하는 꿈 〉

신정희(申正熙)의 아버지 신헌(申櫶)은 철종 초에 興陽(高興) 녹도(鹿島)에서 6년 동안 유배 생활을 하다가 풀려났다.

임오년(1882) 설날 아침에 신정희가 대궐에서 진하식(陳賀式)을 마치고 돌아와 몸이 피곤하여 옷도 벗지 않고 잠을 자고 있는데, 녹도의 옛집 주인이 꿈속에 나타나 "옛날에 살던 집을 새로 이읍시다." 하고 청하였다.

잠에서 깨어난 신정희는 기분이 매우 나빴다. 이런 일이 있은 후, 그는 임자도(荏子島)로 유배되었다. 신정희는 손님과 함께 그때의 이야기를 하면서, 미리 정해진 운명은 피할 수 없는 것이라고 탄식하였다.

— 『매천야록』 제1권

옛집 주인이 나타나 "옛날에 살던 집을 새로 이읍시다."라고 청하는 꿈이 아버지인 신헌(申櫶: 1810[순조 10]~1884[고종 21])이 귀양살이를 하다가 풀려난 상황에서, 아들인 신정희(申正熙)가 또다시 귀양을 가는 것으로 실현되고 있는 상징적인 미래 예지 꿈 사례다. 집의 상징은 일반적으로는 회사·기관 등 여러 가지로 이루어지고 있는 바, 여기에서 집은 상징적으로 귀양지를 상징하고 있다고 하겠다.

신헌은 조선 후기의 무신·외교가로 헌종 때 왕의 신임을 받아 중화부사·전라우도수군절도사·봉산군수·전라도병마절도사 등을 거쳐 1849년에는 금위대장(禁衛大將)에까지 올랐다. 그러나 같은 해 7월 헌종이 급서하고, 철종이 즉위하자 안동 김씨 일파에게 배척받기에 이른다. 이에 헌종이 위독할 때 사사로이 의원을 데리고 들어가 진찰했다는 죄목으로, 1849년에 전라도 녹도(鹿島)에 유배되며, 1853년 감형되어 무주로 이배되었다가 1857년에 풀려났다.

신정희(申正熙: 1833〔순조 33〕~1895〔고종 32〕)는 조선 말기의 무신으로, 임오군란이 일어나 책임자에 대한 문책이 단행되었을 때, 장어대장(壯禦大將)직에 있던 그도 파직되어 임자도(荏子島)에 유배되었다.

3) 몽중시로 부임지나 유배지 예지

특이하게 꿈속에서 시를 짓거나, 얻게 되는 몽중시로 부임지나 유배지를 예지한 사례를 살펴본다. 과거 급제에 대한 예지를 보여주는 몽중시가 상당수 있는 것처럼, 관직 임명 또는 당쟁 등으로 인하여 유배를 가게 될 것을 예지해주거나, 한발 더 나아가 유배될 지역을 예지해주는 몽중시도 상당수 있다. 이 경우에 대부분은 사실적인 꿈으로 실현되고 있다.

〈 임백령이 부임지의 경치를 꿈에서 시로 읊다 〉

석천(石川) 임백령(林百齡)이 꿈에 한 연(聯)을 짓기를

風飄枯葉江汗墜　바람에 나부끼는 마른 잎은 강 언덕에 날리고
雲抱遙岑海上生　구름은 먼 묏부리를 휘감고 바다 위에 피어나네

그 후에 관동 관찰사가 되어 삼척 죽서루에 올라 보니, 보이는 것이 과연 이전의 꿈과 똑같았다. 사람의 일이란 앞서 정해진 것이 없다 할 수 없는 것이다.

— 권응인(權應仁) <林石川億齡甫 夢得一聯句>『송계만록(松溪漫錄)』上,『대동야승』제56권, 홍만종(洪萬宗)『시화총림(詩話叢林)』上

몽중시 내용은 자연경관의 단순한 묘사로, 장차 일어날 일을 사실적인 미래 투시의 꿈으로 보여주고 있다. 이와 같은 사실적인 미래 투시의 꿈은 꿈이 실현되는 기간의 '가깝고 멀고'의 차이만 있을 뿐, 꿈에 본 그대로 비교적 간명하게 실현된다. 임백령(1496〔연산 2〕~1568〔선조 1〕)은 1554년(명종 9) 59세 때, 강원도 관찰사가 되었다.

〈 조숙기(曹叔沂)가 시구로 부임을 예지받다 〉

조숙기(曹叔沂)가 일찍 영남에 관찰사로 나와 초참(初站=驛站)에서 묵었다. 꿈에 머리카락이 희디흰 한 노인이 읍하며 나타나 말하기를, "장군의 행차이십니다." 하고, 입으로 한 율시를 지어 부르기를,

元戎先啓向河關 원수(元帥)의 나아가는 행렬이 하관을 향하니
許國身輕一羽看 나라에 바친 몸은 가볍기 털과 같다
旌旆飛揚穿曉日 깃발은 날려서 새벽 해를 뚫고
劍槍凌烈倚秋山 칼과 창의 매서운 기운 가을 산과 같았어라
似聞胡地妖烟息 오랑캐 땅에 요귀 기운 잠잠함을 듣고
喜見沙場介馹閑 모래사장(沙場)에 쉬는 말들 한가함을 보겠노라
爲報將軍休好戰 장군에게 부탁하노니 싸움을 좋아하지 말라
功成一髮萬民艱 털끝만 한 공을 세움에도 만민의 고생이라

조숙기가 입으로 너덧 번을 외고 묻기를, "존옹(尊翁)이 산신이 아니오?" 하니, 늙은이가 눈을 둥그렇게 하고 혀를 내밀었다. 놀라 깨어보니 꿈

이었다. 조매계(曺梅溪)가 말하기를, "이것은 조공이 절(節: 대장이나 감사가 나라에서 받는 깃대 같은 것)을 세울 전조다." 하였더니, 후에 과연 북계(北界) 병마절도사가 되었다.

—『해동잡록』3

꿈속에서 들은 몽중시에 원수(元帥)를 뜻하는 원융(元戎)을 비롯하여 깃발, 칼과 창, 오랑캐, 전(戰) 등의 시어에서 알 수 있듯이, 무(武)와 관련된 병마절도사가 될 것을 예지해주고 있다.

〈 고경명(高敬命)이 부임지와 일생의 운세를 몽중시로 읊다 〉

高而順(경명의 字)은 유생(儒生)으로 있을 때 꿈에 시를 얻었다.

少日風流獨不群　젊은 시절 풍류는 유독 뛰어났는데,
暮年江海病兼分　노년의 강호 생활 병마저 겸하였네.
趑趄肯作湘中病　주저함은 달갑게 湘中(상중: 호남)의 병을 만들 만하고
豪健應脩嶺外文　호탕하고 굳셈은 응당 영외(嶺外)의 문장을 지을 만하네.
潮入海門天拍水　조수가 해문에 드니 하늘은 물을 치고,
日沈漁浦瘴如雲　해가 포구에 지니 장기(瘴氣)가 구름같이 이네.
江南驛使無消息　강남의 역사(우편배달부)에게서 소식이 없기에,
折得梅花未贈君　매화를 꺾어 그대에게 주지 못하네.

을해(癸亥)년에 고경명(高敬命)의 아버지 및 그 장인이 모두 벼슬이 떨어져 호남으로 돌아갔었고, 고경명 또한 울산 군수에 제배되므로 사람들이 모두, 이 시는 예언한 것이라고 하였는데, 고경명이 부임하지도 아니하여 논핵을 받아 파직되므로 또한 호남으로 돌아갔으니, 이 시의 응험이 과연 적실하였는지 알 수 없다. 후에 고경명이 동래부사가 되었는데, 문득 의연히 꿈속에 본 것과 같았다고 한다.

— 이제신(李濟臣), 「시화(詩話)」『청강선생후청쇄어』

고경명(1533〔중종 28〕~1592〔선조 25〕)이 유생으로 있을 때 이 시를 지은 것으로 본다면, 1558년(명종 13) 26세 때 문과에 갑과(甲科)로 합격하여 전적(典籍)·호조좌랑이 되었으니, 몽중시는 유생으로 있던 26세 전에 지어진 것으로 추정되며, 31세 때 울산부사에서 파직되는 일로 이루어지는 것으로 본다면 5년여 뒤에 꿈이 실현될 것을 예지해주고 있다.

하지만 시의 내용으로 미루어볼 때, 이 시는 고경명의 일생의 운세를 예지해주고 있다고 보아야 할 것이다. 이는 훗날 58세에 동래부사가 되었을 때, 의연히 꿈속에서 본 것과 같았다고 언급하는 데서 알 수 있다. 이렇게 꿈으로 1~2년 뒤가 아닌 평생 앞날의 예지를 보여주는 경우도 상당수 있다.

두련(頭聯)의 "젊은 시절 풍류는 유독 뛰어났는데, 만년의 강호 생활 병마저 겸하였네〔少日風流獨不群, 暮年江海病兼分〕."에서 알 수 있듯이, 비교적 젊은 나이에 벼슬길에서 파직당하여 19년간 강호에서 은둔생활을 하게 된다. 시의 전반적인 분위기도 쓸쓸하고 암울하고 어두운 전개를 보이고 있기에, 벼슬에서의 파직과 임진왜란 때 의병장으로 일어섰으나, 뜻을 이루지 못하고 전사하는 등 비운의 일생을 예지해주고 있다고 해야 할 것이다.

고경명은 1563년(명종 18)에 인순왕후의 외숙인 이조판서 이량(李樑)의 전횡을 논하는 데 참여하고, 그 경위를 이량에게 몰래 알려준 사실이 드러나 전적(典籍)으로 좌천되었다가, 울산군수가 되었으나 곧 파직된다. 그 후 19년간이나 은거 생활을 하다가, 1581년(선조 14) 영암군수가 된다. 1590년 가을에 동래부사가 되었으나, 다음 해인 1591년에 정철(鄭澈)이 파직되자 정철의 추천을 받았다는 이유로 동래부사에서 파직되어 고향에 돌아왔다. 1592년(선조 25) 임진왜란이 일어나자, 5월 아들 고종후(高從厚)·고인후(高因厚)를 데리고 담양에서 처음으로 의병을 일으켜 의병장이 되었다. 7월, 금산에서 아들 고인후와 함께 전사했다(고경명, 「해제」 『제봉집〔霽峯集〕』〔『한국문집총간』 卷42, 민족문화추진회〕).

〈 허봉(許篈)이 암울한 몽중시로 귀양 갈 것을 예지 〉

중형(仲兄)이 귀양 가기 전, 옥당(玉堂)에 있을 때 꿈속에서 시를 짓기를,

稼圃功夫進 텃밭에 채마 부치는 솜씨야 늘었다만
煙霄夢寐稀 천상은 꿈결에도 어렴풋하네
唯殘賈生淚 오직 쇠잔한 가의(賈誼)의 눈물만
夜夜濕寒衣 밤마다 차가운 옷을 적실뿐이네

하더니, 가을이 되자 갑산(甲山)에 귀양 가게 되었다.
— 허균 『성소부부고』(『한국문집총간[韓國文集叢刊]』 권 74, 민족문화추진회) 제26권, 「附錄 1」 『학산초담(鶴山樵談)』

비운의 일생을 보낸 허봉(許篈: 1551~1588)의 일생이 몽중시로 예지되었음을 동생인 허균(許筠)이 밝힌 글이다. 허봉의 자(字)는 미숙(美叔), 호(號)는 하곡(荷谷)으로, 허균의 형이다. 1577년(선조 10) 27세에 홍문관과 예문관의 응교(應敎)가 되었다. 1584년(선조 17) 병조판서 이이(李珥)의 직무상 과실을 들어 탄핵하다가 종성에 유배됐고, 1585년(선조 18) 6월 유배지에서 석방되나, 서울로는 들어오지 못하게 금지되어 유랑생활을 하다가, 1588년(선조 21) 과음 등으로 인하여 38세의 젊은 나이에 죽었다.

앞서 살펴본 시는 옥당(玉堂)에 있을 때 지은 몽중시로, 33세 때 갑산(甲山)으로 귀양 가는 일로 이루어졌으니, 길게는 5년 뒤에 일어날 일을 예지한 것으로 볼 수 있다. 하지만 이 몽중시 또한 단순하게 유배 가게 될 것을 예지하는 데에서 나아가, 허봉 자신에게 펼쳐질 앞날의 비극적 운명을 예지해주고 있다.

"稼圃功夫進(텃밭에 채마 부치는 솜씨야 늘었다만)"으로 유배지에서 채소를 키우면서 전원생활을 하게 될 것과, "唯殘賈生淚 夜夜濕寒衣(오직 쇠잔한 가의〔賈誼〕의 눈물만, 밤마다 차가운 옷을 적실뿐이네)"와 같이 뜻을 펼치기보다는 눈물 섞인 비탄으로 외롭게 비운의 일생을 살다가 비교적 젊은 나이인 38세로 생을 마치게 될 것을 예지해주고 있다.

꿈속의 제재로 등장한 인물인 중국의 가의(賈誼) 역시 글재주는 뛰어났으나 불우한 인생길 끝에 33세에 요절하고 있는 바, 자신도 모르게 지은 몽중시이지만, 장차 일어나게 될 앞날의 예지를 정확하게 예지해주고 있음에 놀라움을 금치 않을 수 없으며, 이러한 것이 미래 예지 상징시의 특징이라고 하겠다.

또한 허봉을 비롯하여 허균 및 허초희 등이 꿈에 대한 몽중시를 남기고 있음을 볼 때, 집안이나 가계에 따라 꿈꾸는 능력이 뛰어나게 발현되는 것을 알 수 있으며, 꿈을 믿고 안 믿고에 차이가 있음을 알 수 있다. 유사한 예로, 이수광(李睟光)·이민구(李敏求), 정철(鄭澈)·정홍명(鄭弘溟), 남구만(南九萬)·남학명(南鶴鳴) 등 부자(父子)가 꿈에 대한 글을 남기고 있는 것과 같다고 하겠다.

한편 시참(詩讖)은 무심(無心)히 지은 자신의 시가 우연(偶然)히 뒷일과 꼭 맞는 일을 가리키는 바, 몽중시가 예지적 세계로 필연적으로 이루어지고 있다면, 시참의 경우는 우연히 들어맞는다는 차이점이 있다고 할 수 있겠다. 또한 몽중시는 꿈속에서, 시참은 현실에서 시를 짓는다는 차이가 있다.

그러나 몽중시에서의 미래 예지 꿈의 상징 기법과 시참의 문학적 상징의 기법은 일맥상통하고 있음을 알 수 있다. 예를 들어 비운의 일생을 예지해주는 시구로, '까마귀 우는 소리', '저무는 날', '落(락)', '悲(비)' 등의 어둡고 암울한 시어나 시상(詩想)이 전개되고 있음을 알 수 있다.

〈 귀양 갈 곳의 정경을 몽중시로 예지 〉

나(김득신: 金得臣)의 아버지께서는 일찍이 을사년(1605) 즈음에 꿈속에서 결구 하나를 얻으셨는데, 깨어난 뒤에 기록하였다.

天襯古城銜落日　하늘에 맞닿은 옛 성은 지는 해를 머금고 있고
霞兼孤鷩帶長風　노을 속의 외로운 따오기는 긴 바람을 타고 있구나

뒤에 제주도에 귀양 갔을 때 굽은 성에 올라가 바라보니, 눈에 들어오는 모든 풍경이 완연히 지난 꿈속에서 본 것과 같았다. 어찌 운명이 아니겠는가? 마침내 전날의 한 연에 이어서 전편(全篇)을 완성했는데, 그 시에 이르기를

他鄕邂逅一樽同　타향에서 한 동이 술로 해후하니
却喜衰顔發醉紅　늙은 얼굴에 빨간 술기운이 도는 것이 좋구나.
天襯古城銜落日　하늘에 맞닿은 옛 성은 지는 해를 머금고 있고
霞兼孤鷩帶長風　노을 속의 한 마리 따오기는 긴 바람을 타고 있구나.
仙槎渺渺身何往　아득히 신선의 뗏목 타고 몸은 어디로 가는가?
故國迢迢信不通　서울은 멀어서 소식조차 알 수가 없네
萬事乘除元有數　만사의 승하고 쇠함은 정해진 운수가 있는데,

向來三敗敢云窮	지난날 세 번 실패한 것 운수가 궁하다고 감히 말하랴?

— 김득신, 「종남총지(終南叢志)」 『백곡집(柏谷集)』(『한국문집총간』 104, 민족문화추진회) 부록 239쪽

사실적인 미래 투시의 꿈으로, 꿈에서 본 정경을 한시(漢詩)로 읊은 대로 그 뒤의 현실에서 이루어지고 있다. 또한 이렇게 꿈속에서 시의 한 구절을 지은 경우에는 창조적인 사유활동의 작품이기에 평상시에 시를 짓는 것보다 뛰어난 표현력을 보이고 있으나, 기억의 부재 등으로 인하여 완전한 절구(絶句)나 율시(律詩)의 작품이 아닌 경우가 많다. 이러한 경우 꿈속에 얻은 시구에 이어 현실에서 창작을 시도하여 완전한 시(詩) 형태로 이루어내고 있는 경우가 대부분이다.

김득신(金得臣: 1604~1684)의 호(號)는 백곡(栢谷)으로, 김치(金緻)의 아들이다. 부친인 김치(金緻: 1577~1625)는 조선 중기의 문신으로 호는 심곡(深谷)이다. 임진왜란 당시 진주성을 사수하다가 순직한 진주목사 김시민 장군의 아들이다. 1623년 인조반정 후에 대북(大北)으로 몰려 유배되었다가 풀려나서, 동래 부사를 거쳐 경상도 관찰사가 되었다. 저서에 『심곡비결(深谷祕訣)』이 있다. 운명을 잘 볼 줄 알아 인조반정(仁祖反正)의 거사 날짜를 앞당기게 잡아주었다고 전한다.

〈 40년 뒤 귀양지를 몽중시 속의 지명으로 예지 〉

호곡(壺谷) 남용익(南龍翼)이 은대에 숙직하다가, 꿈에 한 절구(絶句)를 얻었는데

絶塞行人少	먼 변방 요새엔 행인이 드물고
羈愁上客顔	객지의 시름이 나그네 얼굴에 어리었네.

蕭蕭十里雨　쓸쓸하게 내리는 십 리 빗속에
夜渡鬼門關　밤에 귀문관(鬼門關)을 건너네.

그 참뜻을 알지 못하였다. 사십 년 뒤 신미년에 멀리 귀양 가게 되어, 공(公)이 무변족(武弁族)에게 물었더니, 북쪽 길을 잘 아는 사람이 있어 말하기를 "귀문(鬼門)은 어디냐 하면, 명천(明川)에 있는 것이다."

공이 말하기를 "내 반드시 명천에 귀양 갈 것이다." 이듬날 과연 명천으로 귀양 가게 되었다. 이것은 기복재(奇服齋) 옥당(玉堂)의 몽중작(夢中作)과 서로 비슷한데, 세상일이란 알고 보면 다 앞서 정해진 것이 있다.

— 홍만종(洪萬宗), 『시평보유(詩評補遺)』

사실적인 미래 투시의 꿈으로, 꿈속에서 지은 시 내용 그대로 장차 현실에서 이루어지고 있다. 은대(銀臺)는 조선 시대 승정원(承政院)을 뜻한다. 남용익이 젊었을 때, 승정원에서 숙직하다가, 장차 40년 뒤 귀양을 가게 될 곳의 지명이 담긴 예지적 몽중시를 읊고 있다.

꿈을 믿지 않는 사람들은 믿기 어려운 이야기이지만, 홍만종(洪萬宗)이 기복재(奇服齋) 옥당(玉堂)의 몽중작(夢中作)과 서로 비슷하다고 언급하고 있듯이, 꿈에서 짓는 몽중시로 앞날을 예지한 사례가 많다. 기준(奇遵) 또한 젊었을 때 옥당(玉堂)인 홍문관에서 숙직할 때, 꿈속에 지은 몽중시로 귀양지를 예지했다.

남용익(1628[인조 6]~1692[숙종 18])은 숙종이 장희빈의 아들을 세자로 삼으려 하자, 서인이 이를 반대하다가 남인에게 정권을 빼앗긴 기사환국(己巳換局)으로 인하여, 1691년(숙종 17) 10월 함경도 명천으로 유배 가는 일로 이루어지고 있다.

시의 전반적인 분위기는 음울한 시어로써, 장차 좋지 않은 일이 일어날 것을 예지해주고 있다. 변방·나그네·시름·쓸쓸·십리우 등의 시구(詩句)에서 느껴지는 분위기는 장차 귀양 가는 것으로 실현된 것을 염두에 두지 않더라도 좋지 않은 상황으로 전개될 것을 암시해 주고 있다.

특히 자신이 알 수 없는 '귀문관(鬼門關)'의 구절을 꿈속에 등장시킴으로써, 그 궁금증을 해소하고자 항상 마음속에 생각하게 하여, 자신의 보이지 않는 운명의 길에 대한 궁금증에 대해 어느 정도 마음의 준비를 하게 해주고 있는 것이다. 이는 직접적으로 말하기 곤란한 경우에 파자(破字) 표현 등으로 알려주는 것으로써 그 의미에 대한 궁금증을 항상 갖게 하는 표현방식과 일맥상통하고 있다.

『호곡집(壺谷集)』 권(卷) 팔(八)에는 병중몽작(病中夢作)으로 지은 곳이 다르게 되어 있으며, 시(詩)만 실려 있다. 하지만, 이 몽중시 이야기는 널리 알려져서, 여러 곳에 전하고 있는 바, 『동시화(東詩話)』에는 다음과 같이 실려 있다.

> 남용익이 숙종 기사(己巳)년에 원자(元子)의 위호(位號)를 정하는 것이 너무 일러서 옳지 않다고 힘써 아뢰자, 임금이 크게 노하였다. 인현왕후가 양위하게 되었을 때, 명천으로 유배되었다가 죽었다. 이에 앞서 공의 나이 스물네 살이었을 때 병이 위중하였는데, 꿈에 시를 짓기를,
>
> 絶塞行人少　외딴 변방 요새에는 행인이 드물고
> 羈愁上客顔　객지의 시름이 나그네 얼굴에 어리었네.
> 蕭蕭十里雨　쓸쓸하게 내리는 십 리 빗속에
> 夜渡鬼門關　밤에 귀문관을 건너네.
>
> 라고 하였다. 위 세 편(정광필, 기준, 남용익)의 시는 대략 한문공(韓文公)의 시 「태령람관(泰嶺藍關)」과 동일하다. 이들 시로써, 사람 일이 모두 미리 정해져 있음을 알 수 있겠다.
>
> — 河謙鎭, 『東詩話』 卷之一 三十一, 彰文閣, 影印本, 1979, 65쪽

『기문총화(記聞叢話)』에도 실려 있으며, 꿈속의 시 가운데 絶塞(절새)가 絶域(절역)으로, 行人(행인)이 逢人(봉인)으로 바뀌어 있는 것이 다르며, 해설이 조금 다르게 나오고 있다.

명천으로 유배를 갔는데, 사실은 길주의 귀문관(鬼門關) 바깥쪽이었다. 비를 무릅쓰고 밤에 어느 주막집에 들었는데, 한결같이 꿈속에 지은 시의 정경이었다.

— 미상(未詳), 『기문총화(記聞叢話)』

〈 유배지와 죽음을 몽중시로 읊다 〉

— 대궐에서 숙직하다가 꿈에 짓다.[禁直夢作] —

기준(奇遵)이 하루는 기묘년에 대궐에서 숙직하였는데, 꿈에 북관(北關)의 나그네가 되어 힘겹게 돌아다니다가, 새로운 시 한 수를 읊조렸다. 그 시에 이르기를,

異域江山故國同 이역의 강산도 고국과 같은데
天涯垂淚倚孤峯 하늘 끝가에 눈물 흘리며 외로운 봉우리에 기대네.
湖聲寂寞關河閉 밀물 소리는 적막한데 관문은 닫혀 있으며
木落蕭條城郭空 나뭇잎은 떨어져 쓸쓸한데 성곽은 비어 있네.
野路細分秋草裡 들길은 가을 풀 속에 가늘게 갈라졌고
人家多在夕陽中 인가는 저녁 햇빛 속에 많네.
征帆萬里無回棹 만 리 길 가는 배에 돌아갈 삿대가 없고
碧海茫茫信不通 푸른 바다는 아득하여 소식이 통하지 않네.

두어 달이 못 되어 함경도의 온성(穩城)으로 귀양 갔는데, 이역(異域)이니, 수루(垂淚)니, 하관(河關)이니, 성곽(城郭)이니, 야로(野路)니, 인가(人家)니, 무회도(無回棹)니, 신불통(信不通)이니 하는 것이 모두 시속에 기록한 것과 같았으니, 참으로 사람에게 시참(詩讖)이 있을 수도 있구나.

—『패관잡기(稗官雜記)』4

암울한 내용으로 시상(詩想)이 전개되고 있는 바, 『기묘록(己卯錄) 보유(補遺) 상(上)』, 『패관잡기(稗官雜記)』 4, 『해동잡록(海東雜錄)』 3, 『해동야언(海東野言)』 3, 『사재언(思哉言)』, 『시화총림(詩話叢林)』 등에 유사한 내용이 여러 곳에 보인다. 『해동잡록』 3에는 "頑雲寂寞關河閉(검은 구름 아득히 하관을 막았으며)"로 나온다.

기준(奇遵: 1492〔성종 23〕~1521〔중종 16〕)의 호(號)는 복재(服齋) 또는 덕양(德陽)이다. 응교(應敎)로 기묘사화에 조광조(趙光祖)·김식(金湜)·김정(金淨) 등과 함께 하옥되었다가 아산으로 유배되었다. 이듬해 모친을 뵈러 갔다가 죄가 가중되어 함경도 온성으로 이배되었다. 1521년 송사련(宋祀連)의 무고로 신사무옥이 일어나자, 유배지에서 사사(賜死)되었는데, 그의 나이 30세였다.

기준의 이 시는 시참이라고 볼 수 없다. 무심히 지은 자신의 시가 우연히 뒷일과 꼭 맞아떨어지는 시참이 현실에서 지어진 시대로 우연하게 이루어진 일을 나타내고 있다면, 이와 같이 꿈속에서 어떠한 시를 짓고 현실에서 그대로 이루어진 경우는 사실적인 미래 투시의 꿈 또는 상징적인 미래 예지의 꿈으로 실현된 경우다. 이처럼 꿈속에서 자신의 운명을 예지하는 시를 짓거나 남에게 들은 경우의 시가 상당수 전한다. 즉 꿈으로써 앞으로 일어날 일을 예지해준다는 극명한 사실을 선인들의 이러한 실증적인 문학작품 세계를 통해 알 수 있는 것이다.

> 『덕양유고』를 상고해 보면 이 시는 꿈을 깬 뒤에 꿈속에서 본 바를 기록한 것이요, 꿈에 지은 것이 아니다. 사재는 기준(奇遵)과 같은 시대임에도 불구하고 기록한 바가 그릇됨을 면치 못하였는데, 하물며 다른 것이랴.
>
> —『해동야언』 3

이러한 말도 일리가 있다. 즉 사실적인 미래 투시의 꿈을 꾸고 나서 기록한 것이냐, 아니면 꿈속에서 지은 시를 기억하고 다시 옮겨 적었느냐가 문제일 뿐인 것이다. 하지만 어느 경우를 제외하고라도 꿈으로 일어날 일을 예지해준다는 극명한 사실은 변하지 않는다.

〈 꿈속에서 가게 될 유배지의 정경을 읊다 〉

— 회덕(懷德)으로부터 김해(金海)로 향하는 도중에 읊다<自懷德向金海途中吟> —

積謗如山竟見原　비방이 산더미같이 쌓였어도 끝내 용서를 받았으니
此生無計答天恩　이생에서는 천은에 보답할 길 없네.
十登峻嶺雙垂淚　열 번이나 준령을 오르니 두 줄기 눈물 흐르고
三渡長江獨斷魂　세 번이나 긴 강을 건너니 홀로 넋이 찢어지네.
漠漠高峯雲潑墨　막막한 높은 산은 구름에 먹물을 뿌린 듯
茫茫曠野雨飜盆　아득한 넓은 들에는 비가 물동이 엎을 듯 내리네.
暮投臨海東城外　저녁 무렵 바다를 마주한 동쪽 성 밖에 투숙하니
草屋蕭蕭竹作門　초가집은 쓸쓸하고 대나무로 문 만들었네.

— 정광필(鄭光弼), <自懷德向金海途中吟>『鄭文翼公遺稿』(『한국문집총간』17, 민족문화추진회) 4쪽

이 몽중시는 장차 일어날 일을 그대로 보여주는 비교적 단순한 사실적인 미래 투시의 꿈으로 이루어져 있다. 『기문총화(記聞叢話)』에는 『송계만록(松溪漫錄)』의 출전을 들어 젊은 시절에 꿈속에서 지은 것으로 실려 있다.

문익공(文翼公) 정광필(鄭光弼)은 젊은 시절 우연히 꿈속에서 시를 지었다. 그 후에 정광필은 벼슬이 영의정에 이르렀는데, 김해로 유배를 가게 되었다. 비가 몹시 내리는 가운데 유배지에 도착하니 보이는 것이 하나같이

꿈에 쓴 시에서와 똑같았다. 바로 시참(詩讖)이었다.

— 권응인(權應仁) 『송계만록(松溪漫錄)』, <귀양 갈 꿈을 꾼 정광필(鄭光弼)> 『기문총화(記聞叢話)』 제622화

『기묘록보유(己卯錄補遺)』 권(卷) 상(上)에는 젊었을 때 꿈에 시를 지은 것이 아닌, 역려(逆旅: 여관의 뜻으로, 먼 곳으로 여행을 가면 여정 중에 겪는 환경이 모두 어려운 역경이기에 붙여진 이름이다)에서 율시(律詩) 한 수를 지은 것으로 나와 있으며, 終見原 → 竟見原, 無計 → 無路, 遠山 → 高山, 晩投 → 暮投로 바뀌어 있는 것이 다르다. 이 기록이 맞다고 보여지는 바, 오언절구나 칠언절구가 아닌, 칠언율시를 꿈속에서 짓고 깨어나서 그대로 기억하여 시를 짓는다는 것이 어렵다고 보아야 할 것이다.

한편, 『동시화(東詩話)』에는 無計 → 無路, 高峯 → 高山, 曠野 → 大野, 草屋 → 茅屋으로 달리 나와 있으며, 다음과 같이 덧붙인 말이 실려 있다.

정광필은 중종 기묘년에 정암(靜庵)과 여러 현사들을 애써 구하려다가 남곤(南袞)에게 거슬려서 곧 재상의 지위에서 파직되었다. 남곤이 죽자 다시 재상으로 들어왔는데, 김안로가 정권을 쥐고 일을 꾸며 공을 중한 죄로 다스릴 것을 청하였다. 이에 임금이 김해(金海)로 귀양을 보내도록 명하였다. 공이 젊었을 때 꿈에 시를 지었는 바, 비 내리는 가운데 유배지에 도착하여 본 것이 꿈속의 시에서와 같았다.

— 『국역 동시화』, 아세아문화사, 1995, 129쪽

〈 꿈속에서 받은 시구(詩句)로 유배지와 죽게 될 것을 예지 〉

음력 11월 잡혀서 옥에 있었다. 꿈에 元沖(김정[金淨]의 字)의 편지를 얻었다. 편지에는 다섯 자 고풍의 30여 운(韻)이 있었는데, 종이 끝에 또 네

자 한 구(句)가 있었다. 깨어남에 이르러 시는 모두 잊어버려 살필 수 없었고, 다만 그 네 자에 이르기를

> 滄海爲主　푸른 바다가 으뜸이 되고
> 亂峯停期　어지러운 봉우리는 기약하는 때를 멈추네.

— 한충(韓忠), 「유사(遺事)」『송재집(松齋集)』(『한국문집총간』 卷23, 민족문화추진회) 卷之一, 519쪽

한충(韓忠: 1486~1521)의 자(字)는 서경(恕卿), 호는 송재(松齋)이다. 1519년(중종 14) 12월, 조광조(趙光祖) 등과 교유한 일과 권탁(權鐸)의 익명(匿名)의 글로 인해 국문을 받고 거제(巨濟)에 유배되었다가, 1521년 신사무옥(辛巳誣獄)에 연루되어 의금부에 잡혀가 죽었다.

김정(金淨: 1486~1521)의 자(字)는 원충(元冲)이다. 1519년(중종 14) 11월, 사화(士禍)로 인하여 금산(錦山)에 귀양 간다. 1520년(중종 15) 5월, 진도(珍島)로 유배지가 옮겨지고, 여름에 죽음을 면하고 제주(濟州)에 안치(安置)되었다가 1521년(중종 16) 사사(賜死)되었다.

한충이 친구인 김정이 보내온 시에서 기억할 수 있었던 것은 "푸른 바다가 으뜸이 되고〔滄海爲主〕"라는 시구이다. 시구에서와 같이 옥에 갇혀 있던 상황에서 바다와 관련지어 제주로 유배 갈 것을 예지해주고 있으며, "어지러운 봉우리가 기약하는 때를 멈추네〔亂峯停期〕"에서 장차 비운의 운명이 될 것을 예지해주고 있다.

9. 연분 맺음 예지

꿈으로 인하여, 인연을 맺은 사례가 있다. 파자 해몽에서 살펴보겠지만, 어렸을 때 입이 열한 개 달린 흉측한 얼굴의 여아가 배필이 될 것이라는 꿈을 꾼 사람이 훗날 길(吉)씨 성을 지닌 처녀와 혼인하게 되었던 바, 파자 해몽으로 吉(길할 길: 十 + 一 + 口) 자는 '열 한 개의 입'의 성씨로 풀이되는 것을 알고, 하늘이 맺어준 인연임을 알고 감동한 사례가 있다.

〈 처녀가 용꿈으로 이자춘을 배필로 삼다 〉

이자춘은 태조 이성계의 부친으로 환조대왕(桓祖大王)으로 불린다. <완산실록>, <동국세기>, <충효전>에는 이런 일화가 전한다.

이자춘은 가난하여 방랑하느라고 늦도록 장가를 들지 못하셨다. 그런데 조조(趙祚)라는 갑부의 딸이 무남독녀로 있었는 바, 온갖 혼처를 마다하고 있었다. 이때 그 처녀가 낮잠을 자다 꿈을 꾸니, 두 마리 용이 하늘로부터 내려와 한 마리는 울타리 밖에 서려 있고, 또 한 마리는 품 안으로 들어오는 꿈을 꾸었다.

곧 하인을 보고 밖을 살펴보라 하니, 때마침 이자춘이 밖의 마루에 걸터앉아 있는지라, 부모에게 종용하여 맞이해 날짜를 택하여 혼인하였다. 이에 이 소문이 경산태수(慶山太守) 안유(安裕)의 꿈속에 조짐으로 나타나 알게 되고, 또 당시 동요에 '주초(走肖: 趙)가 이 여자를 낳았고, 이 여자가 용손을 낳는다네[走肖生是女 是女生龍孫]'라는 말이 유행하여, 안유(安裕)가 조조(趙祚)를 불러 신분을 감추라고 권유하며, 조조(趙祚)는 어머니 성을 쫓아 최씨로 성을 바꾸니 최한기(崔閑奇)로서, 태조 이성계의 외조부라 하였다. 그리고 이 최씨 여인이 잉태하여 아들을 낳으니, 곧 태조 이성계이다. (요약 발췌)

주초(走肖)를 파자하면 趙(조)자가 되는 바, 조씨 성을 지닌 인물을 뜻한다. 조씨의 딸이 꿈에서 용이 품 안으로 들어오는 꿈을 꾸고 나서, 용꿈으로 인하여 범상치 않은 인물임을 믿고, 당시에 마루에 걸터앉아 있던 이자춘을 배필을 맞아들이고 있다. 그리하여 이성계를 낳아 조선 건국을 이루고 있다. 이성계의 아버지인 이자춘이 뛰어난 인물이라는 것을 용꿈을 통해 미화시키고 있다고 할 수 있겠다.

〈 인조 임금이 꿈에 나타난 여자를 후궁으로 뽑다 〉

임금이 일찍이 꿈에 한 여자를 보았는데 스스로 장류(張留)의 딸이라 말하고, '태평(太平)'이란 글자를 써서 임금께 올렸다. 잠에서 깨어 매우 이상하게 여겨 수소문하여 찾아보니, 진사 장류라는 사람에게 과연 딸이 있었다. 이에 후궁으로 뽑아 들이게 한 다음 시험 삼아 글씨를 써보게 하였더니, 곧 '천하태평춘(天下太平春)'이라는 다섯 자를 써 올렸다. 그러나 다만 그 꿈과 부합하였을 뿐이고, 끝까지 다른 이상한 일은 없었다. (『한거만록[閑居漫錄]』)

— <인조 숙종 계해년에 세실(世室)을 정하다> 「인조조(仁祖朝) 고사본말(故事本末)」『연려실기술』 제23권

신비한 꿈이야기다. 이처럼 꿈에서 배필을 예지받거나, 꿈속에서 보게 된 사례가 많다. 왕건의 부(父)인 용건(龍建)이 일찍이 꿈에 한 미인을 보고 배필이 되기를 약속하였는데, 뒤에 송악에서 영안성(永安城)으로 가다가 길에서 한 여인을 만나니, 그 용모가 꿈에 약속한 여인과 같으므로 드디어 혼인하였다. 그리하여 그 이름을 몽부인(夢夫人)이라 하였다.

〈 정효준이 새로 얻게 될 아내를 꿈속에 보다 〉

정효준(鄭孝俊)은 해주 정씨이며, 자는 효우(孝于)로 늦게야 진사과에 합격했다. 당시 흉악한 무리들이 인목대비를 폐위시킬 음모를 꾸미자, 효준이 어몽렴·정택뢰 등과 함께 항소를 올려 그 부당함을 극력 간쟁하였다. 또 박안제 등 여러 사람들과 함께 성균관에 들어가 흉악한 논의를 하는 자를 쫓아내고, 이이첨을 유배할 것을 청하는 소를 올렸다. 이에 이이첨이 효준 등의 이름을 벽에 써 붙여 놓고 불시에 화를 입히려 하자, 효준은 몸을 피해 함경도로 떠돌아다니는 신세가 되었다. 불우하고 곤궁한 처지라 늦게야 자식을 보긴 했으나, 오히려 더욱 엄하게 교육했다. 그 결과 아들 넷과 손자 하나가 문과에 연달아 급제하여 모두 청환(淸宦)•의 자리에 오르니, 사대부들이 다들 탄복했다.

현종 임인년에 막내아들마저 급제하자, 김수항이 대신들과 함께 의논을 모아 계를 올렸다. "본조 들어 아들 손자 다섯이 등과한 일은 고금에 드문 일이옵니다. 마땅히 특전을 베풀어야 옳을 것입니다."

효준이 아직 미혼일 적에, 꿈에 어떤 사람이 그를 한 곳으로 데리고 가더니 자줏빛 옷을 입은 부인을 가리키며, "이 사람이 네 처가 될 사람으로, 마땅히 너의 집에 복을 가져다 줄 게다."라고 일러주었다. 효준이 깨어나 이상하게 여겼는데, 그 후 장가를 가긴 했지만 세 번이나 상처를 했고 그 사이에 소생도 없었다.

• 청환(淸宦: 맑은 벼슬)
학식·문벌이 높은 사람에게 시키던 벼슬. 규장각(奎章閣)·홍문관(弘文館)·선전관청(宣傳官廳) 등임. 지위(地位)와 봉록(俸祿)이 높지 아니하나 뒷날에 높이 될 자리임.

마흔일곱 살 때, 병마절도사를 지낸 이진경(참찬을 지낸 이준민의 증손)과 한마을에 살면서 서로 오가며 바둑으로 소일했는데, 그 집에 아직 시집가지 않은 딸이 하나 있었다. 그 처녀가 갑자기 꿈을 꾸기를, 자기 집에 바둑 두러 오는 정생원이 알 다섯 개를 던지기에, 자신이 치마로 그것을 감싸 안았더니 모조리 용으로 변하는 것이었다. 꿈에서 깨어 자기 부모에게 알렸더니, 진경이 그 말을 듣고 기이하게 여겼다. 하루는 또 바둑을 두다가 네 번째 다시 장가드는 일에 관한 이야기가 나오자, "자네가 내 딸에게 장가드는 것이 어떤가?" 하고 떠보았다. 공이, "나이 쉰이나 된 궁한 유생이 어찌 그럴 수가 있겠습니까?" 하고 사양했으나, 이진경이 기어이 자기 딸을 시집보냈다.

장가든 날 밤에 효준이 부인의 얼굴 생김과 옷, 그리고 신방의 모습까지를 가만히 살펴보니, 예전 꿈에 보았던 바와 조금도 다름이 없었다. 얼마 뒤 과연 아들 다섯을 낳았는데, 모두 문과에 올랐고 손자 증휘도 문과에 올라 참판이 되었으니, 꿈의 일과 과연 정확히 합치했다. 부인은 공보다 삼 년 앞서 세상을 떴다. (『한거만록[閑居漫錄]』)

—『대동기문(大東奇聞)』 권3, 『쉽게 풀어 쓴 대동기문』 下(2001, 국학자료원) 145쪽

신비로운 꿈이야기다. 정효준(鄭孝俊)이 일찍이 미혼 시절에 꾼 "자줏빛 옷을 입은 부인이 아내가 될 사람으로 마땅히 너의 집에 복을 가져다 줄 게다."라는 계시적 성격의 꿈으로, 장차 인연을 맺을 천상 배필의 아내를 알려주고 있다. 이는 사실적인 미래 투시의 꿈으로, 상처를 세 번이나 했음에도 불구하고 나이 47세에 새로 장가를 들게 되며, 장가든 날 밤에 집이나 얼굴과 옷 등이 꿈속에서 본 그대로 이루어지고 있다.

한편 '자기 집에 바둑 두러오는 정효준이 바둑알 다섯 개를 던지기에 자신이 치마로 그것을 감싸 안았더니, 모조리 용으로 변하는

꿈'에서, 장차 꿈속에 등장한 정효준과 나이 차이를 뛰어넘어 인연을 맺게 될 것과, 던져준 다섯 개 바둑알이 모두 용으로 변하는 것에서 다섯 자식이 모두 귀한 인물이 될 것을 예지해주고 있다.

또한 이처럼 태몽에 있어서도 장차 두게 될 자식의 숫자를 처음에 등장하는 동식물의 숫자로써 모두 꾸게 되는 경우가 상당수 있다. 필자의 태몽의 경우, 어머니가 친정 울타리에서 빨간 태극 깃봉의 열매 세 개를 따오는 꿈으로써, 그 후 필자를 비롯한 삼 형제를 두셨다.

한편 이 이야기는 『기문총화(奇聞叢話)』에도 실려 있으며, 다음과 같이 『조선왕조실록』에도 실려 있다.

〈 해풍군 정효준을 판돈녕부사로 삼고 윤경에게 음식과 비단을 내리다 〉

해풍군(海豐君) 정효준(鄭孝俊)은 아들 5인이 등과(登科)하였고 나이가 80여 세였는데, 예판 김수항(金壽恒)이 임금에게 아뢴 데 따라 자급(資級: 벼슬아치의 품위[品位]의 등급)을 뛰어넘어 판돈녕부사로 삼았다.

— 현종 4년(1663) 2월 12일 『조선왕조실록』 [원전] 36집, 357쪽

대기만성(大器晚成)이라는 말이 어울리는 정효준(1577〔선조 10〕~1665〔현종 6〕)은 조선 후기의 문신으로, 과거에 여러 차례 낙방하다가 1618년(광해군 10) 41세라는 늦은 나이에 소과(小科)에 합격하여 생원이 되었다. 인목대비를 폐하는 데 반대하여 어려움을 겪다가, 1623년 인조반정 이후에 서용되어 벼슬길에 올랐으며, 그 뒤 아들 다섯이 모두 급제하여 관직에 오른 관계로, 1663년 판돈녕부사가 되었으며, 88세에 죽었다.

Ⅲ. 기타 꿈의 역사적 사례

꿈에는 여러 가지가 있는 바, 예지적 꿈이 아닌 불안·초조감·소망의 심리 표출 꿈, 창의적 사유활동 및 일깨움의 꿈, 지어낸 거짓 꿈 등의 역사적 사례를 살펴본다.

1. 심리 표출(불안, 초조감, 소망) 및 기타 꿈
2. 창의적 사유(思惟)활동, 일깨움의 꿈
3. 지어낸 거짓 꿈

1. 심리 표출(불안, 초조감, 소망) 및 기타 꿈

꿈에도 여러 가지가 있다. 장차 다가올 미래를 상징적으로 예지하는 꿈이 대부분이지만, 자신의 잠재적인 소망이나 현실에 대한 불안감이나 공포감·초조감 등의 잠재의식적인 심리가 꿈을 통해 표출되기도 한다. 여기에 대하여 프로이트는 꿈은 '소망의 표현'이라고 하여 억눌린 성적 충동 등을 강조하고 있다. 미래 예지가 아닌, 심리 표출의 다양한 꿈 사례를 살펴본다.

〈 이무(李茂)가 왕이 되는 꿈을 꾸고, 이를 발설한 정인수와 한용을 죽이다 〉

정인수(鄭仁壽)와 한용(韓龍)을 베었다. 정인수가 일찍이 꿈을 꾸었는데, 이무가 왕이 되어 자기 집으로부터 의장(儀仗)을 갖추고 시조(市朝)를 지나가는 것이었다. 이 말을 마을 사람 한용에게 이야기하니, 한용이 말하기를,

"왕위(王位)를 바꿀 길한 꿈이다."

하였다. 뒤에 한용이 정인수와 서로 싸우다가 그 말을 고하였다.

임금이 말하였다. "꿈에 하는 짓은 혹은 하늘에도 오르고, 혹은 공중에

도 나르고 하여, 허탄(虛誕)하여 믿을 수 없는 것이다. 다만 꿈에 큰일을 보고 남과 말을 하였으니, 이것이 죄이다."

순금사(巡禁司)에 명하여 곤장을 때려서 석방하게 하였다. 의정부에서 아뢰었다.

"옛사람이 이르기를, '낮에 한 일을 밤에 꿈꾸는 것이다.' 하였으니, 정인수가 평일에 이러한 마음이 없었다면, 어찌 이러한 꿈을 꾸었겠습니까? 비록 실지로 꿈을 꾸었다 하더라도 깨어난 뒤에는 마땅히 두려워하여 감히 말을 발설하지 않았어야 할 것인데, 의심치 않고 발설하였으니, 그 마음을 헤아릴 수 없습니다."

임금이 말하기를,

"어떻게 꿈속의 일을 가지고 실형(實刑)으로 처단할 수 있겠는가!"

하니, 다시 아뢰었다.

"꿈이 비록 허탄(虛誕)한 것이나, 정인수가 이무(李茂)의 전성(全盛)하였던 때를 당하여 다른 사람에게 이야기하였고, 한용의 꿈을 점친 말이 모두 부도(不道)한 것이오니, 청컨대, 큰 말을 발설한 율[說大言語律]에 의하여 시행하소서."

— 태종 10년(1410) 7월 4일 『조선왕조실록』 [원전] 1집, 556쪽

『조선왕조실록』의 기록으로 살펴보면, 조선 전기의 문신인 이무(李茂)는 이방원을 도와 출세했으나, 태종 9년(1409) 10월에 태종의 처남들인 민무구(閔無咎)·민무질(閔無疾)이 왕권을 약화시키려 했다는 옥사에 잔당으로 몰려서, 유배지에서 처형되고 있다.

이보다 앞서 정인수(鄭仁壽)가 일찍이 꿈을 꾼 바, 이무(李茂)가 한창 위세를 떨치던 때에 왕이 되어 자기 집으로부터 의장(儀仗)을 갖추고 사람이 많이 모인 곳을 지나가는 꿈을 꾸고 한용(韓龍)에게 이야기하게 된다. 그러나 그 후 태종 10년(1410) 7월, 서로 간의 사이가 틀어지자 이러한 꿈이야기를 발설하여 곤장을 맞는 데 그치지 아니하고, 죽임을 당하고 있다.

태종은 어떠한 내용으로도 꿈꾸는 것 자체는 죄가 없지만, 이것을 발설한 것이 죄라고 하여 두 사람을 곤장을 때려서 석방하려고 하였다. 그러나 의정부에서는 꿈은 평상시의 마음이 꿈으로 나타나기에, 정인수가 평상시에 역심(逆心)의 마음을 지녔기에 이러한 꿈을 꾸었으며, 또한 이무(李茂)의 전성(全盛)하였던 때를 당하여 다른 사람에게 꿈이야기를 발설하였으니, 큰 말을 발설한 율〔說大言語律〕에 의거하여 처형할 것을 주장하고 있다.

의정부에서는 꿈의 미래 예지적 성격이 아닌, 억눌린 잠재의식의 소망이 표출되는 꿈의 성격을 살펴보고 있다. 하지만 이렇게 심리 표출의 입장에서 꿈을 살펴볼 수도 있지만, 우리가 꾸는 대다수의 꿈은 장차 일어날 일을 보여주고 있는 미래 예지 꿈이 대부분임을 간과해서는 안 될 것이다.

〈 내금위 입직시 대호군 조주와 호군 최보로가 서로 치고받고 싸워 파직당하다 〉

대호군(大護軍) 조주(趙珠), 호군(護軍) 최보로(崔普老)를 파직하였다. 조주 등이 함께 내금위(內禁衛)에 입직(入直)하였는데, 조주가 꿈에 전 대호군 임상양(林尙陽)을 보고 깨어나 최보로에게 말하니, 최보로가 "너도 임상양과 같이 정직(停職)될 것이다." 하였다.

조주가 노하여 최보로의 머리털을 잡고 주장(朱杖)으로 때리고, 또 할아비의 험담을 꾸짖어 말하였다. 최보로도 갑(匣) 속에 든 칼로 조주를 때렸다. 형조에서 품계와 관직을 임명할 때 주는 임명장을 거두고, 죄를 처단하기를 청하였다.

— 태종 12년(1412) 3월 22일 『조선왕조실록』 [원전] 1집, 628쪽

임상양(林尙陽)은 정벌군을 지휘해 대마도를 정벌하는 등 공을 세워 찬성사에 승진했으나, 불충한 김훈(金訓)·노이(盧異) 등을 정벌군

에 편입시켰다는 대간의 탄핵을 받아 삭직(削職: 죄를 지은 사람의 벼슬과 품계를 빼앗고, 벼슬아치의 명부에서 이름을 지우는 것)되어 상원(祥原)에 유배되었다.

이러한 임상양이 꿈에 나타난 것에 대하여, 너도 임상양처럼 정직(停職)될 것이라고 말한 것에서 서로 싸우다가 파직당하고 있는 바, 꿈을 평소의 바람 등이 표출되고 있다고 믿는 데서, 이러한 싸움으로까지 발전하고 있다.

〈 연산군 기생의 꿈 〉

연산군(燕山君)에게 사랑하는 기생이 있었는데, 저의 동무에게 말하기를,

"옛 남편을 밤 꿈에 보았으니 심히 괴이한 일이다." 하였더니, 연산군이 곧 조그만 종이에 글을 써서 다른 사람에게 주었다. 조금 후에 궁녀가 은쟁반 하나를 들고 오는데, 포장이 겹겹으로 단단히 되어 있었다. 그 기생으로 하여금 열어 보게 하니, 바로 그 남편의 목이었다. 그 기생도 함께 죽임을 당하였다.

—『장빈거사호찬』

기생이 옛 남편을 그리워하고 있다는 잠재적인 소망의 내면 심리가 꿈으로 표출되었다고 믿는 데서, 연산군이 잔혹한 행위를 하고 있음을 알 수 있겠다. 서양의 꿈이야기에도, 신하가 반역하는 꿈을 꾸고 나서, 신하가 평상시에 반역할 마음이 있다고 여겨 그 신하를 잡아 죽인다는 이야기가 있다.

다시 이러한 연산군의 패륜적인 행위에 대하여, 『조선왕조실록』에 나오는 꿈과 관련된 이야기를 통하여 살펴본다.

〈 쇠 지팡이를 무덤에 꽂게 하다 〉

— 전략 — 전교하기를, "승평부부인(昇平府夫人)의 부인(夫人)이란 글자 위에 대(大) 자를 더 넣어 도서(圖書)를 만들고, 문신(文臣)에게 책문(冊文)을 짓도록 하라." 하였다.

사신(史臣)은 논한다. "박씨(朴氏)는 수십 년을 홀어미로 지내며 불교를 받들고 믿어, 죽은 남편인 이정(李婷)의 묘 곁에 흥복사(興福寺)를 세우고, 따라서 명복을 비느라 자주 그 절에 가므로 사람들이 혹 의심하기도 하였다. 왕이 박씨로 하여금 그 집에서 세자를 봉양하게 하다가 세자가 장성하여 경복궁에 들어와 거처하게 되면서는, 왕이 박씨에게 특별히 명하여 세자를 입시(入侍)하게 하고, 드디어 간통을 한 다음 은(銀)으로 승평부 대부인이란 도서(圖書)를 만들어 주었다.

어느 날 밤 왕이 박씨와 함께 자다가, 꿈에 이정(李婷)을 보고는 밉게 여겨 내관으로 하여금 한 길이나 되는 철장(鐵杖)을 만들어 이정(李婷)의 묘 광중(壙中)에 꽂게 하였는데, 우레와 같은 소리가 들렸다."

— 연산군 12년 『조선왕조실록』[원전] 14집, 54쪽

〈 월산 대군의 처 박씨의 졸기(卒記)• 〉

월산대군(月山大君) 이정(李婷)의 처 승평부부인(昇平府夫人) 박씨가 죽었다. 사람들이 말하기를, "왕에게 총애를 받아 아이를 잉태하자, 약을 먹고 죽었다"고 했다.

— 연산군 12년(1506) 7월 20일 『조선왕조실록』[원전] 14집, 60쪽

• 졸기(卒記)

졸기란, 조선 시대에 어떤 인물이 사망했을 때, 실록을 편찬하는 사관들이 필요하다고 판단했을 경우, 그 사람에 대한 평가를 적은 기록을 말한다.

승평부부인(昇平府夫人)은 월산대군(月山大君)의 처(妻) 박씨(朴氏)이다. 월산대군(月山大君: 1454〔단종 2〕~1488〔성종 19〕)은 성종의 형으로 왕위 계승에서 밀려나서, 조용히 지내다가 35세의 나이에 죽었다.

그 후 연산군이 과부이자 큰어머니인 박씨와 통

정하여 함께 자다가, 꿈에 큰아버지인 월산대군을 보고는 밉게 여겨서 저주하고자 그의 무덤에 철장(鐵杖)을 꽂게 하고 있다. 이는 떳떳지 못한 행위를 하는 자신의 행위에 대하여, 월산대군인 이정(李婷)이 꿈에 나타났기에 불안감을 느껴서 꺼림칙하다고 여겼음을 알 수 있다.

이 밖에도 꿈속에서 누군가를 보거나, 또는 죽은 사람을 보게 되는 경우 평상시에 보고 싶은 간절한 마음이 꿈으로 표출되는 것이 대부분이다.

〈 효종의 꿈에 죽은 소현세자를 만나다 〉

언제나 봄가을이면 각릉(各陵)에 참알하였다. 효릉(孝陵)에 행차할 때면 소현세자의 묘가 그 곁에 있었는데 왕이 이르기를, "내 지난번 꿈에는 소현세자가 나를 보고 살았을 때처럼 반기더니, 지금 꿈에는 내가 손을 잡고 슬퍼하였다. 꿈을 깨고 나니 슬픈 감회를 형용하기 어렵다." 하고는 능에 참배한 후, 그의 묘를 살피고 돌아왔다.

—「능지(陵誌) 영릉지문(寧陵誌文)」『송자대전(宋子大全)』 제181권

우암 송시열이 효종에 대해서 쓴 묘지문이다. 효종이 원통하게 죽은 형인 소현세자와 꿈에 만나고 있음을 밝히고 있는 바, 보고 싶어 애타는 마음에서 꿈속에 등장하는 심리 표출의 꿈이라 할 수 있다. 효릉은 인종(仁宗)과 그의 비(妃) 인성왕후(仁聖王后)의 능이다. 또한 영릉(寧陵)은 조선 효종(孝宗)과 그 비(妃) 인선왕후(仁宣王后) 장씨(張氏)를 모신 능이다.

〈 승지를 보내어 의릉에 봉심(奉審)하다 〉

승지를 보내어 의릉(懿陵)을 살펴보게 하였는 바, 무릇 꿈에 경묘(景廟)를 뵈었기 때문이다.

—「영조 38년」『조선왕조실록』

의릉(懿陵)은 경종(景宗)의 능이다. 숙종과 장희빈의 소생으로, 영조의 이복형이 된다. 경종은 세자 때부터 신변상으로나 정치상으로 갖은 수난과 곤욕을 겪었으며, 재위 4년 동안, 신병과 당쟁의 와중에서 불운한 일생을 마쳤다.

〈 창덕궁에 나아가 황단(皇壇)에 참배하고 진전(眞殿)의 재실로 돌아오다 〉

임금이 말하기를, "어젯밤 꿈에 부왕(父王)을 뵈었는데, 마치 생시와 같았다. 놀라 깨어나 그대로 잠을 이루지 못했다." 하고, 창덕궁으로 나아가 하늘과 땅에 제사(祭祀)하던 단(壇)에 참배하고, 역대 왕들의 어진(御眞)을 모신 진전(眞殿)의 재실(齋室)로 돌아왔다.

— 영조 38년(1762) 8월 8일『조선왕조실록』[원전] 44집, 109쪽

이 경우는 평소에 보고 싶은 잠재적 심리가 꿈으로 표출되었다고 해야 할 것이다. 이처럼 영조(英祖: 1694〔숙종 20〕~1776〔영조 25〕)가 꿈을 자주 꾼 것을『조선왕조실록』에서 수없이 찾아볼 수 있다.

〈 꿈에 돌아가신 어머니를 뵙고 깨어 기회문을 지어 기록하게 하다 〉

임금이 꿈에 돌아가신 어머니를 뵙고 깨어나 감회가 있어서, 기회문(記懷文)을 몸소 지어 이를 기록하게 하였다.

— 영조 41년『조선왕조실록』

영조는 조선 제21대 왕으로 숙종의 세 아들(景宗·英祖·延齡君) 중 둘째이며, 어머니는 화경숙빈(和敬淑嬪) 최씨다. 살아생전에 장희빈의 박해를 많이 받았던 바, 효심이 지극했던 영조는 꿈속에서 어머니인 숙빈(淑嬪) 최씨를 보고 깨어나 그 소회를 적고 있다.

다른 기록을 살펴보면, "꿈속에서 어머니를 모신 것이 마치 병환에 약 시중을 들 때와 다름이 없으니, 어떻게 이 회포를 써서 표현할 수 있겠는가?"와 같은 구절이 나오는데, 특히 어머니에 대한 효심이 각별했음을 잘 알 수 있겠다.

〈 사관을 보내 영부사 홍봉한에게 전유(傳諭)하다 〉

사관(史官)을 보내어 영부사(領府事) 홍봉한(洪鳳漢)에게 임금의 뜻을 알렸다. 홍봉한이 바야흐로 상중(喪中)에 있었는데, 임금이 '밤낮으로 경을 생각하니, 밤 꿈에 두 번이나 보았고, 다섯 달이 5년과 같다'는 하교가 있었다. 대저 홍봉한이 상제(喪制)를 마침이 다섯 달 뒤였기 때문이었다.

— 영조 44년 『조선왕조실록』

홍봉한(洪鳳漢: 1713〔숙종 39〕~1778〔정조 2〕)은 조선 후기의 문신으로, 사도세자(思悼世子)의 장인이며, 정조의 외할아버지다. 당쟁의 폐해를 시정하는 등 영조의 정책에 순응해 많은 업적을 이룩하였던 바, 영조가 홍봉한이 상중에 있던 와중에도 보고 싶어 꿈속에서 나타났다고 할 정도로 신망이 두터웠음을 알 수 있겠다.

〈 숙종에게 배례하는 꿈을 꾸고, 가을철에 명릉에 거동할 것을 미리 정하다 〉

임금이 숙종에게 배례하는 꿈을 꾸고서, 가을철에 명릉(明陵)에 거동할 것을 미리 정하였다.

— 영조 11년 『조선왕조실록』

명릉(明陵)은 숙종의 능이다. 영조가 돌아가신 아버지인 숙종을 꿈속에서 보고 절을 하는 꿈을 꾸고 나서, 가을에 명릉에 거동할 것을 생각하고 있다.

〈 시신(侍臣)에게 당습에 얽힌 꿈이야기를 하며 근심하다 〉

이날 임금이 근심하여 시신(侍臣)에게 말하기를,

"능에 배알하고 돌아온 뒤에 한 꿈을 꾸었다. 한편 사람이 한편 사람을 거의 다 죽였는데, 소론(少論) 집의 한 부인(婦人)이 울며 호소하기를, '어찌하여 이토록 심합니까?' 하므로, 내가 유시하기를, '지금의 당습(黨習)은 거의 태교(胎敎)이다. 그러나 이 나라는 노론(老論)·소론의 조선이 아니고 바로 내 조선이니, 내가 양편을 처분하겠다.' 하고, 정신이 몽롱하여 깨니 꿈이었다." — 후략 —

— 영조 30년(1754) 8월 18일 『조선왕조실록』 [원전] 43집, 540쪽

영조가 꿈속에서 당쟁에 대한 불안한 마음과 근심에서 이러한 꿈을 꾸게 되었음을 밝히고 있는 데서, 당시 당쟁의 폐해가 심각했음을 알 수 있다. 이에 영·정조는 당쟁의 폐해를 막기 위해 당파 간의 정치 세력의 균형을 꾀하려 한 정책인 탕평책(蕩平策)을 실시하기에 이른다.

〈 유척기가 꿈에 나타나서, 음식을 가지고 부인을 위로하다〉

음식물을 가지고 고(故) 상신(相臣) 유척기(兪拓基)의 처에게 안부를 묻게 하였는데, 대체로 꿈에 유척기가 나타났기 때문이었다.

— 영조 47년 『조선왕조실록』

유척기(1691〔숙종 17〕~1767〔영조 43〕)는 너그럽고 후덕하여 대신다운 도량이 있었으므로, 모두가 의지하며 중히 여겼다. 유척기가 죽은

지 4년이 지났으나, 영조의 꿈에 나타나자 그에 대한 각별한 애정으로, 음식을 보내면서 그의 처에 대한 안부를 묻고 있다.

〈 몽유도원도(夢遊桃源圖) 〉

잠재적 소망이 꿈으로 표출된 것으로, 안평대군(安平大君)이 꿈속에 본 이상향인 도원경(桃源境)을 들 수 있다. 조선 세종 때 안견(安堅)이 그린 「몽유도원도(夢遊桃源圖)」는 안평대군이 꿈속에 본 도원경을 그림으로 나타낸 것이다.

〈 죽은 친구가 꿈에 나타나다 〉 — 영령(英靈)과의 교감

참판 박이서(朴彝敍)의 자는 석오(錫吾)로, 나와 가장 친하였다. 맹인 지억천(池億千)에게 점을 친 바, "신유년에 반드시 횡사할 액운이 있는데, 아마 면하기 어려울 것 같습니다." 하였다.

석오가 경신년 가을에 중국 서울에 가는데, 오랑캐가 요동(遼東) 길을 막는 바람에 수로로 가다가, 신유년 5월에 바다에 빠져 죽었으니, 지(池) 맹인의 말이 과연 맞았다. 그 뒤 갑자년, 내가 주청사(奏請使)로서 수로로 중국 서울을 가다가 바닷가에서 석오의 제사를 지냈다. 을축년에 일을 끝내고 돌아올 때 등주(登州)에 이르러 배를 탔는데, 그날 밤 꿈에 석오가 술병을 가지고 와서 나를 전송하면서, 은근히 정회를 말하는 것이 완전히 평시와 같았다.

꿈에서 깨고 나니, 서글픔을 이기지 못했다. 배를 타고 6일 동안이나 오는데, 조금도 풍파가 없이 편하게 우리나라 땅에 닿았으니, 어찌 이것이 석오의 영혼이 도와주어서 그런 것이 아니겠는가. 평생에 서로 좋게 지내던 의리가 이승과 저승의 간격이 없었으니, 아! 슬픈 일이다. (요약 발췌)

— 이덕형, 『죽창한화』

친구에 대한 그리움에서, 죽은 친구가 이덕형의 꿈에 나타나 회포를 풀고 있다. 이 경우에 어찌 보면 죽은 사람이나 동물·식물 및 영령(英靈)과의 대화나 계시가 꿈을 통해 이루어지고 있는 바, 꿈의 다양한 상징 기법의 하나로 볼 수 있다.

영령과의 교감이 꿈을 통해 이루어지는 다른 사례를 살펴본다.

〈 정묘호란때 순직한 김준(金浚)을 꿈에 보다 〉

천계(天啓) 정묘년 동짓달 17일 밤 충주(忠州)의 관사에 있을 적에, 어린 자식이 병이 들었기에 자못 등불을 밝혀 두고 꼬박 밤을 새우다가, 피곤이 몰려드는 바람에 침석에 기대어 깜박 잠이 들었다.

이때 홀연히 꿈속에서 김 방어사(金防禦使)를 만나 처음에는 꽤나 우스갯소리를 하며 이야기하다가, 이윽고 그가 이미 죽은 사람이라는 것을 깨닫고는 그의 옷소매를 부여잡고 통곡을 하였다. 그리고는 그대로 가위에 눌린 채 질식 상태에 빠져 버렸는데, 이것을 옆 사람이 보고서 소리치며 두들겨 깨운 뒤에야 다시 정신이 돌아오게 되었다.

김준(金浚)은 나와 가장 친하게 지냈는데, 그가 온 가족과 함께 분신 자결(焚身自決)을 하였는데도 나는 지금까지 한 번도 곡(哭)을 하지 못했고, 또 글 하나도 써서 전하지를 못하였으니, 그가 어쩌면 저세상에서 불만스럽게 생각하고 있을지도 모를 일이었다. 이에 자리에서 일어나 단가(短歌)를 지어 이 마음을 표시하였다.

嗚呼壯士不復見	아! 기개 넘치는 그대를 다시 볼 수 없더니
夢中一接平生面	꿈속에서 평소의 얼굴을 한 번 보았네.
乾坤反覆胡運强	천지의 운세가 뒤집혀 오랑캐 운세가 성해져서
成敗利鈍須臾變	성패와 날카롭고 둔함이 순식간에 바뀌었네.
去歲譙亭把臂別	지난해 망루(望樓)에서 손잡고 작별할 때
酒闌歎世肝腸裂	술자리 파하고 세상 탄식에 간장이 찢어지는 듯했네.
男兒七尺死得所	남아 칠 척의 몸 죽을 곳을 얻었나니(死 글자가 置로 된 곳도 있다)
尙想天昏炮火烈	지금도 깜깜한 밤 폭발의 화염(火焰) 치솟는 듯하네.

— 이식(李植), 「시(詩)」『택당선생집(澤堂先生集)』 제4권

이식(李植: 1584~1647)이 친하게 지냈던 김준(金浚: 1582~1627) 및 일가가 안주성에서 항전하다가 순직한 데 대하여, 가슴 아파하고 안쓰러워하던 잠재의식적 심리가 표출되어 꿈으로 형상화되고 있다.

정묘호란은 1627년(인조 5) 1월 중순부터 1627년(인조 5) 3월 초까지 일어났다. 즉위 전부터 조선에 대한 화친 방침에 반대, 주전론을 주장해왔던 청나라 태종은 더욱 침략의 뜻을 굳혀 1627년 1월 아민(阿敏)에게 3만의 병력으로 조선을 침공하게 하였다. 이에 안주성을 지키던 남이홍·김준 등이 항전하다가 장렬히 전사했다.

김준은 인조(仁祖) 3년(1625)에 안주 목사(安州牧使) 겸 방어사(防禦使)가 되었는데, 2년 뒤에 일어난 정묘호란(丁卯胡亂) 때 후금(後金)의 대군과 사흘 밤낮을 맞서서 격렬히 싸우다가, 마침내 안주성이 함락되자 미리 장치해 둔 폭약을 터뜨려 적군과 함께 장렬히 전사했다.

이식은 조선 중기 인조 때의 문신으로 장유와 더불어 당대의 이름난 학자로서, 한문 4대 가의 한 사람으로 꼽힌다. 호는 택당(澤堂)으로 『택당집(澤堂集)』을 남겼다.

〈 서원을 세워준 데 대하여 감사하다 〉

판서 홍가신(洪可臣)이 부여 현감(扶餘縣監)이 되었을 때, 의열(義烈) 서원(書院)을 세워 백제의 충신 성충(成忠)·계백(階伯)·흥수(興首)와 고려 정언(正言) 이존오(李存吾) 등을 여기에 봉안했다.

제사 지내는 날 밤에 홍공(洪公)이 꿈을 꾸니, 이들 네 사람이 와서 감사한 뜻을 표하면서 자못 감격하고 기뻐하는 빛이 있어 보이므로, 꿈에서 깨자 이상히 여겼다. 또한 어떤 서생(書生)이 집사(執事)로서 재사(齋舍)에서 자는데, 이날 밤에 또 꿈에 네 사람이 서로 계속해 문으로 들어오더니 읍양(揖讓)을 하고 마루로 올라갔다 한다.

성충(成忠) 등의 일은 삼국 시절의 일이니 지금으로부터 천여 년이나 되었으며, 이존오(李存吾)도 역시 2백 년이나 지났는데, 그 정령(精靈)이 감응을 하니, 이른바 '물이 땅에 있는 것과 같다.'는 말이 헛된 말이 아니다. (요약 발췌)

— 이덕형, 『죽창한화』

꿈을 통해 영령과의 교감이 이루어지고 있음을 보여주는 사례다.

〈 군사가 왁자지껄하고 포성 소리가 요란하며 횃불이 환한 꿈 〉

밤 꿈에 수천 군사가 왁자지껄하고 포성 소리가 요란하며 횃불이 환하게 사방을 둘러싸고 있었다.

홀연히 기지개를 켜며 깨니, 베갯가의 등잔에 기름이 말라서 불꽃이 가물거리며 깜박깜박하고 또 폭폭 하는 소리가 났다. 슬프다. 이 작은 광경이 내 꿈속에 들어와 큰 진(陣)을 펼치고 어울려 싸우기를 마지않았으니 조화의 힘이 극히 교묘하다 하겠다. 대저 꿈이라는 것은 생각과 원인으로 생기는데, 이 꿈은 인(因)으로 생겼으나 올바른 인(因)은 아니다. 그러나 등잔을 혹 두어 걸음 되는 곳에 두었더라면 이런 꿈이 없었을 것이다. 너무 머리말에 가까웠기 때문에 신(神)과 같이 논 것이다.

— 이덕무(李德懋), 『이목구심서(耳目口心書)』 1, 『청장관전서』 제48권

꿈에는 여러 가지가 있는 바, 신체 내외부의 자극이 꿈으로 형상화되는 꿈이 있다. 이 경우 꿈속에서는 과장된 표현으로 극대화되어 알려주는 것이 대부분이다. 예를 들어, 이마에 성냥불을 가져다 대면, 뜨거운 불에 화형을 당하는 꿈으로 형상화된다.

위의 꿈에서도 등잔불이 폭폭 소리를 내면서 꺼지려고 하는 외부적 소리와 빛이 꿈속에서는 군사가 왁자지껄하고 포성 소리가 요란하며 횃불이 환한 꿈으로 형상화되었다.

〈 김시석(金視石)이 낙제(落第)하는 꿈을 꾸고, 전시(殿試)에 나가지 않다 〉

문과(文科) 정즙(鄭楫) 등 32인의 방(榜)을 내어 걸었다. 김시석(金視石)은 회시(會試) 후에 낙제(落第)하는 꿈을 꾸고, 전시(殿試)에는 나가지 않은 까닭에 정원(定員) 수가 차지 못하였다. 무과(武科)에는 배찬(裵纘) 등 28인이다.

—「문과 합격자 방을 걸다」 세종 5년(1423) 3월 29일 『조선왕조실록』 [원전] 2집, 533쪽

꿈으로 결과를 예지하고 전시(殿試)에 나가기를 포기한 김시석(金視石)은 꿈을 믿었던 선인이었다. 꿈이 반대는 아니지만, 역(逆)으로 실현되는 경우도 있기에 최선을 다하려는 마음가짐이 중요하다고 할 것이다.

조선 시대 문과의 과거 시험은 초시 → 복시 → 전시의 3단계를 거쳐 진행되었다. 중앙과 지방에서 초시(初試)에 합격한 사람이 서울에서 다시 보는 시험을 회시(會試) 또는 복시(覆試)라고 한다. 복시에서 33인을 선발하고, 임금 앞에서 치르는 전시(殿試)에서 순위를 결정하였다. 문과는 33명, 무과는 28명의 급제자를 뽑았다.

기타 꿈으로, 이적(異蹟)과 관련된 꿈 사례를 세 가지 살펴본다.

〈 꿈에 나타난 연락 — 이적(異蹟) 〉

내가 과거 시험 심사관으로 이름을 봉(封)한 것을 떼니, 외종사촌 홍조(洪造)의 아들인 여명이 합격해 있었다. 기쁜 마음에 월사 이정구로 더불어 연서(連署)하여 기쁨을 알렸다. 급하고 바빠서 잘못 쓰기를 "홍조 높이 과거하니, 축하하오." 하니, 여명이 편지를 보고 몹시 의심하였다.

이때 홍조가 원주 땅에 있었더니, 꿈에 자기가 진사(進士)하였다 하니, "슬프도다! 한 글자 그릇한 것이 백 리 밖의 꿈에 응하니, 어찌 괴이치 아니하리오."

—『어우야담』

〈 꿈에서 시킨 대로 자신의 목을 조르다 — 이적(異蹟) 〉

이집중(李執中)은 음관(蔭官: 과거를 보지 아니하고 부모의 공훈으로 하는 벼슬)으로 벼슬에 올랐다. 사직제(社稷祭)를 맡겨 제관(祭官)과 함께 재방(齋房)에서 자고 있었다. 제관은 자지 아니하고 이집중은 깊이 잠들었다가, 갑자기 일어나 띠로 목을 매고 두 손으로 서로 잡아당기었다. 제관이 괴이하게 여겨 살펴본즉 거의 죽게 된지라. 놀라서 깨우고 목의 띠를 풀어내니 한참 만에 깨어나 말하기를 "꿈에 한 객이 와서 저승의 즐거움을 많이 이야기하면서 함께 가고자 하거늘, 말을 듣고 그렇게 생각하여 스스로 옷의 띠로 조르니, 객이 양손으로 돕는데 그 괴로움을 느끼지 못하였다. 그대가 아니었다면 살아나지 못 할 뻔했노라." 하더라.

—『어우야담』

〈 승정원이 소라 부는 갑사의 가위눌린 꿈을 아뢰다 — 이적(異蹟) 〉

정원이 아뢰었다.

"간밤에 소라 부는 갑사(甲士) 한 명이 꿈에 가위눌려 기절하자, 동료들이 놀라 일어나 구료(救療)하느라 떠들썩했습니다.

그래서 제군(諸軍)이 일시에 일어나서 보았는데, 생기기는 삽살개 같고 크기는 망아지 같은 것이 취라치(吹螺赤: 군중에서 소라를 부는 취타수의 하나) 방에서 나와 서명문(西明門)으로 향해 달아났습니다. 그리고 서소위 부장(西所衛部長)의 첩보(牒報)에도 '군사들이 또한 그것을 보았는데, 충찬위청(忠贊衛廳) 모퉁이에서 큰 소리를 내며 서소위를 향하여 달려왔으므로, 모두 놀라 고함을 질렀다. 취라치 방에는 비린내가 풍기고 있었다.' 했습니다.

이것은 바로 괴탄(怪誕)한 일이니, 믿을 만한 이야기는 못됩니다. 그러나 궁궐 안의 일이므로 감히 계달(啓達)합니다."

— 중종 22년(1527) 6월 17일 『조선왕조실록』[원전] 16집, 580쪽

2. 창의적 사유(思惟)활동, 일깨움의 꿈

우리가 잠을 자는 동안에도 우리의 뇌는 깨어 있으며, 꿈을 통하여 평상시보다 뛰어난 영적인 정신능력 활동이 발현된다. 이러한 예로, 작가·감독·과학자·예술가 등이 꿈에 힌트나 영감을 얻어 좋은 작품을 이루어 내거나, 꿈속에서 어떠한 발견·발명을 하기도 하고, 현실의 의식세계에서는 할 수 없었던 어려운 창의적인 일을 꿈의 세계를 통하여 이루어내는 경우를 들 수 있다.

영화의 귀재로 통하는 미국의 스티븐 스필버그 감독도 오래전에 한국을 다녀가면서 한 신문과의 인터뷰에서, "나에게 꿈은 무엇보다 소중하다. 나는 늘 꿈을 꾸며, 그 꿈의 내용을 작품 소재로 삼는 경우가 많다"고 말하고 있는 바, 이는 꿈을 통하여 창의적인 사유활동이 일어나고 있음을 보여주고 있다.

이처럼 정신능력의 활동인 꿈의 세계에서는 우리 인간의 영적 능력이 극대화되어, 뛰어난 창의적인 사유활동이 이루어지고 있다.

따라서 꿈속에서 한시나 글을 짓는 창의적인 사유활동을 통해 현실에서보다 뛰어난 문학작품이 탄생하기도 한다.

이러한 꿈속에서 시를 짓는 몽중시에 대하여 관심 있으신 분들은 필자의 박사학위 논문(「한국 기몽시[記夢詩]의 전개 양상 연구 — 몽중시를 중심으로」 단국대, 2005)을 참고하시기 바란다. 창의적인 사유활동의 시(詩)뿐만이 아니라, 꿈속에서 시를 짓거나 받는 몽중시로써 장차 일어날 일을 예지한 많은 사례가 실려있다.

이수광은 『지봉유설』 15권 「신형부」에서 〈몽매〉라는 독립적인 항목을 설정하여 꿈에 대한 각종 기록을 남기고 있다.

> "나는 꿈속에서 글귀를 얻으면, 일련·일절·율시 등으로서 깨고 난 뒤에도 분명하게 기억하는 것이 많다. 연구(聯句)에는, "버들이 잠자는 것 같은 건 바람 밖에서 깨닫고, 꽃이 핀다는 소식 비속에 전해오네." 같은 것도 있고, 또 "하늘이 해와 달을 열어 풍운 같은 붓이 나왔고, 땅에선 교룡이 나와 안개와 비를 뿌리네." 같은 구(句)도 있었다. — 중략 — 이러한 글귀들은 모두 몹시 이상스러워서 평시에는 하지 못하던 소리들이다. 요새 몇 해 동안은 혹시 꿈을 꾸어도 깨고 나서 기억을 하지 못하니, 어찌 쇠약한 탓이 아니겠는가?
>
> — 이수광, 『지봉유설』

꿈속에서 글귀를 얻는 것이 다반사로 이루어지고 있음을 보여주고 있으며, "이러한 글귀들은 모두 몹시 이상스러워서 평시에는 하지 못하던 소리들이다."처럼 꿈속 창작활동에서 자신도 평상시에는 생각조차 할 수 없었던 뛰어난 창의적인 표현이 이루어지고 있음을 밝히고 있다.

이 밖에도 이규보가 꿈에 선녀들을 만나 시를 지었고, 『조선왕조실록』이나 『동사강목』에도 세종이나 의종이 꿈속에서 시를 지은 이야기가 나오고 있다. 또한, 많은 선인들이 현실에서는 지어낼 수 없었던 창의적인 시(詩)를 꿈속에서 지은 몽중시 사례가 상당수 전해지고 있다.

이는 꿈은 무한한 가능성을 지닌 정신 능력의 발현으로, 꿈속에서 시를 짓거나 자신이 생각하고 있던 어떠한 대상에 대해 일깨움이나 영감을 얻게 해주고 있다는 것을 알 수 있다.

중국의 사례에도 이처럼 꿈속에서의 창의적 사유활동으로 시를 지은 무수한 예가 있다.

사마상여(司馬相如)가 꿈에서 「大人賦(대인부)」를 지은 것을 비롯해 상당수 있으며, 또한 『주례』·『열자』에 나오는 여섯 가지 꿈의 분류 중에 '사몽(思夢)'이라고 하여, 꿈속에서 사고하고 고려하는 활동이 있음을 언급하고 있다. 왕부의 『잠부론』 「몽열」의 10가지 꿈의 분류 중에서는 깊이 사색하여 정신을 집중하는 '정몽(精夢)'에 해당하며, 『불경』의 다섯 가지 분류 중에 '유증갱몽(由曾更夢)'에 해당한다.

〈 의종이 꿈에 시를 짓다 〉

하5월 화평재(和平齋)에서 문신들에게 잔치를 베풀었다. 밤까지 창화하였는데, 여러 신하들이 성덕을 기려 태평세대의 글을 좋아하는 임금이라고 말하였다. 이에 앞서 왕이 꿈속에서 지은 시라고 하여, 이르기를

布政仁恩洽(포정인은흡)　어진 정사 흡족하여
三韓致太平(삼한치태평)　삼한에 태평을 가져 왔네

신료들이 칭송하여 축하하였다. 당시 정치는 혼란하고 백성들은 근심에 차 있었는데, 군신은 태평으로 자처함이 이러하였다.

『동사강목』에 나오는 의종이 꿈속에서 지었다고 밝히고 있는 시로, 태평하기를 바라는 군왕의 잠재적 심리가 표출된 것이라고 볼 수 있겠다.

내용이나 짧은 시구로 보아 꿈속에서 지은 것이 사실로 보이지만, 꿈을 빌려 선정을 베풀었다고 스스로 만족하고 과시하여 목적을 달성하는 지어낸 거짓 꿈이야기로 볼 수도 있겠다. 이 경우, '당시 정치는 혼란하고 백성들은 근심에 차 있었는데, 군신은 태평으로 자처하고 있다'는 날카로운 비판성이 돋보이게 된다.

〈 세종이 문종과 세조에게 꿈속에 지은 태평 시대의 시를 들려주다 〉

9월에 세종이 문종·세조에게 말하기를, 어젯밤 꿈에 내가 시를 짓기를,

雨饒郊野民心樂 비가 들에 넉넉히 내리니 백성들의 마음은 즐겁고,
日映京都喜氣新 햇살이 장안에 비추니 즐거운 기운이 새롭구나.
多慶雖云由積累 많은 경사는 착한 일을 쌓는 데에서 온다고 하지만,
只爲吾君愼厥身 다만 우리 임금을 위하여 그 몸을 삼가게나.

하였는데, "이 시의 뜻이 좋아서 너희들이 보면 반드시 유익할 것이다." 하니, 문종과 세조가 서로 경하하고 나오는데, 세조가 말하기를, "성상의 마음이 맑은 물과 같으시니, 길한 징조가 먼저 나타날 것입니다." 하였다.

—「총서(總序)」『조선왕조실록』 세조 1권 [원전] 7집 57쪽

앞에 살펴본 의종의 시와 내용 면에서는 유사하며, 세종도 몽중시를 지었음을 알 수 있다. 이처럼 한자와 한문이 생활화되었던 당시에는 몽중시 창작에 상하 구분이 없이 이루어지고 있음을 알 수 있다.

심리 표출의 꿈은 꿈을 꾼 사람이 처한 상황을 반영해서 보여준다. 배고픈 자는 먹는 꿈을 꾸듯이, 임금으로서 나랏일을 근심하거나

나라의 안일을 바라는 잠재의식적인 마음에서, 꿈속에서도 그러한 내용의 몽중시를 짓는 것으로 나아가고 있다.

다음은 다양한 일깨움의 꿈 사례를 살펴본다.

〈 꿈으로 초정약수 발견 〉

서원(西原)에 초수(椒水)라는 물이 있다. 내가 안찰사가 되어 이를 살펴보니, 물이 땅속으로부터 솟아 나오는데, 아주 차고 맛이 쓰다. 뱀이나 개구리가 뛰어들기만 하면 곧 죽는다. 세종이 만년에 안질이 있어서 행궁(行宮)을 지어 놓고 행차하고는, 이어서 눈을 씻었는데, 여러 날이 지나자 효험이 있었다. 그리하여 곧 목사 박효성(朴孝城)을 당상관(堂上官)에 임명한 일도 있었다.

전하는 말에 의하면, 어떤 늙은 농사꾼이 언덕 위에서 잠이 들었는데, 귓가에 은은히 군마의 소리가 들리기에 일어나 보니, 평지에서 물이 솟아 나오는 것이었다. 그리하여 달려가 사또에게 고했으며, 이리하여 소문이 널리 퍼진 것이다. 불로 끓이면 맛이 없고 독도 없으며, 가려움증 같은 병은 이 물로 씻기만 하면 바로 나았다 한다.

—『청파극담』, 『야동야승』 6권

군마의 소리를 꿈속에서 듣고, 초정약수(椒井藥水)를 발견하게 된 꿈이야기이다. 대부분의 꿈은 시각적으로 보는 꿈으로 이루어지지만, 이처럼 꿈속에서 시각적인 형상이 아닌 소리로써 이루어지는 경우가 있다.

필자도 꿈속에서 전화를 걸었는데, 상대방 목소리가 생시의 목소리, 억양과 똑같이 들리는 것을 듣고 잠을 깬 적이 있다. 이는 꿈의 표현 기법의 하나로, 꿈을 만들어내는 주체인 우리 인간의 정신능력이 그때그때 적절한 방법으로 일깨워주고 있는 것이다.

초정약수는 충청북도 청원군 북일면 초정리에 있는 약수로, 세계

3대 광천수 중의 하나이며, 천연 탄산천으로 인체에 유익한 각종 광물질이 포함되어 있다. 후추처럼 톡 쏘는 맛이 난다고 하며, 초정(椒井)이란 지명도 '후추처럼 톡 쏘는 물이 나오는 우물'이라는 뜻이다. 600여 년 전에 발견되었으며, 『동국여지승람』·『조선왕조실록』 등에 세종과 세조가 이 물로 눈병·피부병·속병을 고쳤다는 기록이 남아 있다.

〈 세조의 꿈에 노인이 나타나 경계하고 격려하다 〉

계해년 6월 21일에 세조(世祖)의 꿈에 노인이 나타나 말하기를,

"인생의 고락(苦樂)이 자기로 말미암아 오지 않는 것이 없으니, 어진 자는 그 업(業)을 탐하여 기(氣)가 꺾이어 기운을 잃게 되며, 어리석은 자는 그 물욕을 한껏 부리다가 몸을 망치는데, 이는 함께 그 괴로움[苦]에 돌아가고 만다. 그러므로 지인(至人)은 그 업을 탐하면서도 기(氣)를 조절하고, 작은 욕심을 버리고 큰 욕심을 이루게 한다. 그대는 혹시 이 지인(至人)에 대하여 부끄러움이 있지는 않은가? 한 잔의 물을 떠낸다 하여도 강하(江河)에는 손실이 없으며, 뜬구름이 잠시 가리운다고 해서 태양에 무슨 휴손(虧損)이 되겠는가마는, 태산(泰山)의 그 큰 것도 한 미세(微細)한 티끌의 모임이요, 성인(聖人)의 덕도 작은 선(善)을 쌓고 쌓아 이룬 것이니, 그대는 힘쓰기 바란다." 하였다.

세조가 놀라 깨어 보니 솔바람이 불고 창틈으로 별이 보이는데, 수종(隋從)하는 사람들은 모두 잠들어 있었다.

—『조선왕조실록』 세조 총서 [원전] 7집, 56쪽

다음은 꿈을 통해 계시적인 말로써 일깨움을 주고 있는 사례다.

〈 책 이름을 일러준 꿈 〉

병술년 가을에, 이귀(李貴)의 두 아들인 연양군과 연성군이 부친이 평소에 쓴 일기를 가지고 와서 나(안방준)에게 편집을 부탁하였다. 나는 곰곰이

생각하여 공의 친구들이 모두 작고하였으니, 이 책자를 내가 편집하지 않으면 누가 하겠는가? 드디어 8편으로 분류하고 '노랄유편(老辣遺編)'이라고 이름하였다.

어떤 이가 묻기를, "노랄이란 무슨 뜻이요?" 하므로 나는 답하기를,

"옛날 진회(秦檜)가 친한 사람을 시켜 안돈복을 달래기를 '공이 굽히어 따르기만 하면, 좋은 직위에 곧 오르게 될 것이오.' 하자, 돈복이 말하기를 '생강과 계피는 성질이 늙을수록[老] 맵다[辣]. 내가 어찌 몸을 보전하기 위해 나랏일을 그르치겠는가?' 하니, 진회는 끝내 굴복시키지 못했다 하오. 내가 책 이름을 '노랄'이라고 한 것은 바로 이런 뜻이오."

하니, 그 사람은 이르기를, "매우 좋소. 매우 좋소." 하였다.

또 어느 날 밤에 내가 잠을 자는데 어떤 사람이 와서 나에게 이르기를, "유편이란 두 글자를 수사(髓辭)라고 고쳐다오." 하기에 깨었더니, 꿈이었다. 나는 마음에 괴이하였지만, 수(髓)자의 뜻을 몰라서 두루 대광익회(大廣益會) 등의 사전을 상고하였더니, 수(髓)는 골(骨)자의 뜻이었다. 그래서 노랄수사(老辣髓辭)라고 이름을 고쳤는데, 옛날의 농담이 이제 도리어 진담이 되리라고는 미처 생각지 못하였다.

—『묵재일기』3,『대동야승』제62권

안방준의 발문(跋文)에 의하면, 이귀(李貴)의 아들 이시백(李時白)과 이시방(李時昉)이 이귀의 일기를 안방준에게 주어 편집을 부탁하였고, 안방준은 이 초고의 체재를 수정하여 8편으로 정리하였다. 안방준이 편찬한 것은 처음에는『노랄수사(老辣髓辭)』라고 하였으나, 후에 이귀(李貴)의 호를 따서『묵재일기(默齋日記)』가 되었다.

『묵재일기』는 조선 중기의 정치가 이귀의 생애를 적은 책으로, 이귀는 광해군과 대북(大北) 세력에 대항해 인조반정을 성공시킨 인물이다.

꿈속에서 누군가 책 이름을 알려주고 계시해주는 것으로 되어 있으나, 이는 꿈의 상징 기법 중의 하나로 볼 수 있다. 자신이 지은 책

의 이름에 대하여 마음속으로 골똘히 생각하고 있는 바, 창의적 사유 활동이 극대화되는 꿈을 통하여 보다 타당하고 적합한 책 이름을 받게 되는 일로 이루어지고 있다.

〈 벽옥란(碧玉欄)의 호(號)를 지어준 꿈 〉

『벽옥란시고(碧玉欄詩稿)』 1권은 선보(選甫) 이세선(李世選)이 지은 것이다. 형인 완이공(莞爾公) 이유수(李惟秀)는 이미 죽고 집안은 더욱 가난하였다. 선보(選甫)는 외롭게 독립(獨立)했어도 집안 살림을 꽤 잘 꾸려나갔고, 차츰 시인들을 따라 가신(佳辰)과 명절을 만나면 시를 읊고 노래를 부르며 놀고 잔치하니, 어찌 완이공의 훌륭한 아우라 하지 않겠는가?

금년 봄 나는 선보의 전원(田園)에서 놀았는데, 선보가 『벽옥란시고』를 꺼내어 나에게 서문을 청하였다. 내가, "어찌하여 벽옥란(碧玉欄)이라 이름하였소?" 하였더니,

"병신년(영조 41, 1776)에 내가 오랫동안 병들어 거의 죽게 되었었는데, 꿈에 돌아가신 형님인 완이공이 오셔서 나를 어루만져 주시고 따뜻하게 해주시면서, 이어 '벽옥란(碧玉欄)' 3자로써 나에게 호(號)를 주셨는데, 정성스럽고 정중하시어 완연히 생전과 같았습니다. 자상히 가르쳐 주시던 목소리가 4~5년이 지난 지금까지도 오히려 귀에 또렷이 들리는 듯합니다. 그러나 이것이 어떤 상서인지 모르겠습니다. 옛날에 해몽(解夢)을 맡은 사람이 있었으니, 공은 이것을 해몽해 주십시오." 하였다.

그래서 나는 '벽옥란'의 뜻을 풀이해 주었다. "여기에는 세 가지 좋은 뜻이 있는데, 그 뜻이 기묘합니다. 벽(碧)은 문장을 뜻하는 것이고, 옥(玉)은 아름다운 자질을 가리키는 것이고, 난(欄)은 막는다는 뜻입니다. 이는 아름다운 문장으로 몸을 장식하고, 온화함과 씩씩함으로 본래의 품성을 잘 가꾼 다음, 예절을 지키어 점검하고 단정히 하여 혹시라도 방만한 마음을 드러내는 일이 없도록 하라는 뜻입니다." 라고 대답하였다. (요약 발췌)

—「벽옥란시고(碧玉欄詩稿)」 서(序), 이덕무(李德懋) 『아정유고(雅亭遺稿)』 3권

마땅한 호(號)를 짓기 위해 고심하던 중, 꿈을 통하여 정신능력이 극대화되는 창의적 사유활동이 이루어지고 있다.

그리하여 꿈의 다양한 상징 기법의 하나인 계시적 꿈으로써, 자신이 가장 신뢰할 수 있는 인물인 죽은 형님을 꿈속에 등장시켜 호(號)를 일러주는 형식을 취한 것으로 볼 수 있다. 이 경우에 조상·부모님·신신령이나 신성시하는 백발노인이 나타나 일러주는 꿈으로 나타나기도 한다.

『아정유고(雅亭遺稿)』는 조선 후기의 실학자인 이덕무(李德懋)의 시문집으로, 『청장관고(青莊館稿)』라고도 한다. 완이공은 조선조 영조(英祖) 때의 문신 이유수(李惟秀: 1721~1771)의 호이다.

〈 훌륭한 장부가 '유(酉)'라는 한 글자를 크게 써 보인 꿈 〉

일행이 9월 1일에 부산에 도착하여, 2일(신유)에 배를 타고 떠나서 9월 4일(계유)에 대판성에 당도하여, 육지에 올라 27일에 강호에 도착하였고, 11월 4일에 도로 대판성에 당도하여, 다시 배를 타고 경자년 정월 6일(계유)에 부산에 돌아와 닿았고, 24일에 복명(復命)하였다.

먼 거리를 오가는 데 있어 261일 동안 일행 중에 병든 자가 아무도 없었으며, 단 하루도 풍파를 당하지 않았다. 일본으로 출발 전에, 내가 영가대(永嘉臺)에 바람을 빌 때에, 재계하고 목욕하던 밤에 꿈을 꾸었다.

한 훌륭한 장부가 '酉(유)'라는 한 글자를 크게 써서 나에게 보이는 꿈이었으므로, 깨어서 괴이히 여겼다.

마침내 신유(辛酉) 일에 순풍을 만나 배를 출발시켰고, 계유(癸酉) 일에 대판에 당도하여 육지에 올랐으므로 마음으로 다행히 여겼다. 돌아올 때에 대마도에 당도하여서는 계유일에 서박포(西泊浦)로부터 문득 순풍을 만나서 돛을 걸고 바로 왔다.

꿈에 酉(유) 자(字)를 얻어서 배가 출발하였으며, 대판에서 육지에 오른 것과 부산에 돌아와 댄 것이 모두 酉(유)일이니, 이것은 용궁부의 어른이

글자를 써서 나에게 고했기 때문인가, 특이한 일이었다. (요약 발췌)

— 신유한(申維翰), 『해유록(海游錄)』 하

계시적·예지적 성격의 꿈이다. 신유한(申維翰)이 일본에 통신사의 일원으로 갈 때, 순풍을 기원하는 기도를 올리는 밤에 훌륭한 장부가 '酉(유)'라는 한 글자를 크게 써 보이는 꿈을 꾸게 된다. 실제로 酉(유)일에 출발하고, 일본의 대판성(大阪城: 오사카)에 酉(유)일에 당도하였으며, 부산에 돌아온 날이 모두 유(酉)일이었음을 밝히고 있다.

〈 연려실기술(燃藜室記述) 야사 책을 저술할 것을 예지 〉

내가 열세 살 때, 지금은 돌아가신 아버님을 모시고 자면서 꿈을 꾸었었다. 꿈에 임금이 거둥하시는 것을 여러 아이들과 길가에서 바라보고 있었는데, 임금께서 갑자기 연(輦: 가마)을 머물게 하시고, 특별히 나를 불러 앞에 오라 하셨다.

"네가 시를 지을 줄 아느냐." 하고 물으셨다. "지을 줄 압니다." 하고 대답하였더니 임금께서, "지어 올리라"고 하셨다. 내가 "운(韻)을 내어 주소서." 하였더니, 임금께서 친히, "사(斜)·과(過)·화(花) 석 자를 넣어 지으라." 하셨다. 잠깐 동안 시를 생각하는데, 임금께서 "시가 되었느냐." 물으셨다. 대답하기를, "시를 겨우 짓기를 하였습니다마는 그중에 두 자가 미정이어서, 감히 아뢰지 못하겠습니다." 하였더니, 임금께서 "말하여 보라." 하셨다. 곧 아뢰기를,

우박청진련로사(雨泊淸塵輦路斜)	비가 맑은 티끌에 뿌리는데 연(輦) 길이 비꼈으니,
도인전설육룡과(都人傳說六龍過)	도성 사람들이 육룡(六龍)이 지나간다고 말하네.
미신초야유잠필(微臣草野猶簪筆)	초야에 있는 미천한 신하가 오히려 붓을 잡았으니

불선□□학사화(不羡□□學士花) □□학사의 꽃을 부러워하지 아니하네.

"이렇게 시를 지었는데, 끝 구의 학사 위에 두 자를 놓지 못하였습니다." 하였더니, 임금께서, "네가 놓지 못한 두 자는 '배란(陪鑾)'이란 두 자를 넣었으면 좋을 듯하니, 의당 '임금 모시는 학사의 꽃이 부럽지 않네[不羨陪鑾學士花]'가 될 것 같다." 하셨다.

내가 놀라 깨어 아버님에게 고하였더니, 아버님께서, "이것은 길몽이다." 하셨고, 내 생각에도 역시 훗날 어전에서 붓을 가질 징조인가 하였는데, 그 후 내가 궁하게 숨어 살게 된 뒤로는 전연 잊어버렸다. 요즘에 와서 문득 생각하니, 초야잠필(草野簪筆)이란 글귀가 늙어서 궁하게 살면서 야사를 편집하게 될 것이라는 예언으로 어릴 적에 꿈으로 나타난 것인 듯하니, 실로 우연이 아니라 모든 일이 다 운명으로 미리 정해져서 그런 것이다.

— 이긍익(李肯翊), 「의례(義例)」『연려실기술(燃藜室記述])』

이 꿈은 큰 틀에서는 이긍익(1736〔영조 12〕~1806〔순조 6〕)이 장차 『연려실기술』을 짓게 되는 운명적인 예지를 보여주고 있다. 하지만 꿈속에서 임금에게 "배란(陪鑾)이라는 글자를 넣으면 좋을 것 같다." 라는 말을 듣는 것은 창의적 사유활동의 결과라고도 할 수 있다.

배란(陪鑾) 한자의 뜻은 '모실 배(陪), 임금이 타는 수레 란(鑾)'으로 '임금을 모시다.'라는 뜻이다. 꿈해몽은 꿈을 꾼 자신이 가장 잘 해몽할 수 있듯이, 이긍익 본인의 해몽에 잘 나타나 있다. 일반적으로 꿈속에서 임금(대통령이나 귀인)을 만나는 꿈은 길몽으로, 대부분은 좋은 일로 이루어지고 있다.

하지만 임금(귀인)이나 조상 및 산신령을 만나는 꿈이 다 좋은 것은 아니다. 어떤 상황이 전개되고 어떤 말을 일러주었는가에 따라 길흉이 결정된다. 이 꿈에서는 임금을 만난 사실보다, 꿈속에서 짓게 되는 몽중시의 시 구절의 내용 자체에 핵심이 담겨 있다.

특히, 완성된 시구인 전구(轉句)의 "微臣草野猶簪筆(초야에 있는 미천한 신하가 오히려 붓을 잡았으니)" 구절에서, 草野(초야)란 벼슬길에 나아가지 않고 궁벽한 시골에 있게 됨을 의미하고, 簪筆(잠필)이란 옛날 중국 사람이 붓을 비녀처럼 머리에 꽂고 다녔던 것처럼 붓을 항시 지니고 다니면서 글을 쓰게 될 것을 의미, 즉 역사서 등의 집필에 몰두하게 될 것을 예지해주고 있다고 보아야 할 것이다. 또한 결구(結句) "不羨陪鑾學士花(임금 모시는 학사의 꽃을 부러워하지 아니하네)"에서 초야에 묻혀 저술에 몰두하는 일이 벼슬길에 나아가 임금의 곁에서 글을 지어 올리는 일보다 가치 있고 보람 있는 일이 될 것을 예지해주고 있다.

영조가 즉위하여 노론을 등용하고 소론 일파를 탄압하자, 소론이었던 이긍익의 집안은 어려움을 겪게 되었다. 얼마 뒤 실세한 소론들은 기회를 엿보다가, 1728년(영조 4) 정권에서 배제된 남인의 과격파와 연합해 무력으로 정권 탈취를 기도한 이인좌(李麟佐)의 난을 일으켰으나 실패한다. 그 후 그의 나이 20세 때인 1755년(영조 31)에 소론(少論) 일파가 노론을 제거할 목적으로 일으킨 역모 사건인 나주 괘서(掛書) 사건에 아버지 이광사(李匡師: 1705〔숙종 31〕~1777〔정조 1〕)•가 연루되었는데, 이광사는 류(流) 3천리에 처해지고, 유배되어 그곳에서 죽었다.

• 이광사(李匡師)
조선 후기의 문인서화가로 이름이 높으며, 소론이 영조의 등극과 더불어 실각함에 따라 벼슬길에 나가지 못하였으며, 50세 되던 해인 1755년(영조 31) 소론 일파의 역모 사건에 연좌되어 진도로 귀양 가서 그곳에서 일생을 마쳤다.

실학을 연구한 고증학파 학자로서, 이긍익은 이광사의 아들로 이러한 집안의 어려운 상황에서 벼슬길에 나아갈 수 없었기에, 저술 활동에 전념할 수 있었다.

『연려실기술』은 조선의 역사를 기사본말체(紀事本末體)로 엮은 역사서로써, 원집(原集) 33권, 별집(別集) 19권, 속집(續集) 7권으로 된 대저술이다.

저자가 부친의 유배지인 신지도(薪智島)에서 42세 때부터 저술하기 시작하여, 타계(他界)할 때까지 약 30년 동안에 걸쳐 완성하였다. 400여 가지에 달하는 야사에서 자료를 수집·분류하고 원문을 그대로 기록하였다.

'연려실(燃藜室)'이란 그의 부친이 손수 휘호해 준 서실(書室) 이름으로, 한(漢)나라의 유향(劉向)이 옛글을 교정할 때 태일선인(太一仙人)이 청려장(靑藜杖: 명아주로 만든 지팡이)에 불을 붙여 비추어 주었다는 고사에서 유래한다.

3. 지어낸 거짓 꿈

민중의 꿈에 대한 절대적인 믿음이나 신성성을 이용하여, 꿈에 용을 보았다든지, 신(神)들이 삼한의 왕으로 삼았다든지, 자[尺]를 내려주었다든지, 신인(神人)으로부터 계시를 받았다든지 하는 꿈들을 유포시켜, 창업의 정당성과 천명을 받았음을 민중들로 하여금 믿게 하기 위해 지어낸 거짓 꿈이 이용되었다.

또한 직접적으로 표현하기 힘든 경우, 지어낸 거짓 꿈을 빌려 표현하고 있으며, 현실에 대한 불만이나 좌절, 교훈적인 내용이나 해학적인 내용 등을 문학적으로 형상화하여 지어낸 거짓 꿈을 통해 나타내고 있다.

〈 박혁거세가 신인(神人)으로부터 금척을 받은 꿈 〉

신라 시조 박혁거세의 꿈에 신인(神人)이 나타나 그에게 금자[金尺]를 주었는데, 꿈을 깨 보니 손에 금자가 쥐여 있었다. 이상하게 생각되어 꿈에 가르쳐준 신인의 말대로, 죽은 사람을 금자로 재니 죽은 사람이 다시 살아나고, 병든 사람을 재면 병이 나았다.

경주시 금척리에 전해오는 전설로, 박혁거세가 신성한 인물임을 드러내기 위해서 지어낸 거짓 꿈이야기로 볼 수 있겠다. 이러한 죽은 사람이나 병자를 살리는 신비한 자[尺]에 관한 이야기는 민간에 널리 퍼져 있다.

이성계도 건국의 계시로, 신인(神人)으로부터 금자[金尺]를 받았다는 내용이 『조선왕조실록』 태조 1년 [원전] 1집 20쪽에 실려 있다. 하지만 이 경우에는 신비한 자[尺]가 아닌, 도량형(度量衡)의 확립 등 치세(治世)의 왕권을 뜻하는 상징성을 지니고 있다.

〈 귀신들의 꿈 〉

이성계가 아직 등극하기 전, 일찍이 칠성(七星)님께 기도한 일이 있었다.

어떤 사람이 밤에 길가의 나무 구유통에 들어가 자게 되었다. 아직 밤이 깊지 아니했는데 어떤 자가 밖에서 부르기를, "오늘 밤에 이시중(李侍中)이 아무 신(神)에게 정공(淨供)을 드리는데, 내가 제사 얻어 먹으러 가니, 그대도 같이 가세." 하니, 나무통 속에서 어떤 자가 대답하기를, "오늘 저녁, 우리 집에 손님이 와서 나는 못 가겠으니, 자네나 다녀오게." 하였다.

얼마 있다가 또 밖에서 부르기를, "내가 갔더니 오늘 밤에 여러 성인이 오기는 왔다마는, '제사 음식이 불결하다.' 하면서, 노하여 가더군. 그래서, 나도 얻어먹지 못하고 오는 길일세." 하였다.

그 사람은 날이 새자, 바로 이성계에게 달려가 뵙기를 청했다. 문지기가 거절하기를, "들어갈 수가 없습니다." 하였다. 그 사람이 재삼 억지를 쓰면서, "내가 일 때문에 왔는데, 말할 것이 오늘을 지날 수 없기 때문입니다." 했다. 문지기도 괴이하게 생각하고, 드디어 그 말을 이성계에게 아뢰었다. 앞에 불러오게 하였더니, 그가 아뢰기를, "지난밤에 무슨 치성을 드린 일이 있습니까?" 하고 물었다.

이성계가, "아무 일도 없다." 하자, 그 사람은, "제가 징험이 있어서 아뢰는 말이오니 숨기지 마옵소서." 하였다. 이렇게 되어 태조는 사실대로 그에게 말하여 주었고, 그도 바로 밤에 들은 말을 낱낱이 고했다.

태조는 드디어 그 사람을 관(館)에다 두고 수십 일을 재계한 뒤, 제사 지내는 밤에 그 사람을 시켜 다시 전에 자던 나무 속에 가 자도록 하였다. 그 사람은 말대로 나무로 갔는데, 밤중이 되어 밖에 와 부르는 자가 말하기를, "이시중이 또 신에게 치성을 드리는데, 자네 나하고 같이 가려나." 하자, 나무 속에서 대답하기를, "먼저 자고 간 손님이 또 오셔서 난 못 가겠네." 했다.

얼마 뒤에 또 밖에서 부르기를, "오늘 밤에 이시중이 정성껏 재계하고 제사 지냈으므로, 여러 성인들이 모두 흠향하고 갔네. 그런데 맨 첫 자리의 한 성인이 말하기를, '이시중의 정성스러운 공양이 이 같으니, 갚음이 없을 수 있겠소. 무엇으로써 답례함이 옳겠소.' 하자, 그 아래 여섯 사람이 모두 말하기를, '그렇다면 무슨 물건을 가지고 영험을 나타내겠소.' 맨 첫 자리의 성인이 말하기를, '삼한 땅으로써 상 줌이 옳을까 하오.' 하자, 모두들 좋다고 허락하더군. 이 말을 얻어듣고, 또 음식을 얻어먹고, 돌아오는 길일세." 하니, 나무의 귀신이, "내, 따라가지 못한 것이 한이요." 하였다.

그 사람이 곧 이성계의 처소에 가, 이것을 자세히 말씀드렸더니, 태조는 마음에 홀로 기쁘고 자부심이 생겨, 그 사람을 후하게 대접하였다. 얼마 안 있다가, 그 사람은 하직하고 물러갔다. 태조께서 귀하게 되자, 어디 있는지 찾을 수 없었다.

—『오산설림초고』

이 이야기는 꿈의 신비성을 이용하여 이성계가 신성한 인물임을 민중들로 하여금 믿게 하기 위해 지어낸 거짓 꿈이야기로 볼 수 있겠다.

조선 중기의 문인인 차천로(車天로)의 시화(詩話) 야담집인 『오산설림초고』에는 이렇게 미화된 이야기가 상당수 실려 있다.

〈 금이 나오는 우물을 꿈에 보다 〉

요망한 중[妖僧]을 양주(楊州)의 옥(獄)에 거두었다. 어떤 중[僧]이 대궐에 나와서 고하기를, "양주(楊州) 땅에 금정(金井)이 있습니다. 승(僧)이 꿈에 얻어서 파 보았더니, 과연 있었습니다. 우물가에 나무를 심어 표를 하였는데, 지금 이미 3년이 되었습니다." 하였다.

임금이 곧 내관(內官) 이용(李龍)을 시켜 중과 함께 역마(驛馬)를 타고 가 보게 하였더니, 헛일이었다.

—「양주에 금이 나오는 우물이 있다고 유언을 퍼뜨린 중을 옥에 가두다」 태종 3년(1403) 8월 18일 『조선왕조실록』 [원전] 1집, 273쪽

자신의 목적을 달성하거나, 사람들의 관심을 끌기 위해 지어낸 거짓 꿈으로 보아야 할 것이다.

〈 거짓 꿈을 빌려 후한 상(賞)을 얻으려고 하다 〉

경상도 보천(甫川) 사람 김을수(金乙守)를 의금부(義禁府)에서 죄를 물어 처단하였다. 김을수가 대궐에 들어와 청옥석(靑玉石) 대인(大印)을 바치고 말하였다.

"꿈에 한 중[僧]이 이르기를, '교상암굴(交床巖窟) 아래에 청옥인(靑玉印)이 있으니, 네가 비밀히 취(取)하여 조정(朝廷)에 봉헌(奉獻)하면 반드시 중한 상(賞)을 얻으리라'고 하였습니다. 이달 초5일에 과연 보천(甫川)·단양(丹陽) 지경의 큰 산 석실(石室) 가운데에서 얻어서 가지고 왔습니다."

말이 심히 괴탄(怪誕)하였으므로 국문(鞫問)을 하니, 김을수가 잘못을 자세히 말하기를,

"일찍이 머리를 깎고 중이 되었으나, 지금은 무격(巫覡)의 술법을 업(業)으로 합니다. 집이 가난하여 후한 상(賞)을 얻으려고 생각하여, 충주(忠州)의 돌을 취하여 쪼아서 도장[印]을 만들었습니다." (요약 발췌)

—「허망한 술책을 써서 후한 상을 받으려고 한 보천 사람 김을수를 문초하다」 태종 14년(1414) 10월 14일 『조선왕조실록』 [원전] 2집, 41쪽

후한 상을 얻으려고 도장을 만들어 바치는 데 있어, 꿈속에서 스님으로부터 계시를 받았다는 지어낸 거짓 꿈을 이용하고 있다.

〈 '너는 나를 굶기려 하느냐?'라고 말하는 꿈 〉

태종 6년, 비로소 왕위를 세자에게 전한다는 명령을 거두었다. 종친(宗親)·원훈(元勳)·기로(耆老)·문무백관(文武百官)이 다시 창덕궁(昌德宮)의 뜰로 나아가고, 세자도 국새(國璽)를 받들고 이르러 전상(殿上)에 놓았다. 처음에 임금이 이숙번을 불러 비밀히 말하기를,

"밤마다 꿈에 모후(母后)를 뵈었는데, 우시면서 나에게 고하기를, '너는 나를 굶기려 하느냐?'고 하시니, 내 아직도 이것이 무슨 뜻인지 알지 못하겠다."

하니, 이숙번이 대답하기를,

"전하께서 만약 약하고 어린 세자에게 전위(傳位)하시면, 종사(宗社)가 보전되지 못하여 모후께서 굶으실 것입니다. 이것은 실로 모후께서 정녕(丁寧) 고하시기를, '전위(傳位)하는 것은 불가하다'고 하신 것입니다. 어찌 신인(神人)이 모두 싫어하는 것이 아니겠습니까? 원컨대, 세 번 더 생각하소서." 하였다. — 후략 —

—「세자에게 전위한다는 명을 철회하다」 태종 6년(1406) 8월 26일 『조선왕조실록』 [원전] 1집, 374쪽

꿈에 모후(母后)가 "너는 나를 굶기려 하느냐?"라고 말하는 것을 지금 양위하면 조정이 위태롭게 될 것이라고 해석하고 있다. 이 경우에 지어낸 거짓 꿈에 해당한다고도 할 수 있겠다.

태종은 외척과 공신을 숙청하는 등 왕권강화에 힘을 쏟았다. 세자에게 왕권을 넘겨준다는 네 차례의 양위파동을 통해 신하들의 마음을 떠봄으로써, 왕권강화에 장애가 되는 인물을 제거하고, 자신이 상왕이 되어 왕실의 권력을 강화하고자 하였다.

〈 거짓 꿈으로 형을 속이다 〉

좌랑 심의(沈義)의 자는 의지(義之)로, 심정(沈貞)의 아우다. 일찍이 그 형의 지위가 높고 권세가 성하여 전원(田園)을 많이 가지는 것을 보고 섭섭

히 생각하여, 꾀를 써서 형을 속이려 하였다. 하루는 이른 아침에 핼쑥하게 슬픈 기색을 하고 얼굴에 눈물 자국이 가득한 채로 형에게 가서 말하기를,

"어젯밤 꿈에 돌아가신 어머님이 나의 등을 어루만지면서 '너의 형은 매우 부귀한데 너만 유독 이렇게 가난하구나. 아무 곳 밭과 아무 곳 논은 비록 사당을 위한 몫으로 분배했지만, 네 형은 그것이 없어도 넉넉히 제사를 지낼 수 있는데, 왜 네가 가져다가 먹지 않느냐.' 하였습니다." 하였다.

형도 사람의 마음을 가지고 있는데, 이 말을 듣고도 어찌 마음이 움직이지 않으랴. 곧 눈물을 흘리면서, "돌아가신 어머님의 분부가 계신데, 어찌 감히 논밭을 아끼겠는가?" 하고, 곧 문서를 가져다주었다.

얼마 후에 형이 속은 것을 알아채고, 전날 동생이 말하던 것처럼 어머님의 꿈을 빌려 말하였더니 동생이 웃고 일어서면서, "형님의 꿈은 개꿈이니 믿을 것이 못됩니다." 하므로, 심정 또한 웃었다.

—『기재잡기』 3, 『대동야승』 제51권

이것은 지어낸 거짓 꿈으로 자신의 목적을 이루어낸 사례다. 이밖에 설화 이야기 속에는 이렇게 목적 달성을 위해 지어낸 거짓 꿈이야기가 상당수 전해진다. 좋은 용꿈을 꾸었다는 거짓 꿈이야기로 장차 훌륭한 아이를 낳게 될 것이라는 믿음을 갖게 하여 주막집 주모를 취하는 이야기, 스님이 선녀와 즐거운 운우지정을 맺는 것을 보았다는 거짓 꿈이야기를 통하여 스님의 기분을 들뜨게 하여 스님의 떡을 얻어먹는 동자승의 꿈이야기 등등 사람들이 꿈을 신비롭게 여기는 것을 이용하여 목적 달성을 위하여 거짓 꿈이야기를 지어내고 있다.

〈 거짓 꿈을 빌려 문묘가 옮겨갈 것을 이야기하다 〉

정붕(鄭鵬) 선생의 자는 운정(雲程)으로 영남 사람이다. 연산군 초년에 벼슬하였는데, 하루는 다른 사람에게, "내 꿈에 문묘(文廟)의 위패가 절간으로 옮겨졌다." 운운하였다. 뒤에 연산군이 거칠고 음란해지면서 성균관(成均館)을 술 마시고 노는 곳으로 만들고, 위패는 남산의 암자 속으로 옮

기고 또 태평관(太平館)으로 옮겼다가 또다시 장악원(掌樂院)으로 옮기니, 자리의 차례가 없고 제사도 오랫동안 끊기어 신(神)과 사람의 노여움이 극도에 달하였다. 어떤 이는 말하기를, "문묘가 헐려 버릴 것을 공이 미리 짐작한 것인데, 아마 꿈을 핑계한 것이리라." 하였다.

그때 강혼(姜渾)·심순문(沈順門)이 사인(舍人)으로 있으면서 두 사람이 모두 눈여겨 둔 기생이 있었는데, 선생은 두 사람에게 경고하기를, "기생을 멀리하여 후회를 남기지 말라." 하니, 강혼은 곧 버렸으나 심순문은 듣지 않았는데, 그 두 기생이 뽑히어 궁중으로 들어가 연산군의 사랑을 극진히 받았으므로, 심순문은 마침내 비법(非法)에 죽으니, 사람들이 공의 선견지명에 탄복하였다. — 후략 —

—『병진정사록』,『해동잡록』6,『해동야언』3,『대동야승』제9권,『기묘록보유』상권(『대동야승』제10권)

정붕(鄭鵬)이 실제로 꿈속에서 본 대로 이루어졌다면, 사실적인 미래 투시의 꿈이라고 할 수 있다. 하지만 지어낸 거짓 꿈을 빌려 자신이 하고 싶은 이야기를 하고, 나중에 난처한 상황에 처하게 되면 꿈에 본 것이라고 둘러대는 경우도 있다. 정붕(鄭鵬)이 기생을 가까이하는 두 사람에게 멀리할 것을 충고하는 선견지명의 사례로 미루어 본다면, 이 꿈 역시 지어낸 거짓 꿈으로 볼 수 있다.

〈 꿈을 빌려 자신의 이름을 내다 〉

상주(尙州)는 본디 문헌(文獻)의 고을로 명사가 많이 났다. 나와 동년에 급제한 서극일(徐克一)이 이 고을에 살았는데, 두 아들 상남과 한남을 두고 기축년에 세상을 떠나니, 두 아들이 여묘 곁에 막을 치고 시묘살이를 하였다.

여막 곁에는 송정(宋亭)이 있었고, 한 동자가 여막에 와서 글을 배우고 있었는데, 동자가 어느 날 밤에 꿈을 꾸니, 송정에 6명이 모여 앉아 동자에게 일러 가로되, "저기 우두머리에 앉은 이는 상국(相國) 노수신이요, 다음은 판사(判事) 김충(金沖)이요, 다음은 판사 노기(盧祺)요, 다음은 판사 서극일이요, 다음은 현감 김범이며, 다음은 진사 김언건(金彦健)이라." 했다. 그리고 좌중이 그 정자 이름을 관행(觀行)이라 이르고, 시 한 수를 지어 동자로 하여금 여러 번 읽어서 기필코 외도록 하였다.

깨어서 기억하니, 그 시에, "산 아래 두어 서까래 여막 효자가 지었다. 효자는 몇 번이고 효성을 다하고, 충우를 가리지 않고 날마다 세 번 와서 울부짖으며 명복을 비네. 관행정(觀行亭)에 신선이 모였으니, 참 즐거운 일일세. 관행정 이름은 백 년이나 전할 것이요. 낙동강 위에 가히 육선사(六仙社)를 지을 만하다. 낙동강 맑은 물 만고에 푸르네." 하였는데, 아마 이는 노수신의 수단인 듯하다. 일이 심히 기이하므로 세상에 전파되었다.

—『견한잡록』, 『대동야승』 제13권

동자의 꿈을 빌려 노수신 등 여섯 사람이 유유자적하며 신선으로 미화시키고 있다고 하겠다. 또한 이렇게 문학적으로 미화시키거나, 자신의 불우한 처지나 하고 싶은 이야기를 꿈이야기를 빗대어 지어낸 거짓 꿈으로 표출하고 있는 경우가 적지 않다.

송강 정철이 「관동별곡」에서 꿈속에서 신선을 만나 자신이 본래 하늘나라의 신선이라고 한 이야기나, 허균이 꿈속에서 신선 세계에 다녀왔다는 이야기 등은 지어낸 거짓 꿈이야기로 보아야 하겠다.

〈 조의제문(弔義帝文) 〉

정축년 10월 어느 날에 내가 밀양(密陽)에서 경산(京山)으로 오던 도중에 답계역(踏溪驛)에서 자는데, 꿈에 칠장복(七章服: 제왕의 의복)을 입은 신인(神人)이 근심된 빛을 하고 와서 스스로 말하기를, "나는 초(楚) 회왕(懷王)의 손자인 심(心)인데, 서초패왕(西楚霸王 항우)에게 피살되어 침강(郴江)에 버림을 받았다." 하고서, 그대로 홀연히 사라졌다.

내가 놀라 깨어서 생각하기를, '초 회왕은 남방의 초(楚)나라 사람이요, 나는 동이(東夷)의 사람이며, 초나라는 거리가 여기서 만여 리나 될 뿐 아니라, 시대로 말한다 하더라도 천 년이 넘었는데, 이제 와서 꿈에 보이니 이것이 무슨 징조인가.' 하고, 또 사기를 상고하여 보니 의제를 강에 던졌다는 말은 없으니, 아마도 항우가 사람을 시켜 몰래 죽이고 그 시체를 강물에 던진 것이었던가? 그것은 알 수 없다.

드디어 글을 지어 그를 조문하노라.

— 허봉 「무오사화 사적(戊午士禍事跡)」『해동야언』 2, <무오년의 사화(史禍)> 「연산조(燕山朝) 고사본말(故事本末)」『연려실기술』 제6권

「조의제문(弔義帝文)」을 짓게 된 동기에 대해서 밝히고 있는데, 지어낸 거짓 꿈으로 볼 수 있는 대표적인 꿈이야기다. 김종직이 지은 「조의제문」은 단종을 죽인 세조를 의제를 죽인 항우(項羽)에 비유해 세조를 은근히 비난하는 내용으로 되어 있다. 이러한 「조의제문」을 김종직의 제자인 김일손(金馹孫)이 사관(史官)으로 있을 때 사초(史草)에 기록하고, "김종직이 「조의제문」을 지어 충분(忠憤)을 은연중 나타냈다"고 하였다.

그러다가 1498년(연산군 4) 『성종실록』이 편찬될 때, 그릇된 행동을 비판적으로 적었던 것에 대하여 원한을 품고 있었던 이극돈(李克墩)이 당상관이 되었다. 그는 김종직의 「조의제문」이라는 글을 보고 세조의 찬위를 헐뜯은 것이라고 하여, 유자광에게 고하였다. 유자광은 김종직이 자신의 쓴 현판 글을 불태웠던 데에 대하여 사적인 감정이 있었고, 먼저 이 사실을 세조의 총애를 받던 노사신(盧思愼)에게 알리고 그와 함께 왕에게 아뢰어, "김종직이 세조를 헐뜯은 것은 대역무도(大逆無道)"라고 주장하였다. 이에 연산군은 「조의제문」을 사초(史草)에 올린 김일손을 비롯하여, 「조의제문」이 실려 있는 것을 알고도 알리지 않았다는 죄목으로 많은 유신들을 죽이거나 유배를 보내었고, 김종직은 부관참시되는 무오사화가 일어나는 계기가 되었다.

참고로 역사적인 이야기는 아니지만, 지어낸 거짓 꿈이야기로 볼

수 있는 『삼국유사』에 실려 있는 문학적으로 유명한 조신의 꿈을 살펴본다.

〈 조신(調信)의 꿈 〉

조신은 신라 때 세규사(世逵寺)의 중이었다. 그는 명주군 태수 김흔(金昕)의 딸을 좋아했다. 여러 번 관음보살 앞에 그 소원을 빌었으나, 그런 보람도 없이 그녀는 다른 사람에게 시집을 가고 말았다. 조신은 어느 날 불당 앞에서, 관음보살이 자신의 소원을 들어주지 않은 것에 대하여 원망하며 슬피 울다가 너무 지쳐서 얼핏 잠이 들었다.

갑자기 꿈에도 잊지 못하던 김소저가 나타나서 웃으며 "저는 마음속으로 그대를 몹시 사랑했으나 부모님의 영으로 부득이 출가했다가, 이제는 함께 살려고 왔습니다." 하였다. 조신은 기뻐하며 고향으로 돌아갔다. 40년을 함께 살면서 자녀 다섯을 두었다. 그러나 너무도 가난하여 집은 네 벽뿐이었고, 거친 음식마저 계속해갈 수가 없었다. 입에 풀칠하기 위하여 십여 년을 문전걸식을 하면서 옷은 다 찢어져서 몸을 가릴 수도 없었다. 15세 되는 큰아들은 굶어 죽으니, 통곡하며 길가에 묻었다. 조신과 그 아내는 늙고 병들어 누워 있고, 열 살짜리 딸이 구걸하다가 마을 개에게 물렸다. 아픔을 호소하며 앞에 와서 누워 있으니, 두 부부는 목이 메어 눈물을 줄줄 흘리었다.

부인이 눈물을 씻더니 "제가 처음 당신을 만났을 때, 우리는 나이도 젊고 얼굴도 예뻤습니다. 그리고 사랑도 두터워서 헝겊 하나로, 또는 밥 한 그릇으로 나누어 먹으면서 살아와 정이 두터웠습니다. 그러나 근년에 와서는 몸은 늙어서 병들었고, 굶주리고 추위로 인해 살아가기가 어렵습니다. 걸식하는 부끄러움은 산더미보다 더 무겁습니다. 마냥 구걸을 하려고 해도 집집이 문을 굳게 닫고 받아들이지 않으니, 어느 겨를에 부부간의 애정을 누릴 수 있겠습니까? 꽃다운 얼굴에 짓던 웃음은 풀 위의 이슬이요, 지초와 난초 같던 사랑의 약속은 사나운 바람 앞에 나부끼는 버들가지일 뿐입니다. 가만히 옛날의 기쁘던 때를 생각해 보니, 그때가 바로 근심의 시작이었습니다. 이제 우리는 더 이상 어찌할 수가 없으니, 헤어지는 도리밖에 없습니다. 헤어졌다가 다시 만나는 것도 다 운수가 아니겠습니까?"

이 말을 들은 조신도 옳게 여기고, 각자 아이 둘씩 데리고 서로 손을 잡고 이별하려고 할 때 꿈에서 깨었다.

타다가 남은 등불은 여전히 깜박거리고 있었다. 아침에 살펴보니 머리와 수염이 하얗게 세어 있었다. 세상의 부귀영화에 뜻이 없어지고, 재물을 탐하는 마음도 얼음 녹듯이 사라졌다. 이에 관음보살상을 대하기가 부끄러워지고, 잘못을 뉘우치는 마음을 참을 수가 없었다.

조신은 열다섯 살 아들이 굶어 죽어간 언덕에 찾아가서, 그 시체를 파묻은 곳을 파 보았다. 거기서 돌미륵이 나왔다. 물로 씻어서 근처에 있는 절에 맡기고 서울로 돌아가, 장원의 맡은 책임을 내놓고 사재를 털어 정토사(淨土寺)를 세웠다. 그 후 어디서 생을 마쳤는지 알지 못한다.

이어 다음의 이야기가 실려 있다. '이 전기를 읽고서 책을 덮은 뒤 헤아려보니 어찌 조신사(調信師)의 꿈만이 그렇겠는가. 지금 모두가 인간 세상의 즐거운 것만 알아 기뻐하고 힘쓰고 있지만, 이것은 다만 깨닫지 못했기 때문이다.'

이에 사(詞)를 지어 경계한다. '잠시 쾌적한 일 맞아 마음에 한가롭더니, 근심 속에 남모르게 젊은 얼굴 늙어졌네. 모름지기 황량(黃粱: 고사성어 황량지몽 참조)이 다 익기를 기다리지 말고, 인생이 한 꿈과 같음을 깨달아 수양에 힘쓰게. 몸 닦는 것은 먼저 뜻을 성실하게 하게나. 홀아비는 미인 꿈꾸고, 도둑은 창고의 재물 꿈꾸네. 어찌 가을날 하룻밤 꿈만으로 때때로 눈을 감아 청량(清凉)에 이르리.'

—『삼국유사』 권 제3

조신의 꿈을 통하여 인생이 일장춘몽임을 일깨워주는 교훈적인 성격의 꿈이야기다. 중국의 한단지몽, 남가일몽 등의 꿈이야기들 또한 인생의 무상함을 보여주고 있다.

인생무상(人生無常)을 주제로 하는 「조신몽」 설화와 비교될 수 있는 문학작품으로 김만중의 『구운몽』이 있다. 하지만, 「조신몽」이 온갖 고생 끝에 삶의 무상함을 깨닫는 것이라면, 『구운몽』은 2처 6첩과 출장입장 등 온갖 부귀와 영화로움을 다 누리고 인생의 무상함을 깨닫는 내용이다. 춘원 이광수는 「조신몽」 설화를 『꿈』이라는 소설로 개작하기도 했다.

또한 구전되어 오는 꿈이야기 속에는 남몰래 음덕을 베풀거나, 선행·효 등을 행하는 마음씨 착하고 성실한 사람들이 계시를 받는 꿈이야기를 넣어 권선징악의 교훈성을 언급하고 있다.

〈 술에 취했을 때 부른 노래 — 취시가(醉時歌) 〉

꿈에 하나의 작은 책자를 얻었는데, 바로 김덕령 시집이었다. 앞부분 한 편에 「취시가(醉時歌)」가 있어 내(권필)가 세 번이나 그것을 읽었다. 그 가사에

醉時歌此曲無人聞	취했을 때 노래 부르니, 이 곡을 들어주는 사람이 없구나.
我不要醉花月	꽃과 달에 취하는 것도 나는 바라지 않고,
我不要樹功勳	공훈을 세우는 것도 나는 바라지 않네.
樹功勳也是浮雲	공훈을 세우는 것은 뜬구름이요,
醉花月也是浮雲	꽃과 달에 취하는 것도 뜬구름이라.
醉時歌無人知我心	취했을 때 노래 부르니, 내 마음을 알아주는 사람이 없구나.
只願長劒奉明君	다만 바라건대 긴 칼 잡고 밝은 임금 받들고자 함이네.

꿈을 깨어서도 슬프고 가슴 아파하였다. 그를 위해 시 한 절구를 지었다.

將軍昔日把金戈	장군께서 지난날에 창 잡고 일어났지만,
壯志中摧奈命何	장엄한 뜻이 중도에 꺾이니 운명을 어찌하리오.
地下英靈無限恨	지하에 있는 영령의 한은 끝이 없지만,
分明一曲醉時歌	분명 한 곡조의 취시가로구나.

— 권필, 『석주집(石洲集)』

지어낸 거짓 꿈이야기인 권필의 「취시가」다. 김덕령(金德齡: 1567〔명종 22〕~1596〔선조 29〕)이 싸움에 나서기 전에 때때로 술에 취하여 말을 타고 산으로 달리면서 이 노래를 불렀다고 한다. 김덕령은 임진왜란이 일어나자 의병을 이끌고 많은 공을 세웠음에도 불구하고, 왕의 신임을 질투하는 조정 대신들로부터 반란을 일으킨 이몽학과 내통했다고 모함받았다. 그는 혐의를 부인했음에도 불구하고 국문(鞠問)을 받고 옥사하였으며, 1661년(현종 2)에 신원되었다.

위의 시 역시 꿈과 관련을 맺고 있다. 권필의 꿈에 관한 이야기는 사실로 믿어야 하겠으나, 다른 한편으로는 '거짓 꿈이야기' 형식을 빌려 역모의 누명을 쓰고 억울하게 죽은 김덕령 장군의 「취시가」에 대한 글을 통해, 정쟁(政爭)으로 인한 어두운 시대 현실로 뜻을 펼 수 없었던 권필 자신의 불우한 처지를 빗대고 있다고 보아야 할 것이다.

이 「취시가」에 대하여 『동시화(東詩話)』의 저자 하겸진(河謙鎭)은 다음과 같이 말하고 있다.

> 지난해 나는 한희녕(韓希寗) 군과 함께 『동야휘집(東野彙輯)』을 보다가 이 시를 얻게 되었다. 내가 "忠勇(충용: 김덕령)에게는 시집이 없고, 있다고 해도 꿈속에 얻었다는 것은 더욱 황탄하다. 이것은 권필이 명을 다하지 못한 장군을 깊이 통한하여, 여기에 붙여 지어냈을 것이다."라고 말하자, 희녕도 웃으면서 "옳습니다. 저의 뜻도 역시 그러합니다."라고 하였다.

이처럼 권필은 「취시가」의 '거짓 꿈이야기'를 통해 우국충정과 뛰어난 능력이 있음에도 불구하고, 어두운 정치 현실의 희생자가 된 김덕령의 원혼을 달래면서, 또한 자신의 불우한 인생 역정을 투영시키고 있다. 즉, 「취시가」를 빌려서 김덕령이 임금에 대한 충정(다만 바라건대 긴 칼 잡고 밝은 임금 받들고자 함이네)만이 있었음을 대변하고, 하루 빨리 그의 억울한 죽음이 신원되기를 촉구하고 있다. 또한 자신도 김덕령과 같은 나라를 위하는 마음뿐이라고 꿈을 통해 말하고 있는 것이다.

이러한 지어낸 거짓 꿈이야기는 몽중시뿐만이 아니라, 소설 등의 형식에서 더 많이 사용되고 있다. 몽자류 소설이나 몽유록 소설 등에서 자신의 하고자 하는 이야기나 현실에 대한 불만 등을 꿈의 형식을 빌려 소설로 표현하고 있다. 꿈속에서 신선 세계를 노래한 수많은 문학작품이 다 그러하다고 해야 할 것이다. 근세의 사례로는 신소설 『금수회의록』에서 저자 안국선(安國善)이 꿈속에서 동물의 회의를 참관하는 1인칭 관찰자 시점으로, 금수(禽獸)를 빗대어 인간세계의 모순과 비리를 규탄하면서 신랄하게 풍자했다.

외국의 사례로는 9세기 영국의 찰스 램이 쓴 「꿈에 본 아이들」이라는 글이 있다. 사랑스러운 손자·손녀에게 할머니와의 다정했던 이야기를 들려주는데, 깨고 보니 꿈이었다는 내용이다. 말 한번 제대로 붙여보지 못하고 짝사랑으로 끝난 이상형의 그녀에 대한 사랑의 감정을, 꿈을 빌려 그녀와 결혼했다고 가정하고, 자손들에게 이야기를 들려주는 형식을 취하고 있다.

이처럼 문학작품 안에는 자신의 바람을 꿈을 통해 대리 만족하거나, 목적 달성을 위해 지어낸 거짓 꿈이야기가 있을 수 있다. 이는 현실에서 말할 수 없는 불만이나 바람을 지어낸 거짓 꿈을 빌려 문학적으로 형상화하고 있는 것이다.

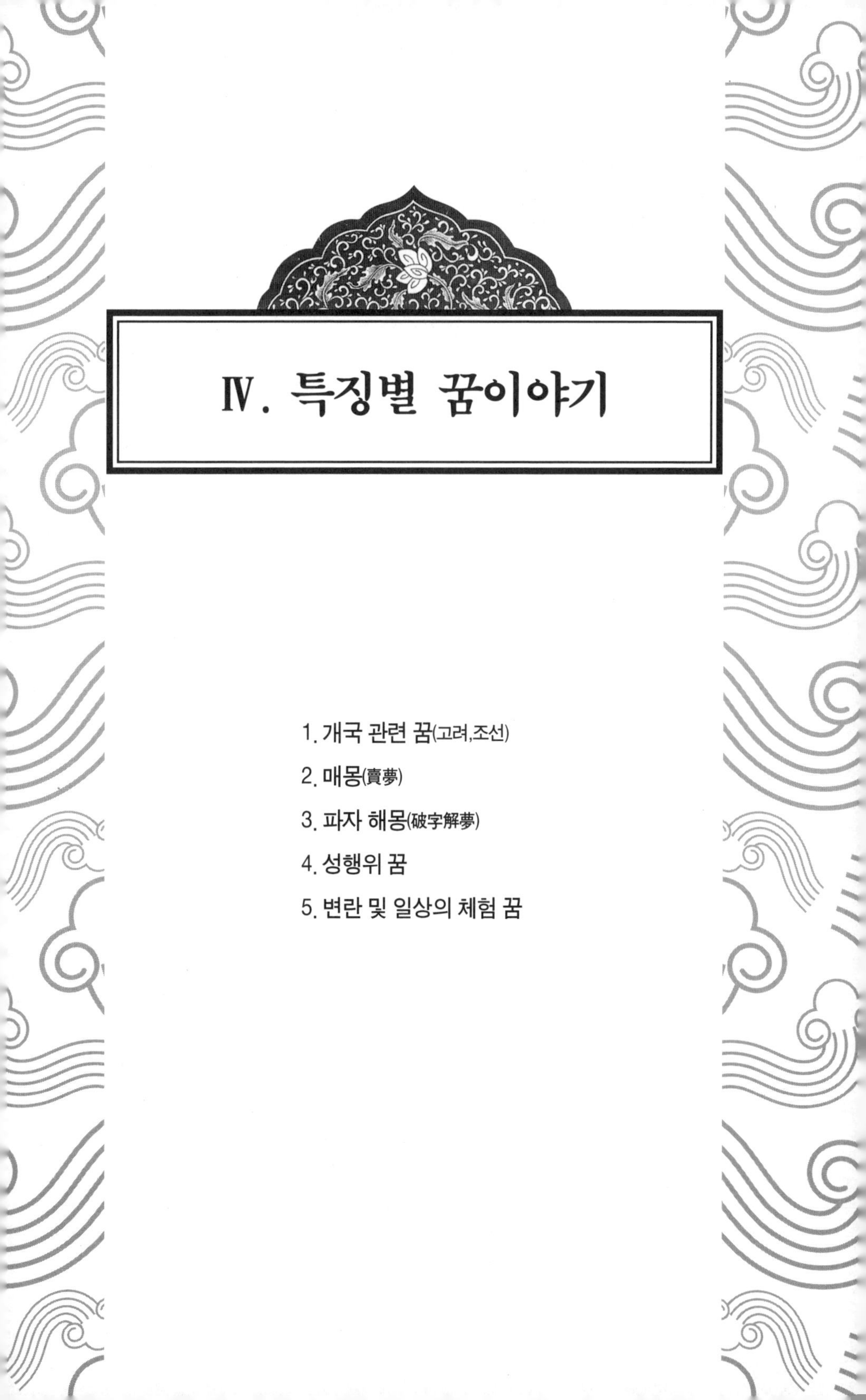

Ⅳ. 특징별 꿈이야기

1. 개국 관련 꿈(고려,조선)
2. 매몽(賣夢)
3. 파자 해몽(破字解夢)
4. 성행위 꿈
5. 변란 및 일상의 체험 꿈

1. 개국 관련 꿈(고려, 조선)

1) 고려의 개국 관련 꿈이야기

먼저 고려 태조 왕건의 가계 및 관련된 꿈이야기를 알기 쉽게 나타내면 다음과 같다.

강충 → 보육(딸 진의가 언니로부터 꿈을 산 후에 당나라 귀인과 인연을 맺어 작제건을 낳게 됨) → 작제건(용왕의 부탁으로 늙은 여우를 쏘아 죽인 후에, 용녀를 얻게 되어 혼인하여 용건을 낳게 됨. 의조로 추증) → 용건(나중에 이름을 융[隆]으로 고쳤으며, 꿈속에서 만난 여인을 길에서 만나게 되고 인연을 맺어 왕건을 낳게 됨. 세조로 추증) → 태조 왕건이 고려를 건국.

안정복은 단군조선부터 고려말까지를 다룬 역사서인 『동사강목(東史綱目)』에서 다음과 같이 말하고 있다.

상고하건대 우리나라에는 고대의 괴설(怪說)이 매우 많다. 역사를 쓰는 사람이 전대의 기록이 미비하여 일컬을 만한 일이 없음을 민망히 여겨서, 상도(常道)에 어긋난 속설을 취하여 정사(正史)에 엮어서 마치 실지로 그 일이 있었던 것처럼 하였기에, 내 이제 일체를 다 간정(刊正)하여 괴설변증(怪說辨證)을 짓는다.

고려 태조 왕건의 세계(世系)를 안정복의 『동사강목』의 괴설변증(怪說辨證)에 나오는 이야기를 발췌하여 살펴본다.

『고려사(高麗史)』 세계(世系)에는 이렇게 되어 있다.

고려의 선대는 사책이 없어 상세히 알 수 없다. 『태조실록(太祖實錄)』에는 즉위(卽位) 2년에 왕의 3대 조고를 추증하여 시조(始祖)는 원덕대왕(元德大王), 비(妣)는 정화왕후(貞和王后), 의조(懿祖)는 경강대왕(景康大王), 비(妣)는 원창왕후(元昌王后), 세조(世祖)는 위무대왕(威武大王), 비(妣)는 위숙왕후(威肅王后)라 하였다.

김관의(金寬毅)의 『편년통록(編年通錄)』에는 이렇게 되어 있다.

호경(虎景)이라고 하는 사람이 자칭 성골장군(聖骨將軍)이라 하고, 백두산(白頭山)으로부터 부소산(扶蘇山)에 이르러 장가를 들어 살고 있었다. 뒤에 평나산신(平那山神)과 부부(夫婦)가 되어 함께 숨어버리고 나타나지 않았다.

호경(虎景)이 옛 처를 잊지 못하고 밤마다 꿈처럼 와서 교합하여 아들을 낳았으니, 그가 바로 강충(康忠)이다. 강충이 두 아들을 낳아 막내아들을 보육(寶育)이라 하였는데, 그는 일찍이 곡령(鵠嶺)에 올라가 남쪽을 향하여 오줌을 누었더니, 삼한(三韓)의 산천이 은해(銀海)로 변하는 꿈을 꾸었다.

이튿날 그의 형 이제건(伊帝健)에게 말하였더니 이제건이,

"너는 큰 인물을 낳으리라." 하고, 그의 딸 덕주(德周)를 아내로 삼아 주어 뒤에 두 딸을 낳았다.

막내딸을 진의(辰義)라 하였는데, 아름답고 재주가 많았다. 나이가 겨우

15세 때 그의 언니가 오관산(五冠山)에 올라가 오줌을 누니, 오줌이 흘러 천하에 넘치는 꿈을 꾸었다. 깨어서 진의에게 이야기하였더니, 진의는 비단 치마로 그 꿈을 사자고 하였다. 언니는 진의의 청을 허락하였다. 진의는 언니에게 다시 꿈이야기를 하라 하고, 이것을 잡는 시늉을 하며 세 번 품에 안으니, 이윽고 몸이 무엇을 얻은 것처럼 움찍거리고 마음이 자못 든든해졌다.

마침 당나라 숙종(肅宗)이 잠저(潛邸)에 있을 때, 산천을 편력하다가 송악군(松嶽郡)에 이르러 보육의 집에 기숙하면서 그의 두 딸을 보고 기뻐하였다. 그리하여 그는 터진 옷을 꿰매 달라고 청하니, 보육은 중화(中華)의 귀인임을 알아차리고 마음으로 과연 술사(術士)의 말과 부합된다고 생각하여, 곧 장녀로 그 명에 응하게 하였다. 그녀는 문턱을 넘다가 코피를 흘리며 나오므로, 동생인 진의로 하여금 잠자리에 들게 하였다. 그는 한 달 동안 머물다가 그녀가 임신하였음을 알고 작별할 때 말하기를,

"나는 대당(大唐)의 귀존이다." 하고, 궁시(弓矢)를 주며 이르기를,

"아들을 낳거든 이것을 주라."

하였는데, 과연 아들을 낳아 작제건(作帝建)이라 하였다.

작제건은 서해(西海) 용녀(龍女)에게 장가들어, 아들 넷을 낳았는데 장남을 용건(龍建)이라 하였다가 뒤에 융(隆)으로 고쳤으며, 나중에 세조(世祖)로 추증되었다. — 중략 —

유형원(柳馨遠)은 이렇게 적었다.

삼국(三國) 시대의 일은 족히 논할 것이 없으나, 고려조(高麗朝)에 이르러는 볼 만한 것이 있다. 그러나 그 역시 허황함을 면치 못한다. 어찌 왕실(王室)을 추숭함에 대해 전설의 문란함이 이와 같을 수 있겠는가? 고려조의 군신(君臣)이 무턱대고 조상을 위조하여, 중국의 기롱을 받기까지 하니 부끄러운 일이다. 이 이유를 따진다면 대개 사람들의 마음이 무지한 데다가 불(佛)에 아첨하는 습속이 있어 그런 것이다. 위의 가르침이 없으면 그 피해는 이르지 않는 곳이 없는 것이다.

(혹은 왕씨[王氏] 원세[遠世]에 중국 귀인이 동방[東方]에 와 놀다가 이와 같은 일이 있었던 것을, 후인들이 그대로 숙종[肅宗]·선종[宣宗]에 기록한 것인지 자세히 알 수 없는 일이다. 이른바 진의[辰義]가 꿈을 산 것은 곧 신라[新羅] 태종왕[太宗王]의 비[妃]이며 김유신[金庾信]의 누이에 대한 사실이요, 곡령[鵠嶺]

에 올라 오줌을 누어 국중에 넘친 것은 곧 현종[顯宗]의 모[母]에 대한 사실인데, 후인들이 부회하여 만들어낸 것이 틀림없다.)

그러나 정인지(鄭麟趾)는 『고려사(高麗史)』를 지으면서 이와 같은 말을 취하여 전기(傳記)를 만들지 않았으니, 『삼국사기(三國史記)』에 비하여 조금은 취할 것이 있다.

익재 이제현이 『성원록(聖源錄)』을 인용하여 의조(懿祖)의 처(妻) 용녀(龍女)는 평주인(平州人)으로 두은점(豆恩坫) 각간(角干)의 딸이라고 하였다. 이를 근거한다면 대개 그 이름이 용녀인데, 허다한 괴설을 만들어내어 위의 모든 말과 그 어리석음이 동일하니 가소로운 일이다.

— 안정복, 「괴설변증(怪說辨證)」 『동사강목』 부록 상권

김관의(金寬毅)•의 『편년통록』에는 진의가 인연을 맺은 사람이 당나라의 황족으로 당(唐) 숙종(肅宗)으로 나오고 있으나, 숙종은 한 번도 멀리 나간 적이 없다고 하기에, 1317년(충숙왕 4) 민지(閔漬)가 저술한 고려왕조에 관한 역사책인 『편년강목(編年綱目: 일명 '본조편년강목(本朝編年綱目)'』에는 선종(宣宗)의 일이라고 나오고 있다.

유형원(柳馨遠)은 "고려조의 군신(君臣)이 무턱대고 조상을 위조하여 중국의 기롱을 받기까지 하니 부끄러운 일이다."라고 신랄하게 비판하고 있으며, 신성시하기 위하여 후세 사람들이 억지로 끌어다가 거짓으로 이야기를 꾸며낸 것이 틀림없다고 단정 짓고 있음을 알 수 있다.

앞 장에서 지어낸 거짓 꿈이야기에 대해 언급하였지만, 왕건의 가계가 중국의 황족으로부터 연원되었다는 거짓 꿈이야기가 고려 건국에 있어 민심 안정 및 수습책의 일환으로 이용되었다고 보아야 할 것이다.

• 김관의(金寬毅)

생몰년 미상. 고려 중기의 학자. 문서들을 수집, 정리하여 의종 때 『편년통록(編年通錄)』을 저술하였다. 현재 전해지지 않으나, 이 책을 인용한 고려의 개국 전설 등에 관한 기사가 『고려사』 「고려세계(高麗世系)」에 실려 있다.

아울러 삼국유사에 보이는 신라의 문희·보희 매몽 설화 및 신라의 거타지 설화가 그대로 원용되어, 진의와 작제건을 신성시하고 하늘의 뜻에 의한 것으로 고려 건국을 정당화하고 있음을 볼 수 있다.

〈 용건의 꿈에 본 여인이 생시로 나타나다 〉

작제건이 용왕의 부탁으로 늙은 여우를 죽인 후 소원을 들어주겠다는 용왕의 말에 동쪽 삼한 땅의 임금이 되기를 원하자, 용왕이 말하기를 "그대의 자손이 건(建) 자를 삼대까지 물려간 후에 반드시 이루어질 것이오. 다른 소원을 말하시오."라고 했다. 이에 용녀에게 장가 들었다. 용녀는 후일 고려 건국후 원창왕후로 추존되었다.

원창왕후는 네 명의 아들을 낳았다. 그 맏아들은 용건이라 불렀는데, 그가 바로 고려 세조였다. 용건은 체격이 장대하고 아름다운 수염을 가지고 있었으며, 또한 도량이 넓었으며 일찍부터 삼한 통일의 큰 뜻을 품고 있었다.

어느 날 밤 그는 한 미인을 만나 백년 언약을 맺는 꿈을 꾼 일이 있었다. 후에 송악에서 영안성으로 가는 길가에서 한 여인을 만났는데, 그 모습이 꿈속에서 본 여자와 같았다. 그래서 그는 이 여자와 백년가약을 맺었다. 그런데 그 여자가 어디서 왔는지 아는 사람이 없었으므로, 세상 사람들은 그를 몽부인(夢夫人)이라 불렀다.

혹은 그가 삼한의 어머니가 되었기 때문에 그 성을 한씨(韓氏)라 하였다고 하는데, 이 몽부인이 바로 훗날의 위숙왕후인 것이다. 그 후 도선의 도움으로 도선이 일러주는 곳에 집을 짓고 살게 되었는데, 그로부터 위숙황후에게 태기가 있어 왕건을 낳았다.

—『고려사』

용건이 꿈속에서 만난 여인과 인연을 맺어 왕건을 낳게 되었다는 꿈이야기를 통하여, 왕건의 출생에 천명에 의한 신성성을 부여하고 고려 건국이 하늘의 뜻에 의하여 이루어졌다는 정당성을 주장하고 있다.

2) 조선의 건국 관련 꿈이야기

꿈을 이용하여 고려 건국이 하늘의 뜻이었음을 정당화한 것에서 알 수 있듯이, 조선 건국에 있어서도 마찬가지로 민중이 꿈을 신성하게 여기는 것을 이용하여 건국을 정당화하고 합리화하고자 지어낸 거짓 꿈이야기가 있을 수 있다.

『용비어천가』에서도 태조 이성계 및 태종 이방원 외에 4대조 조상인 목조(穆祖)·익조(翼祖)·도조(度祖)·환조(桓祖)를 끌어다가 육룡(六龍)으로 미화시켜, 중국 왕조의 여러 시조가 건국 과정에서 처했던 일에 빗대어, 역성혁명을 일으켜 조선을 새롭게 건국한 것이 천명(天命)에 의한 것임을 주장하고 있다.

목조(穆祖)에 관련된 꿈이야기를 살펴본다.

〈목조에게 나타난 황룡의 계시〉

일찍이 목조(穆祖)가 전주(全州)에 살 때 사랑하는 관기(官妓)가 있었는데, 관찰사가 그녀에게 수청을 들게 하였다. 밤이 되어 목조는 곧장 객관 서쪽 채 방으로 그 기생을 나오라 하였다. 그 기생은 다리를 떨면서 일어났다.

관찰사가 크게 노하여 급히 소리쳐 종자를 부르면서,

"도둑이 문밖에 왔으니, 빨리 잡아들이도록 하라."

이에 목조는 장막 속으로 곧장 들어가 칼로 관찰사를 찌르고, 그 기생을 안고 말을 채찍질하여 나왔다. 밤에 백여 리를 달려가다가, 그 길로 영북(嶺北)으로 갔다.

처음에는 덕원(德源)에 살다가 뒤에 경흥(慶興)으로 가서 살았다. 말타기와 활쏘기를 잘하고 사냥을 좋아하니, 오랑캐들이 두려워하였다.

어느 날 밤 어떤 사람이 꿈에 나타나 말하기를,

"나는 바로 아무 못의 용입니다. 아무 못의 용이 내가 사는 못을 빼앗고자 하여 내일 만나 싸우기로 했는데, 그가 강해서 내가 이기지 못할까 걱정이니, 부탁건대 그대는 나를 구하여 주시오."

"무엇으로써 구별할 수 있겠습니까."

"그는 희고, 나는 누른빛이므로 분별할 수 있습니다."

하니, 목조는 허락하고 다음 날 아침 일찍이 활을 들고 갔다. 갑자기 못물이 끓어오르고 물결이 용솟음치기 시작하더니, 황·백 두 용이 서로 얽혀서 물 위에 엎치락뒤치락하였다. 목조는 화살로 흰 놈을 맞히니, 못물이 새빨개지고 백룡이 도망갔다. 이날 밤에 또 꿈에 와 고하기를,

"당신의 도움에 힘입어 생명을 보전했으니, 앞날에 꼭 두터운 갚음이 있을 것이요. 자손 때에 가서 보게 될 것입니다." 하였다.

—『오산설림초고』

『오산설림초고』에는 이렇게 미화적인 이야기가 유난히 많이 실려 있다. 후일 4대 자손인 이성계가 조선을 건국하는 데 있어서, 신인(神人)의 예지가 있었음을 보여줌으로써 조선 건국에 정당성을 부여하고, 이성계가 하늘의 뜻을 이어받은 신성한 인물임을 내세우고 있다. 이렇게 계시적인 성격의 꿈가운데는 정치적인 목적을 달성하거나 민심 안정 등을 위해 거짓으로 지어낸 꿈이 있을 수 있다. 또한 이 이야기는 『조선왕조실록』 태조 총서 〔원전〕 1집 2쪽에 「조선 개창을 암시하는 도조의 꿈」으로 실려 있다.

이야기 앞부분을 냉철히 살펴볼 때, 잘못은 목조(穆祖)에게 있다. 관찰사의 직분으로 당시에 관기로 하여금 수청을 들게 하는 것은 정당하다. 그러나 목조는 그러한 사실을 망각한 채, 자신이 좋아하던 관기를 빼앗긴 분함을 못 이겨, 자신이 좋아하는 기생과 잠자리를 같이 하고자 했던 상관인 관찰사를 칼로 찔러 죽이고 도망을 친다. 즉 이성계의 4대조 선조인 목조(穆祖)는 살인자요, 그로 인한 국외도피자에 불과하다.

이성계의 본관은 원래 전주 이씨로, 함흥차사(咸興差使)라는 말이 유래한 함흥까지 가서 살게 된 이유가 여기에 있다. 이성계의 4대조인 목조(穆祖)는 살인을 저지르고 동해안을 따라 도망쳐 올라가다가 함경도 이북의 여진족 틈바구니에 가서 살게 된다. 이에 여진족이 못살게 굴자, 조금씩 내려와 이성계의 부친인 환조 이자춘(李子春) 때에 이르러 함흥에 정착하게 된다. 여기에서 이성계는 무용(武勇)과 지략이 뛰어나 오랑캐와 왜구 토벌에 공을 세우게 되고, 점차로 세력을 확대해 나가게 된다. 그리하여 중국이 원나라와 명나라의 교체로 혼란한 상황에서 요동 정벌의 명을 받게 되나, 이성계(李成桂)는 사불가론(四不可論)을 내세워 위화도 회군으로 정적(政敵)을 죽이고 새롭게 조선을 건국하기에 이른다.

따지고 보면, 4대조 조상인 목조(穆祖)때부터 정당치 못한 살인 행위를 한 국외도피자의 후손으로, 자신의 정권욕을 위해 요동 정벌의 명을 거역하고 반기를 들어 조선을 건국했다. 이러한 조선 건국의 정당성과 합리화를 위해서, 『용비어천가』에서는 중국에서의 나라를 건국한 시조와 육룡(六龍), 즉 이성계의 4대 조상인 목조(穆祖)·익조(翼祖)·도조(度祖)·환조(桓祖) 및 태조 이성계와 태종 이방원의 행적을 빗대어서, 조선 건국이 하늘의 뜻이었다고 정당성을 주장하고 있으며, 심지어 위화도 회군을 찬양한 「정동방곡(靖東方曲)」의 악장으로 미화시키고 있다.

오늘날 중국이 동북공정 등을 내세워 역사를 왜곡하는 등 자신의 땅에 대한 애착을 지니고 있어, 한 치의 땅이라도 쉽사리 얻을 수 없는 상황에서, 고려 말에 있었던 이성계의 위화도 회군은 우리 민족사에 너무도 뼈아픈 실책이 아닐 수 없다. 물론 이성계의 위화도 회군에 대한 진정한 평가는 누구도 내릴 수 없는 일이지만, 오늘날의 우리 현실에서 보자면, 천추의 한이 되는 사건일 것이다.

오늘날 『삼국지』 등의 책을 읽어보면 알지만, 요동 지역 만주 등의 땅에 대한 이야기는 한 줄도 나오지 않는다. 즉, 고려 말 당시에 요동 지역이나 만주 지역은 중국 민족에게 버려진 땅이나 다름없는 소외된 지역이었다. 우리가 조금만이라도 신경을 써서 그 땅에 대한 지배권을 확보했더라면, 그 뒤의 역사는 달라졌을 것이다. 이성계가 정변을 일으켰더라도, 요동 정벌이나 성공적으로 한 후에 했더라면 하는 아쉬움도 남는다.

조선조 선조 때에 이율곡은 왜적의 침입에 대비하여 10만 양병설을 주장하였다. 올바른 주장인 줄 알지만, 그 당시 단 1만의 병사라도 양성할 만한 국력이 뒷받침되지 못했다. 군사들을 먹이고 입힐 재원을 한정된 국토와 인구에서 마련해낼 수 없었던 비통한 현실이었던 것이다.

역사에 가정이란 없지만, 허구의 세계인 소설에서 '대체 역사'라고 있다. 복거일의 『비명(碑銘)을 찾아서』라는 소설 작품은 '지금도 일본의 지배하에 있다면 어떤 일이 벌어졌을까?'라는 가정하에 이야기를 전개한다.

필자 또한 그 당시 요동 정벌이 이루어져서 우리의 국토가 더 넓어졌다면 어땠을까에 대해 이야기해 보고 싶다. 넓은 만주벌판에서의 소출로 곡식 생산량이 많아지고, 당연히 백성들의 숫자도 많아졌을 것이다. 국력의 기반은 국토와 인구수에 비례한다. 넓은 국토, 많은 백성이 부강한 나라의 전제조건이라고 할 수 있다. 우리가 강한 나라가 되었더라면, 역사적 가정이지만 10만 아니 20만 양병을 했었을 것이고, 당연히 임진왜란이나 병자호란 등의 전란도 없었을지 모르며, 나아가 경술국치로 나라를 일본에 빼앗기는 아픔을 겪지 않았을지도 모른다.

오늘날 우리가 일본을 이기고자 하지만, 우리 국토는 남북한을 합쳐도 일본보다 작으며, 인구수 또한 남북한을 합쳐 보아야 7천4백만으로 일본의 1억2천7백만보다 적다. 남한만 본다면 5천만으로 더더욱 열세다. 따라서 우리의 경제 구조는 수출을 하지 않으면, 국내 소비만으로 원활하게 돌아갈 여건이 되지 않는다. 삼성전자와 현대·기아차 등에서 많은 수출품을 만들어내고 있지만, 수출을 하지 못하는 상황이 온다면, 나라가 무너져 내리는 상황이 전개될 수 있다. 최소한 인구수가 1억 명을 넘어야 자급자족의 경제적 토대가 마련된다고 볼 수 있다. 좋은 책을 출간하고자 해도, 책을 읽는 독자층이 적어서 사장되는 오늘날의 출판계 현실도 궁극적으로는 인구수의 부족에 의한 것이라고 할 수 있다.

『경복궁이 불타다』 출간을 준비하면서, 아니 평소에 우리 조선조 역사를 보면서 가슴 치밀어 오르는 분통을 참을 수가 없었다. 극단적인 말이지만, 조선 왕조가 잘한 것은 세종대왕의 한글 창제를 제외하면 거의 없는 것 같다. 위정자가 정치를 잘하지 못하였기에, 임진왜란 때는 제대로 대응을 하지 못했고, 선조는 몽진(蒙塵)을 떠나게 되었으며, 분노한 백성들이 경복궁에 불을 지르고 국운이 풍전등화의 위기에 놓여 수많은 민초들이 고통을 겪게 되었다. 그러고도 정신을 차리지 못하고 국력을 키우지 못하여, 병자호란 때는 수많은 백성이 볼모로 잡혀가는 등 시련을 겪었다.

박지원의 「허생전」에도 나오지만, 말로만 북벌(北伐)이었지 민생을 도외시하고, 진정한 국력배양은 그 후로도 이루어지지 않았다.

정약용의 「애절양(哀絶陽)」이란 사회시의 내용은 백성이 자신의 양물(성기)을 잘라야만 했던 비참한 정황을 사실적으로 노래하면서 학정을 비판하고 있다. 갓 태어난 아이와 이미 죽은 아버지의 군포세를 내지 않는다고 하여 아끼던 소를 강제로 빼앗아 끌어가게 되자, 이에 이러한 것이 아이를 낳은 데 있다고 격분한 백성이 자신의 성기를 칼로 잘라내고, 아내가 그 잘린 성기를 들고 관청에 찾아가 소를 돌려달라고 하지만 쫓겨났다는 실제로 있었던 일을 노래하고 있다.

이러한 사례에서 알 수 있듯이 조선 후기로 갈수록 당쟁과 외척의 발호로 나라의 힘은 미약해져, 급기야 병자수호조약 이래 일제의 침탈로 나라를 빼앗기는 경술국치 상황에 이르러 수많은 피해와 고통을 겪었다.

독자들은 알고 있는가? 임진왜란(정유재란) 때 왜적을 피해 일가족이 배를 타고 피난하다가, 뱃길을 잃고 헤매던 중에 왜적의 배를 만나게 되자, 부녀자들이 왜적의 겁탈을 피하고자 바닷물에 몸을 던졌던, 아니 핏덩이 같은 갓난아이를 가슴에 안고 바닷물에 몸을 던지지 않을 수 없었던 뼈저린 아픔을……. 한 나라의 국모로서 내 나라 내 궁궐에서 일본의 낭인들에게 비참하게 죽어간 명성황후의 통탄할 한(恨)을 알고 있는가? '여우사냥'이라는 암호명, 국부검사 운운의 치욕적인 말들을…….

이 모든 것이 우리의 국력이 미약한 결과에서 비롯되었으며, 진정한 국력은 외적으로는 국토의 면적과 인구수에 비례하는 것이 일반적이다. 물론 이스라엘 민족의 예에서 볼 수 있듯이, 내적으로 그 민족의 단결력과 정신력에 기인하기도 한다. 우리가 힘이 있다면, 저 일본이 독도가 자기네 땅이라는 말을 감히 할 수 없으며, 신사참배 역시 하지 못할 것이다.

진정한 국력은 武(무)에서 나온다. 武(무)란 한자는 '止(그칠 지) + 戈(창 과)'의 한자(漢字)로 이루어진 회의(會意) 자다. 즉, 진정한 武(무)란 戈(창 과)의 뜻에서 무기·전쟁의 뜻으로 나아가서, '전쟁〔戈〕을 멈추게〔止〕 하는 것'임을 한자의 자원(字源)을 통해서 알 수 있다.

따라서 우리 역사의 가장 통탄하고 비극적 사건이 이성계의 위화도 회군이었다고 말하는 것이 필자만의 생각이 아니기를 바란다.

〈 의주에서 도조(度祖)인 이선래를 낳다 〉

이곳에 거주한 지 수년(數年) 만에 아들이 없으므로, 최씨(崔氏)와 함께 낙산(洛山)의 관음굴(觀音窟)에 기도했더니, 밤의 꿈에 한 승복(僧服)을 입은 중이 와서 고(告)하기를,

"반드시 귀한 아들을 낳을 것이니, 마땅히 이름은 선래(善來)라고 하십시오."

하였다. 얼마 안 가서 아이를 배어 과연 의주(宜州)에서 아들을 낳았으므로, 마침내 이름을 선래(善來)라고 했으니, 이 분이 도조(度祖)이다.

관음굴(觀音窟)은 지금 강원도(江原道) 양양부(襄陽府)에 있다.

—『조선왕조실록』 태조 총서 [원전] 1집, 2쪽

꿈에 도조(度祖)의 출생과 이름을 계시받았다는 이야기를 통해, 신성시하고 있다.

〈 태조가 잠저에 있을 당시 여러 가지 개국의 조짐이 나타나다 〉

임금이 잠저(潛邸)에 있을 때, 꿈에 신인(神人)이 금자[金尺]를 가지고 하늘에서 내려와 주면서 말하기를,

"시중(侍中) 경복흥(慶復興)은 청렴하기는 하나 이미 늙었으며, 도통(都

統) 최영(崔瑩)은 강직하기는 하나 조금 고지식하니, 이것을 가지고 나라를 바르게 할 사람은 공(公)이 아니고 누구이겠는가?" 하였다.

— 태조 1년(1392) 7월 17일 『조선왕조실록』[원전] 1집, 20쪽

이와 유사한 이야기가 『신증동국여지승람』 제11권 「경기(京畿) 양주목(楊州牧)」에도 나오며, 정도전(鄭道傳)의 『삼봉집』 제2권 「몽금척 악장」, 『조선왕조실록』 태조 2년(1393) 7월 26일 「정도전이 몽금척·수보록·납씨곡·궁수분곡·정동방곡 등의 악장을 지어 바치다」에도 보이고 있다.

중국의 진시황이 천하를 통일하고 길이를 재는 자[尺]나 무게를 재는 단위 등의 도량형을 통일하여 표준화함으로써, 경제 안정을 통한 국가 통치의 방안으로 실행한 데서 알 수 있듯이, 이성계가 신인(神人)으로부터 황금으로 된 자[尺]를 받았다는 계시적인 꿈이야기를 통해, 국가의 기반을 새롭게 확립하는 조선조 건국의 천명(天命)을 정당화하고 있다.

〈 태조에게 도읍지를 계시 〉

처음에 태조가 계룡산 밑에서 자리를 잡고 역사(役事)를 시작했는데, 꿈에 한 신인(神人)이 "이곳은 奠邑(破字하면 鄭[정]씨가 됨)의 도읍 자리지, 그대의 터가 아니니 빨리 물러가고 머물러 있지 말라." 하였다. 이에 태조는 곧 철거하고 도읍지를 한양에 옮겼다.

고려조 때 도선의 비기(秘記)에

"왕씨를 대신할 자는 이씨요, 한양에 도읍할 것이라"는 말이 있다. 그래서 고려조에서 한양에다 오얏을 심고 오얏 나무가 무성해지기가 무섭게 베어 내어 그 기운을 억눌렀던 것인데, 이때에 와서 과연 맞았다. 놀랍다.

> 명나라의 요소사, 고려의 도선은 한 중의 몸으로 대업을 은밀히 도와준 공이 있으니 하늘에서 보내준 것이 아니겠는가.
>
> —『순오지(旬五志)』, <개국정도(開國定都)>「태조조(太祖朝) 고사본말(故事本末)」『연려실기술』 권1

한양(漢陽) 땅이 신인(神人)이 도읍을 정해준 신성한 곳이라는 정당성을 부여하고 있다.

2. 매몽(賣夢)

매몽(賣夢)은 꿈을 사고파는 것을 말한다. 이러한 경우, 꿈을 꾼 사람은 자신에게 실현될 꿈을 꾼 것이 아니라, 동생 등 주변 인물에게 일어날 일을 대신 꿔준 것에 불과하다. 예를 들어, 시어머니가 태몽을 꾸었다고 해서 다 늙은 사람이 아기를 낳는 일이 일어날 수는 없는 것이다. 즉, 시어머니는 며느리의 태몽을 대신 꿔준 것에 불과하다. 다만 현실에서 매몽 절차를 거치는 것일 뿐이다.

이러한 매몽이 생긴 이유는 사람마다 꿈꾸는 능력에 차이를 보이고 있기 때문이다. 정신능력 활동이 활발한 사람은 자신뿐만 아니라, 주변 인물 나아가 국가적·사회적인 사건까지 꿈으로 예지하기도 한다.

어느 노처녀는 정초의 꿈에 손가락이 네 개 잘려나가는 흉몽을 꾸었다. 그리고 그 꿈은 그해 그녀의 직장에서 다른 해와 달리 유난히 4건의 교통사고가 일어나는 일로 이루어졌다.

〈 언니에게 꿈을 산 후에 왕후가 되다 〉

신라 제29대 태종대왕은 김춘추(金春秋)다. 왕의 비는 문명황후(文明皇后) 문희이니, 바로 김유신 공의 손아래 누이다. 왕이 문희를 부인으로 맞아들이기 전의 일이다. 문희의 언니 보희는 어느 날 밤 서악(西岳)에 올라가 방뇨를 했더니, 온 서울에 오줌이 그득히 차오른 꿈을 꾸었다.

아침에 일어나 동생 문희에게 그 꿈 얘기를 했더니, 문희는 "내가 그 꿈을 사겠다"고 말했다. 언니는 "무엇을 주겠느냐?"고 물었다. "비단치마면 되겠지?"라고 동생은 말했다. 언니는 좋다고 승낙했다. 문희는 언니 보희 쪽을 향해 옷깃을 벌리고 꿈을 받아들일 자세를 취했다. 보희는, "지난밤의 꿈을 너에게 넘겨준다"고 외쳤다. 동생 문희는 비단치마로 꿈값을 치렀다.

문희가 언니 보희에게서 꿈을 사고 난 뒤 열흘쯤 되는 정월 보름날이다. 문희의 오라버니 유신은 바로 자기 집 앞에서 춘추와 함께 축국(蹴鞠)을 하고 놀았다. 유신은 짐짓 춘추의 옷을 밟아 그 옷고름을 떨어뜨려 놓고는 자기 집에 들어가 꿰매도록 하자고 청했다. 춘추는 유신의 청에 따라 그의 집으로 들어갔다. 유신은 그 누이인 보희에게 춘추의 옷고름을 꿰매 주라고 말했다. 보희는, "어찌 그런 사소한 일로 귀공자를 가까이하겠는가?"라며 사양했다(古本에는 보희가 병으로 나오지 못했다고 했음). 그러자 유신은 문희를 시켜 춘추의 옷고름을 달아 주게 했다. 춘추는 유신의 그 의도를 알아채고, 마침내 문희와 상관했다. 후에 문희가 임신하자 장차 불태워 죽인다고 하면서 소문을 내어, 마침내 김춘추와 결혼케 하였다.

—『삼국유사』

널리 알려진 매몽 꿈이야기로, 장차 일어날 일을 상징적인 미래예지 꿈으로 보여주고 있다.

오줌을 눈 것이 온 서울에 그득히 차오른 꿈은 오줌으로 상징된 권세나 자신의 영향력을 크게 떨쳐 세상을 뒤덮는다는 것을 상징적으로 보여주고 있다.

오줌뿐만이 아니라, 물이나 나무의 가지나 잎 등이 세상을 덮는 꿈이나 넘치는 꿈 역시 좋은 꿈으로 장차 영향력을 크게 떨치게 될 것을 예지해주고 있다.

예를 들어, 중국의 고승인 지엄이 신라의 의상대사가 찾아오기 전날에 꾼 꿈이다. 한 그루의 큰 나무가 해동에서 생겨나 가지와 잎이 널리 퍼져 중국까지 덮는 꿈을 꾼 후에, 신라에서 귀한 인물이 올 것을 예지하고 의상대사를 귀하게 맞이하고 있다(『삼국유사』제4권 「의해〔義解〕」 제5).

다음의 이야기는 한층 흥미 있다. 결과적으로 강제로 매몽한 셈이 된 이야기다.

〈 뱀이 올라가다가 떨어진 꿈 〉

병자년 과거 시험이 다가와서 어함종(魚咸從)은 다섯 사람과 더불어 관방에서 독서하였다. 유조(兪造)가 잠을 깨어 말하기를, "간밤의 꿈이 반은 길하고, 반은 흉하다." 하였다.

어함종이 그 까닭을 물었다. 유조가 대답하기를, "뱀 다섯 마리가 방 안에서 하늘로 올라가다가, 뱀 한 마리는 반공에서 떨어졌다." 하니,

어함종이 말하기를, "우리들이 학업을 힘써 게을리하지 않는 것은, 다섯 사람이 모두 잘되고자 한 것인데, 그대는 어찌 상서롭지 못한 말을 하느냐. 그대는 마땅히 '땅에 떨어진 것은 나다.'라고 크게 소리 지르라." 하니, 유조가 드디어 크게 외쳤다.

어함종이 말하기를, "어찌 범연(泛然)히 나라고만 부르느냐." 하니, 이에 부득이 다시, "땅에 떨어진 것은 유조다."라고 다시 외쳤다.

이듬해 네 사람은 급제하여 그 뒤에 모두 대신이 되고 빛나는 공적이 겸하여 나타났으나, 유조만 홀로 만년까지 어렵게 살았으며 명관을 차지하는 데도 나아가지 못하였다.

—『용재총화』 제6권

꿈속에서 전개되는 숫자 표상은 현실에서 일치된다. 다섯 마리 뱀의 승천 중 하나가 떨어지는 상징적 미래 예지 꿈은 현실에서는 강압에 못 이겨 다섯 마리의 용 중에서 떨어지는 용이 바로 자신이라고 말한 유조만이 벼슬길에 좌절되는 것으로 실현되고 있다.

어함종의 사람됨에 대해서는 다음 인용글 앞부분에 흉악무도(凶惡無道)한 사람으로 소개되어 있는 바, 유조가 강권에 마지못해 '땅에 떨어진 뱀은 유조다.'라고 말했음을 알 수 있다.

> 어함종(魚咸從)이 젊었을 때 힘이 뛰어나게 세어, 그의 동생 아성(牙城)과 함께 무리를 모아 동네를 횡행하면서 날마다 닭을 잡아 손으로 쳐 죽이는 것으로 일삼았는데, 광천(廣川)·광원(廣原)·청릉(淸陵)·현보(賢甫) 등은 모두 이름난 선비이지만, 그 위세를 두려워하여 감히 저항하지 못하였다. 일찍이 관(館)에 있을 때 대개 먹을 것이 생기면 반드시 빼앗아 혼자 먹어버리고, 관방이 차가우면 무리로 하여금 먼저 자리를 깔고 차례로 이불을 따뜻하게 한 뒤에 알몸으로 들어가 잤다. 온몸에 부스럼이나 옴이 난 사람을 보면, 어함종은 한 사람을 시켜 부스럼 딱지를 떼어내어 떡에 싸서 먹게 하니, 부스럼 딱지를 뜯기는 사람은 아파서 울고 먹은 사람은 토하고 재채기를 하니, 어함종은 손뼉을 치며 크게 웃었다.
>
> —『용재총화』 제6권

어세겸(魚世謙: 1430〔세종 12〕~1500〔연산군 6〕)은 조선 전기의 문신이다. 1469년(예종 1)에는 강순(康純)·남이(南怡)의 역모에 관한 옥사(獄事)를 처리한 공으로 함종군(咸從君)에 봉해졌고, 1488년 말에는 홍문관 대제학이 되었다. 이처럼 함종군(咸從君)에 봉해지고 홍문관 대제학이 되는 등 어세겸의 순조로운 벼슬길에 반하여, 유조는 한직의 벼슬을 하고 있으며, 1478년(성종 9, 무술)에는 오히려 죄를 지어 장(杖)

1백 대를 구형받고 조정에서 내리던 벼슬아치의 임명장인 직첩(職牒)을 빼앗기고 있다(「의금부에서 전 예조 정랑 이병규 등의 죄목과 처벌을 고하다」 1478〔성종 9〕 9월 10일 『조선왕조실록』).

〈 수양버들이 휘늘어진 꿈 〉

최한공(崔漢公)의 본관은 금산(金山)으로 자는 태보(台甫)이다. 세조 5년 봄에 여러 학우들과 더불어 향시(鄕試)에 응하였는데, 말 위에서 문득 수양버들이 요요히 말머리에 휘늘어지는 꿈을 꾸었다. 깨어서 이상히 여겨 동행자에게 말하니, 그 학우가 "수양버들의 형상은 꼭 靑蓋(청개: 왕족이 타는 수레의 푸른 뚜껑) 같으니, 너의 꿈은 심히 기이하다. 내가 그 꿈을 사겠다." 했다. 최 선생은 "길한 조짐이 이미 정하여졌는데, 어찌 가히 팔 수 있겠는가?" 하였더니, 드디어 향시에서 합격하고 과연 대과에 급제하였다.

—『소문쇄록』, <최한공(崔漢公)> 「본조(本朝)」 『해동잡록』 1, 『대동야승』 제19

조선 전기의 문신인 최한공(崔漢公: 1423〔세종 5〕~1499〔연산군 5〕)은 '말 위에서 수양버들이 요요히 말머리에 휘늘어지는 꿈'을 꾸었는데 학우에게 매몽을 거절하고, 1459년(세조 5) 식년 문과에 정과로 급제하고 있다.

이 경우, 가정이지만 현실에서 매몽을 하는 경우에는 본인의 꿈이 아닌 학우의 꿈을 대신 꿔준 것으로 실현되어, 꿈을 산 학우가 급제하는 일로 이루어지는 것이 일반적인 사례다.

이 밖에, 구비 전승되어 오는 매몽 급제에 얽힌 이야기를 참고로 살펴본다.

* 할아버지의 꿈에 집 뒤뜰 담장 밑 옹달샘에서 작은 용 한 마리가 하늘로 오르는 것을 본 후에, 큰손자에게 물을 떠 마시라고 했으나 거절했고, 시킨 대로 물을 마신 작은 손자가 급제하고 있다.

* 술독에서 용이 올라가는 꿈을 꾼 주모가 선비들에게 직접 떠 마시라고 함으로써, 자신의 수고로움을 마다하지 않고 직접 술을 떠 마신 선비가 용꿈을 물려받고 급제하게 된다.

3. 파자 해몽(破字解夢)

파자 해몽(破字解夢)은 꿈을 해몽하는 데 있어 한자를 깨뜨리거나 합쳐서 살펴보는 문자유희인 파자(破字)의 원리를 활용하여 살펴보는 것이다. 이 경우 한자를 분합(分合)하거나 한자음의 유사성을 이용하여 풀이하는 등 다양하다. 파자(破字)에 관한 자세한 내용은 2012년 출간한 필자의 『한자와 파자(어문학사)』를 참고하기 바란다.

파자의 쉬운 예로, 十八子 왕위설을 들 수 있다. 十八子의 파자를 합쳐보면 '李' 자가 되는 바, 고려 때부터 '李'씨 성을 지닌 사람이 왕위에 오르게 된다는 참설이 널리 퍼져 있었으며, 이의민이나 이자겸(李資謙)이 이를 믿고 왕위를 넘보는 일로 이루어지고 있다.

파자 해몽의 예로, 이성계가 빈집에 들어가 서까래 세 개를 짊어지고 나온 꿈의 경우에, 서까래 세 개는 '三'의 모양이 되고, 짊어진 것을 'ㅣ'으로 형상화하여 보면, '王' 자의 한자가 나오는 바, 장차 왕이 된다는 예지로 해몽한 경우다.

이러한 파자 해몽은 한자의 파자(破字) 풀이에 어느 정도 지식이 있어야 알 수 있는 것으로, 파자 해몽의 꿈이야기 속에는 지적인 희열을 맛볼 수 있는 재미있는 꿈이야기가 상당수 보이고 있다.

〈 배필이 될 여인을 꿈으로 예지 〉 — 계시적 미래 예지 꿈

서관(西關) 영변 땅에 한 정숙한 여자가 있으되 성은 吉(길)씨이니, 그 아비는 본부(本府) 향관(鄕官)이요, 吉女(길녀)는 서녀(庶女)이라. 부모가 다 돌아가시니 그 친척에게 의지하여, 나이 이십이 되었으나 시집가지 못하고, 베 짜기와 바느질로 스스로 생계를 꾸려 나갔다.

이보다 앞서 경기 인천 땅에 신명희(申命熙)라 하는 사람이 있었다. 나이 젊었을 때 꿈을 꾸었는데, 한 늙은이가 계집아이 하나를 데리고 나타났는데, 나이는 5~6세 정도 되었으나, 흉측하게도 얼굴에 입이 열한 개 있는 기이하고 괴상한 생김이었다. 늙은이가 일러 가로되, "이 아이는 훗날 그대 배필이 될 것이니, 마땅히 그대와 더불어 백년해로하게 될 것이도다." 하거늘 놀라 깨달으니 꿈이었다. 깨어 심히 괴이하게 여겼다.

그 후에 혼인을 하게 되었으나, 나이 사십에 아내를 잃고 살림을 맡을 사람이 없게 되어, 처량한 마음에 별실이나 얻고 싶었으나 매양 뜻대로 되지 않았다. 마침 이때에 친구가 있어, 영변원(寧邊員)을 하고 있었기에 찾아가 일을 도와주며 지내게 되었다.

하루는 또 꿈을 꾸었는데, 오래전에 꿈속에 나타났던 늙은이가 '입이 열한 개 달린 계집'을 데리고 또 나타났는데, 나이가 이미 장성한지라. 늙은이가 말하기를 "이 아이가 장성하였으니, 이제 그대에게 가리라." 하니, 깨어나 더욱 괴이히 여기었다.

마침 내아(內衙: 지방 관아의 안채)에서 아전에게 명하여 "곱게 짠 삼베를 무역하여 들이라" 하니, 이방이 말하기를 "여기 향인의 처녀가 있어 세포를 잘 짜니 가장 상품이라. 경내에 유명합니다." 하고 이윽고 그 베를 들이거늘, 과연 정밀하고 가늘어 세상에 드물었다.

선생이 그 짠 것을 보니, 그 여인의 사람됨을 가히 알 것 같았다. 문득 이러한 여자와 續絃(속현: 아내를 여읜 뒤 새 아내를 얻음)하면 좋겠다는 마음을 먹고, 처녀의 집과 절친한 자를 후히 사귀어 중매하게 하니, 처녀의 종부(從父: 백부, 숙부)가 기꺼이 듣거늘, 즉시 폐백을 보내었다.

여자가 한갓 재질만 정묘할 뿐이 아니라, 안색이 심히 아름답고 행동거지가 조용하고 품위가 있었다. 꿈속에 나타났던 여자가 흉측하게 '입이 열 한 개'이었던 바, 여자의 성씨가 길(吉)씨인 것을 알게 되자, 파자 해몽으로 吉(길할 길: 十 + 一 + 口)자는 '열 한 개의 입'의 성씨로 풀이되는 것을 알고, 하늘이 맺어준 인연임을 알고 감동하여 애정의 두터움이 더욱 친밀하였다.

머무른 지 두어 달에 본관에게 하직하고 고향에 돌아갈 때, 길씨 녀의 집에 가서 오래지 않아 데려감을 약속하고 돌아왔다. 하지만 돌아오니 일이 번잡하여 어느 사이에 삼 년이 되도록 그 약속을 시행치 못하니, 서울과 영변읍이 멀고 또한 편지 또한 끊어지게 되었다.

이렇게 되자 길씨 녀의 친척들이 이르되, "신명희(申命熙)를 가히 믿지 못하리라." 하여, 몰래 다른 곳으로 시집을 보내려 하였으나, 길씨 녀가 짐작하고 절개와 지조를 더욱 독실하게 하고, 비록 집 안에 있는 뜰의 출입이라도 반드시 조심하였다. 이에 꾀를 내어 길씨 녀로 하여금 강제로 고을 원에게 바치게 하였으나, 길씨 녀는 온갖 회유와 위협에도 끝까지 정절을 지켜, 신명희를 다시 만나 행복한 생을 마치었다.

―『청구야담(靑邱野談)』 상

『청구야담』에 실려 있는 내용을 간추려 살펴보았다. 꿈의 내용은 계시적 미래 예지 꿈으로, '입이 열한 개 달린 여아가 배필이 될 것'이라는 꿈의 계시가, 파자 해몽으로 길(吉= '十'+'一'+'口')씨 성을 지닌 처녀를 맞이하는 일로 이루어지고 있다.

또한 이렇게 노인이 꿈에 다시 나타난 것처럼, 꿈이 반복적으로 또는 진행적으로 이루어지는 사례가 있다. 이는 그만큼 꿈으로 예지된 장차 일어날 일이 절대적으로 중대한 일이며, 점차 그 실현 날짜가 다가오고 있음을 뜻하고 있다.

〈 꿈에 노인으로부터 향(香)을 받은 꿈 〉

귀향지에서 풀려날 날짜를 꿈에서 알려준 예화다.

이수경(李首慶)은 중종조에 문과에 급제해서 명종조 을사사화에 온성(穩城)으로 유배 갔다. 꿈에 노인으로부터 향(香)을 받기를 마치 제관에 임명되는 것처럼 하였는데, 그 꿈의 길흉을 몰라 하다가 급기야 방면되어 서울로 돌아와서 그동안의 유배 날짜를 세어보니 1,800일이 되었다. 香(향)자를 파자(破子)하면 '千+八+日'의 천팔 일이 되므로, 꿈에 '香'을 받은 뜻을 비로소 알았다.

'언제 귀양지에서 풀려나서 서울로 돌아갈 수 있을까.'라는 자신의 잠재의식에 내재된 간절한 소망이 상징적인 미래 예지 꿈으로 발현되고 있다. 다만 이 경우 '언제 풀려날 것이다' 등의 계시적 성격의 꿈이 아닌, 파자 해몽으로 예지해주고 있다는 점이 특이하다고 하겠다. 香(향)자를 파자(破子)하면 '千+八+日'로, 1,008일로 생각할 수도 있으나, 기록상에는 1,800일로 나오고 있다. 다음에서 『연려실기술』의 기록을 살펴본다.

> 이수경(李首慶)의 자는 백희(伯喜)이며, 본관은 경주(慶州)이다. 교리 영부(英符)의 아들로서, 병자년에 나서 중종 무술년 문과에 급제하였다. 대간에서 아뢰기를, "이휘·정황(丁熿)이 증열과 친하게 서로 왕래하였고, 또 말하기를, '역적들에게 죄를 줄 것을 논한 사람들은 사실상 저의 일신에 복이 되지 못할 것이다.' 하였다." 하여, 온성(穩城)에 귀양 보냈다가 영의정 심연원(沈連源) 등이 아뢰어 죽산(竹山)에 옮기었다. 계축년에 석방되어 돌아왔으나, 시골로 내려가서 10년의 세월을 시와 술로 즐겼다. 온성(穩城)에 있을 때, 꿈에 향(香)을 받고 풀려 돌아오니, 귀양 간 지 꼭 천팔백 일 만이었다. (『후청쇄어』)
>
> — <을사년의 당적(黨籍)>「명종조(明宗朝) 고사본말(故事本末)」『연려실기술』 제10권

이와 유사한 사례로, 허리띠가 끊어지는 꿈으로 자손이 없게 됨을 예지한 사례가 있다. 어떤 사람이 어렸을 때 꿈을 꾸었는데 허리띠가 갑자기 끊어지는 꿈을 꾸었다. 노년(老年)이 되어서야 자신이 일점혈육이 없어 외로운 가운데 대(代)가 끊어졌음을 알고, 그가 꾼 꿈에서 단대(斷帶: 허리띠가 끊어짐)가 곧 단대(斷代: 대가 끊어짐)로 이루어진 것을 알았다.

이 경우는 한자를 나누거나 합쳐서 살펴보는 분합(分合)이 아닌, 파자 해몽의 음의 유사성을 이용하여 해몽한 것이다.

〈 소나무를 잡고 다섯 번째 가지에 앉는 꿈 〉

나(유몽인: 柳夢寅)의 돌아가신 할아버지인 유충관은 별시(別試)에 합격하여, 임금이 친히 보는 전시를 보러 가시게 되었다. 그날 밤에 신판서 집에서 묵었는데, 참판 정언각(鄭彦慤) 역시 판서의 생질이었다. 나이가 많았는데도 급제하지 못한 데다가 초시조차도 붙지 못했는데, 할아버지와 함께 한 방에서 같이 자게 되었다.

할아버지께서 밤에 꿈을 꾸었는데, 한 소나무를 잡고 올라 다섯 번째 가지에 앉았더니, 아래위로 모두 여자들만 있는 꿈이었다.

새벽에 깨어나 그 꿈을 말하니, 정참판이 누운 채로 그 꿈을 풀이하여 말하였다. "소나무란 시체가 들어가는 관(棺)이다. 다섯 번째 가지란 5년이다. 아래위로 여인이 있다는 것은 그대가 두 딸을 낳는데, 모두가 죽는다는 것이다."

할아버지께서 크게 노하셔서, 본래 힘이 센 터라 일어나서 그를 때렸다. 정참판은 비록 고통을 감당하기 어려웠지만, 오히려 굴복하지 않고 말하였다. "만약 마당에서 닭고기와 약주를 차려 가지고 온다면, 마땅히 좋은 말로 그것을 풀이하겠다. 그렇게 하지 아니하면 끝내 고치지 않겠다."

정참판은 정희량의 조카뻘인데, 또한 점치는 일에 종사했던 적이 있었다. 할아버지께서 허락하고 닭고기와 술을 가져다가 그를 대접했다. 정참판은 그 음식을 다 먹고도 오히려 나쁘게 말했다. 그를 누르고 때리기를 전과 같이 했더니, 비로소 굴복하고 그 꿈을 고쳐 해몽하여 말하였다.

"소나무[松]란 十八(木자를 파자하면 '十'+'八')명의 공(公) 글자로 나누어 볼 수 있으니, 오늘 급제자로 18명을 뽑네. 그대가 다섯 번째 가지에 앉았으니, 마땅히 5등을 할 것이며, 상하 여인(女人)이란 안(安)씨 성(姓)을 가진 사람이다."

할아버지께서 전시를 보러 들어갔는데, 자신의 주장을 밝혀서 쓰는 글인 책(策)이 나왔다. 마음속에 있던 글을 한 번에 휘둘러 급제를 했는데 5등이었고, 18명이 같은 방(榜)에 붙었으며, 안현(安玹)이란 사람이 1등을 했고, 안장(安璋)은 꼴찌로 붙었으니, 모두가 정언각의 말과 같았다. 그 후 할아버지께서 딸 둘을 낳았는데, 모두 일찍 죽었으며, 할아버지 역시 일찍 돌아가셨으니, 더욱 괴이하다 할 것이다. (요약 발췌)

—『어우야담』

유몽인의 할아버지인 유충관(柳忠寬)이 임금이 친히 보는 전시를 보기 전날 밤에 '한 소나무를 잡고 올라 다섯 번째 가지에 앉았더니, 아래위로 모두 여자들만 있는 꿈'을 꾼 후에, 정언각이 해몽한 대로 이루어지고 있음을 손자인 유몽인이 밝히고 있다.

소나무[松] 다섯 번째 가지에 앉은 것은 급제자 18명 중에 5등으로 급제할 것과, 아래위에 여자들만 있던 것은 성씨에 '女' 자가 들어 있는 안(安)씨 성(姓)을 가진 사람이 1등과 꼴찌로 급제할 것을 예지하고 있다. 유사한 파자 해몽의 중국의 꿈 사례로, 배에서 소나무가 난 꿈을 꾼 사람이 18년 뒤에 높은 직위[公]에 오르는 것으로 해몽하고 있다.

다만 조선조 과거 급제자들의 기록이 수록된 『국조문과방목(國朝文科榜目)』을 보면, 실제 합격 등위는 차이가 나고 있다. 문과 시험 합격자 등급은 순위에서 갑과(甲科)·을과(乙科)·병과(丙科)로 나뉘며, 갑과 3인, 을과 7인, 병과 23인 등 33인을 뽑았다.

안현(安玹: 1501〔연산군 7〕~1560〔명종 15〕)은 조선 중기의 문신으로 1521년(중종 16) 별시 문과에 을과(乙科) 2위(실제로는 33인 가운데 5위)로 급제하여 홍문관정자가 되고, 이어서 승정원주서·병조정랑을 거쳐, 1533년 사헌부지평에 올랐다.

유충관은 1521년(중종 16) 별시 문과에 병과(丙科) 1위(실제로는 33인 중에서 11위)를 한 것으로 『국조문과방목(國朝文科榜目)』에 실려 있다.

〈 남이 급제할 꿈을 대신 꾼 문 진사 〉

연안의 문 진사라는 사람은 과거 공부를 열심히 하였다. 그는 꿈에 황룡이 하늘로 날아오르는 것을 보았다. 황룡의 이마 위에 단청을 한 누각이 있고, 그 누각에 현판이 걸려 있었는데, '利見大人(이견대인)'이라고 쓰여 있었다. 그는 몸을 누각 위에 쌍으로 난 창문에 기대고 앉아 있었다.

꿈에서 깨어나 이상히 여기며, '利見大人'을 글의 제목으로 삼아 정신을 모아 글을 지었다. 과거 볼 날짜가 되어 서울에 올라가 과거 보는 곳에 들어가니, 임금이 친히 내린 제목이 걸려 있었는데 과연 '利見大人'이었다. 오래 지어 보았던 글이라 써서 제출하고, 혼자 마음속으로 기뻐하며 급제하리라고 자부하였다.

방이 붙는 날이 되어 가서 보니 낙방이었다. 그가 꾼 꿈은 민홍섭(閔弘燮)이라는 사람이 급제하리라는 꿈이었던 것이다. 꿈꾼 일이 매우 기이하고 교묘하였다.

—『기문총화』

파자 해몽으로, 누각의 門위에 文진사가 앉아 있는 꿈이니, 민(閔)씨 성을 가진 사람을 가리키는 것으로, 민홍섭(閔弘燮)이란 인물이 과거에 급제하는 것을 예지하고 있다. 『조선왕조실록』에 다음과 같이 민홍섭에게 관직을 제수하는 것으로 나오는 것으로 미루어 실제 인물임에는 틀림이 없다.

〈 서호수·정민시·이미·김하재·황경원 등에게 관직을 제수하다 〉

— 전략 — 민홍섭(閔弘燮)을 【본래는 홍렬(弘烈)인데 이 이름으로 고쳤다.】 삼척 부사(三陟府使)에 단부(單付: 단독으로 올려져 임명)하였다.

— 정조 1년(1777) 5월 2일 『조선왕조실록』 [원전] 44집, 664쪽

또한, '利見大人'은 주역의 중천건괘에 있는 글귀로, 원 글귀는 "見龍在田(현룡재전), 利見大人(이견대인)"으로 '나타난 용이 밭에 있으니, 대인을 보아야 이롭다'는 뜻이다.

공자께서 말씀하시기를 "용의 덕으로 바르고도 중심이 되는 사람이니, 평상시의 말에도 믿음이 있고 평상시의 행동에도 신중함이 있다. 삿된 것을 막아 정성을 간직하고 세상을 이롭게 하되 무력을 쓰지 않아, 덕을 널리 베풀고 실현한다. 역(易)에 '見龍在田, 利見大人'이라 함은 바로 임금의 덕인 것이다."라고 하였다.

〈 지붕 위에 하얀 신발이 얹혀 있는 꿈 〉

영조 때 김이소(金履素)라는 사람이 과거를 보러 가다가 꾼 꿈이다. '집 지붕 위에 하얀 신발이 얹혀 있는데, 많은 사람들이 그것을 쳐다보고 있었다.' 이 꿈을 꾸고 김이소는 아무래도 재수 없는 꿈같이 생각되어, 어느 용하다는 해몽가를 찾았다.

해몽가는 "신발이 지붕 위에 있다는 것은 자고로 족반거상(足反居上: 발이 반대로 위에 있다는 뜻)이라 해서 좋지 않은 징조입니다. 하지만 선비님은 그 정반대입니다. 왜냐하면 선비님의 이름자가 이소(履素)로, 履는 '신발'이요, 素는 '희다'라는 뜻이니 '흰 신발'이 되지요. 그 흰 신발이 지붕 위에 있어 많은 사람들이 쳐다본다는 것은 선비님이 이번 과거에 급제하여 여러 사람들이 우러러본다는 징조입니다."라고 해몽을 했다.

과연 해몽가의 말대로 김이소는 거뜬히 과거에 급제하고, 훗날 벼슬이 좌의정까지 올랐다 한다.

파자 해몽의 음의 유사성을 이용하여 해몽하는 경우다. 김이소(金履素: 1735〔영조 11〕~1798〔정조 22〕)는 1764년(영조 40) 병자호란 때의 충신 후손들만을 위하여 시행된 충량정시 문과(忠良庭試文科)에 급제하였다(영조 40년〔1764〕 2월 8일 『조선왕조실록』).

〈 괴마(槐馬)라고 자(字)를 계시한 꿈 〉

> 임숭선(任崇善)의 어머니는 성품이 엄숙하고 훌륭하였다. 다섯 아들이 있었는데, 반드시 어진 스승에게 나아가 학문을 배우게 하였다. — 중략 — 셋째 아들이 숭선인데 이름은 백령(百齡), 자(字)는 仁順(인순)이며 눌재(訥齋) 박상(朴祥)에게서 수업하였다. — 중략 — 기묘년에 숭선이 22세로서 명경과에 셋째로 합격하였다.
>
> 과거 보러 가는 날 새벽의 꿈에, 어떤 사람이 와서 말하기를, "네 자(字)를 내가 '괴마(槐馬)'라고 고쳐 주마." 하므로, 그러라고 하였었는데 시험장에 들어가자 시험관이, "네 자가 무엇이냐." 고 물으므로, '괴마(槐馬)'라고 대답하였더니, 여러 시관이 모두, "이 사람이 그 사람이로구나." 하고, 모두 기쁜 기색으로 그를 주목하였다.
>
> 강(講)이 끝나자 시관이 말하기를, "내 꿈에 어떤 사람이 와서 이르기를, '괴마(槐馬)'라는 자(字)를 가진 유생이 있을 것인데, 그 사람이 뒤에 재상이 될 사람이니, 놓칠까 두렵다." 하였다. 그런데 여러 사람들의 꿈이 모두 부합되었으니, 네가 마땅히 재상이 될 것이다." 하였다. 뒤에 김안로에게 걸려 10년 동안이나 한가한 자리에 있다가, 병오년에 우의정으로 북경에 갔다가 요동에서 죽었다. 사람들이 "槐(괴)라는 것은 삼공(三公)의 상징이요, 馬(마)는 午(오)인 것이니, 이로써 그 징험이다."라고 여겼다. 그러나 또한 알 수 없는 일이다.
>
> —『기재잡기(寄齋雜記)』3

꿈속에서 신인(神人)이 시구를 계시하는 것이 아닌, '槐馬(괴마)'로 자(字)를 지으라고 계시해준 꿈이다. 같은 이야기가 『송계만록(松溪

漫錄)』·『자해필담(紫海筆談)』·『패관잡기(稗官雜記)』 등 여러 문집에 보이고 있으며, 서로 비슷한 이야기들로 조금씩 다르지만 신인(神人)이 '槐馬'라고 자(字)를 지으라고 계시하는 것과 시관(試官)의 꿈에도 '槐馬'라는 사람을 뽑을 것과 장차 재상이 되고 午(오)년에 죽게 될 것이라는 이야기가 나오고 있다.

'槐馬(괴마)'의 槐(괴)는 '홰나무 괴', '회화나무 괴'로 주대(周代)에 조정(朝廷)에 이 나무를 세 그루 심어서 삼공(三公)의 좌석 표지(標識)로 한 데서, 삼공의 위계(位階)의 뜻으로 사용했기에 재상에 오르게 되리라는 것과 '馬'는 곧 午年(오년)을 가리키는 것으로 영의정 벼슬에 올라 午年(오년)에 죽는다는 뜻으로 보고 있다.

다음의 이야기도 일생을 예지해준 꿈으로 유사한 사례다.

〈 이름을 귀갑(歸甲)이라고 일러준 꿈 〉

김홍도(金弘度)가 출생할 때에, 그 아버지의 꿈에 한 노인이 나타나 이름을 귀갑(歸甲)이라고 지으라고 일러줬는데, 이에 '歸甲'을 아명으로 하였다. 그가 장성하여 연거푸 과거에 장원하니, 사람들이 장원할 암시라고 하였었는데, 무오년에 갑산으로 귀양 갔다가 죽었다.

꿈에서 계시한 대로 '갑으로 돌아가다〔歸甲〕'는 갑산에 귀양 가는 일로 실현되고 있다.

김홍도(金弘度: 1524〔중종 19〕~1557〔명종 12〕)는 조선 초기의 선비 화가로 1548년 문과에 장원하고 경연관을 거쳐 전한(典翰)으로 있을 때, 소윤이었던 윤원형(尹元衡)에 의하여 갑산으로 유배되었다가 죽었다.

〈 꿈에 풀려날 것을 알려주다 〉

성석린(成石璘)은, 자(字)는 자수(子修)이며, 호는 독곡(獨谷)이고, 본관은 창녕(昌寧)이다. 고려 때에 과거에 급제하여 벼슬이 찬성에 이르렀다. 조선에서는 좌명공신(佐命功臣)으로 창녕부원군이 되었고, 경진년(1400)에 정승이 되어 영의정에 이르렀다. 궤장(几杖)을 받았고, 시호는 문경공(文景公)이다. 86세까지 살았다.

공은 젊었을 때에 매우 대범하고 기개와 절조가 있었다. 일찍이 원 나라 장수 양백안(楊伯顔)의 막하(幕下)가 되어 왜병을 막다가 군율을 어겨 형(刑)을 당하게 되었다.

이때 공이 졸고 있는데, 누가 와서 말하기를, "공은 쑥갓[蒿冠]을 쓸 것이니, 근심하지 말라." 하였다. 공이 깨어 해몽하기를, "쑥으로 머리를 쌌으니 매우 상서롭지 못하다." 하였는데, 죽음을 면하고 관직만 박탈당했다. 그 뒤에 영의정이 되어서 말하기를, "꿈에서의 고관(蒿官)은 고관(高官)과 발음이 같으니, 높은 직위에 오르게 되는 것을 뜻한다." 하였다.

—『필원잡기』, <정종조의 상신(相臣), 성석린(成石璘)> 「정종조(定宗朝) 고사본말(故事本末)」『연려실기술』 제2권

머리에 쑥갓〔蒿冠〕을 쓰는 것은 음의 유사성을 이용한 파자 해몽(고관〔蒿官〕 → 고관〔高官〕)으로, 높은 직위인 영의정에 오르게 되는 일로 풀이하고 있다. 다음의 꿈이야기도 한자의 음을 이용한 파자 해몽을 보여주는 사례다.

〈 깨 다섯 되와 황규(黃葵: 해바라기) 서 되를 얻은 꿈〉

고려의 인종(仁宗)이 일찍이 깨 다섯 되와 황규(黃葵: 해바라기) 서 되를 얻은 꿈을 꾸었다. 이를 척준경에게 말하니 준경이 대답하기를, "깨는 한자(漢字)로 임(荏)이요, 임(荏)은 임(任) 자와 음이 같으니, 임(任) 자 성을 가진 후비를 맞을 징조요, 그 수가 다섯이란 것은 다섯 아들을 둘 상서입니다. 황(黃)은 황(皇)과 음이 같으니 임금의 황(皇)과 같은 뜻이고, 규(葵)란

것은 바로 규(揆)와 음이 같으니 도(道)로 다스린다는 의미의 규(揆)와 같고, 황규(黃葵)란 것은 임금이 도로써 나라를 다스릴 상서요, 그 수가 셋이 된 것은 다섯 아들 가운데 세 아들이 임금이 될 징조입니다." 하더니, 그 해몽이 과연 적중하였다.

— 인종 공효대왕(仁宗恭孝大王) 1 병오 4년(1126) 『고려사절요』 제9권

고려의 17대 왕인 인종(1109[예종 4]~1146[인종 24])은 예종의 맏아들로, 어머니는 이자겸의 둘째 딸 순덕왕후(順德王后)다. 1115년(예종 10) 태자로 책봉되어, 1122년 외조부 이자겸에 의해 15세의 나이로 왕위에 오른 바, 이자겸의 강압에 의해 자신에게는 이모가 되는 이자겸의 두 딸(3녀·4녀)을 왕비로 맞이하게 되는 등 이자겸의 전횡에 무력한 왕이었다.

1126년 이(李)씨가 왕이 된다는 십팔자 왕위설(파자하면, 十八子는 李가 됨)을 믿었던 이자겸이 척준경(拓俊京)과 함께 난을 일으키고 궁궐에 불을 지르며 인종을 독살하려 했으나, 인종은 아예 왕위를 넘겨줄 생각까지 할 정도로 왕권이 미약한 상태였다. 그러던 중 척준경과 이자겸의 사이가 벌어지자, 최사전(崔思全)을 통해 척준경을 이용하여 이자겸을 제거했으며, 이듬해에는 정지상(鄭知常)의 탄핵으로 척준경도 섬으로 귀양 보낸다.

이자겸의 난을 진압한 후에, "이자겸의 두 딸은 주상께 이모가 되니, 주상과 배우자가 될 수 없습니다."라고 주장하는 간관의 상소를 받아들여 두 왕비를 내치고, 임원후(任元厚: 1089[선종 6]~1156[의종 10])의 딸을 맞아들여 왕비(공예왕후: 恭睿王后)를 삼고 있는 바, 임(任) 자 성을 가진 후비를 맞아들이는 일로 실현되고 있다.

임원후는 고려 중기의 문신으로, 처음 이름은 임원애(任元敳)로 과

거에 급제하여 인종 초에 전중내급사(殿中內給事)가 되었으나, 이자겸의 견제를 받아 합주(陜州: 지금의 합천)·개성부(開城府) 등의 외직을 전전했다.

1126년(인종 4) 이자겸의 두 딸이 폐출되고, 임원후의 딸이 인종의 후비로 입궁한 후 1127년에 왕자 현(의종)을 낳는 등 왕의 극진한 사랑을 받으며 1129년에 왕비로 책봉되며, 의종·대녕후 경(大寧侯 璟)·명종(明宗)·충희(沖曦: 元敬國師)·신종(神宗) 등의 아들 다섯을 둔다. 그 중에서 의종·명종(明宗)·신종(神宗) 등 세 아들이 왕위에 오르게 되는 바, '깨 다섯 되와 황규(黃葵: 해바라기) 서 되'의 파자 해몽의 예지대로 꿈이 실현되고 있다.

또한 공예태후로 장차 왕비가 될 것을 예지한 꿈이야기 및 이자겸의 견제를 받게 된 이유에 대해서는 다음과 같이 『고려사절요』의 기록에 나와 있다.

〈 깃발이 중문에서 선경전(宣慶殿) 치미(鴟尾)에 걸쳐 있는 꿈 〉

공예태후(恭睿太后) 임씨(任氏)는 임원후(任元厚)의 딸이면서, 문하시랑평장사(門下侍郞平章事) 이위(李瑋)의 외손녀이다. 공예태후(恭睿太后)가 탄생하던 날 밤, 외조부인 이위의 꿈에 황색의 큰 깃발이 그 집의 중문에 세워져 있고 깃발의 꼬리는 선경전(宣慶殿) 치미(鴟尾: 지붕 용머리에 놓은 짐승 모형의 기와)를 싸고돌며 휘날리는 것이었다.

공예태후가 출생하자 외조부인 이위(李瑋)는 특별히 사랑하면서 말하기를 "이 아이가 후일에 선경전(宣慶殿)에서 놀게 될 것이다."라고 하였다.

왕비가 성년이 되어 평장사 김인규(金仁揆)의 아들 김지효(金之孝)와 약혼하였는데, 혼례 날 밤에 김지효가 신부집 대문에 이르니, 왕비가 갑자기 병이 나서 거의 죽을 것 같았다. 이에 혼인을 거절하고 신랑을 돌려보낸 후에, 점쟁이에게 병에 관한 길흉을 알고자 점(占)을 쳐 보았더니, "걱정하지 마시오. 이 처녀는 말할 수 없을 만큼 귀하게 될 것이니, 반드시 국모가 될 것입니다." 하였다. 당시에 이미 자겸의 두 딸을 왕비로 들여보낸 뒤라, 이자겸이 그 말을 듣고 미워하여, 곧 상소하여 임원후를 개성 부사로 좌천시켰다.

그리고 1년 후에 개성부사의 어떤 부관이, 임원후가 부사로 있는 청사의 대들보가 벌어져 큰 구멍이 생기고 누런 황룡이 구멍에서 나오는 꿈을 꾸었다. 이튿날 아침에 그 부관이 예복을 갖추어 입고서 임원후를 방문해서 지난밤에 꾸었던 꿈이야기를 자세히 하며 축하하여 말하기를, "부사의 집에 반드시 특이한 경사가 있을 것이니, 공은 꼭 알아 두십시오." 하였다.

— 인종 공효대왕(仁宗恭孝大王) 1 병오 4년(1126) 『고려사절요』 제9권

왕비가 탄생하던 날 저녁에 외조부인 이위(李瑋)가 '황색의 큰 깃발이 중문에 세워져 있으며, 깃발의 끝 부분이 궁궐의 선경전(宣慶殿) 치미(鴟尾)를 싸고돌며 휘날리는' 꿈을 꿈으로써, 큰 깃발로 상징된 위세나 영향력이 장차 대궐에 미치게 될 것을 뜻하고 있다. 또 누런 황룡이 구멍에서 나오는 꿈으로 황룡으로 상징된 왕비 등의 귀한 인물이 되거나 부귀·권세를 떨치게 될 것을 예지하고 있다.

이로써 살펴보면, 왕비는 1109(예종 4)년에 태어나 인종 4년에 간택되어 궁중에 들어오고 연덕궁주(延德宮主)라고 불리다가, 1127(예종 5)에 큰아들로 훗날 의종(毅宗)을 낳았다. 1129년에 왕비로 책봉되었으니, 20년 뒤에 꿈의 예지대로 실현되고 있다.

다음의 민속에 구전되어 온 사례도 음의 유사성을 이용한 파자 해몽으로 흥미롭다.

왕건이 산중으로 사냥을 나갔었는데, 큰 벌집에 들어간 꿈을 꾸었다. 해몽을 잘한다는 사람을 불러 해몽을 하게 하니, "보통 사람이 벌집을 뒤집어쓰면 흉몽입니다만, 외람된 말씀이오나 대왕께서는 왕(王)씨이시고, 실

제로 고려의 왕이십니다. 왕께서 벌집에 들어가셨으니, 벌들이 놀라서도 '왕', 감격해서도 '왕' 하고 일시에 날았을 것이 아닙니까? 즉 왕중왕(王中王)의 꿈이오니, 머지않아 후삼국 통일의 위업을 반드시 성취하실 것입니다." 하였다.

파자 해몽을 이용하여, 꿈보다 해몽이라는 말이 어울릴 만큼 해학적 해몽을 하고 있는 바, 여기에 대하여 꿈의 내용은 적혀 있지 않으나, 『고려사절요』에 다음과 같은 기록이 보이고 있다.

"내사령(內史令) 최지몽(崔知夢)이 죽었다. 지몽은 남해(南海) 영암군(靈巖郡) 사람으로, 어릴 때 이름은 총진(聰進)이다. 성품이 청렴하고 검소하며, 인자하고 온화하며, 총명하고 민첩하여 학문을 좋아하고, 경서와 사서(史書)를 널리 섭렵하였으며, 천문과 복서에 더욱 정통하였다.

나이 18세에, 태조가 그 명성을 듣고 불러서 꿈을 점치게 했더니, 길조(吉兆)를 얻었으니 반드시 삼한을 통일하여 다스릴 것입니다."라고 하여, 왕건이 기뻐하여 그 이름을 지몽(知夢)이라 고쳐 주고, 비단옷을 내려 주며 공봉(供奉)의 관직을 임명하였다. 항상 태조를 따라 그 옆을 떠나지 않았으며, 태조가 즉위하자 궁중에서 입시하면서 고문에 대비하였다.

— 성종 문의대왕(成宗文懿大王) 정해 6년(987) 『고려사절요』 제2권

다음은 구전으로 전해오는 파자 해몽에 관한 이야기다. 설화이기에 신빙성은 없으나, 흥미 있는 파자 해몽이라 살펴본다.

〈 주기(朱旗)를 흔들어 범인을 계시해 준 꿈 〉

아랑이라는 규수가 태수인 아버지를 따라 밀양에 갔다. 어느 날 그 고을 통인과 유모의 음모에 휘말려, 영남루에 나갔다가 통인에게 욕을 당하게 되었다. 전력을 다하여 항거한 아랑은 끝내 통인에게 피살되고, 그 시체는 강가 숲으로 던져졌다. 별안간 딸을 잃은 아버지는 태수 직을 사퇴하고 서

을로 돌아갔다. 그 뒤로는 신관이 부임할 때마다, 그날로 밤중에 귀신이 나타나 신관은 기절하여 죽고 말았으므로, 밀양태수로 가고자 하는 자가 없어 조정에서는 자원자를 구하여 내려보냈다.

새로 부임한 신임 태수는 한 낭자가 손에 붉은 기를 들고 온몸이 피투성이가 된 채, 자신을 죽인 원한을 갚아달라고 슬프게 호소를 하는 꿈을 꾸었다. 밤새 생각한 끝에 붉은 기[朱旗(주기)]란 이름의 사람이 범인임을 알아, 날이 밝자 '주기'란 사람을 찾으니 바로 그 사람은 밀양부에서 일을 보고 있는 사람이었다. 불문곡직하고 형틀에 매어 그 이유를 물은즉, 평소 낭자의 미모를 탐내던 그는 천금으로 유모를 매수하고 낭자를 남루로 유인했으나, 뜻을 못 이루자 죽여서 누각 아래의 대나무 숲 속에 묻었다는 것이었다. 실토를 받아 유모와 함께 죽이고, 낭자의 시신을 찾아 장사를 지내주고 아랑각을 세워 낭자의 혼을 위로해주었다.

아랑설화(阿娘說話)로 전하고 있는 바, 억울하게 죽은 아랑이 원령이 되어 자신을 죽인 범인을 일러주기 위하여 붉은 기를 들고 나타난 바, 음의 유사성을 이용한 파자 해몽으로 풀이하여(붉은 기 → 주기〔朱旗〕) 범인을 잡아내고 있다.

이처럼 꿈에 나타난 사물을 음의 유사성을 이용한 해몽가의 예지적 판단에 의해서 파자 해몽으로 풀이하고 있다.

〈 계집이 기장[黍]을 자루에 넣어 이고 들어와 내려놓는 꿈 〉

선조 임금의 어느 날 밤 꿈이야기로 각색되어 구전되어 전하고 있는 바, 어떤 계집이 볏단을 머리에 이고 그대로 들어와 내려놓는 꿈을 꾸었다. 이에 해몽을 하게 하니, "계집〔女〕이 볏단〔禾〕을 이고 보면 '委(위)' 자가 되며, 여기에 '사람 인' 변을 하면 '倭(왜)'가 되어 이는 왜적들이 쳐들어올 조짐인가 하옵니다."라고 풀이했다.

중국의 명 태조(明太祖)도 이와 비슷한 꿈을 꾸었는데 다음과 같이 언급되고 있다.

> 세상에서 전하는 말에 의하면, "명 태조(明太祖)가 꿈에 볏단을 머리에 인[戴] 어떤 여인(女人)에게 떠밀려 자빠진 꿈을 꾸고 나서, 왜(倭)의 침략을 미리 대비하라고 유언했기 때문에 일본을 정벌하는 설이 유행되었다"는 것이다.
>
> — <석성(石星) 이익(李瀷)> 「경사문(經史門)」『성호사설』 제23권

〈 고종 황제 꿈의 '田' 자 해몽 〉

고종 황제가 어느 날 꿈에 '田' 자가 나타나 신하들에게 해몽을 물었다. 이에 여러 신하가 '田' 자가 반듯하여 좋다고 아첨 섞인 말을 했으나, 파자 해몽의 풀이를 살펴본다.

> (1) 魚失頭尾(어실두미) 하니, 机上之肉(궤상지육)이라.
> → 물고기[魚]가 대가리와 꽁지를 잃으니, 도마 위에 오른 고기라.
> (2) 甲字(갑자)에 無足(무족) 하니, 勇兵(용병)이 無日(무일)이라.
> → 甲자에 다리가 없으니, 용감한 병사가 있어도 쓸데가 없다.
> (3) 十字(십자)에 四圍(사위) 하니, 衆口難防(중구난방)이라.
> → 十자의 네 곳을 에워싸니, 여러 사람의 입을 막지 못한다.
> (4) 左日右日(좌일우일) 하니, 二君之象(이군지상)이라.
> → 왼쪽도 해, 오른 쪽도 해이니 임금이 둘이라.
>
> — 「고종의 '田' 자 해몽」『구비문학대계』 1-1

이 이야기도 일설에는 이괄이 난을 일으키기 전에 파자점을 친 바, 파자 점쟁이가 풀이하기를 '魚失頭尾 机上之肉(어실두미 궤상지육): 물고기〔魚〕가 대가리와 꽁지를 잃으니, 도마 위에 오른 고기라.'

라고 풀이하여, 장차 난이 실패하여 능지처참을 당하게 될 운명이라고 풀이해주는 것으로 전한다.

〈 고종 황제의 꿈에 한쪽 어깨에는 해가 돋고, 또 한쪽 어깨에는 별이 돋는 꿈 〉

"한쪽 어깨에 해가 돋으니 일출동방(日出東方)이라. 일본이 장차 조선에 진출할 것이며, 한 어깨에 별이 돋으니 星(별 성)자는 일(日)과 생(生)이 합한 글자로, 일본이 일어날 것이라"고 해몽을 하고 있다.

〈 손병사의 꿈해몽 〉

병의 모가지가 떨어져 나간 꿈을 꾼 사람에게 '병(甁)이 떨어져 나감〔死〕'의 甁死(병사)를 한자 음의 유사성을 이용하여 兵使(병사)로 파자화(破字化)하여, 과거에 급제하여 장차 兵使(병사) 벼슬을 할 것으로 해몽을 해주고 있다(『구비문학대계』 8-8, 194쪽).

이렇게 꿈의 해몽에 있어, 한자(漢字)를 파자(破字)하여 해몽하는 것을 파자 해몽이라고 한다. 우리나라보다 중국에서 파자나 파자 해몽 이야기가 많이 전해지고 있는 바, 파자 및 파자 해몽에 대한 자세한 것은 다음의 책을 참고하시기 바란다.

(1) 유문영(劉文英) 저, 河永三·金昌慶 역, 『꿈의 철학』(꿈의 미신, 꿈의 탐색), 동문선, 1993.
(2) 신유승(辛侑承), 『측자파자』, 시간과 공간사, 1993.
(3) 홍순래, 『한자(漢字)와 파자(破字)』, 어문학사, 2011.

4. 성행위 꿈

꿈에 미인이 등장한다거나 미인에 대한 애정과 그리움을 노래한 시도 상당수 있다. 다만 도학자요 선비 정신이 투철했던 선인들은 유교적 도덕관념이 투철하였으며, 문이재도(文以載道)의 문학관이나 교훈성을 중시하였기에, 미인을 만나서 희롱하거나 성행위까지 나아가는 꿈을 꾸었다고 하더라도 떳떳하게 기록하지 못했을 수도 있다.

이는 이러한 꿈이 평상시에 그러한 심리적인 마음이 표출된 것이라고 여겨, 미인이 유혹하는 꿈이나 성행위를 하는 꿈 자체를 부정시할 수밖에 없었을 것이고, 미인과 관련된 꿈을 꾸었다 하더라도 문집에 떳떳하게 남기기 어려웠을 것으로 보여진다.

이러한 꿈속에서의 윤리적 감정에 대하여 꿈속에서도 인간의 윤리적 본성은 그대로 존속된다는 주장도 있고, 무시된다는 주장도 있다. 하지만 꿈의 상징 기법상 누구를 죽이거나 성행위를 하는 등 황당하게 자신의 의지와는 관계없이 꿈이 전개되는 것을 볼 때, 꿈속에서는 인간 윤리의 본성 여부는 심리 표출의 꿈이 아닌 상징적인 미래 예지 꿈이라면 본인의 뜻과는 관련이 없다고 하겠다.

따라서 미인과 성행위를 하는 꿈은 상징적인 미래 예지 꿈의 입장에서 꿈의 언어인 상징으로 이해한다면, 무언가 이루어지는 성사·체결·성취·창작 활동 등 처한 상황에 따라 각기 다른 일로 실현될 수 있다.

〈 미인의 유혹을 물리친 꿈 〉

11월 6일 다산(茶山)의 동암 청재에서 혼자 자는데, 꿈에 한 예쁜 여인이 나타나 유혹하였다. 나 역시 정욕이 동했지만, 잠시 후에 사양하면서 그녀를 보내면서 절구 한 수를 지어주었다. 꿈을 깨고 나서도 기억이 생생하였다. 시는

雪山深處一枝花	눈 덮인 산속 깊은 곳에 한 송이 꽃이
爭似緋桃護絳紗	복숭아꽃과 붉은 비단처럼 아름다워라.
此心已作金剛鐵	이 마음은 이미 금강철처럼 굳게 되었거늘
縱有風爐奈汝何	설령 풍로가 있더라도 너를 어쩌겠느냐(녹일 수가 있겠느냐).

—『여유당전서(與猶堂全書)』

권필(權韠)·이수광(李睟光)·이민구(李敏求) 등을 비롯한 많은 선인들이 꿈속에서 한시(漢詩)를 지었다고 밝히고 있는 바, 다산(茶山) 정약용(丁若鏞)도 꿈속에서 시(詩)를 지었다. 이렇게 볼 때 꿈속에서 시를 짓는 일은 한시를 짓는 것이 생활화되었던 당시에는 별로 특이한 일이 아닌, 보편적이라고 할 수 있을 것이다.

시에 대한 분석을 김상홍 은사님의 『한국 한시의 향기』에서 요약

발췌하여 살펴본다. 선비로서의 정약용의 내면세계가 꿈속에서 지은 몽중시에 잘 드러나 있다고 하겠다.

> 정약용이 꿈속에서 아름다운 여인의 유혹을 뿌리친 것은 평상시의 내면세계에 극기와 결백성, 즉 도덕성이 항상 잠재되어 있었기에 가능하였다. 기구(起句)의 눈 덮인 깊은 산은 외진 귀양지임을 암유한 것이고, 한 송이 꽃은 꿈속에 찾아온 미인을 은유한 것이다. 눈 덮인 산 깊숙한 곳에 한 송이 아름다운 꽃이 피었다는 것은 자연계의 현상으로서는 있을 수 없는 비현실성, 즉 꿈속의 세계임을 은유한 것이다. 승구(承句)의 복숭아꽃과 붉은 비단은 꿈속에 찾아온 미인의 아리따운 자태를 상징한 것이다. 전구(轉句)의 단단한 금강석과 쇠는 시인 자아의 사물화에 의한 부동심으로 유혹에 눈 하나 까딱하지 않는 도덕적 완전성과 초월적 세계를 의미한다. 결구(結句)의 불을 지피거나 잘 타게 할 때 사용하는 풍로(風爐)는 정염을 타오르게 하는 미인의 교태와 유혹을 뜻한다. — 중략 — 그는 현실의 삶과 꿈속의 삶이 다른 것이 아니라 하나였다. 이중적인 삶을 살지 않았다. 꿈속에서까지도 도덕적 완전주의를 지향한 삶과 시적 세계는 자기완성으로 일원화하는 것이자 정약용 시의 한 특색이다.
>
> 또한 꿈속에서 찾아온 미인을 곧게 돌려보냈던 것은 자신의 이상이 산산이 부서진 귀양살이에서, 어찌 미인과 보배 따위로 인하여 감정의 심연에 파문을 일게 할 수 없었기 때문이었다. 그의 내면세계에는 철저한 도덕성이 내재되어 있었던 것이다.

이 책에서는 다만 상징적인 미래 예지 꿈의 관점에서 살펴본다. 이 경우 몽중시에 등장하는 모든 것에 대해서, 꿈의 언어이니만큼 사실적인 해석이 아닌 상징적으로 접근해야 한다는 것은 앞에서 밝힌 바 있다.

꿈의 내용을 요약하면, 예쁜 미인이 다가와서 유혹을 하였고, 자신도 마음이 끌렸지만 사양하면서 보낸 꿈이다.

꿈속에서 도덕적 윤리의식 등을 자신의 마음대로 진행할 수 없음은 우리 모두 알고 있다. 꿈을 꾼다는 것은 우리 정신능력의 발현으로, 어떠한 것을 상징적으로 보여주기 위하여 꿈속에서 자신의 의지와는 상관없이 꿈이 진행되는 것이다. 이렇게 황당한 전개를 보이는 것이 상징적인 미래 예지 꿈의 특징이며, 이 경우에 현실의 언어가 아닌, 꿈의 언어인 상징으로 풀이해야 한다.

꿈은 상징 표상의 이해에 있기 때문에, 꿈속에서 현실 세계에서의 도덕적인 윤리 기준을 그대로 적용해서는 안 된다. 꿈의 세계는 그때그때 적합한 상징 표상을 만들어내는 것일 뿐이다. 예를 들어, 미인을 강제적으로 강간하는 꿈은 미인으로 상징된 선망의 일거리 대상을 적극적으로 이루어내는 일로 실현된다.

이러한 상징의 이해에 바탕을 두고, 다시 다산의 꿈해몽을 시도해보자면, '예쁜 미인이 다가와서 유혹을 하였고, 자신도 마음이 끌렸지만 사양하면서 보낸 꿈'에서 예쁜 미인은 실제 미인이 아닌 미인으로 상징된 어떤 일거리 대상을 상징적으로 나타내고 있다. '예쁜'의 상징 의미처럼 자신의 마음에 드는, 선망의 대상을 뜻하고 있다. 유혹한다는 것은 그러한 대상과의 결합·성사가 이루어지려고 하는 것을 뜻한다. 단적으로 말해서 꿈속에서 성행위의 상징 의미는 어떠한 대상과의 결합·성사·성취를 뜻하고 있다.

꿈은 상징적으로 나타나기 때문에 꿈을 꾼 사람이 처한 상황에 따라 달리 실현된다. '여자 옷을 하나하나 벗기는 꿈'인 경우, 논문을 쓰는 사람이라면 논문을 써나가는 과정을 상징하고 있다고 볼 수 있다. 이 경우 마음에 드는 여인과 즐거운 운우지정을 맺는 꿈이라면, 논문 통과로 이루어질 것이다.

이해를 돕기 위해, 필자의 꿈해몽 전문사이트(http://984.co.kr)에 올려진 성행위에 관한 실제 상담 사례 하나를 살펴본다.

> 작성일: 2002/10/27 작성자 김○○(kk961215)
>
> 지난달인가 꿈해몽 요청을 하였었는데, 아이 아빠가 모르는 어떤 여자랑 성관계를 하였고, 우린 그때 아파트 분양을 생각하고 있는 중이었는데, 답변은 아파트를 구입할 것이라고 했었거든요. 정말 해몽 받고 3일 후에 아파트를 분양받았어요. 저와 아이 아빠는 참 신기하게 생각하고 있고, 요즘 꿈을 꾸게 되면 이 사이트를 이용을 많이 하게 되더군요.

이렇게 볼 때 마음에 드는 이성과 성행위를 하지 않고 보낸 꿈은 선비나 도학자의 입장에서 보자면 유혹에 빠지지 않은 좋은 꿈이라고 볼 수 있겠지만, 상징적으로는 결코 좋은 꿈으로 볼 수 없다. 자신도 마음이 끌렸지만 사양하면서 보낸 꿈의 상징 의미처럼, 미인으로 상징된 어떤 대상과의 결합·성사·성취를 원하지만, 성행위까지 나아가지 않은 데서, 현실에서는 결합·성사·체결·완성·성취 등이 이루어지지 않는 일로 실현된다고 볼 수 있다.

따라서 자신이 바라던 미녀와의 성행위까지 나아가지 못한 꿈을 상징적인 미래 예지 꿈으로 볼 때, 이 꿈을 꾸고 난 후 다산에게 자신이 바라던 어떠한 대상과의 결합·성사·체결·완성·성취의 일이 실현될 뻔하였으나, 불행히도 이루어지지 않은 일이 있었는지를 살펴봄으로써, 꿈의 실현 여부를 알 수 있다고 하겠다.

정약용 자신도 몽중시의 내용을 적기는 하였지만, 나름대로의 꿈해몽에 대한 전문적인 지식이 없었기에, 이 꿈이 장차 일어날 어떠한 사건을 예지한다는 사실에 대해서는 모르고 넘어갔을 수 있다.

꿈에 전문적인 지식이 없는 사람들은 꿈속에 등장한 사물이나 대상에 대한 고차원의 상징적인 의미를 모르고, 그 후에 실현된 일과 관련을 지을 수 없기 때문에, 꿈이란 허황하거나 믿지 못할 것이라고 속단하거나 무심히 지나쳐 버린다.

이러한 꿈의 상징적인 미래 예지 측면에서 정약용이 미인과의 성행위까지 나아가지 못한 꿈을 꾸고 어떠한 일이 일어났는지, 구체적으로 체결·결합·완성·성취 등 무언가 이루어지려다가 무산되는 일로 실현된 일이 있는지 살펴보고자 한다.

먼저 김상홍 은사님의 『다산(茶山) 정약용 문학연구』에서 다산의 연보를 논지 전개와 관련된 부분만을 발췌 인용하여 살펴본다.

> 1808년(순조 8, 47세) 봄에 강진현 남쪽 만덕사(萬德寺) 서쪽 처사(處士) 윤단(尹慱)의 산정(山亭)이 있는 다산(茶山)으로 옮겨 거처하다. 산명(山名)을 취하여 호를 다산(茶山)이라 하다.
>
> 1909년(순조 9, 48세) 1809년 11월 6일. 꿈에 예쁜 여인이 나타나 유혹했으나 물리치는 몽중시(夢中詩)를 짓다.
>
> 1810년(순조 10, 49세) 9월에 큰아들 학연(學淵)이 억울함을 청함에, 형조판서 김계락(金啓洛)이 향리로 방축(放逐)하고자 하자, 홍명주(洪命周)는 불가라고 논소(論疏)하고 이기경(李基慶)이 저지하여 석방되지 못하다.
>
> 1818년(순조 18, 57세) 8월에 응교(應敎) 이태순(李泰淳)이 상소하여, 다산을 떠나 9월 14일 향리로 돌아오니 유배 기간은 장장 18년이었다.

다산(茶山) 정약용은 천주교를 믿었다는 이유로 무려 18년 동안 귀양 생활을 했다. 다산은 1801년(작자 나이 40세) 11월에 황사영의 백서사건(신유박해의 내용을 중국 베이징에 있는 주교에게 알리려고 흰 비단에 적은 밀서)으로 인하여, 강진현(康津縣)으로 유배되었다. 이 꿈을 꾸었던 때는 그의 나이 48세였던 1809년 11월 6일 밤으로, 유배지인 전라도 강진 다산초당의 동암 청재에서다. 이는 유배 생활을 한 지 9년째가 되는 때로, 오랜 기간 유배 생활에서 풀려나지 못하고 있던 중이었다.

다산의 연보에서 알 수 있듯이, 이 꿈을 꾸고 10개월 뒤에 순조 10년 9월 큰아들 학연이 바라를 두드려 억울함을 상소하여, 특별히 순조 임금의 은총이 내릴 뻔하였다.

여기에 대하여, 『조선왕조실록』의 기록을 살펴보면, 순조 10년 9월 21일 정약용을 유배지에서 풀려나게 해서 향리로 보내라는 하교를 다음과 같이 내리고 있다.

〈 의금부에서 아비의 신원을 꾀한 정후상과 윤의도 문제에 대해 아뢰다 〉

의금부에서 아뢰기를, "삼가 형조의 사형을 면하게 형별을 줄여서 정배(定配: 죄인을 지방이나 섬으로 보내 정해진 기간 동안 그 지역 내에서 감시를 받으며 생활하게 하던 일)한 죄인 정약용(丁若鏞)의 아들 유학(幼學) 정후상(丁厚祥)이 격쟁(擊錚)하여 바친 공초(供招) 계목(啓目)에 대한 판부(判付)에 의하여 대신에게 의논해 보았습니다." — 중략 — "옥사(獄事)가 확실한 진상이 없는데 사형을 면하게 해주는 데 이르렀다는 것은 도리어 형정(刑政)의 공평에 어긋나니, 정약용을 특별히 향리로 추방하라." 하였다. 또 아뢰기를, "정약용을 향리로 추방하라고 하명하셨으나, 지금 대간의 계사(啓辭)에 거론되고 있어서 거행할 수 없습니다." 하고, 옥당과 대간이 번갈아 가며 명을 취소할 것을 청하였으나, 윤허하지 않았다. — 후략 —

— 순조 10년(1810) 09월 21 『조선왕조실록』 [원전] 47집, 665쪽

이에 대하여 순조 10년 09월 28일에는 교리 홍명주가 정약용을 고향 땅으로 추방하라는 명에 대해 반대하였으나, 들어주지 않는 기록

이 보인다. 심지어 순조 임금이 “만일 사도(邪徒)로 날뛰는 흔적이 있으면 나라에 금석 같은 법이 있으니, 전일의 일보다 10배나 더 엄히 벌을 주면 된다”고 옥당과 대간의 반대를 무릅쓰고 강력하게 정약용을 유배지에서 풀어주라고 말하고 있음을 볼 수 있다.

이처럼 유배지에서 10년째 되던 해에 방면되어 향리로 돌아올 뻔하였으나, 미인의 성행위 유혹을 물리친 상징적인 미래 예지 꿈의 예지대로, 결국은 아쉽게도 석방되지 못한다. 그러다가 다시 8년이 지난 그의 나이 57세인 1818년(순조 18) 8월에 응교(應敎) 이태순(李泰淳)이 정약용의 사학(邪學)의 억울함을 상소하여, 무려 18년간의 유배 생활을 마치고 본집으로 돌아오게 된다.

억울함을 상소하여 풀려날 뻔했으나, 석방되지는 못한 사건이 미인과의 성행위까지 나아가지 못한 상징적인 미래 예지 꿈의 실현 결과라고 볼 수 있다. 상징적인 미래 예지 꿈은 보통 한두 달 안에 실현되는 것이 일반적이지만, 이렇게 꿈꾸고 난 후에 꿈의 실현이 수개월, 수년 뒤에 이루어지는 경우도 상당수 있다. 다시 부언하면, 중대한 사건의 예지일수록 꿈의 실현되기까지의 예지 기간이 길다.

유혹하는 미인과의 성행위로 나아가지 못했기 때문에, 유배지에서 풀려날 뻔했으나 풀려나지 못했다고 절대적으로 주장하는 것은 아니다. 다만 상징적인 미래 예지적인 꿈의 입장에서 볼 때, 미인으로 상징된 어떠한 대상과의 결합·성사·완성·성취가 이루어지지 않는 일로 실현되었음에는 틀림이 없으며, 상징적인 꿈을 분석할 때는 상징적인 입장에서 꿈을 해석해야 하며, 이러한 해석 방법이 올바르다는 것을 보여주고자 한다.

다시 꿈속에서 지은 몽중시는 아니지만, 꿈을 꾸고 나서 이루어진 이규보의 시를 예로 들어본다.

〈 미인과 더불어 희롱하고 꿈에서 깨어나 쓴 시[夢與美人戱 覺而題之] 〉

我年七十四 내 나이 칠십넷이라
久斷衾中事 이불 속 일을 끊은 지 오래인데
云何夢魂中 어찌하여 꿈속에서
偶與美人戱 미인과 짝하여 함께 어울려 희롱하였는가
鬒髮亸烏雲 검은 머리카락은 까만 구름 휘늘어진 듯하고
明瞳注秋水 맑은 눈동자는 가을 물을 부은 듯하네
豈惟以心挑 어찌 마음속으로만 집적거리다 뿐인가
摩撫袖中臂 소매 속의 팔까지 비벼댔네
佯若露赬頰 옥 같은 뺨 슬며시 드러내고
未幾開笑齒 이어 살며시 웃어 보이더니
迺反邀我愛 선뜻 나에게 접근하여
解作百般媚 온갖 교태 다 부렸어라
嘗謂夢覺同 평소 꿈이나 생시가 같다 하여
以此例生死 이로써 생과 사를 비례하였네
我今已斷慾 나는 이미 색욕을 끊었는데
夢裏何未爾 꿈속에선 왜 그렇지 못하였나. — 후략 —

—『동국이상국후집(東國李相國後集)』

그 이튿날 또 미인과 희롱하는 꿈을 깨고 나서

我今與家婦 나는 지금 아내와
異寢已幾年 침실을 달리한 지 벌써 오랜데
汝幸我孤宿 네가 고독한 나의 잠자리에

頻來媚嬌姸　자주 와 교태를 부리는가?
人間遮箇事　인간의 이런 관계는
已悉於前篇　전편에 이미 다 말했는데
胡不信受之　어찌 받아들이지 않고
入夢踵相連　자꾸 꿈속에 나타나는가? — 후략 —

—『동국이상국후집(東國李相國後集)』

위의 두 시는 꿈속에서 지은 몽중시는 아니고, 꿈속에서 미인이 교태를 부리는 것에 대하여 깨어나서 쓴 시이다. 꿈속에 등장하는 미인의 상징성에 대하여 살펴보고자 인용하였으며, 지면상 관련이 미약한 부분은 후략하였다.

앞서 언급한 심리 표출의 꿈으로 보는 입장에서 살펴보면, 평상시에는 도학자요 선비 정신으로 윤리적·도덕적으로 흐트러진 자세가 허락되지 않는 삶이지만, 잠재의식적으로 미인·미녀에 대한 갈망이 내재되어 있었기에 이러한 꿈을 꾸게 된 것이라고 보고 있다.

하지만 이렇게 미인이 등장한 꿈이나, 나아가 성행위 꿈의 경우에 윤리적·도학적 관점으로만 보는 데는 문제가 있을 수 있다. 이규보 자신도 오래전에 이미 색욕을 초월한 상황인데, 미인이 등장한 꿈을 잠재심리가 반영된 소망 표출의 꿈으로 여기기에는 이상함을 밝히고 있다.

따라서 꿈의 상징 의미를 파악하는 것이야말로 올바르게 꿈의 세계에 접근하는 것이라 할 수 있다. 꿈속에 등장한 미인은 누구나 부러워하는 선망의 대상, 평소 자신이 동경해오던 대상, 자신이 추구하고 연구해온 어떤 일거리나 대상을 상징적으로 나타내는 것이다.

꿈으로 미래에 일어날 일을 예지할 수 있다는 사실을 우리는 어떻게 받아들여야 할까? 과학적·논리적으로 증명해 낼 수 없다고, 신비로운 꿈의 세계에 대해서 부정적으로 받아들일 수는 없는 것이다.

논리적으로 설명할 수 없는 직관(直觀)의 세계가 있음을 우리는 부인할 수 없다. 그리고 이러한 직관의 세계보다 더 초월적인 미래 예지 등의 영적인 능력을 발휘해내는 세계가 꿈의 세계인 것이다.

다만, 꿈의 세계는 직설적으로 드러내지 않고 상징적인 표현 수단으로써 보여주고 있을 뿐이다(사실적 미래 투시의 꿈으로 보여주는 경우도 있으나, 대부분의 꿈은 상징적인 미래 예지 꿈으로 나타난다).

성행위의 꿈은 성행위의 상징 표상대로, 성행위의 대상으로 표상된 어떠한 일거리나 사람과의 관련·연결이 이루어진다. 이 경우 기분 좋게 성행위를 하는 꿈일수록 그 일의 성취도가 좋게 이루어지고 있다. 이 경우 여자 혹은 남자로 표상된 성적(性的) 대상과의 꿈속의 표상 전개 하나하나가 모두 의미를 지니고 있다. 예를 들어 '여자를 소개받아 침대에서 성행위를 하는 꿈'이 다른 사람을 소개받아 자신이 필요한 논문 자료를 얻게 되었다는 실증적인 사례에서, 우리는 성행위 꿈이 어떠한 일거리나 사람과의 연결, 관련 맺음, 계약 성사 등으로 실현된다는 사실을 알 수 있다.

상기의 실증 사례에서 알 수 있듯이, 꿈속에서 미인이 교태를 부리거나 가까이 지낸 꿈이 반드시 잠재의식적으로 미인을 동경하고 있었다든가, 현실에서 미인과의 어떠한 인연이 맺어지는 일로 이루어지는 것은 아니다.

상징적으로 미인이 교태를 부리며 접근해오는 꿈은 미인으로 상징된 어떤 일거리 대상이 접촉해오고 추근대는 일로 이루어지고 있다. 이러한 꿈의 실현은 꿈을 꾼 사람이 처한 상황에 따라 달리 실현되고 있는데, 학자인 경우 어떠한 글의 청탁이나 번역 등의 일로 관련이 맺어질 수도 있다.

또한 이튿날 유사한 꿈을 꾸었다고 밝히고 있는 바, 이렇게 반복적으로 유사한 꿈을 꾸는 경우, 꿈으로 예지된 일이 비교적 중대하며, 또한 그 실현 자체가 점차 다가오고 있음을 의미한다.

역사적으로 그 후에 이규보에게 어떠한 일이 일어났는지 살펴본다. 시를 살펴보면, 이 시들은 규보의 나이 74세 때인 1241년 3월 15일에 쓰였다(사망은 그해 9월 2일). 『동국이상국집(東國李相國集)』 연보에 나오는 글로 관련이 있는 부분만을 살펴보자.

> 정유년(고종 24, 1237) 공의 나이 70세. 12월에 금자광록대부(金紫光祿大夫) 수태보 문하시랑평장사 수문전태학사 감수국사 판예부사 한림원사 태자태보(守太保門下侍郎平章事修文殿太學士監修國史判禮部事翰林院事太子太保)로 치사(致仕: 벼슬길에서 물러남)하였다.
>
> 기해년(고종 26, 1239) 공의 나이 72세. 칙명을 받들고 몽고 황제에게 올릴 표장을 지었다. 12월에 또 몽고 황제에게 올릴 표장과 진경(晉卿)에게 보낼 편지를 지었다.
>
> 신축년(1241, 고종 28) 공의 나이 74세. 공은 비록 벼슬에서 물러나 집에 있었으나 '국조(國朝)에 대한 고문대책(高文大冊)과 이조(異朝)에 오가는 서표(書表) 등 일이 있으면 하지 않은 바가 없었다.' 7월에 병이 심해지자, 진양공(晉陽公)이 듣고 이름난 의원들을 보내 문병과 치료를 끊임없이 하였다. — 후략 —

이상에서 살펴본 바와 같이 이규보는 1237년 12월 70세의 나이로 간신히 관직에서 물러나지만, 72세 때에 몽고 황제에게 올리는 글을 지었으며, 74세 때에도 규보의 글재주를 높이 여겨 나라의 큰일이나 중요한 외교문서 작성을 부탁하였음을 알 수 있겠다. 이는 시구에 나오는 “어찌 받아들이지 않고 자꾸 꿈속에 나타나는가〔胡不信受之 入夢踵相連〕”의 상징의미는 자꾸 번거롭게 글을 써달라고 청탁하는 행위를 상징적으로 나타내주고 있다고 해야 할 것이다.

따라서 미인이 교태를 부리며 접근해오는 꿈의 실현이, 학자인 이규보에게는 미인으로 상징된 이러한 일거리와 관련이 맺어짐으로 실현될 수도 있다고 하겠다. 물론 이 경우 성행위를 하는 꿈이면 청탁을 받아들이는 일로, 성행위 거절의 꿈은 청탁을 거절하는 일로 이루어진다. 꿈해몽은 반대가 아닌, 오직 상징의 이해에 있는 것이다.

5. 변란 및 일상의 체험 꿈

임진왜란이나 병자호란, 기타 일상생활에서의 꿈 체험을 일기나 문학작품으로 형상화하여 나타낸 경우가 상당수 있다. 주요한 몇 가지를 살펴본다.

〈『해상록(海上錄)』의 꿈이야기 〉

「꿈에 죽은 아내를 보고 베개 위에서 네 수[夢見亡妻 枕上有感 四首]」

夢裏分明見我儀　꿈속에서도 또렷이 나의 모습을 보는데
怳然顔色似平時　황연히 얼굴빛이 평시와 같았네.
君能全節應無悔　절개 지킨 그대는 응당 후회 없으련만
我獨偸生愧且悲　홀로 생을 탐한 나는 부끄럽고도 슬프네.

偕亡一約幾云云　함께 죽자는 약속 몇 번이나 했던가.
君不孤吾我負君　그대 나를 홀로 두지 않았는데 나는 그대 저버렸네.
永訣遺音今在耳　임종 때 남긴 음성 지금도 귀에 쟁쟁하여

臨風長慟挹餘芬　바람 앞에 오래도록 슬퍼하며 남은 향기 어루만지네.

人所難爲子獨爲　사람으로 하기 어려운 일 그대 홀로 하였거니
碧波嗚咽帶餘悲　푸른 물결도 흐느끼며 슬픔 띠었구나.
孤魂水底應難瞑　물 밑에서 외로운 혼 눈 감기 어려우리.
上有慈親下乳兒　위로는 자친이요 아래로는 젖먹이인걸.

重義輕生古所無　의를 중하게 여기고 삶을 가볍게 하는 것 예부터 드물었거니
奈何君獨易殞軀　어찌하여 그대 홀로 죽음을 가볍게 했는가.
違盟愧歎餘孤鳳　맹세 어기고 홀로 남은 남편 되어 부끄러워 탄식하네.
失哺哀啼有二烏　어미 잃고 슬피 우는 두 자식이 있네.

琴瑟六年緣已了　금슬 육 년에 인연 이미 끝났는데
風花一片鳥嗚呼　바람에 지는 한 조각 꽃에 새가 울부짖네.
箇邊最是傷心事　그중에도 가장 마음 아픈 일은
親抱懷中汗血駒　몸소 품에 안고 있던 한혈마같은 갓난아이라네.

— 정희득, 「시(詩), 칠언율시(七言律詩)」 五十八 『해상록(海上錄)』 제2권 · 국역 『해행총재(海行摠載)』 Ⅷ, 민족문화추진회, (주)민문고, 1967, 420~421쪽

이렇게 꿈을 제재로 한 시(詩)야말로 진솔하게 자신의 심리가 표출되고 있기에 살펴본다.

먼저 작품의 배경이 되는 월봉(月峯) 정희득(鄭希得: 1573~1640)이 처했던 상황에 대해서 알아본다. 심리 표출의 꿈은 꿈을 꾼 사람이 처한 상황이 매우 중요하다. 또한 상징적인 미래 예지 꿈에 있어서도, 처한 현실에 따라 각기 다르게 꿈이 실현된다.

정희득의 자(字)는 자길(子吉)로, 1597년(선조 30) 정유재란 때 형과

함께 왜군의 포로가 되어 일본에 갔다가, 1599년(선조 32)에 본국으로 돌아왔다.

그가 1613년(광해군 5) 여름에 상중(喪中)에 있으면서 지은 『해상록(海上錄)』은 정유재란 때, 왜군의 포로로 일본에 잡혀갔다가 돌아오기까지 일본에서의 포로 생활 중 겪은 일을 기록한 책이다. 특히 포로로 붙잡혀 자유도 없고, 감시와 학대 속에 굶주림에 시달리고, 고향에 있는 노부와 어린 자식들에 대한 그리움이 사무쳐, 꿈속에서라도 보고 싶어하는 애절한 내용의 글이 많이 실려 있다.

정희득이 붙잡히기부터 돌아오기까지의 과정을 살펴보면, 1597년(선조 30) 9월, 부모 형제와 처자를 배에 싣고 적병을 피하여 서해를 따라 위로 올라가려 했으나, 뱃사공이 길을 잃고 영광 고을 칠산 바다에 표류하게 된다. 27일 갑자기 적선을 만나, 노모와 누이, 처권(妻眷: 아내와 친족)이 모두 바다에 몸을 던져 죽고, 노부와 어린 자식은 그달 29일에 늙고 어리다 하여 해변에 내려놓게 된다.

정희득은 적에게 묶여 미처 죽지 못하고, 사로잡힌 적장의 마을로 잡혀가 왜놈에게 서역(書役)을 해 주고 얻은 백은(白銀)으로 왜승 동수좌(東首座)란 자에게 뇌물로 주고, 천신만고 끝에 일기도(壹岐島)와 대마도를 거쳐 억류와 탈출을 반복하다가 간신히 돌아오게 된다.

이 시에서는 안타깝게 죽은 아내에 대한 그리움과 가슴 아픔을 애절하게 적고 있다. 왜놈에게 정조를 더럽히지 않으려고 바다에 몸을 던져 죽음을 선택한 아내와 구차하게 목숨을 부지하며 일본 땅에 포로로 붙잡혀 있는 처량하면서 부끄러운 자신의 처지를 대비하고 있다. 부부로서 같이한 세월은 6년, 아내는 시부모와 자식 둘을 남기고 차마 죽음을 택하기가 가슴 아팠으리라. 그보다 더 가슴 아픈 일은 아내가 피 같은 땀을 어깨 죽지에 흘려 붉게 보인다는 한혈마처럼 붉은 핏덩이의 갓난아기를 가슴에 안고 죽음을 선택할 수밖에 없었던 것이리라.

이 밖에도 「죽은 아내가 밥을 주는 꿈을 꾸고 3수」에서는 배고픔에 시달려 아내가 밥을 주는 꿈을 꾸었음을 밝히고 있다. 또한 아내를 만나 운우지정을 나누는 꿈을 꾸고 나서는 포로로 붙잡혀와 몸도 병들어 어려운 상황 가운데서도 먼저 자결한 아내에 대한 미안함과 그리움에 가슴 아파함을 노래하고 있다.

또한 꿈속에서 왜적에 의해 버려진 아이가 꿈에 나타나자, 다음과 같이 적고 있다. "이날이 바로 아이의 생일이기에 연연한 심정이 평시보다 갑절이더니, 꿈 가운데 서로 보았으니 실로 부자간의 인정이 저절로 이렇게 감응된 듯하다."

〈 쇄미록(瑣尾錄)의 꿈이야기 〉

오희문(吳希文: 1539~1613)이 임진왜란을 직접 체험하면서 기록한 일기(日記)다. 1591년(선조 24) 11월부터 1601년(선조 34) 2월까지 약 9년 3개월간의 전쟁에 관한 내용을 비롯하여 생활상을 적고 있다. 다만, 기록된 꿈의 대부분은 예지적인 꿈이 아닌, 임진왜란으로 피난 중에 헤어진 가족을 걱정하는 심리 표출이 꿈이 대부분이다.

「쇄미록(瑣尾錄)」이라는 이름은 『시전(詩傳)』 모구장(旄丘章)에 있는 "瑣兮尾兮 遊離之子(쇄혜미혜 유리지자: 자질구레하면서 초라한 것은 여기저기 객지를 떠도는 사람)"라는 말에서, 피난의 기록임을 암시하고 있다.

오희문은 병자호란 때 끝까지 싸울 것을 주장하다가 청나라까지 끌려가 죽임을 당한 삼학사(三學士) 가운데 한 사람인 오달제의 조부(祖父)이다.

〈 『간양록(看羊錄)』의 꿈이야기 〉

『간양록(看羊錄)』은 강항(姜沆: 1567~1618)이 임진왜란 때, 일본에 포로로 잡혀가서 보고 들은 일본의 풍속, 지리 및 군사 정세 등을 기록한 책이다.

책에 나오는 꿈이야기는 '꿈에 본 내 고향'이란 말이 있는 것처럼, 고향에 대한 그리움의 잠재적 소망이 심리 표출의 꿈으로 나타나고 있는 것이 대부분이다. 새끼 용이 물 위에 뜬 태몽으로 낳은 자식이 왜적으로 인해 바닷물에 빠져 죽는 예지적 꿈이야기 등이 실려 있기도 하다.

〈 꿈에 고리를 얻어 고향으로 돌아갈 것을 예지하다 〉

노인(魯認)과 유여굉(柳汝宏)은 다 호남 선비다. 임진왜란 때에 왜적에 사로잡힌 바가 되어, 부산으로부터 배에 올라 일본으로 향할 때 같이 끌려가는 자가 7인이었다. 고향을 떠나 포로가 되어 붙잡혀 가니, 살 뜻이 없어 돌을 지고 바다에 몸을 던져 죽고자 했었다.

여굉의 꿈에 한 고리를 얻어 7인이 다투다가 깨었다. 해몽하기를 '고리는 회선(回旋)하는 것이니, 이는 고향으로 돌아갈 징조이라.' 그리하여 마음에 잊지 않고 항상 7인으로 더불어 고국에 돌아가기를 꾀했다.

일본에 들어가 날마다 품팔기를 부지런히 하여, 몰래 돈을 마련하기를 6~7년이 되었다. 7인이 더불어 꾀하되 조그마한 왜선을 도적하여 대마도를 거쳐 부산으로 돌아가려고 하였다.

이에 노인이 말하기를 대마도는 일본에 속해 있으니, 일이 실패할 염려가 있다. 내가 일본에 장사하러 드나드는 남번국(南蕃國: 동남아 지역) 사람을 알고 있으니, 남번에 들어가 중국을 거쳐 돌아가는 것이 안전할 듯하다. 다른 사람들이 말하기를 "막연하고 오래 걸리니 좋지 못하리다."

이에 서로 울며 이별하고 배를 나눠 출발했다. 6인은 대마도를 거쳐 부산으로 해서 각각 그 고향에 돌아가고, 노인은 남번으로 해서 중국을 거쳐 갖은 고생을 한 후에 돌아왔으니, 3년이 더 걸렸다. 후에 노인은 무과에 급제하여 높은 벼슬에 올랐다.

—『어우야담』

꿈에서 고리를 얻고 서로 다투는 꿈을 꾼 것처럼 서로 간의 의견 차이는 있었지만, 고리의 돌고 도는 모양대로 고국으로 돌아올 수 있었음을 예지해주는 꿈이라 하겠다.

우리가 혼인에 있어 정표로써 반지를 예물로 주고받는 것 또한 동그란 반지의 모양처럼 애정이 언제나 늘 변함없으며, 헤어지더라도 반드시 돌아오기를 바라는 뜻에서 시작되었다고 보아야 할 것이다.

〈『미암일기(眉巖日記)』의 꿈이야기〉

유희춘(柳希春: 1513~1577)이 그의 나이 55세가 되던 1567년 10월 1일부터 세상을 떠난 해인 1577년 5월 13일까지 약 11년에 걸쳐 쓴 일기로, 16세기 조선 생활사에 있어서 귀중한 자료다.

『미암일기』에는 조정의 공적뿐 아니라 집안의 대소사, 특히 부인에 대한 내용과 집안의 경제, 자손들의 결혼과 제사, 첩과 서녀, 노비 문제 등 다양한 내용이 적혀 있다.

그중에서도 개인적인 꿈이야기와 자신의 해몽까지 곁들여져 있어, 유희춘이 꿈에 관심이 많았음을 알 수 있으며, 예지적 꿈에 대해서 믿고 있었음을 알 수 있다.

* 1567년 10월 1일. 흐린 후 갬.

"아내가 꿈에 구름이 걷히고 하늘이 갠 것을 보았다 했는데, 이는 수심이 없어지고 근심이 풀릴 징조다."

일기의 처음이 꿈으로 시작되고 있다. 이는 예지적 꿈에 해당하는 바, 자신이나 가족들이 꾼 꿈을 기록하고 길흉의 여부를 판단하고 있다. 유희춘의 꿈해몽은 올바르다. 꿈은 반대가 아닌 상징의 이해에 있는 바, 구름이 걷히고 맑은 하늘을 보는 꿈은 근심·걱정이 사라지고 희망찬 일이 일어날 것을 예지해주고 있다.

* 1567년 10월 10일.

"아내가 뱀에게 물린 꿈을 꾸었다고 하는데, 길조다."

대체로 길몽이 맞다. 이 경우 누군가의 태몽을 대신 꿔준 것이거나, 뱀으로 상징된 이권이나 재물의 영향권 안에 휩싸여 들어가게 된다. 드물게는 물린 부위에 사고를 당하는 일로 이루어진다.

* 1574년 9월 8일.

"꿈에 역마를 타고 달려 광주에서 영암까지 가서 잤다. 부인은 또 꿈에 공중에 날아 보았다 하니, 모두 크게 길한 조짐이다."

길몽은 올바르다. 말을 타고 신 나게 달리는 꿈은 자신의 역량을 크게 떨치는 것으로 해몽할 수 있다. 또한 하늘을 나는 꿈 역시 좋다. 승진하여 뜻을 펼치거나, 일이 순조롭게 풀려나간다. 만사형통의 꿈으로, 환자의 경우에 이런 꿈을 꾸면 병이 회복된다.

『미암일기』에 대한 자세한 것은 다음 두 편을 참고 바란다.

(1) 宋宰鏞,「眉巖日記 研究」, 단국대학교대학원 학위논문(박사), 국어국문학과 고전문학전공, 1996.

(2) 鄭昌權,『홀로 벼슬하며 그대를 생각하노라』, 사계절, 2003, 117~123쪽. 「3. 나들이-꿈도 생활의 일부였다.」의 항목으로, 일기 속의 꿈이야기를 별도의 장으로 소개하고 있으니 참고 바란다.

〈『난중일기(亂中日記)』의 꿈이야기 〉

『난중일기』는 이순신 장군이 1592년 1월 1일부터 1598년 11월 17일까지 7년간의 진중(陣中) 생활을 기록한 일기다. 임진왜란의 경과와 전쟁의 정황, 가족과 나라에 대한 걱정 등이 여실히 드러나 있다. 다만 아쉬운 점은 한글이 아닌, 한문으로 썼다는 것이다.

『난중일기』에는 『미암일기』보다는 못하지만, 꿈에 대한 기록도 40회 이상 적혀 있다. 이처럼 일기에 꿈의 내용을 적은 것으로 미루어, 꿈을 상당히 믿고 있었음을 알 수 있다.

『난중일기』에 실려 있는 꿈의 내용도 다양하다. 계시적 예지 꿈은 전투의 승리에 대한 간절한 바람에서, 정신능력이 극대화되어 계시를 받는 꿈으로 형상화되어 표출되었다고 볼 수 있다. 이 밖에도 친지의 죽음이나 장차 일어날 조짐을 보여주는 예지적 꿈이 상당수 기록되어 있으며, 또한 가족을 걱정하는 심리 표출의 꿈에서는 인간 이순신의 인간적인 내면이 여실히 드러나고 있다.

『난중일기』에 쓰인 꿈 내용에 대한 이해를 돕기 위해, 먼저 이순신 장군에 대해서 간략히 살펴본다.

이순신의 관직운은 처음부터 순탄치 않았다. 1582년 발포수군만

호(鉢浦水軍萬戶)로 있을 때, 객사 뜰에 있는 오동나무를 베어 거문고를 만드는 것을 반대하는 등 강직한 성품으로 모함을 받아 파직되기에 이른다. 1587년 녹둔도(鹿屯島) 둔전관을 겸하고 있을 때, 병력 증원을 요청했으나 무시당하고, 오랑캐의 기습으로 인한 싸움에서 도망을 쳤던 이일(李鎰)의 무고로 두 번째 파직된다.

임진왜란이 일어나기 1년 전에 류성룡의 천거로 전라좌도수군절도사로 임명되어, 전라좌수영(全羅左水營: 지금의 여수)에 부임하게 된다. 부임 후 왜구의 내침을 염려하여 바로 영내 각 진의 군비를 점검하는 한편, 전투에서 돌격선인 거북선〔龜船〕의 건조에 착수한다.

취임 이듬해인 임진왜란이 발발한 1592년 4월경에는 새로 건조한 거북선을 시험하고 있었다. 마침내 1592년 4월 13일 일본군이 20만 명에 달하는 병력으로 침략한 임진왜란이 일어났다. 그러나 경상좌우도 수군은 왜군의 부산 상륙을 보면서도 전혀 싸우지 않았다. 그 후 이순신은 옥포(玉浦)해전, 사천(泗川)해전, 당항포(唐項浦)해전, 율포(栗浦)해전에서 승리를 거두게 된다. 한산해전에서는 일본 함대를 견내량(見乃梁)에서 한산도 앞바다로 유인하여 학익진(鶴翼陣)으로 섬멸하기에 이른다. 이어 9월 1일 부산포(釜山浦)를 습격하여 적선 100여 척을 격파하였으며, 1593년 7월 14일 본영을 여수에서 한산도로 옮기기에 이른다. 1593년 8월 15일에는 수사의 직에 더하여 삼도수군통제사로 임명되었다.

1595년 2월 27일 조정에서는 이순신과 원균 사이의 불화를 염려하여 원균을 충청 병사로 전직시킨다. 1597년 2월 왜군의 이간책에 넘어간 조정은 '조정을 속이고 적을 놓아주고 치지 않았다'는 죄목으로 이순신을 서울로 압송하기에 이르고, 그 대신에 원균을 삼도수군통제사로 임명한다. 서울로 압송된 이순신은 3월 4일 투옥되어 갖은 고초를 겪으며 28일간의 옥고 끝에 간신히 구명되어 백의종군의 길을 떠나게 된다(1596년 10월 12일부터 1597년 3월 30일까지는 일기가 누락되어 있다. 이는 원균의 모함으로 하옥되고, 28일간의 옥고 끝에 1597년 4월 1일 석방되기까지의 기간이다. 옥중 및 신변의 괴로움으로 일기를 쓸 수 없었을 것이다).

이순신이 아산에 이르렀을 때, 1597년 4월 13일 어머니의 부고를 받기에 이르는데, 그에게 가장 힘든 시련의 시기였다. 이순신이 백의종군하던 시기에 원균이 이끄는 조선함대는 1597년 7월 16일 칠천량(漆川梁)에서 기습을 받아 참패하기에 이른다. 이에 8월 3일 재차 삼도수군통제사로 임명되고, 남은 전선들을 거두어 13척의 배로 9월 16일 울돌목의 명량해전에서 적선 200여 척을 섬멸한다. 그러나 그 보복으로 아산을 급습한 왜적과 싸우다가 셋째 아들 면이 전사하기에 이른다.

1598년 8월 19일 일본의 도요토미 히데요시(豊臣秀吉)가 죽자 왜군은 철군하고자 하였으나, 퇴로를 차단한 이순신은 명나라 수군과 합세하여 노량해전에서 싸우다가 1958년 11월 19일 장렬하게 전사한다.

꿈 내용이 적혀 있는『난중일기』중에서, 특징적인 것에 간략한 해설을 붙여 순차적으로 살펴본다.

〈 1592년(임진년) 4월 14일 임진왜란 발발(勃發) 〉

* 1592년(임진년) 8월 28일. 맑음.

"새벽녘에 앉아서 꿈을 생각해보니, 처음에는 나쁠 것 같았으나 도리어 좋은 것이었다."

꿈에 대해서 믿고 있었으며, 꿈의 의미를 생각해서 전투나 실생활에 도움을 얻고자 했음을 알 수 있다.

> *1593년(계사년) 7월 29일. 맑음.
> "새벽 꿈에 사내아이를 얻었다. 이는 포로로 잡혀간 사내아이를 얻을 징조다."

미래 예지적인 꿈으로 실현될 것을 믿고 있다. 상징적인 꿈에서 아기를 낳는 꿈은 성취나 결실을 얻게 되는 일로 실현된다. 아이를 얻는 꿈 또한 아이로 상징된 어떠한 성취를 얻게 되는 일로 실현된다. 또한 주변 누군가의 태몽을 대신 꿔준 것이 될 수도 있겠다. 하지만 이순신 장군은 백성에 대한 애민 정신으로, 포로로 잡혀간 사내아이를 얻게 되는 일로 실현되기를 바라고 있음을 볼 수 있다.

> *1593년(계사년) 8월 1일. 맑음.
> "새벽 꿈속에 큰 대궐에 이르렀는데, 마치 그 모습이 서울인 것 같고, 기이한 일이 많았다. 영의정이 와서 인사를 하기에 나도 답례를 했다. 임금이 피난 가신 일에 대하여 말하다가, 눈물을 흘리며 탄식하다가 적의 형세는 이미 종식되었다고 말했다. 서로 이 문제에 대하여 논의할 즈음에 사람들이 구름같이 모여드는 것을 보고 잠이 깼다. 무슨 일이 일어날지, 알 수가 없다."
>
> — 김경수 편저, 『평역 난중일기』, 행복한 책읽기, 2004, 85쪽

대궐에 이르른 꿈, 영의정이 와서 인사를 하는 꿈, 사람들이 구름같이 몰려드는 꿈으로 영전을 예지하는 꿈이다. 조정은 삼도수군통제사를 신설하고, 1593년 8월 15일에 이순신을 삼도수군통제사로 임명하였다.

* 1593년(계사년) 8월 25일. 맑음.

"꿈에 적의 형적이 보였다. 새벽에 각도 대장에게 알려서 바깥 바다에 나가 진을 치게 하였다."

꿈을 통해 어떠한 계시를 받거나, 창의적인 발견이나 발명 등을 이루어낸 사례가 무수히 많다. 이 경우, 간절히 바라는 마음에서 꿈이 창조되고 있다고 할 수 있다. 나라의 안위가 달린 전쟁에서 이기기를 바라는 마음에서, 이렇게 적의 동정이 꿈으로 나타났다고 볼 수 있다. 즉, 우국(憂國)에 대한 마음이 이러한 꿈을 만들어낸 것으로 볼 수 있다.

* 1594년(갑오년) 2월 3일.

"새벽 꿈에 한쪽 눈이 먼 말을 보았다. 무슨 징조인지 모르겠다."

좋지 않은 흉몽이다. 말이 운송 수단이나 전투에서 요긴하게 쓰이는 역할로 미루어, 이러한 말의 한쪽 눈이 멀었다는 것은 상징적인 꿈으로 좋지가 않다고 해야 할 것이다. 사람을 상징하는 경우, 자신을 도와주는 누군가가 어려움에 처하게 되고, 일거리나 대상을 상징하는 경우에는 전선(戰船)이나 식량 등 전투 물자에 어려움이 생길 수 있겠다.

또한 말이 적대적인 인물의 상징으로 등장한 경우, 속이 좁고 편협한 주장을 하는 사람이나 정책을 상징하고 있다. 이 경우, 일기의 이어지는 다음 부분에서, "우조방장(右助防將) 어영담이 왔는데, 그에게서 역적들의 소식을 들었다. 걱정되며 분하고 억울함을 이기지 못했다."와 관련이 있을 수 있겠다.

* 1594년(갑오년) 2월 5일. 맑음.

"새벽 꿈에 좋은 말을 타고 곧장 바위가 많은 큰 산마루로 올라가니, 산봉우리가 빼어나게 아름답고 구불구불 동서로 뻗어 있었다. 봉우리 위의 평평한 곳이 있어, 자리를 잡으려고 하다가 깨었다. 그것이 무슨 징후인지 모르겠다.

또 어떤 미인이 홀로 앉아서 손짓을 하는데, 나는 소매를 뿌리치고 응하지 않았다. 우스운 꿈이 아닐 수 없다."

좋은 말을 타는 것은 좋은 꿈이다. 장수의 입장에서 훌륭한 부하나 전투 준비 태세가 완비된 좋은 상황에 처하게 될 것을 상징한다고 볼 수 있다. 높은 산 위에서 아름다운 절경을 보는 것 또한 좋은 꿈이다. 평평한 곳에 자리를 잡으려는 것은 자신이 어떠한 선택이나 결정을 내리거나, 승진이나 관운 등에서 좋은 여건에 처하게 됨을 뜻한다.

다만, 미인이 손짓을 하는데 뿌리치고 응하지 않은 것은 좋아 보이지 않는다. 꿈에 여자를 보는 꿈이 안 좋은 일로 실현된 사례가 상당수 있지만, 미인과 즐거운 시간을 갖거나 성행위까지 하는 꿈이 상징적으로 좋은 꿈이다. 여인을 물리치는 꿈은 어떠한 제안이나 일거리 대상을 거절하는 일로 실현된다.

* 1594년(갑오년) 7월 27일. 흐리고 바람이 불었다.

"밤에 꿈을 꾸었는데, 머리를 풀고 크게 울었다."

사실적인 꿈이라면 아주 안 좋은 꿈이다. 하지만 상징적인 꿈으로는 어떠한 일이 이루어져 널리 알려지는 좋은 꿈이다.

* 1594년(갑오년) 8월 2일.

"지난밤에 꿈을 꾸었는데, 나의 첩(부안 사람)이 아들을 낳았다. 달수를 따져보니 낳을 달이 아니었다. 꿈이지만 내쫓아버렸다."

상징적인 미래 예지 꿈이다. 꿈을 우리 일상의 언어로 해석하면 안 된다. 꿈은 꿈의 언어인 상징으로 풀어야 한다. 아기를 낳는 꿈은 성취와 결실을 얻는 좋은 꿈이다. 다만, 내쫓아버리는 꿈이었으니, 어떠한 성취 결과가 흡족지 않게 이루어져서, 그만두게 되는 일로 이루어진다.

* 1594년(갑오년) 9월 20일.

새벽에 바람은 그치지 않았으나, 비는 잠깐 그쳤다. 홀로 앉아 간밤에 꾼 꿈을 생각해보았다. 바닷속에 있는 외로운 섬이 달려가다가 내 앞에서 주춤 섰는데, 그 소리가 우레 같았다. 사방에서는 모두 놀라서 달아났는데, 나만 혼자서 끝까지 그것을 구경했었다. 참으로 장쾌했다. 이것은 왜놈들이 화친을 애걸하고 스스로 멸망할 징조다. 또 내가 준마(駿馬)를 타고 천천히 가고 있었다. 이것은 임금의 부르심을 받아 올라갈 징조다.

— 김경수 편저, 『평역 난중일기』, 행복한 책읽기, 2004, 148쪽

상징적인 미래 예지 꿈이다. 외로운 섬이 달려가다가 앞에서 멈춘 것은 어떠한 진행이 멈춰지는 것을 뜻한다. 다른 사람이 도망감에도 불구하고 혼자서 끝까지 장쾌하게 구경했다는 데서, 다른 사람과 달리 전혀 두려움 없이 일을 처리해 나갈 것을 뜻하고 있다. 준마(駿馬)를 타고 가는 꿈 또한 상징적인 꿈으로, 좋은 여건에 처하게 될 것을 뜻하고 있다.

* 1594년(갑오년) 11월 8일.

새벽에 꿈을 꾸었다. 영의정은 이상한 모양을 갖추었고, 나는 관을 벗은 채로 민종각(閔宗慤)의 집에 가서 이야기를 하다가 깨었다. 무슨 징조인지 알 수가 없다.

상징적인 꿈이다. 영의정이 이상한 모양이며, 자신도 관을 벗은 모습이 좋은 꿈으로 보이지 않는다. 비정상적인 어떠한 일의 진행이 있었을 것으로 추정된다.

* 1594년(갑오년) 11월 25일. 흐림.

새벽 꿈에 순변사 이일(李鎰)과 만나 많은 말을 하였는데, "이같이 국가가 위태로운 시기를 당해 몸에 무거운 책임을 지고서도 나라의 은혜를 갚겠다는 생각은 하지 않고, 배짱 좋게 음란한 계집을 끼고 관사에는 들어오지 않고 성 바깥 여염집에 있으면서, 남의 비웃음을 받으니 그것이 무슨 일이며, 또 수군 각 고을과 포구에 나눠 배정된 병기를 육군에서 독촉하기에 바쁘니, 이것이 또한 무슨 까닭이냐?" 하니, 순변사 이일이 대답하지 못하는 것이었다. 기지개를 켜며 일어나니, 한갓 꿈이었다.

— 김경수 편저, 『평역 난중일기』, 행복한 책읽기, 2004, 159쪽

예지적인 꿈이 아닌 심리 표출의 꿈이다. 『난중일기』에서는 원균과 더불어 이일(李鎰)에 대해서 좋지 않은 이야기가 나오고 있다. 1588년 녹둔도(鹿屯島)에서 패전의 책임을 전가하고 무고하여 파직에까지 이르게 한 못난 장수로 여기던 이일에 대한 잠재의식적인 심리가 꿈으로 표출되고 있다고 해야 할 것이다. 특히, 1595년 1월 21일의 일기에서는 "장흥부사가 와서 봤다. 그 편에 들으니, 순변사 이일의 처사가 극히 형편없고 나를 해치려고 무척 애쓴다고 하니, 참으로 우습다."라고까지 나오고 있다.

1592년(선조 25) 임진왜란이 일어나자, 4월 17일 이일을 순변사로 임명하여 상주 북방 북천에 진을 치고 왜적을 막게 하였으나, 왜장 고니시(小西)가 이끄는 왜병에게 패하게 되며, 이일은 단신으로 탈주(脫走)하게 된다. 충주 전투에서도 패하게 되며, 그 후로도 여러 차례 패전(敗戰)하고 있다.

* 1595년(을미년) 정월 12일
"흐리고 바람이 세게 불었다. — 중략 — 삼경에 꿈을 꾸니, 돌아가신 아버님께서 와서 분부하기를 '13일에 회를 초례하여 장가보내는 데 알맞지 않은 것 같구나. 나흘 뒤에 보내도 무방하다'고 하셨다. 이는 완전히 평소 때와 같은 모습이어서 이를 생각하며 홀로 앉았으니, 그리움에 눈물을 금하기 어려웠다."

계시적 성격의 꿈이면서, 소망 표출의 꿈이기도 하다. 돌아가신 아버님과 가족에 대한 그리움이 꿈에 나타나고 있다.

* 1595년(을미년) 2월 9일. 비가 내림.
"꿈을 꾸니 서남방 사이에 붉고 푸른 용이 한쪽에 걸렸는데, 그 형상이 굴곡져서 내가 홀로 보다가 이를 가리키며 다른 이들도 보게 했지만, 남들은 볼 수 없었다. 머리를 돌린 사이에 벽 사이로 들어와 화룡이 되어 있었고, 내가 한참 동안 어루만지며 완상하는데, 그 빛과 형상의 움직임이 특이하고 웅장하다고 할 만했다. 기이한 상서로움이 많은 것 같기에 적었다(일기초)."

꿈의 상징 기법은 다양하다. 꿈속의 동물은 대부분 사람을 상징적으로 나타내는 경우가 많다. 예를 들어 구렁이가 몸에 감기는 꿈을 꾼 처녀는 구렁이로 상징된 남자가 다가올 것을 예지해주고 있다.

용(龍)의 상징 의미는 부귀·권세·명예 등의 상징과 아울러, 용상(龍床)·용안(龍顔)·곤룡포(袞龍袍)의 말이 있듯이, 절대 권력을 지닌 왕과 같은 존재의 인물을 뜻한다. 다만, 여기서 크게 뜻을 펼치고 날아오르는 살아 있는 용이 아닌 화룡(畵龍)이 되어 있었다는 점에서, 크게 이름을 빛내고 떨치지만 기념비적인 존재로 남을 것을 예지해주고 있다고 볼 수 있다. 아마도 꿈속의 화룡이 바로 이순신 자신의 장차 운명의 길을 상징적으로 보여주고 있는 꿈인지 모른다.

> * 1595년(을미년) 5월 15일.
> "새벽 꿈이 몹시 심란했다."

나랏일과 가족에 대한 걱정에서 이루어진 심리 표출의 꿈이다.

> * 1596년(병신년) 1월 12일. 맑았으나 서풍이 세게 불어 추위가 지독했다.
>
> 날이 샐 무렵 꿈을 꾸었는데, 한 곳에 이르러 영의정 류성룡과 함께 이야기하는 것이었다. 한동안 둘이 의관을 벗어 놓고 앉았다 누웠다 하면서 서로 나라 근심을 털어놓다가, 끝내는 억울한 사정까지 털어놓았다. 이윽고 바람이 불고 비가 퍼붓는데도 흩어지지 않고 그대로 조용히 이야기하는 동안, 만일 서쪽의 적이 급히 들어오고 남쪽의 적까지 덤비게 된다면 임금이 어디로 가시겠는가 하고 걱정하며 말을 잇지 못했다.

나라의 안위에 대한 걱정에서 심리 표출의 꿈으로 나타나고 있다. 풍전등화의 어려운 상황에서 믿을 사람이라고는 류성룡이었음을 꿈을 통해 보여주고 있다. 이는 1596년(병신년) 7월 30일의 일기에서도 "꿈에 영의정과 조용히 이야기했다."라는 내용이 나오고 있음에서 잘 알 수 있다. 이어지는 이야기에, "영의정 류성룡이 천식증으로 몹시 편찮다고 했는데 나았는지 모르겠다."라고 나오고 있다.

한편, "억울한 사정까지 털어놓았다."라는 부분은 조정의 처사에 대해서 못마땅한 것을 내면의 고백인 일기를 통해 은연중에 드러내고 있다고 해야 할 것이다. 또한 왜적에 대한 걱정에서, 서쪽의 적이 바다를 통해 한양을 쳐들어가게 되는 일을 경계하는 마음이 꿈속에서까지 표출되어, 고민하고 있음을 알 수 있겠다. 이어지는 이야기에 점을 쳐서 길흉을 알아보는 이야기가 나오고 있다.

> * 1596년(병신년) 7월 10일. 맑음.
>
> "새벽 꿈에 어떤 사람이 멀리 화살을 쏘았고, 다른 어떤 사람은 갓을 발로 차서 부수는 것이었다. 스스로 이것을 점쳐 보니, 화살을 멀리 쏜 것[射遠]은 적들이 멀리 도망하는 것이요. 또 삿갓을 발로 차서 부수는 것[蹴破笠]은 머리 위에 있는 갓이 발길에 채인 것이니, 이는 적의 괴수(魁首)를 모두 잡아 없앨 징조라 하겠다."

이순신 장군은 장수의 입장에서, 전투와 관련지어 꿈을 해몽하고 있다. 화살을 멀리 쏠 수 있는 것은 좋은 것이기에 적을 위협할 수 있을 것으로 보았고, 마찬가지로 갓을 차서 부수는 것은 어떠한 사람이나 대상을 쳐부수는 것으로 보고 있다.

> **〈 1597년(정유년) 1월 15일 정유재란 발발(勃發) 〉**
>
> * 1597년(정유년) 4월 11일.
>
> "새벽에 꿈이 매우 뒤숭숭해서 이루 말할 수가 없었다. 덕(德)이를 불러 대강 이야기를 하고, 또 아들 울에게도 이야기를 해주었다. 마음이 몹시 언짢아 취한 듯 미친 듯 마음을 가라앉힐 수가 없으니, 이게 무슨 조짐일까?

병드신 어머님을 생각하며 눈물이 흐르는 것을 깨닫지 못했다. 종을 보내서 어머님의 안후(安候)를 알아오도록 했다."

병들어 누워계시는 어머님에 대한 근심과 걱정, 불안, 초조감 등의 잠재적 심리가 표출된 꿈이다. 이 경우에 '주사야몽(晝思夜夢)'이라고 하여, 낮에 생각한 것이 꿈으로 표출되는 경우가 많다.

이순신 장군은 1597년 3월 4일 모함으로 투옥되어 가혹한 문초 끝에 백의종군(白衣從軍)하라는 명을 받고 4월 1일 석방된다. 비운의 시기에 어머니에 대한 걱정에서 이러한 꿈을 꾸고 있다.

또한 예지적 꿈의 세계가 있는 바, 불길하고 암울한 꿈의 경우에 죽음 예지 꿈으로 실현되기도 한다. 실제로 장군의 어머니가 돌아가신 날인 정유년 4월 11일의 일기로, 서울에서 내려오다가 꿈을 꾼 이틀 후인 13일에 아산에 이르렀을 때, 어머니의 부고를 듣게 되는 일로 실현되고 있다.

* 1597년(정유년) 5월 5일. 맑음.
"새벽 꿈이 매우 어지러웠다."

이날, 충청 우후 원유남이 한산으로부터 와서 원균의 여러 못된 짓을 많이 전하고, 진중의 장졸(將卒)들이 모두 배반하므로 장차 일이 어떻게 될지 모른다는 비관적인 이야기를 듣게 된다. 이러한 결과는 두어 달 뒤에 7월 15일 원균의 칠전량(漆川梁) 전투 참패로 이어진다.

* 1597년(정유년) 5월 6일. 맑음.
꿈에 돌아가신 두 분 형님을 만났는데, 서로 붙들고서 울면서 하시는 말

씀이 "장사를 지내기 전에 천 리 밖으로 떠나와서 군무에 종사하고 있으니, 대체 모든 일을 누가 주장해서 처리한단 말이냐. 통곡한들 어찌하리." 하셨다.

이것은 두 형님의 혼령이 천 리 밖까지 따라오셔서 근심하고 애달파함을 이렇게까지 하신 것이니, 비통함을 금치 못하겠다. 연일 꿈자리가 사나운 것도 아마 형님들의 혼령이 걱정하여 주는 탓이라 슬픔이 한결 더하다.

— 김경수 편저, 『평역 난중일기』, 행복한 책읽기, 2004, 280쪽

어머님의 죽음에도 불구하고 장사도 제대로 지내지 못하고, 백의종군하는 비통한 심정에서 잠재적 심리 표출의 꿈으로 형상화되고 있다.

* 1597년(정유년) 5월 8일. 맑음.

"이날 새벽 꿈에 사나운 범을 때려잡아 껍질을 벗겨 휘둘렀는데, 무슨 징조인지 알 수 없다. 음흉한 원균이 편지를 보내어 조상하니, 이것은 원수의 명령이었다."

상징적인 꿈이기에, 사나운 범으로 상징된 어떠한 사람이나 일거리 대상을 제압·정복·굴종시켜, 이순신 장군의 뜻대로 처리하는 일로 실현되었을 것이다.

꿈속의 동물은 어떠한 사람을 상징하고 있는 경우가 대부분이다. 꿈의 상징에서 때려잡는 것은 제압·굴복·복종시키는 것을 뜻한다. 사나운 범으로 상징된 성깔 있고 못된 사람이나 대상을 제압·정복·굴종시키는 것을 뜻한다고 볼 때, 권율 원수의 명에 따른 것이었지만 원균이 어머님이 돌아가신 데 대하여 위로의 편지를 보내오는 것으로 실현되었다고 볼 수도 있다. 아마도, 원균의 편지를 읽은 다음에 찢어버리지 않았나 추정된다. 호랑이 껍질을 벗겨 휘둘렀듯이…….

* 1597년(정유년) 7월 7일.

"원균과 한자리에서 만났는데, 내가 원균 위에 앉아 음식상을 받자, 원균이 즐거운 기색을 보이는 것 같았다. 무슨 징조인지 알 수 없는 이상한 꿈이다."

임진왜란에 협력해서 왜적과 싸웠으나, 옥포해전에 대한 공으로 조정에서 이순신에게 더 높은 품계를 내리면서 둘 사이에 불화가 생겼으며, 1593년 8월 신설된 삼도수군통제사에 이순신이 임명되자 둘 사이는 더더욱 멀어지게 되었다. 원균은 1594년 충청병사 등으로 전임되었다. 1597년 이순신이 누명을 쓰고 서울로 압송되기에 이르러, 원균이 1597년 1월 경상우수사 겸 경상도통제사로 임명되었다.

한편, 일본은 강화가 결렬되자, 1597년(선조 30) 1~2월 14만여 명의 병력을 동원하여 재차 침략했다. 이 무렵, 이순신은 감옥에서 풀려나 백의종군하고 있을 때이다.

10여 일 뒤에 일어날 일을 예지한 상징적인 꿈이다. 조선 함대는 7월 15일 칠전량(漆川梁)에서 일본 수군의 기습을 받아 참패하게 되고, 그 소식을 7월 18일 알게 되는 바, 원균이 패전하여 죽게 될 것을 예지하고 있다.

꿈속에서는 위아래, 앞뒤 등으로 서열이 정해지고 있다. 원균 위에 앉아 상을 받는 꿈은 원균보다 높은 직위에 올라감을 뜻하고 있다. 즐거운 기색이 상징적으로 좋지 않은 경우가 있다. 화려한 결혼식에 참석한다든지, 축하의 의식을 베풀어준다든지, 춤추고 노래하는 꿈, 꽃가마 탄 꿈이라든지, 빛나는 햇살로 나아가는 꿈 등이 때로는 죽음 예지의 꿈으로 실현된다. 이 경우에 나이가 많거나 병자인 경우에는 가능성이 더 높아진다.

* 1597년(정유년) 7월 14일. 맑음.

"새벽에 꿈을 꾸었는데, 내가 체찰사와 함께 한 곳에 이르니 송장들이 널려 있는데, 혹은 밟고 혹은 목을 베기도 하였다."

이어 1597년 정유년 7월 15일 자의 일기에서는 "중군 이덕필이 왔다가 저물어서 돌아갔는데, 수군 20여 척이 적에게 패했다는 소식을 듣고 통분(痛忿)해 하면서 막을 방책이 없음을 한스러워하는 내용이 나오고 있다. 또한 7월 15일 자의 일기에서도 수군이 패했다는 소식을 듣고 우리가 믿을 힘은 오직 수군뿐인데, 수군이 이러하니 더 이상 바라볼 것이 없다. 거듭 생각할수록 분한 가슴이 찢어지는 것 같다며 비통함을 드러내고 있다.

이러한 것은 칠전량에서 원균 이하 이억기 등이 16일 새벽 왜적의 기습으로 크게 패했다는 비보를 18일이 되어서야 듣고 통곡하기에 이른다. 조정에서는 7월 21일 칠전량 패전 보고를 듣고 크게 놀라, 백의종군하고 있던 이순신을 삼도수군통제사로 다시 임명해 수습하게 하였다.

* 1597년(정유년) 8월 2일. 잠시 날이 개었다.

홀로 수루(戍樓)의 마루에 앉았으니 그리운 마음이 어떠하랴. 비통함을 이기지 못했다. 이날 밤 꿈에 임금의 명을 받들 징조가 있었다.

이순신은 8월 3일 선전관 양호(梁護)로부터 겸삼도통제사(兼三道統制使)의 교서(敎書)와 유서(諭書)를 받게 된다.

* 1597년 정유년 9월 15일. 맑음.

"매우 이상한 꿈을 꾸었다. 임진년 승전했던 한산대첩 때 꾸었던 꿈과 흡사하였다. 이는 무슨 징조일까? 꿈에 신령스러운 분이 나타나서, 이렇게 진을 치고 저렇게 군사를 배치하면 크게 이길 수 있으나, 달리 하면 질 것이라고 가르쳐주셨다."

원균의 패전으로 이순신은 8월 3일 삼도수군통제사로 재임명되었고, 칠천량에서 패하고 온 전선들을 거두어 재정비함으로써 출전 태세를 갖춘다.

위의 꿈은 명량해전이 있기 전에 꾼 꿈으로, 꿈속에서 계시를 받았다고 밝히고 있다. 앞서 살펴본 것처럼 우국(憂國)에 대한 걱정에서, '어떻게 싸워야 왜적을 이길 것인가?'에 대한 간절한 마음에서, 꿈을 꾸는 주체인 정신능력이 극대화되어 발휘되면서, 신령스러운 존재의 백발노인 등의 모습으로 나타나 일러주는 계시적 꿈이다.

이러한 것은 꿈의 상징 기법의 하나로써, 꿈을 꾼 사람에게 절대적인 권위를 갖는 죽은 부모님이나 조상의 모습으로 나타나 일러주는 경우가 대부분이다. 때에 따라서, 절대적인 대상인 부처님·하나님님·백발노인·산신령·동물 등으로 나타나기도 한다. 이 경우 꿈속의 계시대로 절대적으로 따르는 것이 좋다. 다음 날인 9월 16일 이순신이 명량(울돌목)에서, 13척의 배로 200여 척 이상의 일본 수군을 대파했다.

* 1597년(정유년) 10월 14일. 맑음.

밤 두 시쯤 꿈에, 내가 말을 타고 가는데 말이 발을 헛디뎌 냇물 가운데로 떨어졌으나, 쓰러지지는 않고 막내아들 면이 끌어안고 있는 것 같은 형상이었는데, 깨었다. 이것은 무슨 징조인지 모르겠다.

저녁에 어떤 사람이 천안으로부터 와서 집안 편지를 전했다. 봉한 것을 뜯기도 전에 뼈와 살이 먼저 떨리고 정신이 아찔하고 어지러웠다. 대충 겉봉을 뜯고 열(둘째 아들)의 편지를 보니, 겉에 '통곡' 두 글자가 씌어 있어 아들 면이 전사했음을 알았다. — 후략 —

셋째 아들 이면(李葂, 1577~1597)의 죽음을 예지한 가슴 아픈 꿈의 기록이다. 『난중일기』에는 꿈이야기가 40회 이상 적혀 있는 바, 충무공은 꿈을 잘 꾸고 또한 꿈을 누구보다 믿고 있었음을 알 수 있다. 이렇게 영적인 정신능력이 뛰어난 사람, 꿈꾸는 능력이 뛰어난 이순신 장군이 자식의 죽음을 예지하는 꿈을 꾼 것은 당연하다고 해야 할 것이다.

꿈의 전개는 좋지가 않다. 말이 발을 헛디뎌 떨어지는 순간에 막내아들이 겹쳐지는 꿈이다. 떨어진다는 표상에서, 죽음의 이미지를 연상할 수 있겠다. 이러한 꿈을 꾸었기에 무언가 닥쳐올 것에 대한 마음의 준비를 함으로써, 뜻밖의 아들의 죽음을 운명적으로 받아들여 한층 정신적 충격을 완화할 수 있었을 것이다.

이면은 충무공의 셋째 아들로 정유재란 당시 고향 아산에서, 이순신에 대한 보복으로 습격한 일본군에 항쟁하다 전사했다.

* 1597년(정유년) 11월 7일. 맑고 따뜻했다.
"이날 자정께 면이 죽는 꿈을 꾸고 슬피 울었다."

아들 면은 이미 죽었는 바, 아들에 대한 비통한 심정에 아들이 죽는 꿈을 재차 꾼 심리 표출의 꿈이다. 상징적인 꿈으로서는 아들 면으로 상징된 아끼던 누군가가 새로운 탄생으로 변화된 운명의 길로 나아가게 된다. 이 경우에 슬피 우는 꿈은 널리 알리는 일로 실현된다.

* 1597년(정유년) 11월 8일. 맑음.
"새벽 두 시경 꿈에 물에 들어가 고기를 잡았다."

고기를 잡는 꿈은 상징적으로 좋은 꿈이다. 고기로 상징된 재물을 얻게 되거나, 고기로 상징된 사람을 얻게 되는 일로 실현된다. 가임 여건에서 태몽이 될 수도 있다.

이순신 장군은 1958년 11월 19일 노량해전에서 장렬하게 전사하는 바, 『난중일기』에 보이는 마지막 꿈의 기록이다.

〈『병자일기(丙子日記)』의 꿈이야기〉

병자일기(丙子日記)는 남이웅(南以雄)의 부인인 정경부인(貞敬夫人) 남평조씨(南平曺氏)가 인조 14년(1636) 12월부터 인조 18년(1640) 8월까지 병자호란 중에 겪은 고난과 시련을 기록한 한글일기이다.

남이웅은 1636년 병자호란 뒤 소현세자(昭顯世子)가 심양(瀋陽)으로 끌려갈 때 시종(侍從)하였고, 1644년에 돌아와 부원군(府院君)에 봉해졌다.

일기속의 대부분 꿈은 남편과 가족에 대한 걱정과 만나보고 싶은 바람에서 꿈속에서 나타난 심리표출의 꿈이 대부분이다. 하지만 선관(仙官)에게 무언가를 받는 꿈 등 예지적인 꿈도 나타나고 있다. 몇가지 꿈사례를 살펴본다.

* 1637년(정축년) 6월 7일.

꿈에 영감을 뵈었다. 가져가신 거울을 서로 보며 반기니, '쉽게 나오시는 것이구나.' 하고 혼자 해몽(解夢)을 하여 본다.

* 1637년(정축년) 9월 16일.

바람이 불고 흐렸다. 꿈에 영감을 뵈옵고 이야기하다가 문득 하늘을 쳐다보니, 하늘문이 마치 남대문같이 크게 뜬 곳에, 그 좌우에 기이한 대궐 같은 집에서 풍류 기구를 웅장하게 갖추고, 선관(仙官) 같은 사람들 서너 명이 앉아서 무슨 약 같은 것을 웃으면서 내려주기에 받았다. 내가 절하고 받아서 영감께 이상하게 생각하면서 바쳐 보이니, 이것은 기특한 길한 징조일 것이다. 영감이 동궁(東宮)을 모시고 본국으로 쉽게 돌아오시게 될 것인가 한다.

이 꿈을 꾼 후로는 더욱 천지일월성신께 축원을 올리지 않는 날이 없고, 아침 해가 돋을 때와 달이 떠오를 때에 빌어서, 어느 날도 무심히 지내는 날이 없다. 꿈이 기이하니, 마음 든든하게 여기며 지낸다.

상징적인 미래 예지 꿈으로 선관(仙官)이나 신선(神仙) 등에게 무언가 받는 꿈은 받은 물건으로 상징된 이권이나 상서로운 일로 일어난다. 다만, 처한 여건에 따라 누군가의 태몽을 대신 꿔준 것으로 볼 수도 있다.

* 1637년(정축년) 10월 26일.

가끔 맑았다 흐렸다 했다. 꿈에 영감을 뵈옵고 반가운 정에 못내 이야기를 나누었더니, 아침에 남원으로 가는 관주인(館主人)이 심양에 구월 초닷샛날 하신 영감의 편지를 가지고 왔다. 기운은 평안하시다고 하나, 나오실 기별은 없으니 답답하고 갑갑하다.

*1637년(정축년) 10월 27·28일.

맑았다. 꿈에 영감을 뵈었다. 연이어 이런 꿈을 꾸는 것은 나오시는 것을 바라기 때문이리라.

*1637년(정축년) 11월 7일.

맑고 바람이 많이 불었다. 계속해서 꿈마다 영감을 뵈오니 반갑고 마음 든든하다. 어느 날에나 함께 모여서 흉중에 쌓인 것이 조금이나마 풀어질까?

*1637년(정축년) 11월 8일.

맑고 따뜻하였다. 꿈에 죽은 동생님네도 보고 사곡 어머님도 뵈옵고 영감도 뵈었다.

*1637년(정축년) 11월 13일.

맑고 따뜻하였다. 꿈에 여주 며느리를 보았다. 불쌍하도다. 다들 어디로 갔는고? 신주들만 보면 창자가 끊어지는 듯하다. 이틀 꿈에 계속하여 두 며느리를 보니, 영감께서 쉽게 나오시게 되니까, 정령들이 도와서 기쁜 일이 있음인가 한다. 묵적골 정동지 부자(父子)가 배고프다고 하여 뵈이시니 슬프다.

*1637년(정축년) 12월 15일.

맑았다. 꿈에 영감을 뵈옵고 모두들 만나보니, 꿈을 깨고 나서도 흐뭇하였다. 어두울 무렵에 애남이가 들어왔는데 평안도의 공물은 받지 못했고 종 가운데 죽은 자들은 없더라고 한다.

*1638년(무인년) 2월 15일.

아침에 흐리다가 늦게야 개었다. 이안 밭에 보리 갈려고 소 두 마리와 사람 열 명이 보리 씨 열여섯 말을 가지고 갔다. 꿈에 영감도 뵈옵고 죽은 아이들도 보았으나, 어릴 때같이 보여 천계인지 두상인지 분간할 수가 없었다. 미리를 빗겨 땋아 보이며 반기와 하다가 깨니, 저희의 정령이 없지 아니하여 나에게 보이되, 어른 얼굴은 뵈지 아니하니 설운 정을 다 말하랴. 불쌍하도다. 내 자식들, 아깝도다. 내 자식들. 시절이 이러하다고 하나, 하나라도 있으면 내 몸이 이다지 외롭고 서러우랴. 매양 간담을 베어내는 듯 숨이 막히는 듯 답답하며, 생각하고 서러워하면서도 어찌할 수가 없으니 내 마음을 스스로 위로하며 이리 헤아리고 저리 헤아린다. — 후략 —

* 1638년(무인년) 4월 7일.
맑았다. 꿈에 영감을 뵈옵고 서울에서 오는 사람을 기다렸더니 식전에 수야가 들어왔다.

* 1638년(무인년) 4월 28일. 맑았다.
꿈에 사직골에 사시던 시어머님과 죽은 장남인 천계가 아이 적의 얼굴로 함께 있는 것을 보니 흐뭇하나 마음에 아쉽기가 그지없다. 나는 어찌 자식 하나도 없이 흰 머리카락을 빗는가 생각하니 슬프고 서럽다. 천계는 죽어서도 어머님을 모시고 가 있는가 싶으니 더욱 마음 아프기 그지없다.

죽은 어머니와 아들을 꿈에 보고 느낀 슬픈 감회를 적고 있다.

* 1638년(무인년) 5월 20일. 맑았다.
꿈에 영감을 뵈었다. 논의 늦은 벼를 집에 종 여섯과 정수 부부가 두 벌째 매었다.

이처럼 남평 조씨의 일기 속 꿈 내용 중에서 가장 많이 나타나는 내용은 남편과 가족에 대한 꿈이야기다. 남편과 헤어져 있을 때, 남편에 대한 그리움으로, 꿈에서마저 남편과 함께하고 싶은 간절한 소망이 꿈으로 표출되고 있다.

맺음말

『경복궁이 불타다』는 우리나라의 역사적인 꿈의 기록을 살펴본 책이다. '꿈은 미래를 예지한다.'라는 지극히 간명한 사실을 부정하는 사람들에게, 이 책을 읽어보게 하고 싶다. 이래도 예지적인 꿈의 세계를 부정하겠느냐고…….

서구의 논리에 경도되어, 꿈은 심리표출이라고 믿는 사람이 있는가 하면, 심지어 방송에서 꿈을 이야기하는 것이 무슨 미신(迷信)의 세계를 이야기하는 것처럼 부정하는 사람이 있다. 하루살이가 어찌 내일이 있다는 것을 알 수 있겠는가? 눈에 보이는 세계만이 전부는 아닌 것이다. 예지적 꿈의 세계를 부정하는 사람들은 차라리 공기가 없음을 부정하라고 하고 싶다. 이들은 숨 쉬고 있으면서 너무나 공기의 소중함을 모르고 있는 것과 같다. 꿈의 세계는 공기처럼 눈에 보이지 않지만, 우리 인간이 다른 동물과 달리 영적(靈的)인 존재로 자신이나 주변에서 일어날 일을 예지하고 일깨우는 능력이 있음을 알게 해주는 더할 수 없이 소중한 세계다.

더 나아가, 하나님을 믿는 사람들 가운데 꿈을 부정하는 사람들이 있다. 참으로 답답하다. 성경(聖經) 속에 나오는 수많은 꿈이야기를 읽어보지 않았는지……. 성경에는 꿈을 통해 계시받는 이야기가 무수히 나오고 있다. 꿈의 세계를 믿지 않는다면, 예수를 잉태한 동정녀 마리아를 의심하는 요셉에게, 천사가 성령으로 잉태되었다고 꿈으로 일러주는 이야기 자체를 부정해야 할 것이다. 이처럼, 하나님을 믿으면서 꿈의 세계를 믿지 않는다는 것은 하나님 존재 자체를 부정하는 자가당착에 빠져드는 것과 같다. 심지어 꿈을 '잊혀진 하나님의 언어'라고 비유적으로 말하고 있는 외국의 학자도 있는 바, 꿈의 세계를 부정해서는 안될 것이다.

필자는 '꿈은 신이 우리 인간에게 내린 최대의 선물이다.'라고 누차 강조한 바 있다. 꿈을 통해 장차 일어날 예지뿐만 아니라, 주변 위험의 일깨움, 창의적인 사고활동을 극대화하게 해주고 있으며, 내면의 심리를 표출하고 있다. 꿈은 우리 인간을 절대로 해롭게 하지 않는다. 장차 일어날 일에 대한 마음의 준비를 하게 해주고, 슬기로운 극복을 하게 도와주고 있는 것이다.

이러한 꿈의 실체를 파악하는 데 있어, 아니 꿈을 연구하는 데 있어서 실증 사례만큼 소중한 것이 없다. 요즈음 사람들의 실증 사례뿐만 아니라, 『조선왕조실록』을 비롯하여 각종 역사서, 나아가 선인들의 각종 문집에 남겨진 수많은 꿈의 기록은 '꿈은 미래를 예지한다.' 라는 대명제를 여실히 나타내주고 있다.

'꿈은 미래를 예지한다.' 이는 하늘에 해가 떠 있듯이, 그 누구도 부정할 수 없는 절대적인 진리의 세계다. '그렇다면, 임진왜란(壬辰倭亂) 같은 민족적인 비극인 국가적인 변란이 일어나기 전에, 그러한 것이 일어나리라는 것을 선인들 가운데 꿈으로 예지하지 않았을까?', '당연히 그러한 꿈의 기록이 있어야 하는 것이 아닐까?' 하는 생각을 떨쳐버릴 수가 없었다.

하지만 임진왜란이 일어나기 몇 개월 전에 류성룡의 '경복궁이 불타는 꿈'이나 허균의 '암울한 몽중시를 짓는 꿈', 또한 왜적이 물러갈 것을 예지한 그 밖의 다른 꿈의 기록을 통해서, 예지적인 꿈의 세계가 존재함을 여실하게 입증하고 있음을 알 수 있었다.

특히 류성룡의 '경복궁이 불타는 꿈'은 임진왜란이 일어날 것을 예지한 대표적인 꿈 사례로, 이 책에 『경복궁이 불타다』라는 제목을 붙이게 된 배경이 되었다.

필자는 예지적인 꿈의 세계에 관해, 널리 알리고자 10여 권의 책을 저술한 바 있다. 대표적으로 재물운 등 행운을 불러온 사람들의 이야기인 『로또복권 당첨 꿈해몽』, 인생의 청사진이라 할 수 있는 『태몽』, 꿈해몽 연구의 결정판이라 할 수 있는 1,800쪽의 『홍순래 박사 꿈해몽』을 출간한 바 있다.

『경복궁이 불타다』에서는 선인들의 역사적인 꿈의 기록을 살펴봄으로써, 역사와 꿈의 접목을 통해 한층 흥미 있게 지적 희열감을 맛보는 세계로 독자 여러분을 안내하고자 하였다.

부디 이 책이 독자 여러분의 지대한 관심 속에, 좋은 호평을 받는 책으로 남기를 바란다.

2015년 4월 15일

夢柱 洪淳來

경복궁이 불타다

꿈해몽 - 역사 속 꿈의 기록

초판 1쇄 발행일 2015년 5월 8일

지은이 홍순래
펴낸이 박영희
편집 배정옥·유태선
디자인 김미령·박희경
마케팅 임자연
인쇄·제본 AP 프린팅
펴낸곳 도서출판 어문학사
서울특별시 도봉구 쌍문동 523-21 나너울 카운티 1층
대표전화: 02-998-0094/편집부1: 02-998-2267, 편집부2: 02-998-2269
홈페이지: www.amhbook.com
트위터: @with_amhbook
블로그: 네이버 http://blog.naver.com/amhbook
다음 http://blog.daum.net/amhbook
e-mail: am@amhbook.com
등록: 2004년 4월 6일 제7-276호

ISBN 978-89-6184-370-6 03180
정가 18,000원

이 도서의 국립중앙도서관 출판예정도서목록(CIP)은 e-CIP홈페이지(http://www.nl.go.kr/ecip)와
국가자료공동목록시스템(http://www.nl.go.kr/kolisnet)에서 이용하실 수 있습니다.
(CIP제어번호: CIP2015011334)

※잘못 만들어진 책은 교환해 드립니다.